KB072874

2023년 신정8판

경 비 지 도 사 2 차 시 험 경 비 업 법 만 점 대 비

경 비 지 도 사

경비업법특급마무리

최 경 철 (경호보안학 박사)

이노books

편저자 약력	최경철

경희대학교 법과대학 법학과 졸업
경기대학교 대학원 경호보안학과 졸업(경호보안학 박사)
제12회 일반경비지도사 합격
제13회 기계경비지도사 합격
(전) 한림법학원 편집과장
(전) 대한안전관리공사 특수경비원 담당 경비지도사
(전) KBS시큐리티 경비원 직무교육 강사
(전) 현대경제연구소 경비원 직무교육 강사
(전) 동서울대학교 경비지도사 시험대비 특강 강사
(전) 한국수레평생교육원 경비지도사 자격취득 대비반 강사
(전) KBS스포츠예술과학원 강사
(전) 경기대학교 시큐리티매니지먼트학과 강사
(전) 한국직업방송 강사
(전) 신변보호사 시험 출제위원
(현) 사단법인 한국경비지도사협회 부회장
(현) 대구과학대학교 경찰경호행정과 교수

[주요 논저]
New Target 민간경비론(공저), 웅비, 2022
New Target 경비업법(공저), 웅비, 2023
경비업법령의 문제점과 개정방향
보안산업 발전을 위한 경비업법 개정방안

경비지도사 2차시험 경비업법 만점 대비

2023 경비지도사 경비업법 특급마무리

초판 1쇄 발행 2013년 9월 25일
신정판 1쇄 발행 2015년 5월 26일
신정8판 1쇄 발행 2023년 7월 25일
지은이 최경철
발행인 송주환
발행처 이노Books
출판등록 301-2011-082
주소 서울시 중구 퇴계로 180-15 (필동1가 21-9번지 뉴동화빌딩 119호)
전화 (02) 2269-5815
팩스 (02) 2269-5816
홈페이지 www.innobooks.co.kr
ISBN 979-11-91567-13-7 [13350]
정가 15,000원

신정8판을 내면서

법전 형식의 수험서라는 독특한 체계에도 불구하고 많은 수험생들의 공감을 받으며 어느덧 신정5판을 출간하게 되었습니다. 이는 전적으로 수험생들의 적극적인 지지와 격려가 있었기에 가능한 일입니다. 지면을 빌어 다시 한번 감사함을 전합니다.

찰스 맥클린은 "법은 말장난의 과학"이라고 하였습니다. 저는 수험법학에 있어서 "법은 말장난의 예술"이라고 생각합니다. 과거와 달리 최근 기출문제를 보면 상당히 고급스러운 말장난(?)의 문제들이 많이 출제되고 있습니다. 단순히 기본서만으로 학습한다면 이러한 출제경향을 따라잡지 못할 것입니다. 이 책으로 학습한 수험생들은 어떠한 말장난의 문제가 출제되어도 함정에 빠지지 않고 고득점을 하였다고 증언합니다.

이 책을 효율적으로 학습하는 방법은 다음과 같습니다.

우선, 아래 〈표〉를 보면서 법조문 중 어떤 단어들을 주의 깊게 봐야 하는지 인지하고 학습을 시작하시면 출제의 포인트를 정확하게 파악할 수 있을 것입니다.

〈표〉 법조문 해석 시 주요 비교 단어

• 경찰청장 vs 시·도경찰청장 vs 경찰관서장(경찰서장) • 경비업자(시설·호송·신변·기계·특수) vs 시설주 vs 경비지도사(일반·기계) vs 경비원(일반·특수)
• 이상 vs 이하 vs 미만 vs 초과 • 전(이내) vs 후(이후) vs 즉시(지체없이) • 매년 vs 매월(매달) vs 매주 vs 수시로
• 및 vs 또는 • 포함 vs 제외 • 대통령령 vs 행정안전부령
• 허가 vs 신고 vs 승인 vs 인가
• 할 수 있다 vs 하여야 한다.

제Ⅰ부 「법령 주해」 부분에서 밑줄 밑의 단어들과 비교하면서 이해 위주로 법조문을 읽어 보시기 바랍니다. 특히, 진하게 표시한 단어는 주의를 요하거나 핵심 단어들이므로 꼼꼼히 보아야 하며, 동그라미 표시한 숫자들은 어떻게 변형되어 출제되더라도 맞힐 수 있도록 반드시 암기하셔야 합니다.

법령 주해 부분을 학습한 후 제Ⅱ부 「법령 연습」 부분의 문제들을 반드시 풀어보시기 바랍니다(정답을 맞히는 것은 중요하지 않습니다). 어느 단어 또는 문장이 틀렸는지 정확히 찾아낼 수 있어야 합니다. 어디가 틀렸는지 알 수 없으면 다시 법조문을 확인하시기 바랍니다. 이런 식으로 법령 주해 부분과 연습 부분을 교차해가며 보게 되면 자동적으로 암기가 됨은 물론 실제 시험장에서 문제를 봤을 때 미소를 지으며 거침없이 정답을 찾아낼 수 있을 것입니다.

수험서 저술에 있어서 최고의 덕목은 독자들로 하여금 최단기간에 합격을 할 수 있게 하는 것이라고 생각합니다. 이를 위해서 수험서는 개정 법령이 이론과 문제에 모두 반영되어야 하고, 오류나 누락된 내용이 없어야 하며, 짧은 시간에 효율적으로 정리하고 암기할 있도록 구성되어야 합니다. 이 책은 이러한 요건을 충족하기에 부족함이 없다고 생각합니다.

추후 법령 개정이 있을 경우에는 다음(Daum) 카페 "경비지도사 학당 (http://cafe.daum.net/security999)"에 추록을 올리도록 하겠습니다. 아울러 경비업법은 물론 타 과목을 학습함에 있어 궁금한 내용도 카페 공부방 게시판에 올려주시면 답변 드리도록 하겠습니다.

경비지도사라는 목표를 정하고 이를 향해 노력하고 있는 수험생들은 나이를 떠나 모두 '청춘'입니다. 간혹 실패와 좌절의 기억이 있을지라도 오늘의 노력은 합격의 고운 밑그림이 되리라 믿으면서 희망의 행군을 계속하시기 바랍니다. 수험생들의 시험 준비 기간을 단축시키고 실무의 세계로 나아가는데 이 책이 작은 보탬이 되기를 기원합니다.

2023년 7월 최경철 드림

초판 머리말

'학문에는 왕도가 없다'고 합니다. 그러나 수험공부에는 왕도가 있습니다.

즉, 출제의 포인트를 제대로 짚어가면서 공부한다면 빠른 시간 내에 해당 과목을 정복함으로써 합격에 이를 수 있을 것입니다.

경비지도사 1차 시험은 '절대평가'로서 평균 60점 이상만 득점하면 합격할 수 있으나, 2차 시험은 60점 이상 득점한 자 중에서 선발예정인원의 범위 안에서 합격자를 결정하게 되므로 엄격한 의미에서 '상대평가'라고 할 수 있습니다. 따라서 2차 시험은 고득점을 하여야 합격을 할 수 있습니다.

2차 시험과목 중 경호학(또는 범죄학·소방학)의 경우에는 과목의 특성상 범위가 명백하게 한정되지 않으므로 고득점을 보장할 수 없습니다. 그러나 경비업법 과목은 법령과목으로써 그 범위가 명백하게 한정되어 있습니다. 따라서 경비업법 과목을 전략과목화 하여 반드시 만점을 목표로 학습하여야 합니다.

경비업법 과목을 기본서나 단순한 법조문만으로 학습할 경우, 자칫 출제의 포인트를 간과할 수 있습니다. 경비업법 과목을 처음 학습하는 수험생이나, 마무리 학습을 하고자 하는 수험생들이 이 책으로 공부한다면 출제의 포인트를 알게 됨은 물론, 법해석 능력이 향상됨으로써 어떤 변형문제가 출제되더라도 적절히 대응할 수 있을 것입니다.

직장생활과 수험생활을 병행하면서 힘들어 지쳐있는 수험생, 그럼에도 불구하고 경비지도사 자격증을 취득하기 위하여 정진하는 수험생들에게 급난지붕(急難之朋 - 급하고 어려울 때 힘이 되어주는 친구)이 되고자 하는 일념으로 이 책을 집필하게 되었습니다.

◎ 이 책의 특징
1. 법조문의 출제 포인트를 알 수 있게 구성하였습니다.
2. 최근 10개년 기출지문을 현행법에 맞게 재구성하여 총망라하였습니다.
3. 출제가 예상되는 법조문을 모두 지문화하여 수록하였습니다.
4. 중요 내용 및 복잡한 내용은 일목요연하게 도표로 정리하였습니다.

선승구전(先勝求戰), 즉 전쟁은 싸워서 이기러 들어가는 것이 아니라, 승리를 확보한 후에 승리를 확인하러 들어가는 것이라고 합니다. 시험도 마찬가지라고 생각합니다. 아무쪼록 이 책으로 합격을 확보한 후 합격을 확인하러 시험장에 들어가시길 바랍니다.

끝으로, 수험생에게 도움이 되는 책이라면 이윤이 남지 않더라도 출간한다는 이노북스 송주환 대표님, 항상 저를 위해서 기도하시는 부모님과 가족, 편집방향에 대하여 조언을 아끼지 않은 용배 형, 긍정의 힘을 내재화 시켜준 소중한 친구 미현, 모두에게 감사드립니다.

2013년 9월 최경철 드림

목　차

법령주해

경비업법령 주해

제**1**편

경비업법

제1장 총칙

제1조 【목적】

이 법은 <u>경비업의 육성 및 발전</u>과 그 <u>체계적 관리</u>에 관하여 필요한 사항을 정함으로써
　　　　　경비원×　　규제 및 처벌×

<u>경비업의 건전한 운영</u>에 이바지함을 목적으로 한다.

제2조 【정의】

이 법에서 사용하는 용어의 정의는 다음과 같다.

1. "경비업"이라 함은 <u>다음 각목의 1</u>에 해당하는 업무(이하 "경비업무"라 한다)의
　　　　　　　　　　∴ 경비업의 종류는 5가지(일반경비업무×, 혼잡경비업무×, 요인경비업무×, 교통유도경비업무×)

   <u>전부 또는 일부를 도급받아</u> 행하는 영업을 말한다.
   　　　　　　　위임·위탁받아×

   가. **시설경비업무** : 경비를 필요로 하는 <u>시설 및 장소</u>(이하 "경비대상시설"이라

   　　한다)에서의 <u>도난·화재</u> 그 밖의 <u>혼잡</u> 등으로 인한 위험발생을 방지하는 업무
   　　　　　　　　　위해×　　　　　　소란×

   나. **호송경비업무** : <u>운반중에 있는 현금·유가증권·귀금속·상품 그 밖의 물건</u>에 대하여
   　　　　　　　　　경비대상시설에 있는×, 보관중×　　　　　　　　　사람×

   　　<u>도난·화재</u> 등 위험발생을 방지하는 업무

   다. **신변보호업무** : <u>사람의 생명이나 신체</u>에 대한 <u>위해</u>의 발생을 방지하고 그 신변을
   　　　　　　　　　　　　　　재산×

   　　보호하는 업무

   라. **기계경비업무** : 경비대상시설에 설치한 기기에 의하여 감지·송신된 정보를 그 <u>경비

   　　대상시설 **외**의 장소</u>에 설치한 관제시설의 기기로 수신하여 <u>도난·화재</u> 등 위험
   　　　　　　　내의×

   　　발생을 방지하는 업무

마. **특수경비업무** : 공항(항공기를 포함한다) 등 대통령령이 정하는 국가중요시설
<small>공항·항만, 원자력발전소 등의 시설 중 국가정보원장이 지정하는 국가보안
목표시설과 국방부장관이 지정하는 국가중요시설(경비업법 시행령 제2조)</small>
(이하 "국가중요시설"이라 한다)의 경비 및 도난·화재 그 밖의 위험발생을 방지하는 업무

2. "경비지도사"라 함은 경비원을 지도·감독 및 교육하는 자를 말하며 **일반경비지도사와**
<small>보호×, 배치×, 훈련×, 관리×</small>
기계경비지도사로 구분한다.
<small>일반경비지도사와 특수경비지도사로 구분×</small>

3. "경비원"이라 함은 제4조 제1항의 규정에 의하여 경비업의 허가를 받은 법인(이하
"경비업자"라 한다)이 채용한 고용인으로서 다음 각목의 1에 해당하는 자를 말한다.
<small>경비원의 채용권자   시설주가 채용한 고용인×</small>
　　가. **일반경비원** : 제1호 가목 내지 라목의 경비업무를 수행하는 자
<small>시설·호송·신변·기계경비업무 ∴ 일반경비원은 국가중요시설의 경비업무를 수행할 수 없다.</small>
　　나. **특수경비원** : 제1호 마목의 경비업무를 수행하는 자
<small>특수경비업무</small>

4. "무기"라 함은 인명 또는 신체에 위해를 가할 수 있도록 제작된 권총·소총 등을 말한다.
<small>　　　　　　　　　　　　　　　　살상×　　　　　　　　　　　　　　　　　　경적·단봉·분사기×, 도검×</small>

5. "집단민원현장"이란 다음 각 목의 장소를 말한다.
　　가. 「노동조합 및 노동관계조정법」에 따라 노동관계 당사자가 노동쟁의 조정신청을
　　　　한 사업장 또는 쟁의행위가 발생한 사업장
<small>　　　　　　　　　　　　　　　　예상되는×</small>
　　나. 「도시 및 주거환경정비법」에 따른 정비사업과 관련하여 이해대립이 있어 다툼이
<small>　　　　도시개발법×　　　　　　　　　　주거환경개선사업, 주택재개발사업, 주택재건축사업 등</small>
　　　　있는 장소
　　다. 특정 시설물의 설치와 관련하여 민원이 있는 장소
　　라. 주주총회와 관련하여 이해대립이 있어 다툼이 있는 장소
　　마. 건물·토지 등 부동산 및 동산에 대한 소유권·운영권·관리권·점유권 등 법적 권리에 대한
　　　　이해대립이 있어 다툼이 있는 장소
　　바. (100명) 이상의 사람이 모이는 국제·문화·예술·체육 행사장
　　사. 「행정대집행법」에 따라 대집행을 하는 장소
<small>　　　　행정절차법×</small>

※ 「도시개발법」에 따라 도시개발사업을 시행하기 위하여 지정·고시된 도시개발지역×, 「건축법」에 따라 철
거명령이 내려진 장소×, 「민사집행법」에 따라 강제집행을 하는 장소×, 「국세징수법」에 따라 강제징수를
하는 장소×, 대기업의 주주총회가 개최되고 있는 장소×, 「공유토지 분할에 관한 특례법」에 따라 공유토
지에 대한 소유권행사와 토지의 이용에 문제가 있는 장소×

제3조 【법인】

경비업은 법인이 아니면 이를 영위할 수 없다.
∴ 개인, 조합, 법인 아닌 사단은 경비업을 영위할 수 없다.

제2장 경비업의 허가 등

제4조 【경비업의 허가】 ☞ 무허가 영업시 벌칙(3년/3천)

① 경비업을 영위하고자 하는 법인은 도급받아 행하고자 하는 <u>경비업무를 특정</u>하여 그 법인의 주사무소의 소재지를 관할하는 <u>시·도경찰청장의 허가</u>를 받아야 한다.
　　　　　　　　　　　　　　　　　　　　　　　허가권자　　　　　　신고×

　　☞ 허위, 부정한 방법으로 허가받을시 행정처분(허가취소)

<u>도급받아 행하고자 하는 경비업무를 변경하는 경우에도 또한 같다.</u>
　　　　　　　　　∴ 경비업무 변경시 시·도경찰청장의 허가○, 관할경찰서장에게 신고×

　　☞ 허가없이 경비업무 변경시 행정처분(경고/6월/취소)

② 제1항의 규정에 따른 허가를 받으려는 법인은 다음 각 호의 요건을 갖추어야 한다.
　※ 경비업법 시행령 제3조 별표1 참조

　1. 대통령령으로 정하는 1억원 이상의 자본금의 보유

　2. 다음 각 목의 경비인력 요건

　　가. 시설경비업무 : 경비원 10명 이상 및 경비지도사 1명 이상

　　나. 시설경비업무 외의 경비업무 : 대통령령으로 정하는 경비 인력

　3. 제2호의 경비인력을 교육할 수 있는 <u>교육장</u>을 포함하여 대통령령으로 정하는 <u>시설과 장비</u>의 보유

　4. 그 밖에 경비업무 수행을 위하여 대통령령으로 정하는 사항

③ 제1항의 규정에 의하여 경비업의 허가를 받은 법인은 다음 각 호의 1에 해당하는 때에는 <u>시·도경찰청장</u>에게 <u>신고</u>하여야 한다. ☞ 위반시 과태료 500만원 이하(50/100/200/400)
　관할경찰관서장×　　　허가×

　1. 영업을 폐업하거나 휴업한 때　　　　　　　　　　　　　　　　　　7일 이내 신고

　2. 법인의 명칭이나 대표자·임원을 변경한 때
　　　　　　경비인력×, 직원×, 경비지도사×

　3. 법인의 주사무소나 출장소를 신설·이전 또는 폐지한 때

　4. 기계경비업무의 수행을 위한 관제시설을 신설·이전 또는 폐지한 때　　30일 이내 신고
　　시설경비업무의 수행×　　　　　　감지·수신·송신장치×

　5. 특수경비업무를 개시하거나 종료한 때
　　시설경비업무×

　6. 그 밖에 대통령령이 정하는 중요사항을 변경한 때
　　　　　정관의 목적을 변경한 때

　※ 경비업의 허가증을 분실한 때, 법인의 직원을 채용할 때, 도급받아 행하고자 하는 경비업무를 변경한 때 등은 신고사항이 아니다.

④ 제1항 및 제3항의 규정에 의한 허가 또는 신고의 절차, 신고의 기한 등 허가 및 신고에 관하여 필요한 사항은 <u>대통령령</u>으로 정한다.

제4조의2 【허가의 제한】

① 누구든지 제4조 제1항에 따른 허가를 받은 경비업체와 동일한 명칭으로 경비업 허가를
받을 수 없다.
_{유사한 명칭×}

② 제19조 제1항 제2호 및 제7호의 사유로 경비업체의 허가가 취소된 경우 허가가 취소된
_{허가받은 경비업무 외의 업무에 경비원을 종사하게 한 때}
_{소속 경비원으로 하여금 경비업무의 범위를 벗어난 행위를 하게 한 때}
날부터 (10년)이 지나지 아니한 때에는 누구든지 허가가 취소된 경비업체와 동일한 명칭으로
제4조 제1항에 따른 허가를 받을 수 없다.

③ 제19조 제1항 제2호 및 제7호의 사유로 허가가 취소된 법인은 법인명 또는 임원의 변경에도
불구하고 허가가 취소된 날부터 (5년)이 지나지 아니한 때에는 제4조 제1항에 따른 허가를
받을 수 없다.

제5조 【임원의 결격사유】

다음 각 호의 어느 하나에 해당하는 자는 경비업을 영위하는 법인(제4호에 해당하는 자의 경우에
는 특수경비업무를 수행하는 법인을 말하고, 제5호에 해당하는 자의 경우에는 허가취소사유에
해당하는 경비업무와 동종의 경비업무를 수행하는 법인을 말한다)의 임원이 될 수 없다.

1. 피성년후견인 ※미성년자×, 60세 이상인 자×, 피한정후견인×, 성년후견인×, 한정후견인×

2. 파산선고를 받고 복권되지 아니한 자

3. 금고 이상의 형의 선고를 받고 그 형이 실효되지 아니한 자
∴ 벌금형×, 징역형○

4. 이 법 또는 「대통령 등의 경호에 관한 법률」에 위반하여 벌금형의 선고를 받고 (3년)이
_{경비업법○, 형법×}
지나지 아니한 자 ∴ 특수경비업무를 수행하는 법인의 임원은 될 수 없으나, 다른 경비업무를 수행하는 법인의
임원은 될 수 있다.

5. 이 법(제19조 제1항 제2호 및 제7호는 제외한다) 또는 이 법에 의한 명령에 위반하여 허가가
취소된 법인의 허가취소 당시의 임원이었던 자로서 그 취소 후 (3년)이 지나지 아니한 자
∴ 호송경비업무를 수행하는 법인이 경비업법을 위반하여 허가가 취소된 경우, 그 당시 재직중이던 임원이 그
취소 후 1년만에 시설경비업무를 수행하는 법인의 임원은 될 수 있다(호송과 시설은 동종의 경비업무가 아니므로).

6. 제19조 제1항 제2호 및 제7호의 사유로 허가가 취소된 법인의 허가취소 당시의 임원이었던
자로서 허가가 취소된 날부터 (5년)이 지나지 아니한 자

tip 형의 경중

몰수 < 과료 < 구류 < 벌금 < 자격정지 < 자격상실 < 금고 < 징역 < 사형

제6조【허가의 유효기간 등】

① 제4조 제1항의 규정에 의한 <u>경비업 허가의 유효기간</u>은 <u>허가받은 날부터</u> ⑤년으로 한다.
  허가를 신청한 날부터×

② 제1항의 규정에 의한 유효기간이 만료된 후 계속하여 경비업을 하고자 하는 법인은 <u>행정안전부령이 정하는 바에</u> 의하여 <u>갱신허가</u>를 받아야 한다.
  허가의 유효기간 만료일 30일 전까지

제7조【경비업자의 의무】

① 경비업자는 경비대상시설의 소유자 또는 관리자(이하 "시설주"라 한다)의 <u>관리권의 범위 안에서</u> 경비업무를 수행하여야 하며, <u>다른 사람의 자유와 권리를 침해하거나 그의 정당한 활동에 간섭하여서는 아니 된다.</u> ☞ 위반시 행정처분·벌칙 규정 없다.

② <u>경비업자</u>는 경비업무를 성실하게 수행하여야 하고, <u>도급을 의뢰받은 경비업무</u>가
  특수경비원은×
  <u>위법 또는 부당한 것일 때에는 이를 거부하여야 한다.</u> ☞ 위법 거부의무 위반시 행정처분(1월/3월/취소)
  ∴ 위법하지 않더라도 부당하면 거부하여야 한다. 거부할 수 있다×

③ 경비업자는 불공정한 계약으로 <u>경비원의 권익</u>을 침해하거나 경비업의 건전한 육성과
  시설주의 권익×
  발전을 해치는 행위를 하여서는 아니 된다. ☞ 위반시 행정처분·벌칙 규정 없다.

④ 경비업자의 <u>임·직원</u>이거나 <u>임·직원이었던</u> 자는 다른 법률에 <u>특별한 규정이 있는 경우</u>를 제외하고는 그 <u>직무상 알게 된 비밀</u>을 누설하거나 다른 사람에게 제공하여 이용하도록 하는 등 부당한 목적을 위하여 사용하여서는 아니 된다. ☞ 위반시 벌칙(3년/3천)

⑤ 경비업자는 <u>허가받은 경비업무 외의 업무</u>에 경비원을 종사하게 하여서는 아니된다.
  ☞ 위반시 행정처분(허가취소)

⑥ 경비업자는 집단민원현장에 경비원을 배치하는 때에는 경비지도사를 선임하고 그 장소에 배치하여 <u>행정안전부령</u>으로 정하는 바에 따라 경비원을 지도·감독하게 하여야 한다.
  ☞ 경비지도사 선임·배치 않을시 행정처분(1월/3월/취소)

⑦ 특수경비업무를 수행하는 경비업자(이하 "특수경비업자"라 한다)는 제4조 제3항 제5호의 규정에 의한 특수경비업무의 개시신고를 하는 때에는 국가중요시설에 대한 특수경비업무의 수행이 중단되는 경우 <u>시설주의 동의</u>를 얻어 다른 특수경비업자 중에서 경비업무를 대행할 자(이하 "경비대행업자"라 한다)를 지정하여 <u>허가관청에 신고하여야</u> 한다.
  시·도경찰청의 허가를 받아야 한다×
  경비대행업자의 <u>지정을 변경하는 경우에도 또한 같다.</u> ☞ 위반시 과태료 500만원 이하(400/300)
  ∴ 허가관청에 신고하여야 한다.

⑧ 특수경비업자는 국가중요시설에 대한 <u>특수경비업무를 중단하게 되는 경우</u>에는 <u>미리</u> 이를 제7항의 규정에 의한 <u>경비대행업자에게 통보</u>하여야 하며, 경비대행업자는 통보
  시설주에게 통보×
  받은 <u>즉시</u> 그 경비업무를 <u>인수하여야 한다.</u> 이 경우 제7항의 규정은 경비대행업자에
  7일 이내×   인수할 수 있다×
  대하여 이를 준용한다. ☞ 위반시 벌칙(3년/3천)

⑨ **특수경비업자**는 이 법에 의한 경비업과 경비장비의 제조·설비·판매업, 네트워크를
기계경비업자×

활용한 정보산업, 시설물 유지관리업 및 경비원 교육업 등 **대통령령이 정하는 경비**
경비업법 시행령 제7조의2 참조

관련업 외의 영업을 하여서는 아니된다. ☞ 위반시 행정처분(허가취소)

∴ 특수경비업이 아닌 경비업의 허가를 받은 법인은 경비업이 아닌 업종의 영업을 할 수 있다.

제7조의2 【경비업무 도급인 등의 의무】

① 누구든지 제4조 제1항에 따른 허가를 받지 아니한 자에게 경비업무를 도급하여서는 아니
된다. ☞ 집단민원현장에 경비원 배치할 경우 본항 위반시 벌칙(3년/3천)

② 누구든지 집단민원현장에 경비인력을 ⑳명 이상 배치하려고 할 때에는 그 경비인력을
20일×(경비업법 시행규칙 제24조 제1항과 비교)

직접 고용하여서는 아니되고, 경비업자에게 경비업무를 도급하여야 한다. 다만, 시설주
등이 집단민원현장 발생 ③개월 전까지 직접 고용하여 경비업무를 수행하는 피고용인의 경우
에는 그러하지 아니하다. ☞ 위반시 벌칙(3년/3천)

③ 제1항 및 제2항에 따라 경비업무를 도급하는 자는 그 경비업무를 수급한 경비업자의
경비원 채용 시 **무자격자나 부적격자** 등을 채용하도록 관여하거나 영향력을 행사해서
는 아니 된다. ☞ 위반시 벌칙(3년/3천)

④ 제3항에 따른 무자격자 및 부적격자의 구체적인 범위 등은 **대통령령**으로 정한다.

제3장 기계경비업무

제8조 【대응체제】

기계경비업무를 수행하는 경비업자(이하 "**기계경비업자**"라 한다)는 경비대상시설에 관
특수경비업자×, 기계경비지도사×

한 경보를 수신한 때에는 **신속하게** 그 사실을 확인하는 등 필요한 **대응조치**를 취하
25분 이내×

여야 하며, 이를 위한 **대응체제를 갖추어야 한다.** ☞ 위반시 행정처분(경고/경고/1월)
대응체제 구축의무(25분 이내에 도착시킬 수 있는 대응체제)

제9조 【오경보의 방지 등】

① **기계경비업자**는 경비계약을 체결하는 때에는 오경보를 막기 위하여 **계약상대방에
게 기기사용요령** 및 **기계경비운영체계** 등에 관하여 **설명하여야** 하며, 각종 기기가
오작동 되지 아니하도록 관리하여야 한다. ☞ 설명의무 위반시 과태료 500만원 이하(100/200/400)
오경보·오작동 방지의무

② **기계경비업자**는 대응조치 등 업무의 원활한 운영과 개선을 위하여 **대통령령이 정하는**
경비업법 시행령 제9조 참조

바에 따라 **관련 서류를 작성·비치하여야 한다.** ☞ 위반시 행정처분(경고/경고/1월)
관리서류 작성·비치의무

제4장 경비지도사 및 경비원

제10조 【경비지도사 및 경비원의 결격사유】

① 다음 각 호의 어느 하나에 해당하는 자는 <u>경비지도사 또는 **일반경비원**</u>이 될 수 없다.

　　☞ 경비지도사가 결격사유 해당시 행정처분(자격취소)

1. <u>18세 미만인 사람 또는 피성년후견인</u> ※피한정후견인×
　　∴ 18세는 결격사유×, 60세 이상인 자도 결격사유×
　　※미성년자는 19세 미만의 자를 말한다. ∴ 18세는 미성년자이지만 경비지도사나 경비원이 될 수 있다.

2. <u>파산선고를 받고 복권되지 아니한 자</u>

3. <u>금고 이상의 실형의 선고</u>를 받고 그 집행이 종료(집행이 종료된 것으로 보는 경우를 포함한다)되거나 집행이 면제된 날부터 5년이 지나지 아니한 자

4. <u>금고 이상의 형의 **집행유예선고**를 받고 그 유예기간 중에 있는 자</u>
　　　　　　선고유예×　　　　　　　　　　5년이 지나지 아니한 자×

5. 다음 각 목의 어느 하나에 해당하는 죄를 범하여 <u>벌금형</u>을 선고받은 날부터 10년이 지나지 아니하거나 <u>금고 이상의 형</u>을 선고받고 그 집행이 종료된(종료된 것으로 보는 경우를 포함한다) 날 또는 집행이 유예·면제된 날부터 10년이 지나지 아니한 자
　가. 「형법」 제114조(<u>범죄단체등의 조직</u>)의 죄
　나. 「폭력행위 등 처벌에 관한 법률」 제4조(범죄단체등의 구성·활동)의 죄
　다. 「형법」 제297조(**강간**), 제297조의2(유사강간), 제298조(**강제추행**), 제299조(준강간, 준강제추행), 제300조(미수범), 제301조(강간 등 상해·치상), 제301조의2(강간 등 살인·치사), 제302조(미성년자 등에 대한 간음), 제303조(업무상 위력 등에 의한 간음), 제305조(미성년자에 대한 간음·추행), 제305조의2(상습범)의 죄
　라. 「성폭력범죄의 처벌 등에 관한 특례법」 제3조(**특수강도강간** 등), 제4조(특수강간 등), 제5조(친족관계에 의한 강간 등), 제6조(장애인에 대한 강간·강제추행 등), 제7조(13세 미만의 미성년자에 대한 강간·강제추행 등), 제8조(강간 등 상해·치상), 제9조(강간 등 살인·치사), 제10조(업무상 위력 등에 의한 추행), 제11조(공중 밀집 장소에서의 추행) 및 제15조(미수범, 제3조부터 제9조까지의 미수범만 해당한다)의 죄
　마. 「아동·청소년의 성보호에 관한 법률」 제7조(아동·청소년에 대한 강간·강제추행 등) 및 제8조(장애인인 아동·청소년에 대한 간음 등)의 죄
　바. 다목부터 마목까지의 죄로서 다른 법률에 따라 가중처벌되는 죄

6. 다음 각 목의 어느 하나에 해당하는 죄를 범하여 <u>벌금형</u>을 선고받은 날부터 5년이 지나지 아니하거나 <u>금고 이상의 형</u>을 선고받고 그 집행이 유예된 날부터 5년이 지나지 아니한 자

가. 「형법」 제329조(**절도**), 제330조(야간주거침입절도), 제331조(특수절도), 제331조의2(자동차 등 불법 사용), 제332조(상습범) 및 제333조부터 제343조까지(**강도**, 특수강도, 준강도, 인질강도, 강도상해·치상, 강도살인·치사, <u>강도강간</u>, 해상강도, 상습범, 미수범, 예비·음모)까지의 죄

나. 가목의 죄로서 다른 법률에 따라 가중처벌되는 죄

7. <u>제5호 다목부터 바목까지의 어느 하나에 해당하는 죄를 범하여 **치료감호**를 선고받고</u>
<u>강간 관련 범죄</u>
그 집행이 종료된 날 또는 집행이 면제된 날부터 <u>10년</u>이 지나지 아니한 자 또는
<u>제6호 각 목의 어느 하나에 해당하는 죄를 범하여 **치료감호**를 선고받고 그 집행이</u>
<u>절도·강도 관련 범죄</u>
면제된 날부터 <u>5년</u>이 지나지 아니한 자

8. 이 법이나 이 법에 따른 명령을 위반하여 <u>벌금형을 선고받은 날부터</u> (5년)이 지나지
경비업법
아니하거나 <u>금고 이상의 형을 선고받고 그 집행이 유예된 날부터</u> <u>5년</u>이 지나지 아니한 자

② 다음 각 호의 어느 하나에 해당하는 자는 **특수경비원**이 될 수 없다.

1. <u>18세 미만이거나</u> <u>60세 이상인 사람</u> 또는 <u>피성년후견인</u> ※ 피한정후견인✕

2. 심신상실자, 알코올 중독자 등 대통령령으로 정하는 정신적 제약이 있는 자

3. 제1항 제2호부터 제8호까지의 어느 하나에 해당하는 자

4. <u>금고 이상의 형의 **선고유예**를 받고 그 유예기간 중에 있는 자</u>
벌금 이상✕
∴ 이 경우에는 경비지도사나 일반경비원은 될 수 있으며, 유예기간이 종료된 경우에는 특수경비원도 될 수 있다.

5. <u>행정안전부령이 정하는 신체조건에 미달되는 자</u>
팔·다리 완전, 맨눈시력 0.2 이상, 교정시력 0.8 이상

③ 경비업자는 제1항 각호 또는 제2항 각호의 결격사유에 해당하는 자를 경비지도사 또는 경비원으로 <u>채용 또는 근무하게 하여서는 아니된다.</u> ☞ 위반하여 배치시 행정처분(1월/3월/취소)
과태료 500만원 이하(100/200/400)

제10조의2 【특수경비원의 당연 퇴직】

특수경비원이 제10조 제2항에 따른 결격사유에 해당하게 될 때에는 당연 퇴직된다. 다만, 제10조 제2항 제1호는 나이가 60세가 되어 퇴직하는 경우에는 60세가 된 날이 <u>1월부터 6월</u> 사이에 있으면 <u>6월 30일</u>에, <u>7월부터 12월</u> 사이에 있으면 <u>12월 31일</u>에 각각 당연 퇴직되고, 제10조 제2항 제3호 중 제10조 제1항 제2호는 파산선고를 받은 사람으로서 「채무자 회생 및 파산에 관한 법률」에 따라 신청기한 내에 <u>면책신청을 하지 아니하였거나</u> <u>면책불허가 결정</u> 또는 <u>면책 취소가 확정된 경우만 해당</u>하며, 제10조 제2항 제4호는 「성폭력범죄의 처벌 등에 관한 특례법」 제2조(성폭력범죄), 「아동·청소년의 성보호에 관한 법률」 제2조 제2호(아동·청소년대상 성범죄) 및 직무와 관련하여 「형법」 제355조(횡령, 배임) 또는 제356조(업무상의 횡령과 배임)에 규정된 죄를 범한 사람으로서 <u>금고 이상의 형의 선고유예를 받은 경우만 해당</u>한다.

tip 결격사유 등 정리

법인의 임원	경비지도사·일반경비원	특수경비원	청원경찰
• 피·파	• 피·파	• 피·파	• 피·파
	• 18세 미만	• 18세 미만 • 60세 이상	• 18세 미만 • 60세(당연퇴직)
		• 신체조건(팔다리완전, 맨눈 0.2, 교정 0.8)	• 신체조건(신체건강, 팔다리 완전, 맨눈·교정 0.8)
• 금고 → 실효× • 경비업법·대통령경호법 위반 벌금 → 3년× (특수경비업에 한함) • 취소법인임원 → 3년× → 5년×	• 금고 실형 → 5년× • 금고 집유 → 유예中	• 금고 실형 → 5년× • 금고 집유 → 유예中 • 금고 선유 → 유예中	• 금고 실형 → 5년× • 금고 집유 → 2년× • 금고 선유 → 유예中 • 자격상실·정지 • 횡령·배임죄 등 300만원 벌금 → 2년× • 성폭력범죄, 스토킹범죄 등 100만원 벌금 → 3년×
	• 범죄단체 조직·구성·활동죄 벌금·금고 → 10년× • 강간 관련 범죄 벌금·금고, 치료감호 → 10년× • 절도·강도 관련 범죄 벌금·금고, 치료감호 → 5년× • 경비업법 위반 벌금·금고 → 5년×		• 미성년자 대상 성폭력범죄, 성범죄 → 파면·해임, 형·치료감호 확정 • 파면 → 5년× • 해임 → 3년×
		• 심신상실자, 알코올 중독자 등 대통령령으로 정하는 정신적 제약이 있는 자	

제11조 【경비지도사의 시험 등】

① 경비지도사는 제10조 제1항 각호의 1에 해당하지 아니하는 자로서 <u>경찰청장이 시행하는</u> 경비지도사시험에 <u>합격</u>하고 <u>행정안전부령</u>이 정하는 <u>교육</u>을 받은 자이어야 한다.

② 경찰청장은 제1항의 규정에 의한 <u>교육을 받은 자</u>에게 <u>행정안전부령</u>이 정하는 바에
시험에 합격한 자×
따라 경비지도사자격증을 <u>교부</u>하여야 한다.

③ 경비지도사시험은 <u>매년 1회 이상</u> 시행하며, 시험과목, 시험공고, 시험의 <u>일부</u>가 면제되는 자의 범위 그 밖에 경비지도사시험에 관하여 필요한 사항은 <u>대통령령</u>으로 정한다.
행정안전부령×

제12조 【경비지도사의 선임 등】

① 경비업자는 대통령령이 정하는 바에 따라 경비지도사를 <u>선임하여야 한다.</u>
경비업법 시행령 제16조 참조(200인까지 1인, 200인 초과시 100인까지마다 +1인)
☞ 불선임시 과태료 500만원 이하(100/200/400), 위반하여 선임시 행정처분(1월/3월/취소)

② 제1항의 규정에 의하여 선임된 경비지도사의 직무는 다음과 같다. ※ 1·2·3호는 일반·기계경비지도사의 공통적인 직무

　1. 경비원의 지도·감독·교육에 관한 <u>계획의 수립·실시</u> 및 <u>그 기록의 유지</u>
　　┐ 월1회 이상 수행

　2. 경비현장에 배치된 <u>경비원</u>에 대한 <u>순회점검 및 감독</u>
경비대상시설×, 배치장소×

　3. <u>경찰기관 및 소방기관</u>과의 <u>연락방법에 대한 지도</u>
의료기관×, 군기관×, 경비업체×
　　┐ 월 1회 이상 수행×

　4. <u>집단민원현장</u>에 배치된 경비원에 대한 지도·감독

5. 그 밖에 대통령령이 정하는 직무 ———————— 월 1회 이상 수행
　　기계경비지도사의 기계경비업무를 위한 기계장치의 운용·감독,
　　기계경비지도사의 오경보방지 등을 위한 기기관리의 감독(경비업법 시행령 제17조 참조)

③ 선임된 경비지도사는 제2항 각호의 규정에 의한 직무를 대통령령이 정하는 바에 따라 성실하게 수행하여야 한다. ☞ 위반시 행정처분(자격정지 3월/6월/12월)

제13조【경비원의 교육 등】 ☞ 위반시 행정처분(경고/경고/1월)

① 경비업자는 경비업무를 적정하게 실시하기 위하여 경비원으로 하여금 대통령령으로
　관할경찰서장×　　　　　　　　　　　　　　　　　　　　　경비업법 시행령 제18조 참조
정하는 바에 따라 경비원 신임교육 및 직무교육을 받게 하여야 한다. 다만, 경비업자는 대통령령으로 정하는 경력 또는 자격을 갖춘 일반경비원을 신임교육 대상에서 제외할
　　　　　　　　　　　　　　　　　　　　　특수경비원×　　　직무교육×
수 있다.

② 경비원이 되려는 사람은 대통령령으로 정하는 교육기관에서 미리 일반경비원 신임교육을
　특수경비원×　　　　　　　　　　　　　　　　　　　　　특수경비원×　직무교육×
받을 수 있다.
받아야 한다×

③ 특수경비업자는 대통령령으로 정하는 바에 따라 특수경비원으로 하여금 특수경비원
　　　　　　　　경비업법 시행령 제19조 참조
신임교육과 정기적인 직무교육을 받게 하여야 하고, 특수경비원 신임교육을 받지 아니한 자를 특수경비업무에 종사하게 하여서는 아니된다.
　　　　채용×

④ 제3항에 의한 특수경비원의 교육시 관할경찰서 소속 경찰공무원이 교육기관에 입회하여
　　　　　　일반경비원의 교육시×　　　　　　　　경비업자가×
대통령령이 정하는 바에 따라 지도·감독하여야 한다.
행정안전부령×

제14조【특수경비원의 직무 및 무기사용 등】

① 특수경비업자는 특수경비원으로 하여금 배치된 경비구역안에서 관할경찰서장 및
　　　　　　　　　　　　　　　　　　　　　　　　　　시·도경찰청장×
공항경찰대장 등 국가중요시설의 경비책임자(이하 "관할경찰관서장"이라 한다)와 국가중요시설의 시설주의 감독을 받아 시설을 경비하고 도난·화재 그 밖의 위험의 발생을 방지하는 업무를 수행하게 하여야 한다. ∴ 특수경비원은 관할경찰관서장과 시설주 모두에게 감독을 받는다.

② 특수경비원은 국가중요시설에 대한 경비업무 수행중 국가중요시설의 정상적인 운영을 해치는 장해를 일으켜서는 아니된다. ☞ 고의로 위반시 벌칙(5년/5천), 과실로 위반시 벌칙(3년/3천)

③ 시·도경찰청장은 국가중요시설에 대한 경비업무의 수행을 위하여 필요하다고 인정하는
　관할경찰관서장×　집단민원현장×
때에는 시설주의 신청에 의하여 무기를 구입한다. 이 경우 시설주는 그 무기의
　　　경비업자의 신청×, 특수경비원의 신청×　　　　　　경비업자×
구입대금을 지불하고, 구입한 무기를 국가에 기부채납하여야 한다.

④ **시·도경찰청장**은 국가중요시설에 대한 경비업무의 수행을 위하여 필요하다고 인정하는 때에는 **관할경찰관서장**으로 하여금 **시설주의 신청**에 의하여 시설주로부터 국가에 기부

관할경찰관서장의 신청×

채납된 **무기**를 대여하게 하고, 시설주는 이를 **특수경비원**으로 하여금 휴대하게 할 수 있다. 이 경우 특수경비원은 정당한 사유없이 무기를 소지하고 배치된 경비구역을 벗어나서는 아니 된다. ☞ 후단 위반시 벌칙(2년/2천)

⑤ 시설주가 제4항의 규정에 의하여 대여받은 무기에 대하여 <u>시설주 및 관할경찰관서장은</u>

무기관리 공동책임

무기의 관리책임을 지고, 관할경찰관서장은 시설주 및 특수경비원의 무기관리상황을 대통령령이 정하는 바에 따라 <u>지도·감독하여야 한다.</u>

⑥ 관할경찰관서장은 무기의 적정한 관리를 위하여 제4항의 규정에 의하여 무기를 대여받은

시·도경찰청장×

<u>시설주에 대하여 필요한 명령을 발할 수 있다.</u> ☞ 위반시 과태료 500만원 이하(500)

⑦ 시설주로부터 무기의 관리를 위하여 지정받은 책임자(이하 "관리책임자"라 한다)는 다음 각호에 의하여 이를 관리하여야 한다. ☞ 위반시 벌칙(1년/1천)

  1. <u>무기출납부</u> 및 무기장비운영카드를 비치·기록하여야 한다.

무기대여대장×

  2. 무기는 관리책임자가 **직접** 지급·회수하여야 한다.

⑧ 특수경비원은 국가중요시설의 경비를 위하여 무기를 사용하지 아니하고는 다른 수단이 없다고 인정되는 때에는 필요한 한도안에서 무기를 사용할 수 있다. 다만, 다음 각호의 1에 해당하는 때를 <u>제외하고는</u> 사람에게 위해를 끼쳐서는 아니된다.

∴ 다음 각 호에 해당하면 사람에게 위해를 끼칠 수 있다.

  1. <u>무기 또는 폭발물</u>을 소지하고 국가중요시설에 침입한 자가 특수경비원으로부터

칼×, 흉기×, 위험한 물건×

  【3회】 이상 투기 또는 투항을 요구받고도 이에 불응하면서 계속 항거하는 경우 이를 억제하기 위하여 무기를 사용하지 아니하고는 다른 수단이 없다고 인정되는 때

  2. 국가중요시설에 침입한 <u>무장간첩</u>이 특수경비원으로부터 <u>투항을 요구받고도 이에 불응한 때</u>

⑨ 특수경비원의 무기휴대, <u>무기종류</u>, 그 사용기준 및 안전검사의 기준 등에 관하여 필요한 사항은 <u>대통령령으로 정한다.</u>

※ 경비원의 장비의 종류는 행정안전부령으로 정한다.

제15조【특수경비원의 의무】

① 특수경비원은 직무를 수행함에 있어 <u>시설주·관할경찰관서장 및 소속상사의 직무상</u>

시·도경찰청장×

<u>명령에 복종하여야 한다.</u> ☞ 위급사태 발생한 때에 위반시 벌칙(3년/3천)

② 특수경비원은 <u>소속상사의 허가</u> **또는** 정당한 사유없이 경비구역을 벗어나서는 아니된다.

시설주의 허가×, 관할경찰관서장의 허가× ∴ 허가가 있거나 정당한 사유가 있으면 경비구역을 벗어날 수 있다.

☞ 위급사태 발생한 때에 위반시 벌칙(3년/3천)

③ <u>특수경비원은</u> 파업·태업 그 밖에 경비업무의 정상적인 운영을 저해하는 <u>일체의 쟁의</u>
　일반경비원× ∴ 일반경비원은 파업·태업가능

　<u>행위를 하여서는 아니된다.</u>　☞ 위반시 벌칙(1년/1천)
　∴ 단체행동권을 행사할 수 없으나, 단결권과 단체교섭권은 행사할 수 있다.

④ 특수경비원이 무기를 휴대하고 경비업무를 수행하는 때에는 다음 각호의 1에 정하는
　무기의 안전사용수칙을 지켜야 한다.

　1. 특수경비원은 사람을 향하여 권총 또는 소총을 발사하고자 하는 때에는 <u>미리 구두</u>
　　<u>또는 공포탄에 의한 사격으로 상대방에게 경고하여야 한다.</u> 다만, 다음 각목의 1에
　　해당하는 경우로서 <u>부득이한 때에는 경고하지 아니할 수 있다.</u>

　　가. <u>특수경비원을 급습</u>하거나 <u>타인의 생명·신체에 대한 중대한 위험</u>을 야기하는
　　　　　　　　　　　　　　　　　　재산×
　　　　범행이 목전에 실행되고 있는 등 <u>상황이 급박하여 경고할 시간적 여유가 없는 경우</u>

　　나. <u>인질·간첩</u> 또는 <u>테러사건</u>에 있어서 <u>은밀히 작전을 수행하는 경우</u>
　　　　살인·강도·방화 등 강력사건×

　2. 특수경비원은 무기를 사용하는 경우에 있어서 <u>범죄와 무관한 다중의 생명·신체에</u>
　　<u>위해를 가할 우려가 있는 때에는 이를 사용하여서는 아니된다.</u> 다만, 무기를 사용하
　　지 아니하고는 <u>타인 또는 특수경비원의 생명·신체</u>에 대한 중대한 위협을 방지할
　　　　　　　　　　　　　　　　　　　　재산·명예×
　　수 없다고 인정되는 때에는 필요한 <u>최소한</u>의 범위 안에서 이를 사용할 수 있다.
　　　　　　　　　　　　　　　　　　최대한×

　3. 특수경비원은 <u>총기 또는 폭발물을 가지고 대항하는 경우를 제외</u>하고는 ⎡14세⎤
　　　　　　　　　　칼×, 흉기×, 위험한 물건×
　　<u>미만의 자</u> 또는 <u>임산부에 대하여는 권총 또는 소총을 발사하여서는 아니된다.</u>
　　∴ 14세 미만의 자나 임산부가 총기나 폭발물을 가지고 대항하는 경우에는 권총을 발사할 수 있다.

제15조의2 【경비원 등의 의무】

① <u>경비원은</u> 직무를 수행함에 있어 타인에게 <u>위력을 과시</u>하거나 <u>물리력을 행사</u>하는 등
　　　　　　　　　　　　　　　　　　권력×, 공권력×

　경비업무의 <u>범위를 벗어난 행위를 하여서는 아니된다.</u>　☞ 위반시 벌칙(1년/1천)

② <u>누구든지</u> 경비원으로 하여금 경비업무의 <u>범위를 벗어난 행위를 하게 하여서는 아니된다.</u>
　☞ 위반시 벌칙(3년/3천), 경비업자가 위반시 행정처분(허가취소)

제16조 【경비원의 복장 등】 ☞ 위반시 행정처분(경고/1월/3월)

① <u>경비업자는 경찰공무원 또는 군인의 제복과 색상 및 디자인 등이 명확히 구별되는</u>
　　　　　　　　　　　∴ 경비원의 제복은 경찰공무원의 제복과 색깔이 같을 수 없다.
　소속 경비원의 복장을 정하고 이를 확인할 수 있는 <u>사진</u>을 첨부하여 주된 사무소를
　관할하는 <u>시·도경찰청장에게</u> 행정안전부령으로 정하는 바에 따라 <u>신고하여야 한다.</u>
　　　　경찰서장에게 신고×
　☞ 위반시 과태료 500만원 이하(100/200/400)
　　집단민원현장에 복장신고 않고 배치시 과태료 3천만원 이하(600/1200/2400)

② 경비업자는 경비업무 수행 시 경비원에게 소속 경비업체를 표시한 <u>이름표를 부착하도록 하고</u>, 제1항에 따라 <u>신고된 동일한 복장</u>을 착용하게 하여야 하며, 복장에 소속
_{부착하도록 할 수 있다×}

회사를 오인할 수 있는 표시를 하거나 다른 회사의 복장을 착용하게 하여서는 아니된다.

다만, 집단민원현장이 <u>아닌</u> 곳에서 <u>신변보호업무를 수행하는 경우</u> 또는 경비업무의
_{집단민원현장에서×　　　　　시설경비업무×}

성격상 부득이한 사유가 있어 <u>관할경찰관서장이 허용하는 경우</u>에는 그러하지
_{시·도경찰청장×(청원경찰법 시행령 제14조 제3항과 비교)}

아니하다. ☞ 이름표 미부착, 신고된 동일 복장 미착용 배치시 과태료 500만원 이하(100/200/400),
　　　　집단민원현장에 미부착·미착용 배치시 과태료 3천만원 이하(600/1200/2400)

③ <u>시·도경찰청장</u>은 제1항에 따라 제출받은 사진을 검토한 후 <u>경비업자에게</u> <u>복장 변경</u> 등에 대한 <u>시정명령</u>을 할 수 있다.
_{이행명령×}

④ 제3항에 따른 시정명령을 받은 경비업자는 이를 이행하여야 하고, <u>시·도경찰청장에게</u> 행정안전부령으로 정하는 바에 따라 <u>이행보고</u>를 하여야 한다.
_{신고×}

⑤ 그 밖에 경비원의 복장 등에 필요한 사항은 행정안전부령으로 정한다.

제16조의2 【경비원의 장비 등】 ☞ 위반시 행정처분(경고/1월/3월)

① 경비원이 휴대할 수 있는 <u>장비의 종류는 경적·단봉·분사기 등 행정안전부령으로</u>
_{권총×, 소총×, 수갑×, 포승×(청원경찰은 포승○)　※ 특수경비원의 무기종류는 대통령령으로 정한다.}

<u>정하되, 근무 중에만 이를 휴대할 수 있다.</u>
_{∴ 근무시간 이외 휴대×, 항상 휴대하여야 한다×}

② <u>경비업자</u>가 경비원으로 하여금 <u>분사기를 휴대</u>하여 직무를 수행하게 하는 경우에는
_{시설주×　　　　　　무기를 휴대×, 경적·단봉을 휴대×}

<u>「총포·도검·화약류 등 단속법」</u>에 따라 <u>미리 분사기의 소지허가를 받아야 한다.</u>
_{소지신고를 하여야 한다×}

※ 「총포·도검·화약류 등 단속법」의 제명은 「총포·도검·화약류 등의 안전관리에 관한 법률」로 개정되었다.
「청원경찰법」에서는 개정된 제명이 반영되었으나, 「경비업법」에서는 반영되지 않았다.

③ <u>누구든지</u> 제1항의 장비를 <u>임의로 개조</u>하여 <u>통상의 용법과 달리 사용</u>함으로써 다른 사람의 생명·신체에 위해를 가하여서는 아니된다.

④ 경비원은 경비업무를 위하여 필요하다고 인정되는 <u>상당한 이유</u>가 있을 때에는 <u>필요한 최소한도</u>에서 제1항의 <u>장비</u>를 사용할 수 있다.
_{무기×}

⑤ 그 밖에 경비원의 장비 등에 관하여 필요한 사항은 행정안전부령으로 정한다.

제16조의3 【출동차량 등】 ☞ 위반시 행정처분(경고/1월/3월)

① 경비업자는 <u>출동차량 등의 도색 및 표지를 경찰차량 및 군차량과 명확히 구별</u>될 수 있게 하여야 한다.
_{일반차량×, 구급차량×, 소방차량×}

② 경비업자는 출동차량 등의 도색 및 표지를 정하고 이를 확인할 수 있는 사진을 첨부하여 주된 사무소를 관할하는 시·도경찰청장에게 행정안전부령으로 정하는 바에 따라 신고하여야 한다.
<small>경찰서장에게 신고×   출동차량을 운행하기 전에</small>

③ 시·도경찰청장은 제2항에 따라 제출받은 사진을 검토한 후 경비업자에게 도색 및 표지 변경 등에 대한 시정명령을 할 수 있다.

④ 제3항에 따른 시정명령을 받은 경비업자는 이를 이행하여야 하고, 시·도경찰청장에게 행정안전부령으로 정하는 바에 따라 이행보고를 하여야 한다.
<small>신고×</small>

⑤ 그 밖에 출동차량 등에 필요한 사항은 행정안전부령으로 정한다.

제17조 【결격사유 확인을 위한 범죄경력조회 등】

① 경찰청장, 시·도경찰청장 또는 관할경찰관서장은 직권으로 또는 제2항에 따른 범죄경력조회 요청이 있는 경우에는 경비업자의 임원, 경비지도사 또는 경비원이 제5조 제3
<small>경비업자의 요청   직원×</small>
호·제4호, 제10조 제1항 제3호부터 제8호까지 또는 같은 조 제2항 제3호·제4호에 따른 결격사유에 해당하는지를 확인하기 위하여 「형의 실효 등에 관한 법률」 제6조에 따른 범죄경력조회를 할 수 있다.
<small>수사경력조회×</small>

② 경비업자는 선출·선임·채용 또는 배치하려는 임원, 경비지도사 또는 경비원이 제5조 제3호·제4호, 제10조 제1항 제3호부터 제8호까지 또는 같은 조 제2항 제3호·제4호에 따른 결격사유에 해당하는지를 확인하기 위하여 주된 사무소, 출장소 또는 배치장소를 관할하는 시·도경찰청장 또는 경찰관서장에게 「형의 실효 등에 관한 법률」 제6조에
<small>경찰청장에게×   채무자 회생 및 파산에 관한 법률×</small>
따른 범죄경력조회를 요청할 수 있다.
<small>채무내역조회×</small>

③ 제2항에 따른 범죄경력조회 요청을 받은 시·도경찰청장 또는 관할경찰관서장은 경비업자에게 그 결과를 통보할 때에는 경비업자의 임원, 경비지도사 또는 경비원이 제5조 제3호·제4호, 제10조 제1항 제3호부터 제8호까지 또는 같은 조 제2항 제3호·제4호에 따른 결격사유에 해당하는지 여부만을 통보하여야 한다.
<small>∴ 결격사유에 관한 바 제한없이 통보×, 결격사유에 해당하는 일정한 범죄사실을 통보×</small>

④ 시·도경찰청장 또는 관할경찰관서장은 경비업자의 임원, 경비지도사 또는 경비원이 제5조 각 호, 제10조 제1항 각 호 또는 제2항 각 호의 결격사유에 해당하는 사실을 알게 되거나 이 법 또는 이 법에 따른 명령을 위반한 때에는 경비업자에게 그 사실을 통보하여야 한다. ∴ 경비업자의 요청이 없어도 통보하여야 한다.

제18조【경비원의 명부와 배치허가 등】

① 경비업자는 행정안전부령이 정하는 바에 따라 경비원의 명부를 작성·비치하여야 한다.
☞ 작성의무 위반시 과태료 500만원 이하(50/100/200), 비치의무 위반시 과태료 500만원 이하(100/200/400)
다만, 집단민원현장에 배치되는 일반경비원의 명부는 그 경비원이 배치되는 장소에도 작성·비치하여야 한다.
☞ 작성의무 위반시 과태료 3천만원 이하(300/600/1200), 비치의무 위반시 과태료 3천만원 이하(600/1200/2400)
☞ 집단민원현장에 작성·비치의무 위반시 행정처분(1월/3월/취소)

② 경비업자가 경비원을 배치하거나 배치를 폐지한 경우에는 행정안전부령이 정하는 바에
경비업법 시행규칙 제24조 참조
따라 관할경찰관서장에게 신고하여야 한다. ☞ 위반시 과태료 500만원 이하(50/100/200/400)
시·도경찰청장에게 신고×(제4조 제3항과 비교)
다만, 다음 제1호의 경우에는 경비원을 배치하기 48시간 전까지 행정안전부령으로
경비업법 시행규칙 제24조의2 참조
정하는 바에 따라 배치허가를 신청하고, 관할경찰관서장의 배치허가를 받은 후에
배치신고×
경비원을 배치하여야 하며(제2호 및 제3호의 경우에는 경비원을 배치하기 전까지 신고하여야
한다), 이 경우 관할경찰관서장은 배치허가를 함에 있어 필요한 조건을 붙일 수 있다.
☞ 무허가 배치, 거짓 내용 신청시 행정처분(1월/3월/취소), 과태료 3천만원 이하(1000/2000/3000)

1. 제2조 제1호 가목에 따른 시설경비업무 또는 같은 호 다목에 따른
   신변보호업무 중 집단민원현장에 배치된 일반경비원 ———— 48시간 전까지
   배치허가신청

2. 집단민원현장이 아닌 곳에서 제2조 제1호 다목의 규정에 의한
   신변보호업무를 수행하는 일반경비원 ———— 배치전까지
   배치신고

3. 특수경비원

③ 관할경찰관서장은 제2항 각 호 외의 부분 단서에 따른 배치허가 신청을 받은 경우
다음 각 호의 사유에 해당하는 때에는 배치허가를 하여서는 아니된다. 이 경우 관할
배치폐지를 명할 수 있다×(제8항의 각 호와 구분할 것)
경찰관서장은 다음 각 호의 사유를 확인하기 위하여 소속 경찰관으로 하여금 그 배치
장소를 방문하여 조사하게 할 수 있다.
주된 사무소×   조사하여야 한다×

1. 제15조의2 제1항 및 제2항을 위반하여 경비업무의 범위를 벗어난 행위를 할 우려가
   있는 경우

2. 경비원 중 제10조 제1항 또는 제2항에 해당하는 결격자나 제13조에 따른 신임교육을
   직무교육×
   받지 아니한 사람이 대통령령으로 정하는 기준 이상으로 포함되어 있는 경우
   100분의 21

3. 제24조에 따라 경비원의 복장·장비 등에 대하여 내려진 필요한 명령을 이행하지
   아니하는 경우

④ 제2항 각 호 외의 부분 단서에 따른 배치허가 신청을 받은 관할경찰관서장은 배치되는 경비원 중 제10조 제1항 또는 제2항에 해당하는 <u>결격자</u>가 있는 경우에는 그 사람을 <u>제외하고 배치허가를 하여야 한다.</u>

⑤ 경비업자는 경비원을 배치하여 경비업무를 수행하게 하는 때에는 <u>행정안전부령으로</u>
관할경찰서장×
정하는 바에 따라 배치된 경비원의 인적사항과 배치일시·배치장소 등 <u>근무상황을</u>
<u>기록하여 보관하여야 한다.</u> ☞ 위반시 과태료 500만원 이하(50/100/200)
1년 동안 보관

⑥ 경비업자는 다음 각 호의 어느 하나에 해당하는 죄를 범하여 벌금형을 선고받고 [5년]이
강간·절도·강도 관련 죄×
지나지 아니하거나 <u>금고 이상의 형을 선고받고 그 집행이 유예된 날부터</u> [5년]이 지나지
종료된 날×
아니한 자를 <u>집단민원현장에 일반경비원으로 배치하여서는 아니된다.</u> ☞ 위반시 행정처분
(1월/3월/취소)

1. 「형법」 제257조부터 제262조까지, 제264조, 제276조부터 제281조까지의 죄,
상해와 폭행의 죄 체포와 감금의 죄
제284조의 죄(특수협박죄), 제285조의 죄(상습협박죄, 상습존속협박죄, 상습특수협박죄), 제320조의 죄(특수주거침입죄), 제324조 제2항의 죄(특수강요죄), 제350조의2의 죄(특수공갈죄), 제351조의 죄(제350조, 제350조의2의 상습범으로 한정한다. 상습공갈죄·상습특수공갈죄), 제369조 제1항의 죄(특수손괴죄)

2. 「폭력행위 등 처벌에 관한 법률」 제2조(폭행등죄) 또는 제3조(집단적 폭행등죄)의 죄

⑦ <u>경비업자는</u> 제1항에 따른 <u>경비원 명부에 없는 자</u>를 경비업무에 종사하게 하여서는 아니되고, 제2항에 따라 경비원을 배치하는 경우에는 제13조에 따른 <u>신임교육을 이수</u>
직무교육×
<u>한 자를 배치하여야 한다.</u> ☞ 후단 위반시 과태료 3천만원 이하(600/1200/2400)

⑧ 관할경찰관서장은 경비업자가 다음 각 호의 어느 하나에 해당하는 때에는 <u>배치폐지를</u>
<u>명할 수 있다.</u> ☞ 명령 불이행시 벌칙(1년/1천), 행정처분(허가취소)
경비업 허가를 취소한다×

1. 제2항 각 호 외의 부분 단서를 위반하여 <u>배치허가를 받지 아니하고 경비원을 배치하거나 경비원 명단 및 배치일시·배치장소 등 배치허가 신청의 내용을 거짓으로 한 때</u>

2. 제6항의 <u>결격사유</u>에 해당하는 자를 <u>집단민원현장에 일반경비원으로 배치한 때</u>

3. 제7항을 위반하여 <u>신임교육을 이수하지 아니한 자</u>를 <u>제2항 각 호의 경비원으로</u>
<u>배치한 때</u> ∴ 신임교육 미이수자를 제2항 본문의 경비원으로 배치한 때에는 배치폐지를 명할 수는 없다.

4. <u>경비업자 또는 경비원이 위력</u>이나 <u>흉기 또는 그 밖의 위험한 물건</u>을 사용하여 <u>집단적 폭력사태를 일으킨 때</u>

5. 경비업자가 제2항 각 호 외의 부분 본문을 위반하여 <u>신고하지 아니하고 일반경비원을</u>
<u>배치한 때</u> ※ 본 호의 규정은 입법상 오류로 보인다. 즉, "경비업자가 제2항 각 호 외의 부분 '단서'를 위반하여 신고하지 아니하고 '경비원'을 배치한 때"로 규정하는 것이 타당할 것으로 보인다.

tip 배치 관련 쟁점 정리

배치 경비원	배치신고/배치허가신청	배치폐지신고	배치폐지 명령사유
• 집단민원현장 아닌 곳의 시설경비업무 수행 일반경비원 • 호송경비업무 수행 일반경비원 • 기계경비업무 수행 일반경비원	배치후 7일 이내 신고 (20일 이상 배치하거나 기간 연장시에만 신고)	폐지한 날부터 7일 이내 신고 (예정일 폐지시 신고×)	• (미신고 배치시*) • 폭력사태 야기시
• 집단민원현장 아닌 곳의 신변보호업무 수행 일반경비원 • 특수경비원	배치 전까지 신고		• (미신고 배치시**) • 신임교육 미이수자 배치시 • 폭력사태 야기시
• 집단민원현장의 시설경비업무 수행 일반경비원 • 집단민원현장의 신변보호업무 수행 일반경비원	• 배치시 : 배치 48시간 전까지 허가신청 • 배치기간 연장시 : 배치 기간 만료 48시간 전까지 허가신청 • 새로운 경비원 배치시 : 새로운 경비원 배치 48시 간 전까지 허가신청	폐지한 날부터 48시간 이내 신고	• 무허가 배치시 • 허가신청내용거짓시 • 신임교육 미이수자 배치시 • 결격사유자 배치시 • 폭력사태 야기시

※ 배치폐지 명령사유 중 '미신고 배치시'는 현행법에 의하면 (*)의 위치에 있으나, 이는 입법상 오류로 보이며, 논리적 해석상 (**)의 위치에 오는 것이 타당할 것으로 보인다. 다만, 실제 시험에서 출제된다면 (*)의 위치는 옳은 것으로 봐야 한다.

제5장 행정처분 등

제19조【경비업 허가의 취소 등】

① 허가관청은 경비업자가 다음 각 호의 어느 하나에 해당하는 때에는 그 **허가를 취소하여야 한다.** ☞ 필요적 취소사유(∴ 반드시 취소하여야 한다)　　　　　　※ 암기키워드 : 방범실외 계폐

1. **허위** 그 밖의 **부정**한 **방**법으로 **허가**를 받은 때

2. 제7조 제5항의 규정에 위반하여 허가받은 **경비업무 외**의 업무에 경비원을 **종사**하게 한 때

3. 제7조 제9항의 규정에 위반하여 경비업 및 **경비관련업 외**의 **영업**을 한 때
   특수경비업자가

4. 정당한 사유없이 허가를 받은 날부터 (**2년**) 이내에 경비 도급**실**적이 없거나 **계**속하여
   허가를 받은 다음 날부터×
   (**1년**) 이상 **휴업**한 때

5. 정당한 사유없이 **최종 도급계약 종료일의 다음 날부터** (**2년**) 이내에 경비 도급**실**적이
   최초×　　　　　체결일×　　종료일부터×
   없을 때

6. 영업정지처분을 받고 **계**속하여 **영업**을 한 때

7. 제15조의2 제2항을 위반하여 소속 경비원으로 하여금 **경비업무의 범위**를 벗어난 행위를 하게 한 때

8. 제18조 제8항에 따른 관할경찰관서장의 **배치폐지** 명령에 따르지 아니한 때

② 허가관청은 경비업자가 다음 각 호의 어느 하나에 해당하는 때에는 <u>대통령령</u>으로 정하는 행정처분의 기준에 따라 그 허가를 취소하거나 ⑥개월 이내의 기간을 정하여 영업의

임의적 취소사유(∴ 취소할 수 있다)

전부 또는 일부에 대하여 **영업정지**를 명할 수 있다. ※ 경비업법 시행령 제24조 별표4 참조

1. 제4조 제1항 후단을 위반하여 시·도경찰청장의 **허가 없이** 경비업무를 **변경**한 때

2. 제7조 제2항을 위반하여 <u>도급을 의뢰받은 경비업무가 위법한 것임에도</u> 이를 **거부**하지

   부당×

   아니한 때

3. 제7조 제6항을 위반하여 경비지도사를 **집단**민원현장에 선임·배치하지 아니한 때

   일반경비원×

4. 제8조를 위반하여 경비대상 시설에 관한 **경보** 대응체제를 갖추지 아니한 때

5. 제9조 제2항을 위반하여 관련 **서류**를 작성·비치하지 아니한 때

6. 제10조 제3항을 위반하여 **결격**사유에 해당하는 경비원을 배치하거나 결격사유에 해당하는 경비지도사를 선임·배치한 때

7. 제12조 제1항을 위반하여 경비지도사를 **선임**한 때

8. 제13조를 위반하여 경비원으로 하여금 **교육**을 받게 하지 아니한 때

9. 제16조에 따른 경비원의 **복장** 등에 관한 규정을 위반한 때

10. 제16조의2에 따른 경비원의 **장비** 등에 관한 규정을 위반한 때

11. 제16조의3에 따른 경비원의 출동**차량** 등에 관한 규정을 위반한 때

12. 제18조 제1항 단서를 위반하여 **집단**민원현장에 일반경비원 명부를 작성·비치하지

    특수경비원×

    아니한 때

13. 제18조 제2항 각 호 외의 부분 단서를 위반하여 **배치허가**를 받지 아니하고 경비원을 배치하거나 경비원 명단 및 배치일시·배치장소 등 배치허가 신청의 내용을 거짓으로 한 때

14. 제18조 제6항을 위반하여 결격사유에 해당하는 일반경비원을 **집단**민원현장에 배치한 때

15. 제24조에 따른 **감독상** 명령에 따르지 아니한 때

16. 제26조를 위반하여 **손해**를 배상하지 아니한 때

③ 허가관청은 제1항 및 제2항에 의하여 허가취소 또는 영업정지처분을 하는 때에는 경비업자가 허가받은 경비업무 중 <u>허가취소 또는 영업정지사유에 해당되는 경비업무</u>에 **한하여** 처분을 하여야 한다. 다만, <u>제1항 제2호 및 제7호에 해당</u>하여 허가취소를 하는

허가받은 경비업무 외의 업무에 경비원을 종사하게 한 때
소속 경비원으로 하여금 경비업무의 범위를 벗어난 행위를 하게 한 때

때에는 <u>그러하지 아니하다.</u>

∴ 허가취소사유에 해당되지 않는 경비업무에 대하여도 취소처분을 하여야 한다.

제20조 【경비지도사자격의 취소 등】

① <u>경찰청장은 경비지도사가 다음 각호의 1에 해당하는 때에는 그 자격을 **취소하여야** 한다.</u>

  1. <u>제10조 제1항 각호의 **결격사유에 해당하게 된 때**</u>

    ∴ 금고 이상의 형의 선고유예를 받고 그 유예기간 중에 있는 자는 취소×

  2. **허위** 그 밖의 부정한 방법으로 경비지도사자격증을 **교부받은 때**

  3. 경비지도사자격증을 다른 사람에게 빌려주거나 **양도한 때**

  4. 자격정지 기간 중에 경비지도사로 선임되어 **활동**한 때

② 경찰청장은 경비지도사가 다음 각호의 1에 해당하는 때에는 **대통령령**이 정하는 바에

                                     경비업법 시행령 제25조 별표5 참조

  따라 (1년)의 범위 내에서 그 자격을 **정지시킬 수 있다.**

  1. 제12조 제3항의 규정에 위반하여 <u>직무를 **성실**하게 수행하지 아니한 때</u> ☞ 자격정지 3/6/12월

  2. 제24조의 규정에 의한 경찰청장 또는 시·도경찰청장의 **명령**을 위반한 때 ☞ 자격정지 1/6/9월

③ <u>경찰청장</u>은 제1항의 규정에 의하여 경비지도사의 자격을 <u>취소</u>한 때에는 경비지도사자격 증을 <u>회수</u>하여야 하고, 제2항의 규정에 의하여 경비지도사의 자격을 <u>정지</u>한 때에는 그 정지기간동안 경비지도사자격증을 <u>회수</u>하여 보관하여야 한다.

                      ∴ 정지한 때에도 회수한다.

제21조 【청문】

<u>경찰청장 또는 시·도경찰청장은</u> 다음 각호의 1에 해당하는 처분을 하고자 하는 경우에는 <u>청문을 실시하여야 한다.</u>

1. 제19조의 규정에 의한 <u>경비업 **허가**의 **취소** 또는 영업정지</u>

2. 제20조 제1항 또는 제2항의 규정에 의한 <u>경비지도사자격의 취소 또는 정지</u>

※ 경비업 허가시 청문실시×, 경비업 법인의 임원선임 취소시 청문실시×, 경비원 징계시 청문실시×, 경비업자에 대한 과태료 부과처분시 청문실시×

제6장 경비협회

제22조 【경비협회】

① 경비업자는 경비업무의 건전한 발전과 <u>경비원의 자질향상 및 교육훈련 등을 위하여</u>
경비원은×   경비지도사×   권익을 보호하기 위하여×

     <u>대통령령</u>이 정하는 바에 따라 경비협회를 <u>설립할 수 있다.</u>
행정안전부령×   설립하여야 한다×

② 경비협회는 <u>법인</u>으로 <u>한다.</u>
조합×   할 수 있다×

③ 경비협회의 업무는 다음과 같다.

   1. <u>경비업무의 연구</u>

   2. <u>경비원 교육·훈련 및 그 연구</u> ※ 경비원의 지도·감독·교육의 실시는 경비지도사의 직무이다.
경비지도사×

   3. <u>경비원의 후생·복지에 관한 사항</u>
경비업자×

   4. <u>경비진단에 관한 사항</u>
보안측정×

   5. 그 밖에 <u>경비업무의 건전한 운영과 육성에 관하여 필요한 사항</u>

   ※ 경비업 허가에 관한 사항, 경비원의 징계에 관한 사항, 경비도급계약과 알선에 관한 사항, 경비지도사의
     지도·감독, 경비지도사 및 경비원의 신분증명서의 발급 등은 경비협회의 업무가 아니다.

④ 경비협회에 관하여 이 법에 <u>특별한 규정이 있는 것을 제외하고는 민법 중 사단</u>법인에 관한
상법×   재단법인×, 조합×

     규정을 준용한다.

제23조 【공제사업】

① <u>경비협회는</u> 다음 각 호의 공제사업을 <u>할 수 있다.</u>
하여야 한다×

   1. 제26조에 따른 <u>경비업자의 손해배상책임</u>을 보장하기 위한 사업
경비원×, 경비지도사× 형사책임×

   2. <u>경비업자</u>가 경비업을 운영할 때 필요한 <u>입찰보증, 계약보증</u>(이행보증을 <u>포함한다</u>),
시설주×

     <u>하도급보증</u>을 위한 사업

   3. <u>경비원의 복지향상</u>과 업무상 재해로 인한 손실을 보상하는 사업
경비업자×, 경비지도사×

   4. <u>경비업무와 관련한 연구 및 경비원 교육·훈련</u>에 관한 사업 ※ 경비진단에 관한 사업×
경비지도사×

② <u>경비협회는</u> 제1항의 규정에 의한 공제사업을 하고자 하는 때에는 <u>공제규정을 제정하여야</u>
제정할 수 있다×

     <u>한다.</u> ※ 공제규정을 제정하여 시·도경찰청장에게 신고×

③ 제2항의 공제규정에는 <u>공제사업의 범위</u>, <u>공제계약의 내용</u>, <u>공제금</u>, <u>공제료</u> 및 공제금에
공제사업의 감독에 관한 기준×
충당하기 위한 <u>책임준비금</u> 등 공제사업의 운영에 관하여 필요한 사항을 정하여야 한다.

④ <u>경찰청장</u>은 제1항에 따른 공제사업의 건전한 육성과 <u>가입자</u>의 보호를 위하여 공제사업의
시·도경찰청장×, 행정안전부장관×
<u>감독에 관한 기준</u>을 <u>정할 수 있다</u>.
정하여야 한다×

⑤ 경찰청장은 제2항에 따른 공제규정을 승인하거나 제4항에 따라 공제사업의 감독에
관한 기준을 정하는 경우에는 <u>미리</u> <u>금융위원회와</u> <u>협의하여야 한다</u>.
경찰공제회와 협의×, 경비협회와 협의×, 금융감독원의 원장과 협의× 승인을 얻어야 한다×

⑥ 경찰청장은 제1항에 따른 공제사업에 대하여 「금융위원회의 설치 등에 관한 법률」에
따른 <u>금융감독원의 원장에게</u> <u>검사를</u> 요청할 수 있다.
금융위원회 위원장에게×   감사를×

제7장 보칙

제24조【감독】 ☞ 경비업자가 위반시 행정처분(경고/3월/취소), 경비지도사가 위반시 행정처분(자격정지 1월/6월/9월)

① <u>경찰청장 또는 시·도경찰청장</u>은 경비업무의 적정한 수행을 위하여 <u>경비업자 및 경비지</u>
시·도경찰청장 또는 관할경찰관서장×(청원경찰법 제9조의3 제2항과 비교) 시설주×
도사를 지도·감독하며 필요한 명령을 할 수 있다.

② <u>시·도경찰청장 또는 관할경찰관서장</u>은 <u>소속 경찰공무원으로 하여금</u> 관할구역안에 있는
경찰청장× 직접×, 경비지도사로 하여금×
경비업자의 주사무소 및 출장소와 경비원배치장소에 <u>출입하여</u> 근무상황 및 교육훈련상
황 등을 <u>감독하며</u> 필요한 명령을 하게 할 수 있다. 이 경우 출입하는 경찰공무원은
그 권한을 표시하는 증표를 관계인에게 내보여야 한다.

③ <u>시·도경찰청장 또는 관할경찰관서장</u>은 경비업자 또는 배치된 경비원이 이 법이나
이 법에 따른 명령, <u>「폭력행위 등 처벌에 관한 법률」</u>을 위반하는 행위를 하는 경우
형법×, 성폭력범죄의 처벌 등에 관한 특례법×
그 위반행위의 <u>중지를</u> 명할 수 있다. ☞ 중지명령 불이행시 벌칙(1년/1천)
중지를 명하여야 한다×

④ <u>시·도경찰청장 또는 관할경찰관서장</u>은 경비업무 장소가 집단민원현장으로 판단되는
경찰청장×
경우에는 <u>그 때부터</u> (48시간) 이내에 경비업자에게 경비원 배치 <u>허가를 받을 것을</u> 고지
신고×
하여야 한다.

경비업법

제25조【보안지도·점검 등】

시·도경찰청장은 대통령령이 정하는 바에 따라 **특수경비업자**에 대하여 보안지도·점검을
관할경찰관서장×   연 2회 이상   시설경비업자×, 기계경비업자×

실시하여야 하고, 필요한 경우 관계기관에 보안측정을 요청하여야 한다.
실시할 수 있다×   관할경찰관서장× 경비진단×   요청할 수 있다×

제26조【손해배상 등】 ☞ 위반시 행정처분(경고/3월/6월)

① 경비업자는 경비원이 업무수행 **중** 고의 또는 **과실**로 경비대상에 손해가 발생하는
   경비지도사×   무과실×

   것을 방지하지 못한 때에는 그 손해를 배상하여야 한다.

② 경비업자는 경비원이 업무수행 **중** 고의 또는 **과실**로 제3자에게 손해를 입힌 경우에는
   시설주×

   이를 배상하여야 한다.

제27조【위임 및 위탁】

① 이 법에 의한 경찰청장의 권한은 대통령령이 정하는 바에 따라 그 일부를 시·도경찰청장
                                경찰청장의 재량으로×   전부× 경찰서장에게 위임×

   에게 위임할 수 있다.
   관계전문기관에 위탁×

② 경찰청장은 제11조의 규정에 의한 경비지도사의 시험 및 교육에 관한 업무를 대통령령이
                                            경비원의 교육×

   정하는 바에 따라 관계전문기관 또는 단체에 위탁할 수 있다.
                              시·도경찰청장에게 위임×

   ※ 청원경찰법에 따른 시·도경찰청장의 권한은 그 일부를 관할경찰서장에게 위임 가능(청원경찰법 제10조의3 참조)

제27조의2【수수료】

이 법에 따른 경비업의 허가를 받거나 허가증을 재교부 받고자 하는 자는 대통령령이 정하
                                                    경찰청장×(경비업법 시행령
                                                    제28조 제3항과 비교)
는 바에 따라 수수료를 납부하여야 한다.

제27조의3【벌칙 적용에서 공무원 의제】

제27조 제2항에 따라 위탁받은 업무에 종사하는 관계전문기관 또는 단체의 임직원은 「형법」
제129조부터 제132조(수뢰, 사전수뢰, 제삼자뇌물제공, 수뢰후부정처사, 사후수뢰, 알선수뢰)
까지의 규정을 적용할 때에는 공무원으로 본다.

※ 뇌물공여×, 직권남용×, 공무상 비밀의 누설×, 허위 공문서 작성 등×

제8장 벌칙

제28조【벌칙】

① 제14조 제2항의 규정에 위반하여 **국가중요시설**의 정상적인 운영을 해치는 장해를 일으킨 특수경비원은 ⑤년 이하의 징역 또는 5천만원 이하의 벌금에 처한다. ∴ 가장 엄하게 처벌

② 다음 각 호의 어느 하나에 해당하는 자는 ③년 이하의 징역 또는 3천만원 이하의 벌금에 처한다.

1. 제4조 제1항의 규정에 의한 **허가**를 받지 아니하고 경비업을 영위한 자

2. 제7조 제4항의 규정에 위반하여 직무상 알게 된 **비밀**을 누설하거나 부당한 목적을 위하여 사용한 자

3. 제7조 제8항의 규정에 위반하여 경비업무의 중단을 **통보**하지 아니하거나 경비업무를 즉시 **인수**하지 아니한 특수경비업자 또는 경비대행업자

4. **집단**민원현장에 경비원을 배치하면서 제7조의2 제1항을 위반하여 제4조 제1항에 따른 허가를 받지 아니한 자에게 경비업무를 **도급**한 자

5. 제7조의2 제2항을 위반하여 **집단**민원현장에 **20명** 이상의 경비인력을 배치하면서 그 경비인력을 직접 **고용**한 자

6. 제7조의2 제3항을 위반하여 경비업자의 경비원 채용 시 **무자격자나 부적격자** 등을 채용하도록 관여하거나 영향력을 행사한 도급인

7. **과실로** 인하여 제14조 제2항의 규정에 위반하여 **국가중요시설**의 정상적인 운영을 해치는 장해를 일으킨 특수경비원

8. 특수경비원으로서 경비구역 안에서 시설물의 절도, 손괴, 위험물의 폭발 등의 사유로 인한 **위급사태**가 발생한 때에 제15조 제1항 또는 제2항의 규정에 위반한 자
   명령불복종　　경비구역이탈

9. 제15조의2 제2항의 규정을 위반하여 경비원에게 경비**업무**의 범위를 **벗어난** 행위를 **하게 한 자**

③ 제14조 제4항 후단의 규정에 위반하여 정당한 사유없이 **무기**를 소지하고 배치된 경비구역을 **벗어난** 특수경비원은 ②년 이하의 징역 또는 2천만원 이하의 벌금에 처한다.

④ 다음 각 호의 어느 하나에 해당하는 자는 ①년 이하의 징역 또는 1천만원 이하의 벌금에 처한다.

1. 제14조 제7항의 규정에 위반한 관리**책임자**
   무기출납부 및 무기장비운영카드 비치·기록의무, 무기 직접 지급·회수의무

2. 제15조 제3항의 규정에 위반하여 **쟁의행위**를 한 특수경비원

3. 제15조의2 제1항을 위반하여 경비업무의 범위를 **벗어난** 행위를 한 **경비원**

4. 제16조의2 제1항에서 정한 장비 외에 **흉기** 또는 그 밖의 위험한 물건을 휴대하고 경비업무를 수행한 경비원 또는 경비원에게 이를 휴대하고 경비업무를 수행하게 한 자

5. 제18조 제8항을 위반하여 경찰관서장의 배치**폐지** 명령을 따르지 아니한 자

6. 제24조 제3항에 따른 시·도경찰청장 또는 관할경찰관서장의 **중지**명령에 따르지 아니한 자

> **tip 벌칙규정 암기키워드 정리**
>
> | 5년 / 5천 | • 국가중요시설 |
> |---|---|
> | 3년 / 3천 | • 과실로 국가중요시설
• 업무범위 벗어나게 한 자
• (무)허가, 무자격, 비밀·통보·인수, 도급·고용·위급 |
> | 2년 / 2천 | • 무기소지 벗어난 자 |
> | 1년 / 1천 | • 업무범위 벗어난 자
• 쟁의·중지·흉기·폐지·책임 |

제29조【형의 가중처벌】

① 특수경비원이 무기를 휴대하고 경비업무를 수행중에 제14조 제8항의 규정 및 제15조 제4항의 규정에 의한 무기의 안전수칙을 위반하여「형법」제258조의2 제1항(특수상해죄)·제2항(특수중상해죄), 제259조 제1항(상해치사죄), 제260조 제1항(폭행죄), 제262조(폭행치사상죄), 제268조(업무상 과실·중과실 치사상죄), 제276조 제1항(체포·감금죄), 제277조 제1항(중체포·중감금죄), 제281조 제1항(체포·감금 치사상죄), 제283조 제1항(협박죄), 제324조 제2항(특수강요죄), 제350조의2(특수공갈죄) 및 제366조(재물손괴죄)의 죄를 범한 때에는 그 죄에 정한 형의 2분의 1까지 가중처벌한다.

② 경비원이 경비업무 수행 중에 제16조의2 제1항에서 정한 장비 외에 흉기 또는 그 밖의 위험한 물건을 휴대하고「형법」제258조의2 제1항(특수상해죄)·제2항(특수중상해죄), 제259조 제1항(상해치사죄), 제261조(특수폭행죄), 제262조(폭행치사상죄), 제268조(업무상 과실·중과실 치사상죄), 제276조 제1항(체포·감금죄), 제277조 제1항(중체포·중감금죄), 제281조 제1항(체포·감금 치사상죄), 제283조 제1항(협박죄), 제324조 제2항(특수강요죄), 제350조의2(특수공갈죄) 및 제366조(재물손괴죄)의 죄를 범한 때에는 그 죄에 정한 형의 2분의 1까지 가중처벌한다.

※ 살인죄, 과실치사상죄, 강도죄, 특수강도죄, 강간죄, 강제추행죄, 강도강간죄, 인질강요죄, 업무방해죄, 권리행사방해죄, 공무집행방해죄, 사기죄, 횡령죄, 배임죄, 절도죄, 특수절도죄, 주거침입죄, 특수주거침입죄 등의 죄는 가중처벌 대상 범죄가 아니다.

tip 죄명 정리

구분	가중처벌 죄명		집단민원현장 배치결격사유 죄명 (제18조 제6항)
	특수경비원 (제29조 제1항)	경비원 (제29조 제2항)	
폭행	폭행죄 폭행치사상죄	특수폭행죄 폭행치사상죄	폭행 관련 죄 전체
상해	특수상해죄 특수중상해죄 상해치사죄		상해 관련 죄 전체
체포 감금	체포·감금죄 중체포·중감금죄 체포·감금치사상죄		체포·감금 관련 죄 전체
협박 강요 공갈	협박죄 특수강요죄 특수공갈죄		특수협박죄, 상습협박죄, 상습존속협박죄, 상습특수협박죄 특수강요죄 특수공갈죄, 상습공갈죄, 상습특수공갈죄
기타	재물손괴죄 업무상 과실·중과실치사상죄		특수손괴죄, 특수주거침입죄 폭처법상 폭행등죄, 집단적 폭행등죄

제30조 【양벌규정】

법인의 <u>대표자</u>나 법인 또는 개인의 <u>대리인, 사용인</u>, 그 밖의 종업원이 그 법인 또는 개인
　　　　　　　개인의 직계 존·비속×

의 업무에 관하여 <u>제28조(벌칙)의 위반행위</u>를 하면 그 행위자를 벌하는 외에 그 <u>법인</u>
　　　　　　∴ 제31조(과태료) 위반시 양벌규정 적용×

<u>또는 개인</u>에게도 <u>해당 조문의 벌금형</u>을 과한다. 다만, 법인 또는 개인이 그 위반행위를
　　　　　　　　행위자와 동일한 벌금형×, 해당 조문의 징역형×

방지하기 위하여 해당 업무에 관하여 <u>**상당한 주의**와 감독을 게을리하지 아니한 경우</u>에는
<u>그러하지 아니하다.</u>
∴ 벌금형을 과하지 않는다.

경비업법

제31조 【과태료】

① 다음 각 호의 어느 하나에 해당하는 <u>경비업자</u>에게는 **3천만원 이하**의 과태료를 부과한다.

1. 제16조 제1항을 위반하여 경비원의 <u>복장에 관한 신고</u>를 하지 아니하고 집단민원현장에 경비원을 배치한 자

2. 제16조 제2항을 위반하여 <u>이름표를 부착</u>하게 하지 아니하거나, <u>신고된 동일 복장</u>을 착용하게 하지 아니하고 <u>집단민원현장에 경비원을 배치</u>한 자

3. 제18조 제1항 단서를 위반하여 <u>집단민원현장에</u> 일반경비원을 배치하면서 경비원의 <u>명부를 배치장소에 작성·비치하지 아니한 자</u>

4. 제18조 제2항 각 호 외의 부분 단서를 위반하여 <u>배치허가를 받지 아니하고 경비원을 배치</u>하거나 경비원 명단 및 배치일시·배치장소 등 <u>배치허가 신청의 내용을 거짓으로</u> 한 자

5. 제18조 제7항을 위반하여 제13조에 따른 <u>신임교육을 이수</u>하지 아니한 자를 제18조 제2항 각 호의 경비원으로 배치한 자

② 다음 각 호의 어느 하나에 해당하는 <u>경비업자</u> 또는 <u>시설주</u>에게는 **500만원 이하**의 과태료를 부과한다.

1. 제4조 제3항 또는 제18조 제2항의 규정에 위반하여 <u>신고</u>를 하지 아니한 자

2. 제7조 제7항의 규정에 위반하여 경비대행업자 <u>지정신고</u>를 하지 아니한 자

3. 제9조 제1항의 규정에 위반하여 <u>설명의무</u>를 이행하지 아니한 자

4. 제12조 제1항의 규정에 위반하여 <u>경비지도사를 선임</u>하지 아니한 자

5. 제14조 제6항의 규정에 의한 <u>감독상 필요한 명령</u>을 정당한 이유없이 이행하지 아니한 자

6. 제10조 제3항을 위반하여 <u>결격사유</u>에 해당하는 <u>경비원을 배치</u>하거나 결격사유에 해당하는 <u>경비지도사를 선임·배치</u>한 자

7. 제16조 제1항의 <u>복장 등에 관한 신고규정</u>을 위반하여 신고를 하지 아니한 자

8. 제16조 제2항을 위반하여 <u>이름표를 부착</u>하게 하지 아니하거나, <u>신고된 동일 복장</u>을 착용하게 하지 아니하고 경비원을 경비업무에 배치한 자

9. 제18조 제1항 본문을 위반하여 <u>명부를 작성·비치</u>하지 아니한 자

10. 제18조 제5항을 위반하여 경비원의 <u>근무상황</u>을 <u>기록</u>하여 <u>보관</u>하지 아니한 자

③ 제1항 및 제2항의 규정에 의한 과태료는 대통령령이 정하는 바에 의하여 **시·도경찰청장** 또는 **경찰관서장**이 부과·징수한다.

경찰청의 행정규칙×

※ 청원경찰법 제12조 : 시·도경찰청장이 부과·징수한다.

경비업법 시행령(대통령령)

제1조 【목적】
이 영은 경비업법에서 위임된 사항과 그 시행에 관하여 필요한 사항을 규정함을 목적으로 한다.

제2조 【국가중요시설】
경비업법(이하 "법"이라 한다) 제2조 제1호 마목에서 "대통령령이 정하는 국가중요시설"이라 함은 공항·항만, 원자력발전소 등의 시설 중 <u>국가정보원장이</u> 지정하는 <u>국가보안목표시설</u>과
경찰청장이 지정×

「통합방위법」 제21조 제4항의 규정에 의하여 <u>국방부장관이</u> 지정하는 <u>국가중요시설</u>을 말한다.
행정안전부장관이 지정×   국가안보시설×

제3조 【허가신청 등】
① 법 제4조 제1항에 따라 경비업의 <u>허가</u>를 받으려는 경우에는 허가신청서에, 경비업의 허가를 받은 법인(이하 "경비업자"라 한다)이 허가를 받은 경비업무를 <u>변경</u>하거나 새로운 경비업무를 <u>추가</u>하려는 경우에는 변경허가신청서에 <u>행정안전부령으로 정하는 서류</u>를
법인의 정관, 법인 임원의 이력서, 경비인력·시설 및 장비를 갖출 수 없는 경우에는 이의 확보계획서
첨부하여 법인의 주사무소를 관할하는 <u>시·도경찰청장 또는 해당 시·도경찰청 소속의 경찰서장</u>
경찰청장 또는 관할 시·도경찰청장에게 제출×
<u>에게 제출하여야 한다. 이 경우 신청서를 제출받은 경찰서장은 **지체 없이** 관할 시·도경찰청장에게 보내야</u> 한다.

② 제1항의 규정에 의하여 허가 또는 변경허가 신청서를 제출하는 법인은 별표 1의 규정에 의한 경비인력·자본금·시설 및 장비를 갖추어야 한다. 다만, 경비업의 허가 또는 변경허가를 신청하는 때에 별표 1의 규정에 의한 <u>시설 등</u>(자본금을 제외한다. 이하 이 항
∴ 자본금은 반드시 갖추어야 한다.
에서 같다)을 갖출 수 없는 경우에는 허가 또는 변경허가의 신청시 시설 등의 <u>확보계획서</u>를 제출한 후 허가 또는 변경허가를 받은 날부터 (1월) 이내에 별표 1의 규정에 의한 <u>시설 등을 갖추고 **시·도경찰청장**의 **확인**</u>을 받아야 한다.
경찰서장×   신고×, 허가×

경시
비행
업령
법

[별표 1] 경비업의 시설 등의 기준

시설 등 기준 업무별	경비인력	자본금	시설	장비 등
시설 경비업무	•일반경비원 ⑩명 이상 •경비지도사 1명 이상	①억원 이상	기준 경비인력 수 이상을 동시에 교육할 수 있는 교육장	•기준 경비인력 수 이상의 경비원 복장 및 경적, 단봉, 분사기
호송 경비업무	•무술유단자인 일반경비원 ⑤명 이상 •경비지도사 1명 이상	1억원 이상	기준 경비인력 수 이상을 동시에 교육할 수 있는 교육장	•<u>호송용 차량 1대 이상</u> •<u>현금호송백 1개 이상</u> •기준 경비인력 수 이상의 경비원 복장 및 경적, 단봉, 분사기
신변 보호업무	•무술유단자인 일반경비원 ⑤명 이상 •경비지도사 1명 이상	1억원 이상	기준 경비인력 수 이상을 동시에 교육할 수 있는 교육장	•기준 경비인력 수 이상의 무전기 등 통신장비 •기준 경비인력 수 이상의 경적, 단봉, 분사기 ※ 복장×
기계 경비업무	•<u>전자·통신 분야 기술자격증 소지자 ⑤명</u>을 포함한 일반경비원 ⑩명 이상 •경비지도사 1명 이상	1억원 이상	•기준 경비인력 수 이상을 동시에 교육할 수 있는 교육장 •**관제시설**	•<u>감지장치·송신장치 및 수신장치</u> •<u>출장소별로 출동차량 2대 이상</u> •기준 경비인력 수 이상의 경비원 복장 및 경적, 단봉, 분사기
특수 경비업무	•특수경비원 ⑳명 이상 •경비지도사 1명 이상	③억원 이상	기준 경비인력 수 이상을 동시에 교육할 수 있는 교육장	•기준 경비인력 수 이상의 경비원 복장 및 경적, 단봉, 분사기 ※ 무기×

※ 비고

1. 자본금의 경우 <u>하나의 경비업무에 대한 자본금을 갖춘 경비업자가 그 외의 경비업무를 추가로 하려는 경우 자본금을 갖춘 것으로 본다.</u> 다만, 특수경비업자 외의 자가 특수경비업무를 추가로 하려는 경우에는 이미 갖추고 있는 자본금을 포함하여 특수경비업무의 자본금 기준에 적합하여야 한다.

2. 교육장의 경우 하나의 경비업무에 대한 시설을 갖춘 경비업자가 그 외의 경비업무를 추가로 하려는 경우에는 <u>경비인력이 더 많이 필요한 경비업무에 해당하는 교육장을 갖추어야 한다.</u>

3. "무술유단자"란 「국민체육진흥법」 제33조에 따른 <u>대한체육회에 가맹된 단체</u> 또는 <u>문화체육관광부에 등록된</u>
 경찰청에 등록×
 무도 관련 단체가 무술유단자로 인정한 사람을 말한다.

4. "<u>호송용 차량</u>"이란 현금이나 그 밖의 귀중품의 운반에 필요한 <u>견고성 및 안전성</u>을 갖추고 <u>무선통신시설</u> 및 <u>경보시설</u>을
 신속성×, 보안성× 영상녹화시설×
 갖춘 자동차를 말한다.

5. "<u>현금호송백</u>"이란 현금이나 그 밖의 귀중품을 운반하기 위한 이동용 호송장비로서 <u>경보시설</u>을 갖춘 것을
 보안시설×, 무선통신시설×
 말한다.

6. "<u>전자·통신 분야 기술자격증소지자</u>"란 「국가기술자격법」에 따라 <u>전자 및 통신 분야</u>에서 <u>기술자격을 취득한</u>
 기계설비 분야× 급수제한 없음
 사람을 말한다.

제4조 【허가절차 등】

① 시·도경찰청장은 제3조 제1항의 규정에 의하여 허가 또는 변경허가의 신청을 받은 때에는 경비업을 영위하고자 하는 법인의 임원 중 법 제5조의 규정에 의한 결격사유에 해당하는 자가 있는지의 유무, 경비인력·시설 및 장비의 확보 또는 확보가능성의 여부, 자본금과 대표자·임원의 경력 및 신용 등을 검토하여 허가여부를 결정하여야 한다.

② 시·도경찰청장은 제1항에 따른 검토를 한 후 경비업을 허가하거나 변경허가를 한 경우에는 해당 법인의 주사무소를 관할하는 경찰서장을 거쳐 신청인에게 허가증을 발급하여야 한다.

지구대장을 거쳐×

③ 경비업자는 경비업 허가증을 잃어버리거나 경비업 허가증이 못쓰게 된 경우에는 허가증 재교부 신청서에 다음 각 호의 구분에 따른 서류를 첨부하여 법인의 주사무소를 관할하는 시·도경찰청장 또는 해당 시·도경찰청 소속의 경찰서장에게 재발급을 신청하여야 하고

신고×

하고, 신청서를 제출받은 경찰서장은 지체 없이 관할 시·도경찰청장에게 보내야 한다.

  1. 허가증을 잃어버린 경우에는 그 사유서

             분실신고서×

  2. 허가증이 못쓰게 된 경우에는 그 허가증

             사유서×

제5조 【폐업 또는 휴업 등의 신고】

① 경비업자는 폐업을 한 경우에는 법 제4조 제3항 제1호에 따라 폐업을 한 날부터 (7일) 이내에 폐업신고서에 허가증을 첨부하여 법인의 주사무소를 관할하는 시·도경찰청장 또는 해당 시·도경찰청 소속의 경찰서장에게 제출하여야 한다. 이 경우 폐업신고서를 제출받은 경찰서장은 지체 없이 관할 시·도경찰청장에게 보내야 한다.

② 경비업자는 휴업을 한 경우에는 법 제4조 제3항 제1호에 따라 휴업한 날부터 (7일) 이내에 휴업신고서를 법인의 주사무소를 관할하는 시·도경찰청장 또는 해당 시·도경찰청 소속의 경찰서장에게 제출하여야 하고, 휴업신고서를 제출받은 경찰서장은 지체 없이 관할 시·도경찰청장에게 보내야 한다. 이 경우 휴업신고를 한 경비업자가 신고한 휴업기간이 끝나기 전에 영업을 다시 시작하거나 신고한 휴업기간을 연장하려는 경우에는 영업을 다시 시작한 후 7일 이내에 또는 신고한 휴업기간이 끝난 후 7일 이내에

신고한 휴업기간이 끝난 후 7일 이내×, 영업을 다시 시작하기 전 7일 이내×   휴업기간이 끝나기 7일 전에×

영업재개신고서 또는 휴업기간연장신고서를 제출하여야 한다.

③ 법 제4조 제3항 제3호의 규정에 의하여 신설·이전 또는 폐지한 때에 신고를 하여야 하는 출장소는 주사무소 外의 장소로서 일상적으로 일정 지역안의 경비업무를 지휘·총괄하는 영업거점인 지점·지사 또는 사업소 등의 장소로 한다.

∴ 지점·지사·사업소는 모두 출장소이다.

④ 법 제4조 제3항 제6호에서 "그밖에 대통령령이 정하는 중요사항"이라 함은 정관의 목적을 말한다.
내용×

⑤ 법 제4조 제3항 제2호부터 제6호까지의 규정에 의한 신고는 그 사유가 발생한 날부터
∴ 영업 폐업·휴업신고×
30일 이내에 하여야 한다.

제6조 【특수경비업자의 업무개시전의 조치】

① 법 제2조 제1호 마목의 규정에 의한 특수경비업무를 수행하는 경비업자(이하 "**특수경비업자**"
일반경비업자×
라 한다)는 법 제4조 제3항 제5호의 규정에 의하여 **첫 업무개시의 신고를 하기 前**에
신고 후에×
시·도경찰청장의 비밀취급인가를 받아야 한다. ☞ 특수경비업자의 비밀취급인가 의무
비밀취급인가에   비밀취급허가×
대한 인가권자

② **시·도경찰청장**은 제1항의 규정에 의하여 특수경비업자에게 비밀취급인가를 하고자 하는
경찰청장×, 관할경찰서장×
때에는 법 제25조의 규정에 의하여 특수경비업자로 하여금 **경찰청장을 거쳐 국가정보원장**
시·도경찰청장×   국방부장관×
에게 보안측정을 요청하도록 하여야 한다.
특수경비업자로 하여금 직접 요청×

tip 특수경비업무 개시절차

시·도경찰청장
| 특수경비업 허가 | → | 업무개시 | 30일 이내 → | 개시신고 |

업무개시
+
보안측정요청
비밀취급인가

개시신고
+
시설주의 동의 후
경비대행업자 지정신고

제7조 【기계경비업자의 대응체제】

법 제2조 제1호 라목의 규정에 의한 기계경비업무를 수행하는 경비업자(이하 "기계경비업
자"라 한다)는 법 제8조의 규정에 의하여 관제시설 등에서 경보를 수신한 때에는 경보를
수신한 때부터 늦어도 25분 이내에는 도착시킬 수 있는 대응체제를 갖추어야 한다.
송신×   출발×

제7조의2 【특수경비업자가 할 수 있는 경비관련업】

① 법 제7조 제9항에서 "경비장비의 제조·설비·판매업, 네트워크를 활용한 정보산업, 시설물 유지관리업 및 경비원 교육업 등 대통령령이 정하는 경비관련업"이란 다음 각 호의 영업을 말한다.
  1. 별표 1의2에 따른 영업
  2. 제1호에 따른 영업에 부수되는 것으로서 경찰청장이 지정·고시하는 영업
     시·도경찰청장×
② 제1항에 따른 영업의 범위에 관하여는 법 또는 이 영에 특별한 규정이 있는 경우를 제외하고는 「통계법」에 따라 통계청장이 고시하는 한국표준산업분류표에 따른다.
  산업발전법×   산업통상과학부장관이 고시×

[별표 1의 2] 특수경비업자가 할 수 있는 영업

분야	해당 영업
금속가공제품 제조업 (기계 및 가구 제외)	• 일반철물 제조업(자물쇠제조 등 경비 관련 제조업에 한정한다) • 금고 제조업
그 밖의 기계 및 장비제조업	• 분사기 및 소화기 제조업
전기장비 제조업	• 전기경보 및 신호장치 제조업
전자부품, 컴퓨터, 영상, 음향 및 통신장비 제조업	• 전자카드 제조업 • 통신 및 방송 장비 제조업 • 영상 및 음향기기 제조업
전문직별 공사업	• 소방시설 공사업 • 배관 및 냉·난방 공사업(소방시설 공사 등 방재 관련 공사에 한정한다) • 내부 전기배선 공사업 • 내부 통신배선 공사업
도매 및 상품중개업	• 통신장비 및 부품 도매업 ☞ 통신업×
통신업	• 전기통신업
부동산업	• 부동산 관리업
컴퓨터 프로그래밍, 시스템 통합 및 관리업	• 컴퓨터 프로그래밍 서비스업 • 컴퓨터시스템 통합 자문, 구축 및 관리업
건축기술, 엔지니어링 및 관련기술 서비스업	• 건축설계 및 관련 서비스업(소방시설 설계 등 방재 관련 건축설계에 한정한다) • 건물 및 토목엔지니어링 서비스업(소방공사 감리 등 방재 관련 서비스업에 한정한다)
사업시설 관리 및 조경 서비스업	• 사업시설 유지관리 서비스업 • 건물 산업설비 청소 및 방제 서비스업

사업지원 서비스업	• 인력공급 및 고용알선업 • 경비, 경호 및 탐정업
교육서비스업	• 직원훈련기관 • 그 밖의 기술 및 직업훈련학원(경비 관련 교육에 한정한다)
수리업	• 일반 기계 수리업 • 전기, 전자, 통신 및 정밀기기 수리업
창고 및 운송 관련 서비스업	• 주차장 운영업

제7조의3 【무자격자 및 부적격자 등의 범위】

다음 각 호의 경비업무를 도급하려는 자는 법 제7조의2 제3항에 따라 다음 각 호의 구분에 해당하는 사람을 그 경비업무를 수급한 경비업자의 경비원으로 채용하도록 관여하거나 영향력을 행사해서는 아니된다.

1. 시설경비업무, 신변보호업무(집단민원현장의 시설경비업무 또는 신변보호업무는 제외한다), 호송경비업무 또는 기계경비업무

   가. 법 제10조(결격사유) 제1항에 따라 경비지도사 또는 일반경비원이 될 수 없는 사람

   나. 「아동·청소년의 성보호에 관한 법률」 제56조 제1항 제14호에 따라 경비업무에 종사할 수 없는 사람

2. 특수경비업무

   가. 법 제10조(결격사유) 제2항에 따라 특수경비원이 될 수 없는 사람

   나. 「아동·청소년의 성보호에 관한 법률」 제56조 제1항 제14호에 따라 경비업무에 종사할 수 없는 사람

3. 집단민원현장의 시설경비업무 또는 신변보호업무

   가. 법 제10조(결격사유) 제1항에 따라 경비지도사 또는 일반경비원이 될 수 없는 사람

   나. 법 제18조 제6항에 따라 집단민원현장에 일반경비원으로 배치할 수 없는 사람

   다. 「아동·청소년의 성보호에 관한 법률」 제56조 제1항 제14호에 따라 경비업무에 종사할 수 없는 사람

제8조 【오경보의 방지를 위한 설명 등】

① 법 제9조 제1항의 규정에 의하여 기계경비업자가 계약상대방에게 하여야 하는 설명은 다음 각호의 사항을 기재한 <u>서면</u> 또는 <u>전자문서</u>(이하 "서면등"이라 하며, 이 조에서
구두×
<u>전자문서는 계약상대방이 원하는 경우에 한한다</u>)를 <u>교부하는 방법</u>에 의한다.

　1. 당해 기계경비업무와 관련된 <u>관제시설 및 출장소</u>(제5조 제3항의 규정에 의한 출장소를
주사무소×
　　말한다. 이하 같다)의 <u>명칭·소재지</u>
경비대상시설의 명칭·소재지×

　2. 기계경비업자가 경비대상시설에서 발생한 <u>경보를 수신한 경우에 취하는 조치</u>

　3. 기계경비업무용 기기의 <u>설치장소 및 종류</u>와 그밖의 <u>기계장치의 개요</u>
설치방법×

　4. <u>오경보의 발생원인</u>과 <u>송신기기</u>의 <u>유지·관리방법</u>
수신기기×

② 기계경비업자는 제1항 각호의 사항을 기재한 서면등과 함께 법 제26조의 규정에 의한 <u>손해배상의 범위</u>와 <u>손해배상액에 관한 사항</u>을 기재한 <u>서면등</u>을 계약상대방에게 <u>교부하여</u>
<u>야 한다.</u> ∴ 손해배상의 범위와 손해배상액에 관한 사항을 기재한 서면은 교부하여야 하는 것이지, 갖추어
두어야 할 서류는 아니다. 또한 계약상대방의 요청이 없더라도 서면을 교부할 의무가 있다.

제9조 【기계경비업자의 관리 서류】

① 기계경비업자는 법 제9조 제2항의 규정에 의하여 <u>출장소별로</u> 다음 각호의 사항을
주사무소×
기재한 <u>서류를 갖추어 두어야 한다.</u> ※ 제8조의 내용과 구분할 것

　1. <u>경비대상시설의 명칭·소재지 및 경비계약기간</u>
관제시설 및 출장소×

　2. <u>기계경비지도사의 명단·배치일자·배치장소와 출동차량의 대수</u>
경비원×

　3. <u>경보의 수신 및 현장도착 일시와 조치의 결과</u>
경보의 발신×　　현장도착시 가해자에 대한 심문기록×　　　　　　　　┐1년간 보관
　4. <u>오경보인 경우 오경보가 발생한 경비대상시설 및 그 오경보에 대한 조치의 결과</u>─┘

② 제1항 제3호 및 제4호의 규정에 의한 사항을 기재한 서류는 당해 <u>경보를 수신한 날</u>부
터 (1년)간 이를 <u>보관</u>하여야 한다.
계약기간 종료시까지 보관×

제10조 【경비지도사의 구분】

법 제10조 내지 제12조의 규정에 의한 경비지도사는 <u>다음 각호와 같이 구분</u>한다.
∴ 특수경비지도사는 없다.

1. **일반경비지도사** : 다음 각목의 경비업무에 종사하는 경비원을 지도·감독 및 교육하는 경비지도사

　가. 시설경비업무　　나. **호송**경비업무　　다. 신변보호업무　　라. **특수**경비업무
기계경비업무×

2. **기계경비지도사** : **기계경비업무**에 종사하는 경비원을 지도·감독 및 교육하는 경비지도사

제10조의2 【특수경비원의 결격사유】

법 제10조 제2항 제2호에서 "심신상실자, 알코올 중독자 등 대통령령으로 정하는 정신적 제약이 있는 자"란 다음 각 호의 사람을 말한다.

1. 심신상실자
   심신미약자×

2. 마약·대마·향정신성의약품 또는 알코올 중독자

3. 「치매관리법」 제2조 제1호에 따른 치매, 조현병·조현정동장애·양극성정동장애(조울병)· 재발성우울장애 등의 정신질환이나 정신 발육지연, 뇌전증 등이 있는 사람. 다만, 해당 분야 전문의가 특수경비원으로서 적합하다고 인정하는 사람은 제외한다.

제11조 【경비지도사시험의 시행 및 공고】

① 경찰청장은 법 제11조 제1항에 따른 경비지도사시험(이하 "시험"이라 한다)의 실시계획을 매년 수립해야 한다.

② 경찰청장은 제1항의 규정에 의한 시험의 실시계획에 따라 시험을 실시하고자 하는 때에는 응시자격·시험과목·시험일시·시험장소 및 선발예정인원 등을 시험시행일 (90일) 전까지 공고하여야 한다.

③ 제2항의 규정에 의한 공고는 관보게재와 각 시·도경찰청 게시판 및 인터넷 홈페이지에 게시하는 방법에 의한다.
   경찰청×   또는× ∴ 게시판과 홈페이지에 모두 게시

제12조 【시험의 방법 및 과목 등】

① 시험은 필기시험의 방법에 의하되, 제1차시험과 제2차시험으로 구분하여 실시한다.
   병합×
   이 경우 경찰청장이 필요하다고 인정하는 때에는 제1차시험과 제2차시험을 병합하여
   시험관리기관×   구분×
   실시할 수 있다.

② 제1차시험 및 제2차시험은 각각 선택형으로 하되, 제2차시험에 있어서는 선택형 외에 단답형을 추가할 수 있다.

③ 제1차시험 및 제2차시험의 과목은 별표 2와 같다.

[별표 2] 경비지도사의 시험과목

구분	1차 시험 선택형	2차 시험 선택형 또는 단답형
일반경비지도사	• 법학개론 • 민간경비론	• 경비업법(청원경찰법을 포함한다) • 소방학·범죄학 또는 경호학 중 1과목
기계경비지도사		• 경비업법(청원경찰법을 포함한다) • 기계경비개론 또는 기계경비기획 및 설계 중 1과목

④ 제2차시험은 제1차시험에 합격한 자에 대하여 실시한다. 다만, 제1항 후단의 규정에 의하여 제1차시험과 제2차시험을 병합하여 실시하는 경우에는 그러하지 아니하다.

⑤ 제1항 후단의 규정에 의하여 제1차시험과 제2차시험을 병합하여 실시하는 경우에는 제1차시험에 불합격한 자가 치른 제2차시험은 이를 <u>무효로 한다.</u>

⑥ 제1차시험에 합격한 자에 대하여는 <u>다음 회</u>의 시험에 한하여 제1차 시험을 면제한다.

다음 해×

제13조 【시험의 일부면제】

법 제11조 제3항에 따라 다음 각 호의 어느 하나에 해당하는 사람은 경비지도사 <u>제1차 시험을 면제한다.</u>

1. 「경찰공무원법」에 따른 <u>경찰공무원</u>으로 <u>7년 이상 재직한 사람</u>

소방공무원×, 청원경찰×

2. 「대통령 등의 경호에 관한 법률」에 따른 <u>경호공무원</u> 또는 <u>별정직공무원</u>으로 <u>7년 이상 재직</u>한 사람

근무한 경력이 있는 사람×

3. 「군인사법」에 따른 각 군 <u>전투병과</u> 또는 <u>군사경찰병과 부사관 이상 간부</u>로 <u>7년 이상 재직한 사람</u>

4. 「경비업법」에 따른 경비업무에 <u>7년 이상</u>(특수경비업무의 경우에는 <u>3년 이상</u>) 종사하고 <u>행정안전부령으로 정하는 교육과정을 이수</u>한 사람

경비업법 시행규칙 제10조 참조

5. 「고등교육법」에 따른 <u>대학 이상의 학교</u>를 졸업한 사람으로서 재학 중 제12조 제3항에 따른 <u>경비지도사 시험과목을 3과목 이상을 이수</u>하고 졸업한 후 <u>경비업무에 종사한 경력이 3년 이상</u>인 사람

∴ 경력이 5년인 사람은 1차 시험 면제자에 해당한다.

6. 「고등교육법」에 따른 <u>전문대학을 졸업</u>한 사람으로서 재학 중 제12조 제3항에 따른 경비지도사 시험과목을 <u>3과목 이상</u>을 이수하고 졸업한 후 <u>경비업무에 종사한 경력이 5년</u> 이상인 사람

7. <u>일반경비지도사</u>의 자격을 취득한 후 <u>기계경비지도사</u>의 시험에 응시하는 사람 또는 <u>기계경비지도사</u>의 자격을 취득한 후 <u>일반경비지도사</u>의 시험에 응시하는 사람

8. 「공무원임용령」에 따른 행정직군 <u>교정직렬</u> 공무원으로 <u>7년 이상 재직한 사람</u>

보호직렬×, 방호·경비직렬×, 소방직렬×

제14조 【시험합격자의 결정】

① 제1차시험의 합격결정에 있어서는 매 과목 100점을 만점으로 하며, <u>매과목 40점 이상, 전과목 평균 60점</u> 이상 득점한 자를 합격자로 결정한다.

② 제2차시험의 합격결정에 있어서는 선발예정인원의 범위안에서 60점 이상을 득점한 자중에서 고득점 순으로 합격자를 결정한다. 이 경우 동점자로 인하여 선발예정인원이 초과되는 때에는 <u>동점자 모두를 합격자로 한다.</u>

③ <u>경찰청장</u>은 제2차시험에 합격한 자에 대하여 합격공고를 하고, 합격 및 교육소집 통지서를 교부하여야 한다.

제15조【시험출제위원의 임명·위촉 등】

① 경찰청장은 시험문제의 출제를 위하여 다음 각호의 1에 해당하는 자중에서 시험출제위원을 임명 또는 위촉한다.

1. 고등교육법에 의한 <u>전문대학</u> 이상의 교육기관에서 경찰행정학과 등 경비업무 관련학과 및 법학과의 <u>부교수</u>(전문대학의 경우에는 교수) 이상으로 재직하고 있는 자

2. <u>석사</u> 이상의 학위소지자로 경찰청장이 정하는 바에 의하여 경비업무에 관한 연구실적
   박사✕
   이나 <u>전문경력</u>이 인정되는 자
   3년 이상✕

3. <u>방범·경비업무</u>를 <u>3년 이상</u> 담당한 <u>경감 이상</u> 경찰공무원의 경력이 있는 자
   정보·보안업무✕   경위✕

② 제1항의 규정에 의한 시험출제위원의 수는 시험과목별로 <u>2인 이상</u>으로 한다.

③ 시험출제위원으로 임명 또는 위촉된 자는 <u>경찰청장</u>이 정하는 준수사항을 성실히 이행하여야 한다.
   대통령령✕

④ 시험출제위원과 시험관리업무에 종사하는 자에 대하여는 예산의 범위안에서 수당과 여비를 <u>지급할 수 있다</u>. 다만, 공무원인 위원이 그 소관업무와 직접적으로 관련하여 시험관리업무에 종사하는 경우에는 그러하지 <u>아니하다</u>.

제16조【경비지도사의 선임·배치】

① 경비업자는 법 제12조 제1항의 규정에 의하여 별표 3의 기준에 따라 경비지도사를 선임·배치하여야 한다.

② <u>경비업자</u>는 제1항의 규정에 의하여 선임·배치된 경비지도사에 <u>결원</u>이 있거나 자격정지 등의 사유로 그 직무를 수행할 수 없는 때에는 <u>15일</u> 이내에 경비지도사를 새로이 충원하여야 한다.

[별표 3] 경비지도사의 선임·배치기준

1. 경비업자는 경비원을 배치하여 영업활동을 하고 있는 지역을 관할하는 <u>시·도경찰청</u>의 관할구역별로 경비원 200명까지는 경비지도사 1명을 선임·배치하고, 경비원이 200명을 초과하는 경우 200명을 초과하는 경비원 100명 단위로 경비지도사 1명씩을 추가로 선임·배치해야 한다.

2. 제1호에 따라 경비지도사가 선임·배치된 시·도경찰청의 관할구역과 경계를 맞닿아 인접한 시·도경찰청의 관할구역에 배치된 <u>경비원</u>이 30명 이하인 경우에는 제1호에도 불구하고 경비지도사를 따로 <u>선임·배치하지 않을 수 있다</u>. 이 경우 제주특별자치도경찰청과 전라남도경찰청은 경계를 맞닿아 <u>인접</u>한 것으로 본다.

3. 제2호에 따라 경비지도사를 따로 선임·배치하지 않는 경우 <u>경비지도사 1명이 지도·감독 및 교육할 수 있는 경비원의 총수</u>(경계를 맞닿아 인접한 시·도경찰청의 관할구역에 배치된 경비원의 수를 합산한다)는 200명을 초과할 수 없다.

※ 비고

1. <u>시설경비업무·호송경비업무·신변보호업무</u> 또는 <u>특수경비업무</u>를 하는 경비업자는 <u>일반경비지도사</u>를 선임·배치하고, 시설경비업무·호송경비업무·신변보호업무 또는 특수경비업무 중 둘 이상의 경비업무를 하는 경우에는 각 경비업무에 종사하는 경비원의 수를 합산한 인원을 기준으로 경비지도사를 선임·배치해야 한다. 다만, 특수경비업무를 수행하는 경비업자는 제19조 제1항에 따른 특수경비원 신임교육을 이수한 일반경비지도사를 선임·배치해야 한다.

2. <u>기계경비업무</u>를 하는 경비업자는 <u>기계경비지도사</u>를 선임·배치해야 한다.

∴ 기계경비업에 일반경비지도사 선임·배치✕, 시설·호송·신변·특수경비업에 기계경비지도사 선임·배치✕

제17조 【경비지도사의 직무 및 준수사항】

① 법 제12조 제2항 제5호에서 "대통령령이 정하는 직무"란 다음 각 호의 직무를 말한다.

  1. 기계경비업무를 위한 <u>기계장치의 운용·감독</u>(기계경비지도사의 경우에 한한다)

  2. 오경보방지 등을 위한 <u>기기관리의 감독</u>(기계경비지도사의 경우에 한한다)

② 경비지도사는 법 제12조 제3항에 따라 같은 조 제2항 제1호·제2호의 직무 및 제1항 각 호의 직무를 <u>**월 1회** 이상 수행</u>하여야 한다.
    _{주 1회×}

③ <u>경비지도사</u>는 법 제12조 제2항 제1호에 따라 경비원에 대한 교육을 실시하고, 행정안전부령
 _{경비업자×}
으로 정하는 경비원 직무교육 실시대장에 그 내용을 기록하여 <u>2년</u>간 보존하여야 한다.
                         ※ 경비업법 시행규칙 제24조의3 제2항과 비교

제18조 【일반경비원에 대한 교육】

① 경비업자는 일반경비원을 채용한 경우 법 제13조 제1항 본문에 따라 해당 일반경비원에게 <u>**경비업자의 부담으로**</u>, 다음 각 호의 기관 또는 단체에서 실시하는 일반경비원
 _{채용된 사람의 부담으로×, 일반경비원이 되고자 하는 자의 부담으로×}
<u>신임교육</u>을 받도록 하여야 한다.
 _{직무교육×}

  1. 법 제22조 제1항에 따른 <u>경비협회</u>

  2. 「경찰공무원 교육훈련규정」 제2조 제3호에 따른 <u>경찰교육기관</u>

  3. 경비업무 관련 학과가 개설된 대학 등 경비원에 대한 교육을 전문적으로 수행할 수 있는 인력과 시설을 갖춘 기관 또는 단체 중 <u>경찰청장이 지정하여 고시하는 기관 또는 단체</u>

② 경비업자는 법 제13조 제1항 단서에 따라 다음 각 호의 어느 하나에 해당하는 사람을 <u>**일반경비원**</u>으로 채용한 경우에는 해당 일반경비원을 일반경비원 <u>신임교육</u> 대상에서
 _{특수경비원×}   _{직무교육×}
<u>**제외**</u>할 수 있다.

  1. 법 제13조 제1항 본문 및 같은 조 제3항에 따른 <u>일반경비원 또는 **특수**경비원 신임교육</u>을 받은 사람으로서 <u>채용 전 **3년**</u> 이내에 경비업무에 종사한 경력이 있는 사람

  2. 「경찰공무원법」에 따른 <u>경찰공무원</u>으로 근무한 경력이 있는 사람
                 _{소방공무원×, 청원경찰×, 교정직렬 공무원×}

  3. 「대통령 등의 경호에 관한 법률」에 따른 <u>경호공무원</u> 또는 <u>별정직공무원</u>으로 근무한 경력이 있는 사람

  4. 「군인사법」에 따른 <u>부사관 이상</u>으로 근무한 경력이 있는 사람

  5. <u>경비지도사</u> 자격이 있는 사람

  6. 채용 당시 법 제13조 제2항에 따른 <u>일반경비원 신임교육을 받은 지 **3년**</u>이 지나지 아니한 사람

  ※ 경비지도사 제1차 시험 면제 대상자와 달리 신임교육 제외 대상자는 위 각호의 업무에 근무한 경력만 있으면 되고, 몇 년 이상 근무했는지는 묻지 않는다.

③ 경비업자는 법 제13조 제1항에 따라 소속 일반경비원에게 법 제12조에 따라 선임한
  경비협회×
경비지도사가 수립한 교육계획에 따라 매월 행정안전부령으로 정하는 시간 이상의
                          매년×   4시간 이상
직무교육을 받도록 하여야 한다.

④ 법 제13조 제2항에서 "대통령령으로 정하는 교육기관"이란 제18조 제1항 각 호의 기관
또는 단체를 말한다.

⑤ 제1항에 따른 신임교육의 과목 및 시간, 제3항에 따른 직무교육의 과목 등 일반경비원의
교육 실시에 필요한 사항은 행정안전부령으로 정한다.
                        대통령령×

제19조 【특수경비원에 대한 교육】

① 특수경비업자는 특수경비원을 채용한 경우 법 제13조 제3항에 따라 해당 특수경비원에게
특수경비업자의 부담으로 다음 각 호의 기관 또는 단체에서 실시하는 특수경비원
특수경비원의 부담으로×
신임교육을 받도록 하여야 한다.

  1. 「경찰공무원 교육훈련규정」 제2조 제3호에 따른 경찰교육기관 ※ 경비협회×

  2. 행정안전부령으로 정하는 기준에 적합한 기관 또는 단체 중 경찰청장이 지정하여
     고시하는 기관 또는 단체

② 제1항에도 불구하고 특수경비업자는 채용 전 3년 이내에 특수경비업무에 종사하였던
                                      일반경비업무에×
경력이 있는 사람을 특수경비원으로 채용한 경우에는 해당 특수경비원을 특수경비원
신임교육 대상에서 제외할 수 있다.

③ 특수경비업자는 법 제13조 제3항에 따라 소속 특수경비원에게 법 제12조에 따라 선임한
경비지도사가 수립한 교육계획에 따라 매월 행정안전부령으로 정하는 시간 이상의
경찰관서장이×   매년×   6시간 이상
직무교육을 받도록 하여야 한다.

④ 제1항에 따른 신임교육의 과목 및 시간, 제3항에 따른 직무교육의 과목 등 특수경비원
의 교육 실시에 필요한 사항은 행정안전부령으로 정한다.

tip 교육시간 정리

구분	경비지도사	일반경비원	특수경비원	청원경찰
(신임)교육	44시간	24시간(4/19/1)	88시간(15/69/4)	2주(76시간)
직무교육	–	매월 4시간	매월 6시간	매월 4시간

제20조【특수경비원 무기휴대의 절차 등】

① <u>시설주는</u> 법 제14조 제4항의 규정에 의하여 특수경비원이 휴대할 <u>무기를 대여받고자 하는</u> 때에는 무기대여신청서를 관할경찰서장 및 공항경찰대장 등 국가중요시설의 경비책임자(이하 "관할경찰관서장"이라 한다)를 <u>거쳐 시·도경찰청장에게</u> 제출하여야 한다.
　　　　　　　　　　　　　　경찰청장×

② <u>시설주는</u> 법 제14조 제4항의 규정에 의하여 관할경찰관서장으로부터 대여받은 <u>무기를 특수경비원에게 휴대하게 하는</u> 경우에는 동조 제9항의 규정에 의하여 <u>관할경찰관서장의 사전승인</u>을 얻어야 한다. ※ 청원경찰법 시행령 제16조 제2항과 비교(사전승인×)
　　　사후승인×

③ 제2항의 규정에 의한 사전승인을 함에 있어서 <u>관할경찰관서장</u>은 국가중요시설에 총기 또는 폭발물의 소지자나 무장간첩 침입의 우려가 있는지의 여부 등을 고려하는 등 특수경비원에게 무기를 <u>지급하여야 할 필요성이 있는지의 여부</u>에 관하여 <u>판단하여야 한다.</u>

④ <u>시설주는</u> 제3항의 규정에 의한 <u>무기지급의 필요성이 해소되었다고</u> 인정되는 때에는
　관할경찰관서장×
　특수경비원으로부터 <u>즉시 무기를 회수</u>하여야 한다.
　　　　　　　　　24시간 이내×

⑤ 법 제14조 제9항의 규정에 의하여 <u>특수경비원이 휴대할 수 있는 무기종류는 권총 및 소총</u>으로 한다.
　　　　　　　　　　　　　　　　　　　　　　　　　　　분사기×

⑥ 「위해성 경찰장비의 사용기준 등에 관한 규정」 제18조 및 별표 2의 규정은 법 제14조 제9항의 규정에 의한 안전검사의 기준에 관하여 이를 준용한다.

[위해성 경찰장비의 사용기준 등에 관한 규정]

제18조【위해성 경찰장비에 대한 안전검사】 위해성 경찰장비를 사용하는 경찰관이 소속한 국가경찰관서의 장은 소속 경찰관이 사용할 위해성 경찰장비에 대한 안전검사를 별표 2의 기준에 따라 실시하여야 한다.

[별표 2] 위해성 경찰장비의 안전검사기준

경찰장비	안전검사기준	검사 내용	검사 빈도
무기	권총·소총	1. 총열의 균열 유무 2. 방아쇠를 당길 수 있는 힘이 1킬로그램 이상인지 여부 3. 안전장치의 작동 여부	연간 1회

---

⑦ 시설주, 법 제14조 제7항의 규정에 의한 관리책임자와 특수경비원은 <u>행정안전부령이 정하는 무기관리수칙</u>을 준수하여야 한다.

제21조 【무기관리에 대한 지도·감독】

관할경찰관서장은 법 제14조 제5항의 규정에 의하여 <u>시설주 및 특수경비원의 무기관리상</u>
시·도경찰청장×   경비업자×

<u>황을 매월 1회 이상 점검</u>하여야 한다. ※ 시설주는 보관하고 있는 무기를 매주 1회 이상 손질
매주× 분기× ※ 청원경찰법 시행령 제16조 제3항 : 수시로 점검

제22조 【집단민원현장 배치 불허가 기준】

법 제18조 제3항 제2호에서 "대통령령으로 정하는 기준"이란 <u>100분의 ㉑</u>을 말한다.

제23조 【위반행위의 보고·통보】

① 경비업자의 출장소 또는 경비대상시설을 관할하는 시·도경찰청장 또는 경찰관서장은 출장소의

<u>임·직원</u>이나 경비원이 법 또는 법에 의한 명령에 <u>위반</u>한 사실을 안 때에는 <u>지체없이</u> 그 사실을
경비지도사×(경비업법 제17조 제4항과 비교)

<u>서면등으로</u> 당해 경비업을 허가한 <u>시·도경찰청장에게</u> 통보하거나 보고하여야 한다.
서면 또는 구두로×

② 제1항의 규정에 의하여 통보 또는 보고를 받은 시·도경찰청장은 그 위반행위에 대하여 행정
처분을 한 때에는 이를 해당 시·도경찰청장 또는 경찰관서장에게 <u>통보</u>하여야 한다.

제24조 【행정처분의 기준】

법 제19조 제2항에 따른 행정처분의 기준은 별표 4와 같다.

[별표 4] 행정처분 기준

1. 일반기준

　가. 제2호에 따른 행정처분이 영업정지인 경우에는 <u>위반행위의 동기, 내용 및 위반의 정도 등을 고려</u>
하여 <u>가중</u>하거나 <u>감경</u>할 수 있다.

　나. 위반행위가 2 이상인 경우로서 그에 해당하는 각각의 <u>처분기준이 다른 경우</u>에는 그 중 <u>중한</u>
경한×

　　<u>처분기준에 따르며</u>, 2 이상의 처분기준이 <u>동일한 영업정지</u>인 경우에는 중한 처분기준의 2분
의 1까지 가중할 수 있다. 다만, 가중하는 경우에도 <u>각 처분기준을 합산한 기간을 초과할 수</u>
<u>없다.</u>

　다. 위반행위의 횟수에 따른 행정처분 기준은 <u>최근 ②년간 같은 위반행위로 행정처분을 받은</u>
<u>경우에 적용</u>한다. 이 경우 기준 적용일은 위반행위에 대한 <u>행정처분일과 그 처분 후의</u>
적발된 날×

　　위반행위가 <u>다시 적발된 날</u>을 기준으로 한다.
있은 날×

　라. 영업정지처분에 해당하는 위반행위가 <u>적발된 날 이전 최근 ②년</u>간 같은 위반행위로 ②회 영업정지
처분을 받은 경우에는 제2호의 기준에도 불구하고 그 위반행위에 대한 행정처분 기준은
<u>허가취소로 한다.</u>
취소할 수 있다×

---

2. 개별기준(해당 법조문 : 법 제19조 제2항)

위반행위	행정처분 기준		
	1차 위반	2차 위반	3차 이상 위반
가. 법 제4조 제1항 후단을 위반하여 시·도경찰청장의 허가 없이 경비업무를 **변경**한 때	경고	영업정지 6개월	허가취소
나. 법 제7조 제2항을 위반하여 도급을 의뢰받은 경비업무가 **위법**한 것임에도 이를 거부하지 않은 때	영업정지 1개월	영업정지 3개월	허가취소
다. 법 제7조 제6항을 위반하여 경비지도사를 **집단민원현장**에 선임·배치하지 않은 때	영업정지 1개월	영업정지 3개월	허가취소
라. 법 제8조를 위반하여 경비대상 시설에 관한 **경보** 대응체제를 갖추지 않은 때	경고	경고	영업정지 1개월
마. 법 제9조 제2항을 위반하여 관련 **서류**를 작성·비치하지 않은 때	경고	경고	영업정지 1개월
바. 법 제10조 제3항을 위반하여 **결격사유**에 해당하는 경비원을 배치하거나 결격사유에 해당하는 경비지도사를 선임·배치한 때	영업정지 1개월	영업정지 3개월	허가취소
사. 법 제12조 제1항을 위반하여 경비지도사를 **선임**한 때	영업정지 1개월	영업정지 3개월	허가취소
아. 법 제13조를 위반하여 경비원으로 하여금 **교육**을 받게 하지 않은 때	경고	경고	영업정지 1개월
자. 법 제16조에 따른 경비원의 **복장** 등에 관한 규정을 위반한 때	경고	영업정지 1개월	영업정지 3개월
차. 법 제16조의2에 따른 경비원의 **장비** 등에 관한 규정을 위반한 때	경고	영업정지 1개월	영업정지 3개월
카. 법 제16조의3에 따른 경비원의 **출동차량** 등에 관한 규정을 위반한 때	경고	영업정지 1개월	영업정지 3개월
타. 법 제18조 제1항 단서를 위반하여 **집단민원현장**에 일반경비원 명부를 작성·비치하지 않은 때	영업정지 1개월	영업정지 3개월	허가취소
파. 법 제18조 제2항 각 호 외의 부분 단서를 위반하여 **배치허가**를 받지 아니하고 경비원을 배치하거나 경비원 명단 및 배치일시·배치장소 등 배치허가 신청의 내용을 거짓으로 한 때	영업정지 1개월	영업정지 3개월	허가취소
하. 법 제18조 제6항을 위반하여 결격사유에 해당하는 일반경비원을 **집단민원현장**에 배치한 때	영업정지 1개월	영업정지 3개월	허가취소
거. 법 제24조에 따른 **감독**상 명령에 따르지 않은 때	경고	영업정지 3개월	허가취소
너. 법 제26조를 위반하여 **손해**를 배상하지 않은 때	경고	영업정지 3개월	영업정지 6개월

※ **암기법**(경고를 '0', 취소를 '7'이라고 가정) : 경보·교육·서류 001 / 복장·장비·차량 013 / 손해 036 / 감독 037 / 변경 067 / 위법·결격·집단·선임·배치허가 137

제25조 【경비지도사의 자격정지처분의 기준】

법 제20조 제2항의 규정에 의한 경비지도사에 대한 자격정지처분의 기준은 별표 5와 같다.

※ 경비업자에 대한 영업정지처분과 달리 경비지도사에 대한 자격정지처분은 가중하거나 감경하지 않는다.

[별표 5] 경비지도사 자격정지처분 기준(해당 법조문 : 법 제20조 제2항)

위반행위	행정처분기준		
	1차	2차	3차 이상
1. 법 제12조 제3항의 규정에 위반하여 직무를 성실하게 수행하지 아니한 때	자격정지 ③월	자격정지 ⑥월	자격정지 ⑫월
2. 법 제24조의 규정에 의한 경찰청장·시·도경찰청장의 명령을 위반한 때	자격정지 ①월	자격정지 ⑥월	자격정지 ⑨월

※ 비고 : 위반행위의 횟수에 따른 행정처분의 기준은 당해 위반행위가 있은 이전 최근 ②년간 같은 위반행위로 행정처분을 받은 경우에 적용한다.

제26조 【경비협회】

① 경비업자는 법 제22조 제1항에 따라 경비협회(이하 "협회"라 한다)를 설립하려는 경우에는 정관을 작성하여야 한다. ※ 경비협회 설립시 발기인 요구 규정은 삭제되었다.

② 협회는 정관이 정하는 바에 의하여 회원으로부터 회비를 징수할 수 있다.
법률×, 행정안전부령×

제27조 【공제사업】

① 협회는 법 제23조 제1항의 규정에 의하여 공제사업을 하는 경우 공제사업의 회계는 다른 사업의 회계와 구분하여 경리하여야 한다.
통합하여 경리×

② 삭제 〈2015. 10. 20.〉

제28조 【허가증 등의 수수료】

① 법에 의한 경비업의 허가를 받거나 허가증을 재교부받고자 하는 자는 다음 각호의 수수료를 납부하여야 한다.

　1. 법 제4조 제1항 및 법 제6조 제2항의 규정에 의한 경비업의 허가(추가·변경·갱신허가를 포함한다)의 경우에는 1만원

　2. 허가사항의 변경신고로 인한 허가증 재교부의 경우에는 2천원

② 제1항의 규정에 의한 수수료는 허가 등의 신청서에 <u>수입인지를 첨부</u>하여 납부한다.

③ 시험에 응시하고자 하는 자는 <u>경찰청장</u>이 정하여 고시하는 수수료를 납부하여야 한다.
　　　　　　　　　　　　　행정안전부령×(경비업법 제27조의2와 비교)

④ <u>경찰청장</u>은 다음 각 호의 어느 하나에 해당하는 경우에는 제3항에 따라 받은 응시수
　　시·도경찰청장×

수료의 전부 또는 일부를 다음 각 호의 구분에 따라 <u>반환하여야 한다.</u>
　　　　　　　　　　　　　　　　　　　　　반환할 수 있다×

　　1. 응시수수료를 <u>과오납한 경우</u> : <u>과오납한 금액 전액</u>
　　　　　　　　　　　　　　　응시수수료 전액×

　　2. <u>시험시행기관의 귀책사유</u>로 시험에 응시하지 못한 경우 : <u>응시수수료 전액</u>
　　　　시험에 응시하고자 하는 자의 귀책사유×　　　　　　　　　배액×

　　3. <u>시험시행일 20일 전까지</u> 접수를 취소하는 경우 : 응시수수료 <u>전액</u>

　　4. <u>시험시행일 10일</u> 전까지 접수를 취소하는 경우 : 응시수수료의 <u>100분의 50</u>

⑤ 경찰청장 및 시·도경찰청장은 제2항 및 제3항의 규정에 불구하고 <u>정보통신망</u>을
　　관할경찰관서장×

<u>이용하여 전자화폐·전자결제 등의 방법</u>으로 수수료를 납부하게 할 수 있다.

제29조【보안지도점검】

시·도경찰청장은 법 제25조의 규정에 의하여 <u>특수경비업자</u>에 대하여 <u>연 ②회</u> 이상의 보안
관할경찰서장×　　　　　　　　　　　　　　　기계경비업자×

<u>지도·점검을 실시</u>하여야 한다.

제30조【경비가 필요한 시설 등에 대한 경비의 요청】

<u>시·도경찰청장</u>은 행사장 그밖에 많은 사람이 모이는 시설 또는 장소에서 혼잡 등으로 인한 위험의 발생을 방지하기 위하여 법 제2조 제3호의 규정에 의한 경비원에 의한 경비가 필요하다고 인정되는 때에는 <u>행사개최일 전</u>에 당해 행사의 <u>주최자에게</u> 경비원에 의한 경비를 실시하거나 부득이한 사유로 그것을 실시할 수 없는 경우에는 행사개최 24시간 전까지 시·도경찰청장에게 그 사실을 통지하여 줄 것을 요청할 수 있다.

제31조【권한의 위임 및 위탁】

① <u>경찰청장</u>은 법 제27조 제1항의 규정에 의하여 다음 각호의 권한을 <u>시·도경찰청장에게 위임</u>한다. ※ 청원경찰법 시행령 제20조와 비교(시·도경찰청장은 관할경찰서장에게 위임)

　　1. 법 제20조의 규정에 의한 <u>경비지도사의 자격의 취소 및 정지</u>에 관한 권한
　　　　　　　　　　　　　　　경비업 허가의 취소 및 영업정지에 관한 권한×

　　2. 법 제21조 제2호의 규정에 의한 경비지도사 자격의 취소 및 정지에 관한 <u>청문의 권한</u>

　　※ 경비지도사 시험의 관리 및 경비지도사의 교육에 관한 업무, 경비지도사 자격증 교부에 관한 권한, 경비업의 허가권한, 경비협회의 공제사업에 대한 금융감독원장의 검사요청권한 등은 위임사항이 아니다.

② 경찰청장 또는 경찰관서장은 법 제27조 제2항의 규정에 의하여 법 제11조 제1항의 규정에 의한 <u>경비지도사시험의 관리</u>와 <u>경비지도사의 교육</u>에 관한 업무를 경비업무에 관한 인력과 전문성을 갖춘 기관으로서 <u>경찰청장이 지정하여 고시하는 기관 또는 단체</u>에 **위탁**한다.
경찰관서장×
위임한다×

제31조의2 【민감정보 및 고유식별정보의 처리】

<u>경찰청장, 시·도경찰청장, 경찰서장 및 경찰관서장</u>(제31조에 따라 경찰청장 및 경찰관서장의 권한을 위임·위탁받은 자를 포함한다)은 다음 각 호의 사무를 수행하기 위하여 불가피한 경우 「개인정보 보호법」 제23조 따른 <u>건강에 관한 정보</u>(제1호의2 및 제4호의 사무로 한정한다), 같은 법 시행령 제18조 제2호에 따른 <u>범죄경력자료에 해당하는 정보</u>(제1호의2 및 제9호의 사무로 한정한다), 같은 영 제19조 제1호 또는 제4호에 따른 <u>주민등록번호 또는 외국인등록번호가 포함된 자료</u>를 처리할 수 있다.

1. 법 제4조 및 제6조에 따른 <u>경비업의 **허가** 및 **갱신허가** 등</u>에 관한 사무

1의2. 법 제5조 및 제10조에 따른 임원, 경비지도사 및 경비원의 **결격사유 확인**에 관한 사무

2. 법 제11조에 따른 <u>경비지도사 **시험**</u> 등에 관한 사무
경비지도사 선임×

3. 법 제13조에 따른 <u>경비원의 **교육**</u> 등에 관한 사무
경비원의 복장·장비×

4. 법 제14조에 따른 <u>특수경비원의 **직무** 및 **무기사용**</u> 등에 관한 사무
일반경비원×

5. 삭제 〈2021. 7. 13.〉

6. 법 제18조에 따른 <u>경비원 **배치허가**</u> 등에 관한 사무

7. 법 제19조 및 제20조에 따른 <u>**행정처분**</u>에 관한 사무
벌칙·과태료×

8. 법 제24조에 따른 경비업자 및 경비지도사의 <u>**지도·감독**</u>에 관한 사무

9. 법 제25조에 따른 <u>**보안지도·점검** 및 **보안측정**</u>에 관한 사무

※ 경비협회의 설립에 관한 사무×, 공제사업에 관한 사무×, 기계경비운영체계의 오작동여부 확인에 관한 사무×

제31조의3 【규제의 재검토】

<u>경찰청장</u>은 다음 각 호의 사항에 대하여 다음 각 호의 기준일을 기준으로 ③년⃝마다(매 3년이 되는 해의 기준일과 같은 날 전까지를 말한다) 그 <u>타당성을 검토</u>하여 개선 등의 <u>조치를 하여야 한다</u>. ※ 경비업법 시행규칙 제27조의2 추가

1. 제3조 제2항 및 별표 1에 따른 <u>경비업의 시설</u> 등의 기준 : 2014년 6월 8일

2. 제22조에 따른 <u>집단민원현장 배치 불허가</u> 기준 : 2014년 6월 8일
허가×

제32조【과태료의 부과기준 등】

① 법 제31조 제1항 및 제2항에 따른 과태료의 부과기준은 별표 6과 같다.

[별표 6] 과태료의 부과기준 ※ 1, 2, 6호의 경우는 위반 횟수에 관계없이 과태료 금액이 동일하다.

위반행위	과태료 금액 (단위: 만원)		
	1회 위반	2회 위반	3회 이상
1. 법 제4조 제3항 또는 제18조 제2항을 위반하여 **신고**를 하지 않은 경우			
가. <u>1개월 이내의 기간</u> 경과		50	
나. 1개월 초과 <u>6개월 이내의 기간</u> 경과		100	
다. 6개월 초과 <u>12개월 이내의 기간</u> 경과		200	
라. <u>12개월 초과의 기간</u> 경과		400	
2. 법 제7조 제7항을 위반하여 경비대행업자 **지정신고**를 하지 않은 경우			
가. 허위로 신고한 경우		400	
나. 그 밖의 사유로 신고하지 않은 경우		300	
3. <u>법 제9조 제1항을 위반하여</u> **설명**의무를 이행하지 않은 경우 기계경비업자가 계약상대방에게	100	200	400
4. 법 제10조 제3항을 위반하여 **결격**사유에 해당하는 경비원을 배치하거나 결격사유에 해당하는 경비지도사를 선임·배치한 경우	100	200	400
5. 법 제12조 제1항을 위반하여 경비지도사를 **선임**하지 않은 경우	100	200	400
6. <u>법 제14조 제6항에 따른</u> 감독상 필요한 **명령**을 정당한 이유없이 이행 무기를 대여받은 시설주가 관할경찰관서장의 하지 않은 경우		500	
7. 법 제16조 제1항을 위반하여 **복장** 등에 관한 신고규정을 위반하여 신고를 하지 않은 경우	100	200	400
8. 법 제16조 제1항을 위반하여 경비원의 **복장**에 관한 신고를 하지 않고 **집단**민원현장에 경비원을 배치한 경우	600	1200	2400
9. 법 제16조 제2항을 위반하여 **이름표**를 부착하게 하지 않거나, 신고된 동일 **복장**을 착용하게 하지 않고 경비원을 경비업무에 배치한 경우	100	200	400
10. 법 제16조 제2항을 위반하여 <u>이름표</u>를 부착하게 하지 않거나, 신고된 동일 <u>복장</u>을 착용하게 하지 않고 **집단**민원현장에 경비원을 배치한 경우	600	1200	2400
11. 법 제18조 제1항 본문을 위반하여 **명부**를 작성·비치하지 않은 경우			
가. 경비원 명부를 <u>비치</u>하지 않은 경우	100	200	400
나. 경비원 명부를 <u>작성</u>하지 않은 경우	50	100	200
12. 법 제18조 제1항 단서를 위반하여 **집단**민원현장에 배치되는 일반경비원의 <u>명부</u>를 그 배치 장소에 작성·비치하지 않은 경우			
가. 경비원 명부를 <u>비치</u>하지 않은 경우	600	1200	2400
나. 경비원 명부를 <u>작성</u>하지 않은 경우	300	600	1200

위반행위	과태료 금액 (단위: 만원)		
	1회 위반	2회 위반	3회 이상
13. 법 제18조 제2항 각 호 외의 부분 단서를 위반하여 배치**허가**를 받지 않고 경비원을 배치하거나, 경비원 명단 및 배치일시·배치장소 등 배치허가 신청의 내용을 거짓으로 한 경우	1000	2000	3000
14. 법 제18조 제5항을 위반하여 경비원의 근무상황을 **기록**하여 보관하지 않은 경우	50	100	200
15. 법 제18조 제7항을 위반하여 법 제13조에 따른 **신임**교육을 이수하지 않은 자를 법 제18조 제2항 각 호의 경비원으로 배치한 경우	600	1200	2400

※ 비고 : 위반행위의 횟수에 따른 과태료의 부과기준은 <u>최근 2년간 같은 위반행위</u>로 과태료 부과처분을 받은 경우에 적용한다. 이 경우 기준 적용일은 위반행위에 대한 과태료 <u>부과처분일</u>과 그 처분 후의 위반행위가 <u>다시 적발된 날</u>을 기준으로 한다.

② 시·도경찰청장 또는 경찰관서장은 「질서위반행위규제법」 제14조 각 호의 사항을 고려하여 별표 6에 따른 금액의 <u>100분의 50의 범위</u>에서 경감하거나 가중할 수 있다. 다만, 가중하는 때에는 법 제31조 제1항 및 제2항에 따른 과태료 금액의 <u>상한을 초과할 수 없다</u>.

[질서위반행위규제법]
제14조【과태료의 산정】 행정청 및 법원은 과태료를 정함에 있어서 다음 각 호의 사항을 고려하여야 한다.
1. 질서위반행위의 <u>동기·목적·방법·결과</u>
2. 질서위반행위 이후의 당사자의 <u>태도</u>와 <u>정황</u>
3. 질서위반행위자의 <u>연령·재산상태·환경</u>
   성별×, 건강상태×
4. 그 밖에 과태료의 산정에 필요하다고 인정되는 사유

경비업법 시행규칙(행정안전부령)

제1조 【목적】

이 규칙은 경비업법 및 동법시행령에서 위임된 사항과 그 시행에 관하여 필요한 사항을 규정함을 목적으로 한다.

제2조 【호송경비의 통지】

경비업법(이하 "법"이라 한다) 제4조 제1항의 규정에 의하여 경비업의 허가를 받은 법인(이하 "경비업자"라 한다)은 법 제2조 제1호 나목의 규정에 의한 호송경비업무를 수행하기 위하여 관할경찰서의 협조를 얻고자 하는 때에는 현금 등의 운반을 위한 **출발 전일**까지 _{출발일×} **출발지의 경찰서장**에게 별지 제1호 서식의 호송경비통지서(전자문서로 된 통지서를 _{도착지×} **포함**한다)를 제출하여야 한다.

제3조 【허가신청 등】

① 법 제4조 제1항 및 「경비업법 시행령」(이하 "영"이라 한다) 제3조 제1항에 따라 경비업의 허가를 받으려는 경우 또는 경비업자가 허가를 받은 경비업무를 변경하거나 새로운 경비업무를 추가하려는 경우에는 별지 제2호 서식의 경비업 허가신청서 또는 변경허가신청서(전자문서로 된 신청서를 포함한다)에 다음 각 호의 서류(전자문서를 포함한다)를 첨부하여 법인의 주사무소를 관할하는 시·도경찰청장 또는 해당 시·도경찰청 소속의 경찰서장에게 제출하여야 한다. 이 경우 신청서를 제출받은 경찰서장은 지체 없이 관할 시·도경찰청장에게 보내야 한다.

　1. 법인의 정관 1부 ※ 법인의 등기사항증명서 제출×

　2. 법인 임원의 이력서 1부
　　　_{대표자의 이력서×}

　3. 경비인력·시설 및 장비의 확보계획서 1부(경비업 허가의 신청시 이를 갖출 수 없는 경우에 한한다)

② 제1항에 따른 신청서를 제출받은 시·도경찰청장은 「전자정부법」 제36조 제1항에 따른 행정정보의 공동이용을 통하여 법인의 등기사항증명서를 확인하여야 한다.
　　　　　　　　　　　_{법인의 납세증명서×}

※ 청원경찰법 시행규칙 제5조 제2항과 비교

제4조 【허가증 등】

① 영 제4조 제2항의 규정에 의한 허가증은 별지 제3호 서식에 의한다.

② 영 제4조 제3항의 규정에 의한 허가증 재교부신청서는 별지 제4호 서식에 의한다.

제5조 【폐업 또는 휴업 등의 신고】

① 영 제5조 제1항의 규정에 의한 폐업신고서와 동조 제2항의 규정에 의한 휴업신고서·영업재개신고서 및 휴업기간연장신고서는 별지 제5호 서식에 의한다.

② 법 제4조 제3항 제2호에 따른 법인의 명칭·대표자·임원, 같은 항 제3호에 따른 주사무소·출장소나 영 제5조 제4항에 따른 정관의 목적이 변경되어 법 제4조 제3항에 따른 신고를 하는 경우에는 별지 제6호 서식의 경비업 허가사항 등의 변경신고서(전자문서로 된 신고서를 포함한다)에 다음 각 호의 서류(전자문서를 포함한다)를 첨부하여 법인의 주사무소를 관할하는 시·도경찰청장 또는 해당 시·도경찰청 소속의 경찰서장에게 제출하여야 한다. 변경신고서를 제출받은 경찰서장은 이를 지체 없이 관할시·도경찰청장에게 보내야 한다.

1. 명칭 변경의 경우 : 허가증 **원본**
   허가증 사본×

2. 대표자 변경의 경우
   가. 삭제 〈2006. 9. 7.〉
   나. 법인 대표자의 이력서 1부
   다. 허가증 원본

3. 임원 변경의 경우 : 법인 임원의 이력서 1부 ※ 임원 변경의 경우 허가증 원본 첨부×

4. 주사무소 또는 출장소 변경의 경우 : 허가증 원본

5. 정관의 목적 변경의 경우 : 법인의 정관 1부

③ 제2항에 따른 신고서를 제출받은 시·도경찰청장은 「전자정부법」 제36조 제1항에 따른 행정정보의 공동이용을 통하여 법인의 등기사항증명서를 확인하여야 한다.

④ 법 제4조 제3항 제5호의 규정에 의한 특수경비업무의 개시 또는 종료의 신고는 별지 제7호 서식에 의한다.

제6조 【허가갱신】

① 법 제6조 제2항에 따라 경비업의 갱신허가를 받으려는 자는 허가의 유효기간 만료일 (30일) 전까지 별지 제2호 서식의 경비업 갱신허가신청서(전자문서로 된 신청서를 포함한다)에 허가증 원본 및 정관(변경사항이 있는 경우만 해당한다)을 첨부하여 법인의 주사무소를
   사본× ∴ 정관을 변경하지 아니한 경비업체는 정관 첨부×
관할하는 시·도경찰청장 또는 해당 시·도경찰청 소속의 경찰서장에게 제출하여야 한다.
   경찰청장×
경비업 갱신허가신청서를 제출받은 경찰서장은 이를 지체 없이 관할시·도경찰청장에게 보내야 한다.

② 제1항에 따른 신청서를 제출받은 <u>시·도경찰청장</u>은 「<u>전자정부법</u>」 제36조 제1항에
　　　　　　　　　　　　　　　　　담당공무원×　　　　　　경비업법×
따른 <u>행정정보의 공동이용</u>을 통하여 법인의 등기사항증명서를 확인하여야 한다.

③ <u>시·도경찰청장</u>은 법 제6조 제2항의 규정에 의하여 갱신허가를 하는 때에는 <u>유효기간이</u>
　　경찰청장×
<u>만료되는 허가증을 회수</u>한 후 별지 제3호 서식의 허가증을 교부하여야 한다.

---

tip 제출서류·기간·기관 정리

구분		제출서류	제출기간	제출기관
경비업 신규허가시 경비업 변경허가시 (경비업무추가시)		• 허가신청서 • 법인의 정관 • 법인 임원의 이력서 • 경비인력·시설 및 장비의 확보계획서 　(신청시 갖출 수 없는 경우에 한함)		시·도경찰청장 또는 해당 시·도경찰청 소속의 경찰서장
경비업 갱신허가시		• 경비업 갱신허가신청서 • 허가증 원본 • 정관(변경사항이 있는 경우에 한함)	유효기간 만료일 30일 전까지	
허가증 재교부시		• 허가증 재교부신청서 • 사유서(분실시) • 허가증(훼손시)		
폐업시		• 폐업신고서 • 허가증	폐업한 날부터 7일 이내	
휴업시		• 휴업신고서	휴업한 날부터 7일 이내	
영업재개시		• 영업재개신고서	영업을 다시 시작한 후 7일 이내	
휴업기간연장시		• 휴업기간연장신고서	휴업기간이 끝난 후 7일 이내	
허가사항 변경시	명칭 변경	• 경비업 허가사항 등의 변경신고서 • 허가증 원본	사유가 발생한 날부터 30일 이내	
	대표자 변경	• 경비업 허가사항 등의 변경신고서 • 법인 대표자의 이력서 • 허가증 원본		
	임원 변경	• 경비업 허가사항 등의 변경신고서 • 법인 임원의 이력서		
	주사무소 ·출장소 변경	• 경비업 허가사항 등의 변경신고서 • 허가증 원본		
	정관목적 변경	• 경비업 허가사항 등의 변경신고서 • 법인의 정관		

시설주의 무기대여시	• 무기대여신청서		관할경찰관서장을 거쳐 시·도경찰청장
경비원 배치시, 배치기간연장시	• 경비원 배치신고서	배치한 후 7일 이내 (집단민원현장이 아닌 곳에서 신변보호업무를 수행하는 일반경비원, 특수경비원 배치시 배치하기 전까지)	관할경찰관서장
경비원 배치폐지시	• 경비원 배치폐지신고서	배치폐지를 한 날부터 7일 이내	
집단민원현장에의 일반경비원 배치시	• 집단민원현장 일반경비원 배치허가 신청서 • 신임교육이수증	배치하기 48시간 전	
집단민원현장에의 일반 경비원 배치기간 연장시 /새로운 경비원 배치시	• 집단민원현장 일반경비원 배치허가 신청서	배치기간 만료되기 48시간 전 /새로운 경비원 배치하기 48시간 전	
집단민원현장에의 일반 경비원 배치 폐지시	• 집단민원현장 일반경비원 배치폐지 신고서	배치폐지를 한 날부터 48시간 이내	
청원경찰 배치시	• 청원경찰 배치신청서 • 경비구역 평면도 • 배치계획서		관할경찰서장을 거쳐 시·도경찰청장
청원경찰 임용승인시	• 청원경찰 임용승인신청서 • 이력서 • 주민등록증 사본 • 민간인 신원진술서 • 채용신체검사서 또는 취업용 건강진단서 (최근 3개월 이내 발행한 것) • 가족관계등록부 중 기본증명서	배치결정 통지를 받은 날부터 30일 이내	시·도경찰청장
청원주의 무기대여시	• 무기대여신청서		관할경찰서장을 거쳐 시·도경찰청장

제6조의2【집단민원현장에 선임·배치된 경비지도사의 직무】 ※ 경비업법 제12조 제2항과 비교

법 제7조 제6항에 따라 경비업자는 집단민원현장에 선임·배치된 경비지도사로 하여금 다음 각 호의 직무를 수행하도록 하여야 한다.

1. 법 제15조의2에 따른 경비원 등의 의무 위반행위 예방 및 제지

2. 법 제16조에 따른 경비원의 복장 착용 등에 대한 지도·감독

3. 법 제16조의2에 따른 경비원의 장비 휴대 및 사용에 대한 지도·감독
　　　　　　　　　　　　　　　　　　출동차량×, 무기관리×

4. 법 제18조 제1항 단서에 따라 집단민원현장에 비치된 경비원 명부의 관리
　　　　　　　　　　　　　　　　　　　　　　　　　　　작성×

제7조 【특수경비원의 신체조건】

법 제10조 제2항 제5호에서 "행정안전부령이 정하는 신체조건"이라 함은 팔과 다리가 완전하고 두 눈의 맨눈시력 각각 0.2 이상 또는 교정시력 각각 0.8 이상을 말한다.

※ 청원경찰의 경우 맨눈시력·교정시력 모두 0.8 이상(청원경찰법 시행규칙 제4조 참조)

제8조 【응시원서 등】

① 법 제11조의 규정에 의한 경비지도사시험에 응시하고자 하는 자는 별지 제8호 서식의 응시원서(전자문서로 된 원서를 포함한다)를 영 제31조 제2항에 따라 경비지도사시험의 관리를 위탁받은 기관 또는 단체(이하 이 조에서 "시험관리기관"이라 한다)에 제출해야 한다.

② 영 제13조에 따라 경비지도사 제1차 시험을 면제받으려는 사람은 같은 조 각 호의 면제 사유를 증명할 수 있는 서류로서 영 제11조 제2항에 따른 공고에서 정하는 서류를 시험관리기관에 제출해야 한다.

③ 시험관리기관은 제2항에 따른 서류 중 재직증명서 또는 경력증명서를 제출받은 경우에는 「전자정부법」 제36조 제1항에 따른 행정정보의 공동이용을 통하여 제출인의 국민연금가입자가입증명 또는 건강보험자격득실확인서를 확인해야 한다. 다만, 제출인이 확인에 동의하지 않는 경우에는 해당 서류를 제출하도록 해야 한다.

제9조 【경비지도사에 대한 교육】

① 법 제11조 제1항에서 "행정안전부령이 정하는 교육"이라 함은 경비지도사에 대한 별표 1의 규정에 의한 과목 및 시간의 교육을 말한다.
  44시간

② 제1항의 규정에 의한 교육에 소요되는 비용은 경비지도사의 교육을 받는 자의 부담으로 한다.
  경비업자의 부담×

[별표 1] 경비지도사 교육의 과목 및 시간

구분 (교육시간)		과목	시간
공통교육 **(28시간)**		「<u>경비업법</u>」　※범죄예방론×	4
		「<u>경찰관직무집행법</u>」 및 「<u>청원경찰법</u>」	3
		테러 대응요령	3
		화재대처법	2
		응급처치법	3
		분사기 사용법	2
		<u>교육기법</u>	2
		예절 및 인권교육	2
		<u>체포·호신술</u>	3
		입교식·평가·수료식	4
자격의 종류별 교육 **(16시간)**	<u>일반경비</u> 지도사	시설경비	2
		호송경비	2
		신변보호	2
		특수경비	2
		<u>기계경비개론</u>	3
		<u>일반경비현장실습</u>	5
	기계경비 지도사	기계경비운용관리	4
		기계경비기획및설계	4
		<u>인력경비개론</u>	3
		<u>기계경비현장실습</u>	5
계			44

※ 비고 : 일반경비지도사 자격증 취득자 또는 기계경비지도사 자격증 취득자가 <u>자격증 취득일부터</u> ③년 이내에
　　　　 기계경비지도사 또는 일반경비지도사 시험에 합격하여 교육을 받을 경우에는 **공통교육**은 면제한다.
　　　　　　　　　　　　　　　　　　　　　　　　　　　자격종류별 교육면제×

제10조【경비지도사시험의 일부면제】

영 제13조 제4호에서 "행정안전부령으로 정하는 교육과정을 이수한 사람"이란 다음 각 호의 어느 하나에 해당하는 사람을 말한다.

1. 고등교육법에 의한 전문대학 이상의 교육기관(경비지도사의 시험과목 3과목 이상이 개설된 교육기관에 한한다)에서 1년 이상의 경비업무관련 과정을 마친 사람

2. 경찰청장이 지정하는 기관 또는 단체에서 실시하는 64시간 이상의 경비지도사 양성과정을
    44시간×
    마치고 수료시험에 합격한 사람

제11조【경비지도사자격증의 교부】

경찰청장은 법 제11조의 규정에 의한 경비지도사시험에 합격하고 제9조에 따른 경비지도사 교육을 받은 사람에게는 별지 제9호 서식의 경비지도사자격증 교부대장에 정해진 사항을 기재한 후, 별지 제10호 서식의 경비지도사 자격증을 교부해야 한다.

제11조의2【경비원 직무교육 실시대장】

영 제17조 제3항에 따른 경비원 직무교육 실시대장은 별지 제10호의2 서식에 따른다.

제12조【일반경비원에 대한 신임교육의 실시 등】

① 영 제18조 제1항에 따른 일반경비원 신임교육의 과목 및 시간은 별표 2와 같다.
   24시간

② 경찰청장은 일반경비원에 대한 신임교육의 실시를 위하여 연도별 교육계획을 수립하고, 영 제18조 제1항에 따른 일반경비원 신임교육 기관 또는 단체가 교육계획에 따라 교육을 실시하도록 하여야 한다.

③ 삭제 〈2014. 6. 5.〉

④ 영 제18조 제1항에 따른 일반경비원 신임교육 기관 또는 단체의 장은 제1항에 따른
   경찰청장×, 경비업자×
   일반경비원 신임교육과정을 마친 사람에게 별지 제11호 서식의 신임교육이수증을 교부하고 그 사실을 별지 제12호 서식의 신임교육이수증 교부대장에 기록해야 하며, 교육기관, 교육일, 교육이수증 교부번호 등을 포함한 신임교육 이수자 현황을 경찰청장에
   시·도경찰청장×
   게 통보해야 한다.

⑤ 경비업자는 일반경비원이 제1항의 규정에 의한 신임교육을 받은 때에는 제23조의 규정에 의한 경비원의 명부에 그 사실을 기재하여야 한다.

⑥ 시·도경찰청장 또는 경찰서장은 제1항에 따른 일반경비원 신임교육을 받은 사람이 요청
   경찰청장×, 경비업자×
   하는 경우에는 별지 제12호의2 서식의 신임교육 이수 확인증을 발급할 수 있다.
   신임교육이수증×   발급하여야 한다×

[별표 2] 일반경비원 신임교육의 과목 및 시간

구분 (교육시간)	과목	시간
이론교육 (4시간)	「**경비업법**」 ※ 경찰관직무집행법×, 청원경찰법×, 재난 및 안전관리 기본법×, 형사법×	2
	<u>범죄예방론</u>(신고 및 순찰요령을 포함한다)	2
실무교육 (19시간)	시설경비실무(신고 및 순찰요령, 관찰·기록기법을 포함한다)	2
	호송경비실무	2
	신변보호실무	2
	<u>기계경비실무</u> ※ 특수경비실무×	2
	사고예방대책(테러 대응요령, 화재대처법 및 응급처치법을 포함한다)	3
	<u>체포·호신술</u>(질문·검색요령을 포함한다)	3
	장비사용법	2
	직업윤리 및 서비스(예절 및 인권교육을 포함한다)	3
기타(1시간)	입교식, 평가 및 수료식	1
계		24

경시
비행
업규
법칙

제13조【일반경비원에 대한 직무교육의 시간 등】

① 영 제18조 제3항에서 "행정안전부령으로 정하는 시간"이란 ④시간을 말한다.

② 영 제18조 제3항에 따른 일반경비원에 대한 직무교육의 과목은 일반경비원의 직무수행에 필요한 <u>이론·실무과목</u>, 그 밖에 <u>정신교양</u> 등으로 한다.

제14조【특수경비원 신임교육기관 또는 단체의 지정 등】

① 영 제19조 제1항에 의한 <u>특수경비원 신임교육의 과정을 개설하고자 하는 기관 또는 단체는 별표 3의 규정에 의한 시설 등을 갖추고 경찰청장에게 지정을 요청하여야 한다.</u>

시·도경찰청장에게×

② <u>경찰청장은</u> 제1항의 규정에 의한 교육과정을 개설하고자 하는 기관 또는 단체가 동항의

시·도경찰청장은×

규정에 의한 지정을 요청한 때에는 별표 3의 규정에 의한 기준에 적합한 지의 여부를 확인한 후 그 기준에 적합한 경우 이를 특수경비원 신임교육을 실시할 수 있는 기관 또는 단체로 <u>지정할 수 있다.</u>

지정하여야 한다×

③ 제2항의 규정에 의하여 지정을 받은 기관 또는 단체는 신임교육의 과정에서 필요한 경우에는 <u>관할경찰관서장에게</u> 경찰관서 <u>시설물의 이용</u>이나 전문적인 소양을 갖춘 <u>경찰관의</u>
경찰청장에게×
<u>파견을 요청할 수 있다.</u>

[별표 3] 특수경비원 교육기관 시설 및 강사의 기준

구분	기준
1. 시설기준	• <u>100인 이상</u> 수용이 가능한 $165m^2$ 이상의 강의실 시청각실× • <u>감지장치·수신장치 및 관제시설</u>을 갖춘 $132m^2$ 이상의 기계경비실습실 무전기 등 통신장비×　　　　　　　　　　　특수경비실습실× • <u>100인 이상</u>이 동시에 사용할 수 있는 $330m^2$ 이상의 체육관 또는 운동장 • <u>소총에 의한 실탄사격</u>이 가능하고 10개 사로 이상을 갖춘 사격장 권총×
2. 강사기준	• 고등교육법에 의한 대학 이상의 교육기관에서 교육과목 관련학과의 <u>전임강사</u>(전문대학의 경우에는 <u>조교수</u>) 이상의 직에 1년 이상 종사한 경력이 있는 사람 • <u>박사학위</u>를 소지한 사람으로서 교육과목 관련 분야의 연구 실적이 있는 사람 • <u>석사학위</u>를 소지한 사람으로서 교육과목 관련 분야의 실무업무에 3년 이상 종사한 경력(학위 취득 전의 경력을 포함한다)이 있는 사람 • 교육과목 관련 분야에서 <u>공무원</u>으로 5년 이상 근무한 경력이 있는 사람 • 교육과목 관련 분야의 실무업무에 10년 이상 종사한 경력이 있는 사람 • <u>체포·호신술</u> 과목의 경우 <u>무도사범</u>의 자격이 있는 사람으로서 교육과목 관련 분야에서 2년 이상 실무 경력(자격 취득 전의 경력을 포함한다)이 있는 사람 • <u>폭발물</u> 처리요령 및 <u>예절교육</u> 과목의 경우 교육과목 관련 분야에서 2년 이상 실무 경력이 있는 사람

※ 비고 : 교육시설이 교육기관의 소유가 아닌 경우에는 <u>임대 등</u>을 통하여 교육기간동안 이용할 수 있도록 하여야 한다.　　　　　　　　　　　　　　　∴ 교육시설이 반드시 교육기관의 소유일 필요는 없다.
※ **암기법(경력-직업)** : 0-박사, 1-강사(조교수), 2-사범(폭발·예절), 3-석사, 5-공무원, 10-실무자

제15조 【특수경비원에 대한 신임교육의 실시】

① 영 제19조 제1항에 따른 <u>특수경비원 신임교육</u>의 과목 및 시간은 별표 4와 같다.
88시간

② 영 제19조 제1항에 따른 특수경비원 <u>신임교육 기관 또는 단체의 장</u>은 제1항에 따른 특수경비
경찰서장×, 경비업자×
원 신임교육과정을 마친 사람에게 별지 제11호 서식의 <u>신임교육이수증을 교부</u>하고 그 사실을 별지 제12호 서식의 신임교육이수증 <u>교부대장에 기록</u>해야 하며, 교육기관, 교육일, 교육이수증 교부번호 등을 포함한 신임교육 <u>이수자</u> 현황을 <u>경찰청장에게</u> 통보해야 한다.
시·도경찰청장×

③ 경비업자는 특수경비원이 제1항의 규정에 의한 신임교육을 받은 때에는 제23조 제1항
　　경비지도사×
　의 규정에 의한 경비원의 <u>명부</u>에 그 사실을 <u>기재</u>하여야 한다.

④ <u>시·도경찰청장 또는 경찰서장</u>은 제1항에 따른 특수경비원 신임교육을 받은 사람이 요청
　　경찰청장×, 경비업자×
　하는 경우에는 별지 제12호의2 서식의 <u>신임교육 이수 확인증</u>을 <u>발급할 수 있다.</u>
　　　　　　　　　　　　　　　　　신임교육이수증×　　　발급하여야 한다×

[별표 4] 특수경비원 신임교육의 과목 및 시간

구분 (교육시간)	과목	시간
이론교육 (15시간)	「<u>경비업법</u>」·「<u>경찰관직무집행법</u>」 및 「<u>청원경찰법</u>」 ※ 경찰법×, 국가배상법×	8
	「<u>헌법</u>」 및 형사법(인권, 경비관련 범죄 및 현행범체포에 관한 규정을 포함한다)	4
	<u>범죄예방론</u>(신고요령을 포함한다)	3
실무교육 (69시간)	정신교육	2
	테러 대응요령	4
	폭발물 처리요령	6
	화재대처법	3
	응급처치법	3
	분사기 사용법	3
	출입통제 요령	3
	예절교육	2
	기계경비실무 ※ 호송경비실무×, 신변보호실무×	3
	정보보호 및 보안업무	6
	시설경비요령(야간경비요령을 포함한다)	4
	민방공(화생방 관련 사항을 포함한다)	6
	총기조작	3
	총검술	5
	사격	8
	<u>체포·호신술</u>	5
	관찰·기록기법 ※ 교육기법×	3
기타(4시간)	입교식·평가·수료식	4
계		88

※ 경비업법, 범죄예방론, 기계경비실무, 체포·호신술 과목은 일반경비원과 특수경비원의 공통과목이다.

제16조【특수경비원에 대한 직무교육의 시간 등】

① 영 제19조 제3항에서 "행정안전부령으로 정하는 시간"이란 ⑥시간을 말한다.

② 관할경찰서장 및 공항경찰대장 등 국가중요시설의 경비책임자(이하 "관할경찰관서장"이라 한다)는 필요하다고 인정하는 경우에는 특수경비원이 배치된 경비대상시설에 소속
_{일반경비원×}
공무원을 파견하여 직무집행에 필요한 교육을 실시할 수 있다.

③ 영 제19조 제3항에 따른 특수경비원에 대한 직무교육의 과목은 특수경비원의 직무수행에 필요한 이론·실무과목, 그 밖에 정신교양 등으로 한다.

제17조【무기대여신청서】

영 제20조 제1항의 규정에 의한 무기대여신청서는 별지 제13호 서식에 의한다.

제18조【무기의 관리수칙 등】

① 법 제14조 제4항에 따라 무기를 대여받은 국가중요시설의 시설주(이하 "시설주"라 한다) 또는 같은 조 제7항에 따른 관리책임자(이하 "관리책임자"라 한다)는 다음 각호의 관리수칙에 따라 무기(탄약을 포함한다. 이하 같다)를 관리해야 한다.

1. 무기의 관리를 위한 책임자를 지정하고 관할경찰관서장에게 이를 통보할 것
_{시·도경찰청장×}   _{신고×}

2. 무기고 및 탄약고는 단층에 설치하고 환기·방습·방화 및 총받침대 등의 시설을 할 것
_{복층에 설치×}

3. 탄약고는 무기고와 사무실 등 많은 사람을 수용하거나 많은 사람이 오고 가는 시설과 떨어진 곳에 설치할 것
_{많은 사람이 오고 가는 곳에 설치×}

4. 무기고 및 탄약고에는 이중 잠금장치를 하여야 하며, 열쇠는 관리책임자가 보관
_{경찰서장이 보관×, 시설주가 보관×}
하되, 근무시간 이후에는 열쇠를 당직책임자에게 인계하여 보관시킬 것
_{관리책임자×, 교대근무자×}

5. 관할경찰관서장이 정하는 바에 의하여 무기의 관리실태를 매월 파악하여 다음
_{※ 청원경찰법 시행규칙 제16조 제1항 제6호 : 경찰청장이 정하는 바}
달 ③일까지 관할경찰관서장에게 통보할 것

6. 대여받은 무기를 빼앗기거나 대여받은 무기가 분실·도난 또는 훼손되는 등의 사고가 발생한 때에는 관할경찰관서장에게 그 사유를 지체없이 통보할 것
_{관할시·도경찰청장×}

7. 대여받은 무기를 빼앗기거나 대여받은 무기가 분실·도난 또는 훼손된 때에는 경찰청장이 정하는 바에 의하여 그 전액을 배상할 것. 다만, 전시·사변, 천재·지변
_{시·도경찰청장×}   _{배액을 배상×}
그 밖의 불가항력의 사유가 있다고 시·도경찰청장이 인정한 때에는 그러하지 아니하다.

8. 시설주는 자체계획을 수립하여 보관하고 있는 무기를 매주 1회 이상 손질할 수
_{매월×, 매일×}
있게 할 것

② 시설주 또는 관리책임자는 <u>고의 또는 과실</u>로 무기(부속품을 포함한다)를 <u>빼앗기거나</u> 무기가 <u>분실·도난 또는 훼손</u>되도록 한 특수경비원에 대하여 <u>특수경비업자에게</u>
_{관할경찰관서장×}
<u>교체 또는 징계 등의 조치를 요청할 수 있다.</u> 이 경우 특수경비업자는 특별한 사유가
_{요청하여야 한다×}
없는 한 이에 응하여야 한다.

③ 법 제14조 제4항의 규정에 의하여 무기를 대여받은 시설주 또는 관리책임자가 <u>특수경비</u> <u>원에게 무기를 출납</u>하고자 하는 때에는 다음 각호의 관리수칙에 따라 무기를 관리하여야 한다.

  1. 관할경찰관서장이 무기를 회수하여 집중적으로 관리하도록 지시하는 경우 또는 출납하는 탄약의 수를 증감하거나 출납을 중지하도록 지시하는 경우에는 이에 따를 것

  2. 탄약의 출납은 **소총**에 있어서는 1정당 ⑮발 이내, **권총**에 있어서는 1정당 ⑦발 이내로 하되, 생산된 후 <u>오래된 탄약을 우선적으로 출납</u>할 것

  3. 무기를 지급받은 특수경비원으로 하여금 무기를 <u>매주 1회</u> 이상 손질하게 할 것

  4. 수리가 필요한 무기가 있는 때에는 그 목록과 <u>무기장비운영카드</u>를 첨부하여 <u>관할</u>
  _{무기탄약출납부×}
  <u>경찰관서장</u>에게 수리를 요청할 것
  _{시·도경찰청장×}

④ 법 제14조 제4항의 규정에 의하여 시설주로부터 <u>무기를 지급받은 특수경비원</u>은 다음 각호의 관리수칙에 따라 무기를 관리하여야 한다.

  1. 무기를 지급받거나 반납하는 때 또는 무기의 인계 인수를 하는 때에는 <u>반드시 "앞에 총"의 자세에서 "검사 총"</u>을 할 것

  2. 무기를 지급받은 때에는 별도의 지시가 없는 한 <u>탄약은 무기로부터 분리</u>하여 휴대하여야 하며, <u>소총은 "우로 어깨걸어 총"</u>의 자세를 유지하고, <u>권총은 "권총집에 넣어 총"</u>의 자세를 유지할 것

  3. 지급받은 무기를 다른 사람에게 <u>보관·휴대 또는 손질시키지 아니할 것</u>

  4. 무기를 손질 또는 조작하는 때에는 <u>총구를 반드시 **공중**으로 향하게 할 것</u>
  _{지면으로×}

  5. 무기를 반납하는 때에는 손질을 철저히 한 후 반납하도록 할 것

  6. 근무시간 이후에는 무기를 <u>시설주에게 반납</u>하거나 <u>교대근무자에게 인계할 것</u>
  _{당직책임자에게 인계×}

⑤ 시설주는 다음 각 호의 특수경비원에 대하여 <u>무기를 지급해서는 안 되며</u>, 지급 된 무기가 <u>있는 경우 이를 즉시 회수해야 한다.</u> ※청원경찰법 시행규칙 제16조 제4항과 비교
_{24시간 이내에 회수×}

  1. <u>형사사건으로 인하여 조사를 받고 있는 사람</u> ※ 민사재판에 증인으로 출석예정인 자×

  2. <u>사직 의사를 표명한 사람</u>

  3. <u>정신질환자</u>

  4. 그 밖에 무기를 지급하기에 부적합하다고 인정되는 사람

⑥ <u>시설주는 무기를 수송하는 때에는 출발하기 전에 관할경찰서장에게 그 사실을 통보하</u>
출발 24시간 전에× 시·도경찰청장에게 통보×

여야 하며, 통보를 받은 관할경찰서장은 ⓵인 이상의 무장경찰관을 무기를 수송하는 자동차

등에 함께 타도록 하여야 한다.

제19조 【경비원의 복장 등 신고 등】

① 법 제16조 제1항에 따라 경비원의 복장 신고(변경신고를 포함한다)를 하려는 <u>경비업자</u>
<u>는</u> 소속 경비원에게 <u>복장을 착용하도록 하기 전에</u> 별지 제13호의2 서식의 경비원 복장
등 신고서(전자문서로 된 신고서를 포함한다. 이하 같다)를 경비업자의 주된 사무소를
관할하는 <u>시·도경찰청장에게 제출하여야 한다.</u>
경찰서장에게 제출×

② 법 제16조 제4항에 따라 경비원 복장 시정명령에 대한 이행보고를 하려는 경비업자는
별지 제13호의3 서식의 시정명령 이행보고서(전자문서로 된 보고서를 포함한다. 이하
같다)에 이행사실을 입증할 수 있는 사진 등의 서류를 첨부하여 <u>시정명령을 한 시·도경찰청</u>
<u>장에게 제출하여야 한다.</u>

③ 경비업자는 제1항에 따른 신고서 또는 제2항에 따른 이행보고서를 경비업자의
주된 사무소를 관할하는 <u>시·도경찰청장 소속 경찰서장을 거쳐 제출할 수 있다.</u>
제출하여야 한다×

이 경우 신고서 또는 이행보고서를 받은 경찰서장은 <u>지체 없이</u> 경비업자의 주된
7일 이내×

사무소를 관할하는 시·도경찰청장에게 해당 신고서 또는 이행보고서를 보내야 한다.

④ 경비원은 경비업무 수행 시 <u>이름표를</u> 경비원 복장의 <u>상의 가슴 부위에</u> 부착하여 경비원
계급장을× 경비업자가 지정한 부위에 부착×

의 <u>이름을 외부에서 알아볼 수 있도록</u> 하여야 한다.
계급을×

제20조 【경비원의 휴대장비】

① 법 제16조의2 제1항에 따라 경비원은 근무 중 <u>경적, 단봉, 분사기, 안전방패, 무전기</u>
전자충격기×, 수갑×, 포승×, 청원경찰은 포승○

및 그 밖에 경비 업무 수행에 필요한 것으로서 <u>공격적인 용도로 제작되지 아니하는 장비를</u>
공격적인 용도로 제작된 장비×

휴대할 수 있으며, <u>안전모 및 방검복 등 안전장비를 착용할 수 있다.</u>
착용하여야 한다×

② 제1항에 따른 경비원 장비의 구체적인 기준은 <u>별표 5에 따른다.</u>
시·도경찰청장이 정한다×

[별표 5] 경비원 휴대장비의 구체적인 기준

장비	장비기준
1. 경적	금속이나 플라스틱 재질의 호루라기
2. 단봉	금속(합금 포함)이나 플라스틱 재질의 전장 700mm 이하의 호신용 봉 나무×
3. 분사기	「총포·도검·화약류 등 단속법」에 따른 분사기 경찰관직무집행법×
4. 안전방패	플라스틱 재질의 폭 500mm 이하, 길이 1,000mm 이하의 방패로 경찰공무원이 사용하는 금속× 안전방패와 색상 및 디자인이 명확히 구분되어야 함
5. 무전기	무전기 송신 시 실시간으로 수신이 가능한 것
6. 안전모	얼굴을 가리지 아니하면서, 머리를 보호하는 장비로 경찰공무원이 사용하는 방석모와 색상 및 디자인이 명확히 구분되어야 함
7. 방검복	경찰공무원이 사용하는 방검복과 색상 및 디자인이 명확히 구분되어야 함

제21조 【출동차량 등의 신고 등】

① 법 제16조의3 제2항에 따라 출동차량 등에 대한 신고(변경신고를 포함한다)를 하려는 경비업자는 출동차량 등을 운행하기 전에 별지 제13호의4 서식의 출동차량등 신고서(전자
운행 후 지체없이×
문서로 된 신고서를 포함한다. 이하 같다)를 경비업자의 주된 사무소를 관할하는 시·도경찰청장에게 제출하여야 한다.
경찰서장에게 제출×

② 법 제16조의3 제4항에 따라 출동차량 등의 시정명령에 대한 이행보고를 하려는 경비업자는 별지 제13호의3 서식의 시정명령 이행보고서에 이행사실을 입증할 수 있는 사진 등의 서류를 첨부하여 시정명령을 한 시·도경찰청장에게 제출하여야 한다.

③ 경비업자는 제1항에 따른 신고서 및 제2항에 따른 이행보고서를 경비업자의 주된 사무소를 관할하는 시·도경찰청장 소속의 경찰서장을 거쳐 제출할 수 있다. 이 경우 신고서 또는 이행보고서를 받은 경찰서장은 지체 없이 경비업자의 주된 사무소를 관할하는 시·도경찰청장에게 해당 신고서 또는 이행보고서를 보내야 한다.

제22조 【결격사유 확인을 위한 범죄경력조회 요청】

① 법 제17조 제2항에 따른 범죄경력조회 요청은 별지 제13호의5 서식의 범죄경력조회 신청서(전자문서로 된 신청서를 포함한다)에 따른다. ∴ 구두 요청×

② 경비업자는 제1항에 따라 범죄경력조회를 요청하는 경우 다음 각 호의 서류를 첨부하여야 한다.

1. 경비업 허가증 사본
원본× (경비업법 시행규칙 제5조·제6조와 비교)

2. 별지 제13호의6 서식의 취업자 또는 취업예정자 범죄경력조회 동의서
가족관계등록부×

제23조 【경비원의 명부】

경비업자는 법 제18조 제1항에 따라 <u>다음 각 호의 장소</u>에 별지 제14호 서식의 <u>경비원</u>
<small>경비원이 배치되는 모든 장소×, 관할경찰관서×</small>

<u>명부</u>(제2호 및 제3호의 경우에는 해당 장소에 배치된 경비원의 명부를 말한다)를 <u>작성·비치</u>하

여 두고, 이를 <u>항상 정리</u>하여야 한다.

1. <u>주된 사무소</u>

2. 영 제5조 제3항에 따른 <u>출장소</u>

3. <u>집단민원현장</u>

제24조 【경비원의 배치 및 배치폐지의 신고】

① 경비업자는 법 제18조 제2항에 따라 경비업무를 수행하기 위하여 [20일] 이상 경비원을
<small>20명×</small>

배치하거나 <u>그 기간을 연장</u>하려는 때에는 경비원을 배치한 후 [7일] 이내에 별지 제15호
<small>단축×</small>

서식의 경비원 배치신고서(전자문서로 된 신고서를 포함하며, 이하 "배치신고서"라

한다)를 <u>배치지를 관할하는 경찰관서장</u>에게 제출해야 한다.
<small>주된 사무소를 관할하는× 시·도경찰청장×</small>

다만, <u>법 제18조 제2항 제2호 및 제3호에 해당하는 경비원</u>을 배치하는 경우에는 경비원을
<small>집단민원현장이 아닌 곳에서 신변보호업무를 수행하는 일반경비원, 특수경비원</small>

배치하는 <u>기간과 관계없이</u> 경비원을 **배치하기 전**까지 제출해야 한다.

② 법 제18조 제2항 제3호에 해당하는 특수경비원을 배치하는 경비업자는 배치신고서에 특수경
비원 전원의 별지 제15호의2 서식의 병력(病歷)신고 및 개인정보 이용 동의서(이하 이 조에
서 "동의서"라 한다)를 첨부하여 <u>관할 경찰관서장</u>에게 제출해야 한다.

③ 제2항에 따른 동의서를 제출받은 관할 경찰관서장은 <u>국민건강보험공단</u> 등 관계기관에 치료
경력의 조회를 요청할 수 있다.

④ 관할 경찰관서장은 제2항에 따른 동의서의 기재내용 또는 관계기관의 조회결과를 확인하여
필요한 경우 경비업자에게 다음 각 호의 서류를 제출하도록 요청할 수 있다. 이 경우 경비업
자는 해당 특수경비원의 서류(제출일 기준 6개월 이내에 발급된 서류에 한정한다)를 관할
경찰관서장에게 제출해야 한다.

  1. 영 제10조의2 각 호에 해당하지 않음을 증명하는 해당 분야 전문의의 진단서 1부

  2. 영 제10조의2 제3호 단서에 해당하는 경우 이를 증명하는 해당 분야 전문의의 진단서 1부

⑤ 제1항의 규정에 의하여 경비원의 배치신고를 한 경비업자가 경비원의 배치를 폐지한 때에는 배치폐지를 한 날부터 (7일) 이내에 별지 제15호 서식의 경비원 배치폐지신고서 (전자문서로 된 신고서를 포함한다)를 <u>배치지의 관할경찰관서장</u>에게 제출하여야 한다.

주된 사무소의 관할경찰관서장×

다만, 경비원 배치신고시에 기재한 <u>배치폐지 예정일에 경비원의 배치를 폐지한 경우</u>에는 <u>그러하지 아니하다.</u>

∴ 배치폐지신고를 요하지 않는다.

⑥ <u>시·도경찰청장 또는 경찰서장</u>은 일반경비원 또는 특수경비원이나 일반경비원 또는 특수경비원으로 근무했던 사람이 <u>요청하는 경우</u>에는 별지 제12호의2 서식의 배치폐지 확인증을 발급할 수 있다.

제24조의2 【집단민원현장에의 일반경비원 배치허가 신청 등】

① 법 제18조 제2항 각 호 외의 부분 단서에 따라 집단민원현장에 일반경비원 배치허가를 신청하려는 경비업자는 별지 제15호의3 서식의 집단민원현장 일반경비원 배치허가 신청서(전자문서에 의한 신청서를 포함하며, 이하 "배치허가 신청서"라 한다)에 집단민원현장에 배치될 일반경비원의 <u>신임교육 이수증</u>(영 제18조 제2항에 따른 일반경비원

직무교육 이수증×

신임교육 면제 대상의 경우 신임교육 면제 대상에 해당함을 입증할 수 있는 서류를 말한다) 각 1부를 첨부하여 관할경찰관서장에게 제출해야 한다.

② 제1항에 따른 배치허가 신청서를 받은 관할경찰관서장은 경비원 <u>배치예정 일시 전까지</u>

배치예정일까지×

배치허가 여부를 결정하여 경비업자에게 통보하여야 한다.

③ 제2항에 따라 일반경비원 배치허가를 받은 경비업자가 경비원 <u>배치기간을 연장</u>하려는 경우에는 배치기간이 만료되기 (48시간) 전까지 배치허가 신청서를 관할경찰관서장에게

배치기간이 만료된 후 48시간 이내에×

제출하여 <u>허가</u>를 받아야 한다.

④ 제2항에 따라 일반경비원 배치허가를 받은 경비업자가 집단민원현장에 <u>새로운 경비원을 배치</u>하려는 경우에는 새로운 경비원을 배치하기 (48시간) 전까지 배치허가 신청서를

새로운 경비원을 배치한 후 48시간 이내에×

관할경찰관서장에게 제출하여 <u>허가</u>를 받아야 한다.

⑤ 제2항에 따라 일반경비원 배치허가를 받은 경비업자가 경비원의 <u>배치를 폐지</u>한 때에는 배치폐지를 한 날부터 (48시간) 이내에 별지 제15호의4 서식의 집단민원현장 일반경비원

배치폐지를 하기 48시간 전까지×

배치폐지 신고서(전자문서로 된 신고서를 포함한다)를 관할경찰관서장에게 제출해야 한다.

⑥ 제2항에 따라 일반경비원 배치허가를 받은 경비업자가 집단민원현장에 배치된 <u>경비지도사</u>를 변경한 경우에는 변경된 내용을 관할경찰관서장에게 통보하여야 한다.

경비원×   허가×, 신고×

제24조의3 【경비원 근무상황기록부】

① 경비업자는 법 제18조 제5항에 따라 경비업무를 수행하는 경비원의 <u>인적사항</u>, <u>배치일시</u>, <u>배치장소</u>, <u>배치폐지일시</u> 및 <u>근무여부</u> 등 근무상황을 기록한 <u>근무상황기록부</u>(전자문서로 된 근무상황기록부를 포함한다. 이하 같다)를 작성하여 <u>주된 사무소 및</u>
_{또는×}
출장소에 갖추어 두어야 한다.

② 경비업자는 제1항에 따른 근무상황기록부를 (1년) 동안 보관하여야 한다.
_{경비지도사×}

제25조 【경비전화의 가설】

① <u>관할경찰관서장</u>은 <u>시설주의 신청</u>에 의하여 특수경비원이 배치된 국가중요시설 등에
_{시설주는×}　　　　_{특수경비원의 신청×}
경비전화를 가설할 수 있다.

② 제1항의 규정에 의하여 경비전화를 가설하는 경우의 <u>소요경비</u>는 <u>시설주의 부담</u>으로 한다.
_{경비업자의 부담×,}
_{국가·지방자치단체의 부담×}

제26조 【갖추어 두어야 하는 장부 또는 서류】 ※청원경찰법 시행규칙 제17조와 비교

① <u>특수경비원</u>을 배치한 <u>시설주</u>는 다음 각호의 장부 및 서류를 갖추어 두어야 한다.
　1. <u>근무일지</u>
　2. <u>근무상황카드</u>
　3. <u>경비구역배치도</u>
　4. <u>순찰표철</u>
　5. <u>무기탄약**출납부**</u>
　6. <u>무기장비운영카드</u>

② 특수경비원을 배치한 국가중요시설의 **관할경찰관서장**은 다음 각호의 장부 및 서류를 갖추어 두어야 한다.
　1. <u>감독순시부</u>
　2. <u>특수경비원 전·출입관계철</u>
　3. <u>특수경비원 교육훈련실시부</u>
　4. <u>무기·탄약대여대장</u>
　5. 그 밖에 특수경비원의 관리 등을 위하여 필요한 장부 또는 서류

③ 제1항 및 제2항의 규정에 의한 장부 또는 서류의 서식은 **경찰관서에서 사용하는 서식**을 준용한다.
_{경찰관서에서 사용하는 서식과 구분×}

제27조 삭제 〈2014. 6. 5.〉

제27조의2 【규제의 재검토】

<u>경찰청장은</u> 제20조에 따른 경비원이 휴대하는 <u>장비</u> 등에 대하여 2014년 6월 8일을 기준
징계×
으로 <u>3년마다</u>(매 3년이 되는 해의 6월 8일 전까지를 말한다) 그 타당성을 검토하여 개선 등의
조치를 하여야 한다.

제28조 【과태료 부과 고지서 등】

① 법 제31조 제1항 및 제2항에 따른 과태료 부과의 사전 통지는 별지 제16호 서식의 과태료
　부과 사전 통지서에 따른다.

② 법 제31조 제1항 및 제2항에 따른 과태료의 부과는 별지 제17호 서식의 과태료 부과 고지서
　에 따른다.

청원경찰법령 주해

제**2**편

청원경찰법

제1조 【목적】

이 법은 청원경찰의 <u>직무·임용·배치·보수·사회보장</u> 및 그 밖에 필요한 사항을 규정함으
신분보장×

로써 <u>청원경찰의 원활한 운영</u>을 목적으로 한다.

제2조 【정의】

이 법에서 "<u>청원경찰</u>"이란 다음 각 호의 어느 하나에 해당하는 기관의 장 또는 시설·사업장 등의
<u>경영자가 경비[이하 "청원경찰경비"(請願警察經費)라 한다]를 부담할 것을 조건</u>으로 경찰의 배치를
신청하는 경우 그 기관·시설 또는 사업장 등의 <u>경비(警備)</u>를 담당하게 하기 위하여 배치하는 경찰을
말한다.

1. <u>국가기관</u> 또는 공공단체와 <u>그 관리하에 있는 중요 시설 또는 사업장</u>

2. <u>국내 주재 **외국**기관</u>
   국외 주재 국내기관×

3. 그 밖에 <u>행정안전부령으로 정하는 중요 시설, 사업장 또는 장소</u>
   대통령령×(청원경찰법 시행규칙 제2조 참조)

제3조 【청원경찰의 직무】

청원경찰은 제4조 제2항에 따라 <u>청원경찰의 배치결정을 받은 자</u>(이하 "<u>청원주</u>"라 한다)와
∴ 청원주의 감독도 받는다.

배치된 기관·시설 또는 사업장 등의 구역을 관할하는 <u>경찰서장의 감독</u>을 받아 그 <u>경비구</u>
시·도경찰청장×, 시·도지사×

<u>역만의 경비</u>를 목적으로 필요한 범위에서 「<u>경찰관 직무집행법</u>」에 따른 경찰관의 직무를
경찰공무원법×

수행한다.

제4조 【청원경찰의 배치】

① 청원경찰을 배치받으려는 자는 <u>대통령령으로 정하는 바</u>에 따라 관할 <u>시·도경찰청장에게</u>
경찰청장령으로×, 행정안전부령× 경찰청장에게×

<u>청원경찰 배치를 신청</u>하여야 한다.

② 시·도경찰청장은 제1항의 청원경찰 배치 신청을 받으면 <u>지체 없이 그 배치 여부를</u>
<u>청원경찰 배치결정권자</u>   30일 이내×, 15일 이내×

<u>결정하여 신청인에게 알려야 한다.</u> ☞ 배치결정 받지 않고 배치시 과태료(국가중요시설 500만원·
그 밖의 시설 400만원)

③ 시·도경찰청장은 청원경찰 배치가 필요하다고 인정하는 <u>기관의 장</u> 또는 시설·사업장의
<u>경찰청장×</u>

<u>경영자에게</u> 청원경찰을 배치할 것을 <u>요청할 수 있다.</u>
요청하여야 한다×

제5조【청원경찰의 임용 등】

① 청원경찰은 <u>청원주가 임용하되</u>, 임용을 할 때에는 <u>미리 시·도경찰청장의 승인을 받아야 한다.</u>
∴ 임용권자는 청원주○, 경찰서장×, 시·도경찰청장×   ∴ 승인권자는 시·도경찰청장○, 시설·사업장의 경영자×
시·도경찰청장의 허가×

☞ 승인 받지 않고 임용시 과태료(결격사유자 임용 500만원/비결격사유자 임용 300만원)

② 「국가공무원법」 제33조 각 호의 어느 하나의 결격사유에 해당하는 사람은 청원경찰로 임용될 수 없다.

[국가공무원법]
제33조【결격사유】 다음 각 호의 어느 하나에 해당하는 자는 공무원으로 임용될 수 없다.
1. 피성년후견인
2. 파산선고를 받고 복권되지 아니한 자
3. <u>금고 이상의 실형을</u> 선고받고 그 집행이 끝나거나(집행이 끝난 것으로 보는 경우를 포함한다) 집행이 면제된 날부터 ⑤년이 지나지 아니한 자
4. <u>금고 이상의 형의 집행유예를</u> 선고받고 그 유예기간이 끝난 날부터 ②년이 지나지 아니한 자
5. <u>금고 이상의 형의 선고유예를</u> 받은 경우에 그 <u>선고유예 기간 중에 있는 자</u>
자격정지 이상의 형×
6. 법원의 판결 또는 다른 법률에 따라 <u>자격이 상실되거나 정지된 자</u>
6의2. 공무원으로 <u>재직기간 중 직무와 관련하여</u> 「형법」 제355조(횡령·배임) 및 제356조(업무상의 횡령·배임)에 규정된 죄를 범한 자로서 ③00만원 이상의 벌금형을 선고받고 그 형이 확정된 후 ②년이 지나지 아니한 자
6의3. 다음 각 목의 어느 하나에 해당하는 죄를 범한 사람으로서 ⑩0만원 이상의 벌금형을 선고받고 그 형이 확정된 후 ③년이 지나지 아니한 사람
   가. 「성폭력범죄의 처벌 등에 관한 특례법」 제2조에 따른 <u>성폭력범죄</u>
   나. 「정보통신망 이용촉진 및 정보보호 등에 관한 법률」 제74조 제1항 제2호 및 제3호에 규정된 죄
   다. 「스토킹범죄의 처벌 등에 관한 법률」 제2조 제2호에 따른 <u>스토킹범죄</u>
6의4. 미성년자에 대한 다음 각 목의 어느 하나에 해당하는 죄를 저질러 파면·해임되거나 형 또는 치료감호를 선고받아 그 형 또는 치료감호가 확정된 사람(집행유예를 선고받은 후 그 집행유예기간이 경과한 사람을 포함한다)
   가. 「성폭력범죄의 처벌 등에 관한 특례법」 제2조에 따른 성폭력범죄
   나. 「아동·청소년의 성보호에 관한 법률」 제2조 제2호에 따른 아동·청소년대상 성범죄

7. 징계로 파면처분을 받은 때부터 5년이 지나지 아니한 자
8. 징계로 해임처분을 받은 때부터 3년이 지나지 아니한 자
   정직×

③ 청원경찰의 임용자격·임용방법·교육 및 보수에 관하여는 대통령령으로 정한다.
   행정안전부령×

④ 청원경찰의 복무에 관하여는 「국가공무원법」 제57조, 제58조 제1항, 제60조 및 「경찰공무원법」
   지방공무원법×   경찰법×, 경찰관직무집행법×
   제24조를 준용한다.

[국가공무원법]

제57조 【복종의 의무】 공무원은 직무를 수행할 때 소속 상관의 직무상 명령에 복종하여야 한다.

제58조 【직장 이탈 금지】 ① 공무원은 소속 상관의 허가 또는 정당한 사유가 없으면 직장을 이탈하지 못한다.

제60조 【비밀 엄수의 의무】 공무원은 재직 중은 물론 퇴직 후에도 직무상 알게 된 비밀을 엄수(嚴守)하여야 한다.

※ 「국가공무원법」상 성실의무, 친절·공정의 의무, 종교중립의 의무, 청렴의 의무, 품위유지의 의무, 영리업무 및 겸직금지, 정치운동의 금지 등의 규정은 준용되지 않는다.

[경찰공무원법]

제24조 【거짓 보고 등의 금지】
① 경찰공무원은 직무에 관하여 거짓으로 보고나 통보를 하여서는 아니된다.
② 경찰공무원은 직무를 게을리하거나 유기(遺棄)해서는 아니된다.

제5조의2【청원경찰의 징계】

① 청원주는 청원경찰이 다음 각 호의 어느 하나에 해당하는 때에는 대통령령으로 정하는
   ∴ 징계권자는 청원주○, 경찰서장×, 시·도경찰청장×
   징계절차를 거쳐 징계처분을 하여야 한다.
             징계처분을 할 수 있다×

1. 직무상의 의무를 위반하거나 직무를 태만히 한 때
2. 품위를 손상하는 행위를 한 때

② 청원경찰에 대한 징계의 종류는 파면, 해임, 정직, 감봉 및 견책으로 구분한다.
                          5종류이다. ∴ 경고×, 강등×, 강임×, 직위해제×, 면직×

③ 청원경찰의 징계에 관하여 그 밖에 필요한 사항은 대통령령으로 정한다.

   ※ 정직은 1개월 이상 3개월 이하, 신분보유○, 직무종사×, 보수 2/3↓
     감봉은 1개월 이상 3개월 이하, 보수 1/3↓(청원경찰법 시행령 제8조 참조)

제6조 【청원경찰경비】

① <u>청원주</u>는 다음 각 호의 <u>청원경찰경비</u>를 부담하여야 한다.
시·도경찰청장×, 관할경찰서장×, 지방자치단체장×

  1. 청원경찰에게 지급할 <u>봉급</u>과 각종 <u>수당</u>
교통비×, 경조사비×, 업무추진비×

  2. 청원경찰의 <u>피복비</u>

  3. 청원경찰의 <u>교육비</u>
자녀교육비×

  4. 제7조에 따른 <u>보상금</u> 및 제7조의2에 따른 <u>퇴직금</u>
의료비×   연금×

② <u>국가기관 또는 지방자치단체</u>에 근무하는 청원경찰의 보수는 다음 각 호의 구분에 따라 같은 재직기간에 해당하는 경찰공무원의 보수를 감안하여 <u>대통령령으로 정한다</u>.
청원경찰로서 근무한 기간

  1. 재직기간 <u>15년 미만</u> : <u>순경</u>

  2. 재직기간 15년 이상 **23년 미만** : <u>경장</u>

  3. 재직기간 23년 이상 **30년 미만** : <u>경사</u>

  4. 재직기간 <u>30년 이상</u> : <u>경위</u>

③ 청원주의 제1항 제1호에 따른 <u>봉급·수당의 최저부담기준액</u>(국가기관 또는 지방자치단체에 근무하는 청원경찰의 봉급·수당은 **제외**한다)과 같은 항 제2호 및 제3호에 따른
∴ 피복비·교육비○, 보상금·퇴직금×

<u>비용의 부담기준액</u>은 <u>경찰청장</u>이 정하여 고시한다.
행정안전부장관이 고시×, 시·도경찰청장이 고시×

☞ 최저부담기준액 이상의 보수 불지급시 과태료(500만원)

제7조 【보상금】

<u>청원주</u>는 청원경찰이 다음 각 호의 어느 하나에 해당하게 되면 대통령령으로 정하는 바에 따라 <u>청원경찰 본인</u> 또는 그 유족에게 보상금을 지급하여야 한다.

1. <u>직무수행</u>으로 인하여 부상을 입거나, 질병에 걸리거나 또는 <u>사망한 경우</u>

2. <u>직무상의 부상·질병</u>으로 인하여 <u>퇴직</u>하거나, 퇴직 후 2년 이내에 사망한 경우
이후×

제7조의2 【퇴직금】

<u>청원주</u>는 청원경찰이 퇴직할 때에는 「<u>근로자퇴직급여 보장법</u>」에 따른 퇴직금을 지급하
국민연금법×, 고용보험법×, 근로기준법×

여야 한다. 다만, <u>국가기관이나 지방자치단체</u>에 근무하는 청원경찰의 퇴직금에 관하여는 따로 <u>대통령령으로 정한다.</u>
행정안전부령×(※ 공무원연금법 시행령에서 규정하고 있음)

제8조 【제복 착용과 무기 휴대】

① 청원경찰은 <u>근무 중 제복을 착용하여야 한다.</u>

② <u>시·도경찰청장</u>은 청원경찰이 직무를 수행하기 위하여 필요하다고 인정하면 <u>**청원주의 신청**</u>
청원경찰 무기휴대여부 결정권자 ∴ 관할경찰서장×   관할경찰서장의 신청×

을 받아 **관할경찰서장**으로 하여금 <u>청원경찰에게 무기를 대여하여 지니게 할 수 있다.</u>
       청원주로 하여금×

③ 청원경찰의 <u>복제(服制)와 무기 휴대</u>에 필요한 사항은 **대통령령**으로 정한다.

※ 제복·장구·부속물에 관하여 필요한 사항은 행정안전부령으로 정한다(청원경찰법 시행령 제14조 제2항).

제9조 삭제 〈1999. 3. 31.〉

제9조의2 삭제 〈2001. 4. 7.〉

제9조의3 【감독】

① <u>청원주는 항상 소속 청원경찰의 근무 상황을 감독하고, 근무 수행에 필요한 교육을</u>
경찰서장×, 시·도경찰청장×

하여야 한다.

② <u>시·도경찰청장</u>은 청원경찰의 효율적인 운영을 위하여 **청원주를 지도**하며 <u>감독상 필요</u>
경찰청장×(경비업법 제24조 제1항과 비교)

<u>한 명령을 할 수 있다.</u> ☞ 감독상 명령 불이행시 과태료
       (총기·실탄·분사기에 관한 명령 500만원, 그밖의 명령 300만원)

제9조의4 【쟁의행위의 금지】

<u>청원경찰</u>은 <u>파업, 태업</u> 또는 그 밖에 업무의 정상적인 운영을 방해하는 <u>일체의 쟁의행위를</u>
<u>하여서는 아니 된다.</u> ☞ 위반시 벌칙(1년/1천)

제10조 【직권남용 금지 등】

① 청원경찰이 직무를 수행할 때 <u>직권을 남용하여 국민에게 해를 끼친 경우</u>에는 6개월
<u>이하의 징역이나 금고에 처한다.</u>
       벌금×, 구류×

② 청원경찰 업무에 종사하는 사람은 「**형법**」이나 그 밖의 법령에 따른 **벌칙**을 적용할
<u>때에는 공무원으로 **본다**.</u> ∴ 불법행위에 대한 배상책임에 있어서는 공무원으로 보지 않는다.
       =간주한다

제10조의2 【청원경찰의 불법행위에 대한 배상책임】

<u>청원경찰(국가기관이나 지방자치단체에 근무하는 청원경찰은 **제외**한다)의 직무상 불법행</u>
<u>위에 대한 배상책임에 관하여는 「**민법**」의 규정을 따른다.</u> ∴ 국가기관이나 지방자치단체에 근무하는
청원경찰의 직무상 불법행위에 대한 배상책임에 관하여는 「민법」의 규정에 따르는 것이 아니라 「국가배상법」의 규정에 따른다.

제10조의3 【권한의 위임】

이 법에 따른 <u>시·도경찰청장의 권한은</u> 그 <u>일부</u>를 <u>대통령령</u>으로 정하는 바에 따라 <u>관할</u>
<u>경찰서장에게 위임</u>할 수 있다. ※ 경비업법 제27조 : 경찰청장의 권한 → 시·도경찰청장에게 위임
　경비업자에게 위임×

제10조의4 【의사에 반한 면직】 📞 신분보장규정

① 청원경찰은 <u>형의 선고, 징계처분</u> 또는 <u>신체상·정신상의 이상</u>으로 직무를 감당하지
　　　　　　∴ 이 경우에는 의사에 반하여 면직될 수 있다.
　<u>못할 때</u>를 <u>제외</u>하고는 그 <u>의사(意思)</u>에 반하여 <u>면직(免職)</u>되지 아니한다.
　　　　　　　　　　　　　　　　　파면×, 강등×

② 청원주가 청원경찰을 면직시켰을 때에는 그 사실을 <u>관할경찰서장을 거쳐 시·도경찰청</u>
　　　　　　　　　　　　　　　　　　시·도경찰청장을 거쳐 경찰청장에게×
　<u>장에게 보고</u>하여야 한다.
　　신고×, 10일 이내에 보고× (청원경찰법 시행령 제4조 제2항과 비교)

제10조의5 【배치의 폐지 등】 📞 신분보장규정

① <u>청원주</u>는 청원경찰이 배치된 <u>시설이 폐쇄되거나 축소</u>되어 청원경찰의 배치를 폐지하거
　청원경찰의 배치폐지권자 ∴관할경찰서장×
나 배치인원을 감축할 필요가 있다고 인정하면 청원경찰의 <u>배치를 폐지</u>하거나 <u>배치인원</u>
<u>을 감축</u>할 수 있다. 다만, 청원주는 다음 각 호의 어느 하나에 해당하는 경우에는 청원
경찰의 배치를 폐지하거나 배치인원을 감축할 수 <u>없다</u>.

　1. 청원경찰을 <u>대체</u>할 목적으로 「경비업법」에 따른 <u>특수경비원을 배치</u>하는 경우

　2. 청원경찰이 배치된 기관·시설 또는 사업장 등이 <u>배치인원의 변동사유 없이</u> 다른 곳으로
　　<u>이전</u>하는 경우

② 제1항에 따라 청원주가 청원경찰을 폐지하거나 감축하였을 때에는 청원경찰 배치결정을
한 **경찰관서의 장**에게 알려야 하며, 그 사업장이 제4조 제3항에 따라 <u>시·도경찰청장</u>이 청원
경찰의 배치를 요청한 사업장일 때에는 그 폐지 또는 감축 <u>사유</u>를 <u>구체적으로 밝혀야</u> 한다.

③ 제1항에 따라 청원경찰의 배치를 폐지하거나 배치인원을 감축하는 경우 해당 청원주는
배치폐지나 배치인원 감축으로 과원(過員)이 되는 청원경찰 인원을 그 기관·시설 또는
사업장 내의 <u>유사 업무에 종사</u>하게 하거나 다른 시설·사업장 등에 <u>재배치</u>하는 등
　　　　　　　동일 업무×
청원경찰의 <u>고용이 보장될 수 있도록 노력하여야</u> 한다.
　　　　고용을 보장하여야 한다×

제10조의6 【당연 퇴직】

청원경찰이 다음 각 호의 어느 하나에 해당할 때에는 <u>당연 퇴직된다.</u>

퇴직을 명할 수 있다×

1. 제5조 제2항에 따른 <u>임용결격사유에 해당될 때.</u> 다만, 「국가공무원법」 제33조 제2호는 파산선고를 받은 사람으로서 「채무자 회생 및 파산에 관한 법률」에 따라 신청기한 내에 <u>면책신청을 하지 아니하였거나 면책불허가 결정 또는 면책 취소가 확정된 경우만</u> 해당하고, 「국가공무원법」 제33조 제5호는 「형법」 제129조부터 제132조(<u>수뢰</u>, 사전수뢰, 제삼자뇌물제공, 수뢰후부정처사, 사후수뢰, 알선수뢰)까지, 「성폭력범죄의 처벌 등에 관한 특례법」 제2조(<u>성폭력범죄</u>), 「아동·청소년의 성보호에 관한 법률」 제2조 제2호(<u>아동·청소년대상 성범죄</u>) 및 직무와 관련하여 「형법」 제355조(<u>횡령, 배임</u>) 또는 제356조(<u>업무상의 횡령과 배임</u>)에 규정된 죄를 범한 사람으로서 <u>금고 이상의 형의 선고유예</u>를 받은 경우만 해당한다.

2. 제10조의5에 따라 청원경찰의 배치가 <u>폐지</u>되었을 때

3. <u>나이가 60세</u>가 되었을 때. 다만, 그 날이 1월부터 6월 사이에 있으면 <u>6월 30일</u>에, 7월부터 12월 사이에 있으면 <u>12월 31일</u>에 각각 당연 퇴직된다.

∴ 8월에 60세가 된 경우 12월 31일에 당연 퇴직된다.

※ '직무상의 의무를 위반하거나 직무를 태만히 한 때', '품위를 손상하는 행위를 한 때'에는 징계사유이지 당연퇴직사유는 아니다.

제10조의7 【휴직 및 명예퇴직】

국가기관이나 지방자치단체에 근무하는 청원경찰의 <u>휴직 및 명예퇴직</u>에 관하여는 「국가공무원법」 제71조부터 제73조까지 및 제74조의2를 <u>준용한다.</u>

경찰공무원법×

> **[국가공무원법]**
>
> **제71조 【휴직】**
>
> ① 공무원이 다음 각 호의 어느 하나에 해당하면 임용권자는 본인의 의사에도 불구하고 <u>휴직을 명하여야 한다.</u>
>   1. 신체·정신상의 장애로 <u>장기 요양</u>이 필요할 때 ☞ 1년(1년 연장가능, 공무상 질병·부상 3년)
>   2. 삭제 〈1978. 12. 5.〉
>   3. 「병역법」에 따른 병역 복무를 마치기 위하여 <u>징집</u> 또는 <u>소집</u>된 때 ☞ 복무기간
>   4. 천재지변이나 전시·사변, 그 밖의 사유로 <u>생사</u> 또는 <u>소재</u>가 불명확하게 된 때 ☞ 3개월
>   5. 그 밖에 법률의 규정에 따른 의무를 수행하기 위하여 <u>직무를 이탈</u>하게 된 때 ☞ 복무기간
>   6. 「공무원의 노동조합 설립 및 운영 등에 관한 법률」 제7조에 따라 <u>노동조합 전임자</u>로 종사하게 된 때 ☞ 전임기간
> ② 임용권자는 공무원이 다음 각 호의 어느 하나에 해당하는 사유로 휴직을 원하면 <u>휴직을 명할 수 있다.</u> 다만, <u>제4호의 경우</u>에는 대통령령으로 정하는 특별한 사정이 없으면 <u>휴직을 명하여야 한다.</u>

1. 국제기구, 외국기관, 국내외의 대학·연구기관, 다른 국가기관 또는 대통령령으로 정하는 민간기업, 그 밖의 기관에 <u>임시로 채용될 때</u> ☞ 채용기간(민간기업 3년)
2. <u>국외 유학</u>을 하게 된 때 ☞ 3년(2년 연장가능)
3. 중앙인사관장기관의 장이 지정하는 연구기관이나 교육기관 등에서 <u>연수하게 된 때</u> ☞ 2년
4. 만 <u>8세</u> 이하 또는 초등학교 <u>2학년</u> 이하의 자녀를 <u>양육</u>하기 위하여 필요하거나 여성공무원이 <u>임신</u> 또는 <u>출산</u>하게 된 때 ☞ 자녀 1명당 3년
5. 사고나 질병 등으로 장기간 요양이 필요한 조부모, 부모(배우자의 부모를 포함한다), 배우자, 자녀 또는 손자녀를 <u>간호</u>하기 위하여 필요한 때. 다만, 조부모나 손자녀의 간호를 위하여 휴직할 수 있는 경우는 본인 외에는 간호할 수 있는 사람이 없는 등 대통령령등으로 정하는 요건을 갖춘 경우로 한정한다. ☞ 1년(총 3년 초과금지)
6. 외국에서 근무·유학 또는 연수하게 되는 <u>배우자를 동반</u>하게 된 때 ☞ 3년(2년 연장가능)
7. 대통령령등으로 정하는 기간 동안 재직한 공무원이 직무 관련 연구과제 수행 또는 자기개발을 위하여 학습·연구 등을 하게 된 때 ☞ 1년

③ 임기제공무원에 대하여는 제1항 제1호·제3호 및 제2항 제4호에 한정하여 제1항 및 제2항을 적용한다.
④ 임용권자는 제2항 제4호에 따른 휴직을 이유로 인사에 불리한 처우를 하여서는 아니된다.
⑤ 제1항부터 제4항까지의 규정에 따른 휴직제도 운영에 관하여 필요한 사항은 대통령령 등으로 정한다.

제72조 【휴직 기간】 휴직 기간은 다음과 같다.

1. 제71조 제1항 제1호에 따른 휴직기간은 <u>1년</u> 이내로 하되, 부득이한 경우 <u>1년</u>의 범위에서 <u>연장</u>할 수 있다. 다만, 다음 각 목의 어느 하나에 해당하는 공무상 질병 또는 부상으로 인한 휴직기간은 3년 이내로 하되, 의학적 소견 등을 고려하여 대통령령등으로 정하는 바에 따라 2년의 범위에서 연장할 수 있다.
    가. 「공무원 재해보상법」 제22조 제1항에 따른 요양급여 지급 대상 부상 또는 질병
    나. 「산업재해보상보험법」 제40조에 따른 요양급여 결정대상 질병 또는 부상
2. 제71조 제1항 제3호와 제5호에 따른 휴직 기간은 그 <u>복무 기간</u>이 끝날 때까지로 한다.
3. 제71조 제1항 제4호에 따른 휴직 기간은 <u>3개월</u> 이내로 한다.
4. 제71조 제2항 제1호에 따른 휴직 기간은 그 <u>채용 기간</u>으로 한다. 다만, 민간기업이나 그 밖의 기관에 채용되면 <u>3년</u> 이내로 한다.
5. 제71조 제2항 제2호와 제6호에 따른 휴직 기간은 <u>3년</u> 이내로 하되, 부득이한 경우에는 <u>2년</u>의 범위에서 <u>연장</u>할 수 있다.
6. 제71조 제2항 제3호에 따른 휴직 기간은 <u>2년</u> 이내로 한다.
7. 제71조 제2항 제4호에 따른 휴직 기간은 <u>자녀 1명</u>에 대하여 <u>3년</u> 이내로 한다.

8. 제71조 제2항 제5호에 따른 휴직 기간은 <u>1년</u> 이내로 하되, 재직 기간 중 <u>총 3년</u>을 넘을 수 없다.

9. 제71조 제1항 제6호에 따른 휴직 기간은 그 <u>전임 기간</u>으로 한다.

10. 제71조 제2항 제7호에 따른 휴직 기간은 <u>1년</u> 이내로 한다.

제73조【휴직의 효력】

① 휴직 중인 공무원은 <u>신분은 보유하나 직무에 종사하지 못한다</u>.

② 휴직 기간 중 그 사유가 없어지면 <u>30일 이내</u>에 임용권자 또는 임용제청권자에게 <u>신고</u>하여야 하며, 임용권자는 <u>지체 없이 복직</u>을 명하여야 한다.

③ 휴직 기간이 끝난 공무원이 <u>30일 이내</u>에 복귀 신고를 하면 <u>당연히 복직</u>된다.

제74조의2【명예퇴직 등】

① 공무원으로 <u>20년</u> 이상 근속한 자가 정년 전에 <u>스스로 퇴직</u>하면 <u>예산의 범위</u>에서 명예퇴직 수당을 <u>지급할 수 있다</u>.
　　　　　　　　　지급하여야 한다×

② <u>직제와 정원의 개폐</u> 또는 <u>예산의 감소</u> 등에 따라 폐직 또는 과원이 되었을 때에 20년 미만 근속한 자가 정년 전에 스스로 퇴직하면 예산의 범위에서 수당을 지급할 수 있다.

③ 제1항에 따라 명예퇴직 수당을 지급받은 자가 다음 각 호의 어느 하나에 해당하는 경우에는 명예퇴직 수당을 <u>지급한 국가기관의 장</u>이 그 명예퇴직 수당을 <u>환수하여야 한다</u>. 다만, 제2호에 해당하는 경우로서 국가공무원으로 재임용된 경우에는 <u>재임용한 국가기관의 장</u>이 <u>환수하여야 한다</u>.

1. 재직 중의 사유로 <u>금고 이상의 형</u>을 받은 경우

1의2. 재직 중에 「형법」 제129조부터 제132조(<u>수뢰</u>, 사전수뢰, 제3자뇌물제공, 수뢰후부정처사, 사후수뢰, 알선수뢰)까지에 규정된 죄를 범하여 <u>금고 이상의</u> 형의 <u>선고유예</u>를 받은 경우

1의3. 재직 중에 직무와 관련하여 「형법」 제355조(횡령·배임) 또는 제356조(업무상의 횡령·배임)에 규정된 죄를 범하여 <u>300만원 이상의 벌금형</u>을 선고받고 그 형이 확정되거나 <u>금고 이상의 형의 선고유예</u>를 받은 경우

2. 경력직공무원, 그 밖에 대통령령등으로 정하는 공무원으로 재임용되는 경우

3. 명예퇴직 수당을 <u>초과</u>하여 지급받거나 그 밖에 명예퇴직 수당의 <u>지급 대상이 아닌</u> 자가 지급받은 경우

④ 제3항에 따라 환수금을 내야할 사람이 기한 내에 내지 아니하면 국세 체납처분의 예에 따라 환수금을 징수할 수 있다.

⑤ 제1항에 따른 명예퇴직 수당과 제2항에 따른 수당의 지급대상범위·지급액·지급절차와 제3항 및 제4항에 따른 명예퇴직 수당의 환수액·환수절차 등에 필요한 사항은 대통령령등으로 정한다.

제11조 【벌칙】

제9조의4를 위반하여 파업, 태업 또는 그 밖에 업무의 정상적인 운영을 방해하는 쟁의행위를 한 사람은 1년 이하의 징역 또는 1천만원 이하의 벌금에 처한다.

제12조 【과태료】

① 다음 각 호의 어느 하나에 해당하는 자에게는 500만원 이하의 과태료를 부과한다.

  1. 제4조 제2항에 따른 시·도경찰청장의 배치결정을 받지 아니하고 청원경찰을 배치하거나 제5조 제1항에 따른 시·도경찰청장의 승인을 받지 아니하고 청원경찰을 임용한 자

  2. 정당한 사유 없이 제6조 제3항에 따라 경찰청장이 고시한 최저부담기준액 이상의 보수를 지급하지 아니한 자
  지급한 자×

  3. 제9조의3 제2항에 따른 감독상 필요한 명령을 정당한 사유 없이 이행하지 아니한 자
  청원경찰의 효율적인 운영을 위하여 시·도경찰청장이 발한

② 제1항에 따른 과태료는 대통령령으로 정하는 바에 따라 시·도경찰청장이 부과·징수한다.
경찰청장×, 경찰관서장×, 지방자치단체장×

청원경찰법 시행령(대통령령)

제1조【목적】

이 영은 「청원경찰법」에서 위임된 사항과 그 시행에 필요한 사항을 규정함을 목적으로 한다.

제2조【청원경찰의 배치 신청 등】

「청원경찰법」(이하 "법"이라 한다) 제4조 제1항에 따라 <u>청원경찰의 배치를 받으려는 자는</u> <u>청원경찰 배치신청서에 다음 각 호의 서류를 첨부하여</u> 법 제2조 각 호의 기관·시설·사업장
청원경찰 경비에 관한 사항 첨부×

또는 장소(이하 "사업장"이라 한다)의 <u>소재지를 관할하는 경찰서장</u>(이하 "관할경찰서장"이라 한다)을 거쳐 시·도경찰청장에게 제출하여야 한다. 이 경우 <u>배치 장소가 둘 이상의 도</u>
∴ 구두로 신청×

(특별시, 광역시, 특별자치시 및 특별자치도를 포함한다. 이하 같다)일 때에는 **주된** 사업장의 관할 경찰서장을 거쳐 시·도경찰청장에게 **한꺼번에** 신청할 수 있다.

1. 경비구역 평면도 1부
   경비구역 배치도×
2. 배치계획서 1부
   경비계획서×, 직무교육계획서×, 청원경찰명부×

※ 청원경찰배치신청서에 경비구역 평면도와 배치계획서 모두 첨부하여야 한다. ∴ 경비구역 평면도 또는 배치계획서를 첨부하여야 한다고 하면 틀린 지문이다.

제3조【임용자격】

법 제5조 제3항에 따른 청원경찰의 임용자격은 다음 각 호와 같다.

1. 18세 이상인 사람
2. 행정안전부령으로 정하는 신체조건에 해당하는 사람
   신체 건강하고 팔다리 완전, 시력(교정시력 포함) 0.8 이상

제4조【임용방법 등】

① 법 제4조 제2항에 따라 청원경찰의 배치결정을 받은 자(이하 "청원주"라 한다)는 법 제5조 제1항에 따라 그 배치결정의 통지를 받은 날부터 ⟨30일⟩ 이내에 배치결정된 인원수의 임용 예정자에 대하여 청원경찰 임용승인을 시·도경찰청장에게 신청하여야 한다.

관할경찰서장×

② 청원주가 법 제5조 제1항에 따라 청원경찰을 임용하였을 때에는 임용한 날부터 ⟨10일⟩ 이내에 그 임용사항을 관할경찰서장을 거쳐 시·도경찰청장에게 보고하여야 한다.

청원경찰이 퇴직하였을 때에도 또한 같다.

∴ 청원주는 청원경찰이 퇴직하였을 때에도 퇴직한 날부터 10일 이내에 관할경찰서장을 거쳐 시·도경찰청장에게 보고하여야 한다.

tip 배치·임용 절차

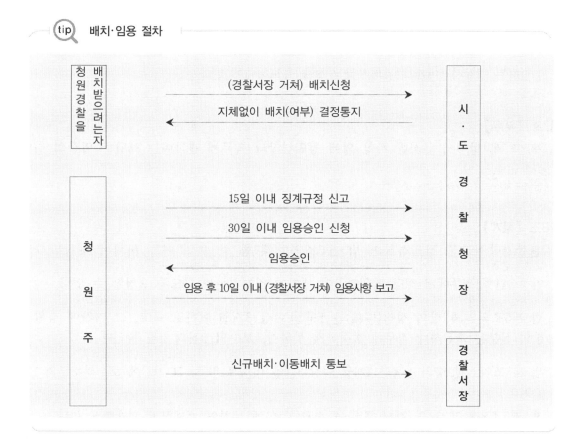

청원경찰을 배치받으려는 자 → (경찰서장 거쳐) 배치신청 → 시·도경찰청장
시·도경찰청장 → 지체없이 배치(여부) 결정통지 → 청원경찰을 배치받으려는 자

청원주 → 15일 이내 징계규정 신고 → 시·도경찰청장
청원주 → 30일 이내 임용승인 신청 → 시·도경찰청장
시·도경찰청장 → 임용승인 → 청원주
청원주 → 임용 후 10일 이내 (경찰서장 거쳐) 임용사항 보고 → 시·도경찰청장

청원주 → 신규배치·이동배치 통보 → 경찰서장

제5조【교육】

① 청원주는 청원경찰로 임용된 사람으로 하여금 경비구역에 배치하기 前에 경찰교육기관에서 직무 수행에 필요한 교육을 받게 하여야 한다. 다만, 경찰교육기관의 교육계획상 부득

청원주의 사정상×, 청원경찰의 사정상×

이하다고 인정할 때에는 우선 배치하고 임용 후 ⟨1년⟩ 이내에 교육을 받게 할 수 있다.

② 경찰공무원(의무경찰을 포함한다) 또는 청원경찰에서 퇴직한 사람이 <u>퇴직한 날부터 3년</u>
　경비지도사×
이내에 청원경찰로 임용되었을 때에는 제1항에 따른 교육을 면제할 수 있다.
　　　　　　　　　　　　　　　　　　　직무 수행에 필요한 교육(신임교육)

③ 제1항의 <u>교육기간</u>·<u>교육과목</u>·<u>수업시간</u> 및 그 밖에 교육의 시행에 필요한 사항은
　　　　　2주　　　　　　76시간
<u>행정안전부령</u>으로 정한다. ※ 청원경찰법 시행규칙 제6조 참조

제6조【배치 및 이동】

① 청원주는 청원경찰을 <u>신규로 배치</u>하거나 <u>이동배치</u>하였을 때에는 <u>배치지(이동배치</u>
　　　　　　　　　　　　　　　　　　　　　　　　　　　　　　　　　전입지×
<u>의 경우에는 종전의 배치지)</u>를 관할하는 경찰서장에게 그 사실을 통보하여야 한다.
　　　　　　　이동 후의 배치지×　　　　　시·도경찰청장에게 통보×

② 제1항의 통보를 받은 <u>경찰서장</u>은 이동배치지가 다른 관할구역에 속할 때에는 <u>전입지를</u>
　　　　　　　　　　　청원주는×　　　　　　　　　　　　　　　　　　　　　전출지×
<u>관할하는 경찰서장</u>에게 이동배치한 사실을 통보하여야 한다.
　　시·도경찰청장×

제7조【복무】

법 제5조 제4항에서 규정한 사항 외에 청원경찰의 <u>복무</u>에 관하여는 해당 사업장의 <u>취업</u>
<u>규칙에 따른다.</u>
경비업법에 따른다×, 단체협약에 따른다×

제8조【징계】

① <u>관할경찰서장</u>은 청원경찰이 법 제5조의2 제1항 각 호의 어느 하나에 해당한다고
　징계요청권자　　　　　　　　　　　　　직무상의 의무위반, 직무태만, 품위손상
인정되면 청원주에게 해당 <u>청원경찰</u>에 대하여 징계처분을 하도록 <u>요청할 수 있다.</u>
　　　　　　징계권자　　　　　　　　　　　　　　　　　　　　　요청하여야 한다×

② 법 제5조의2 제2항의 <u>정직(停職)</u>은 1개월 이상 3개월 <u>이하</u>로 하고, 그 기간에 청원경
찰의 <u>신분은 보유</u>하나 직무에 종사하지 못하며, 보수의 <u>3분의 2</u>를 줄인다.
　　　　　　　　　　　　　　　　　　　∴3분의 1을 수령한다. 전액을 감한다×

③ 법 제5조의2 제2항의 <u>감봉</u>은 1개월 이상 3개월 <u>이하</u>로 하고, 그 기간에 <u>보수의 3분의 1</u>을
<u>줄인다.</u>
　　　∴3분의 2를 수령한다.

④ 법 제5조의2 제2항의 <u>견책(譴責)</u>은 전과(前過)에 대하여 <u>훈계하고 회개하게 한다.</u>
　　　　　　　　　　　　근신×　　　　　　　　　　∴ 견책은 보수삭감 없음

⑤ <u>청원주</u>는 청원경찰 배치결정의 통지를 받았을 때에는 통지를 받은 날부터 ⑮일 이내
　　　　　　　　　　　　임용승인의 통지×
에 청원경찰에 대한 <u>징계규정</u>을 제정하여 관할 <u>시·도경찰청장에게 신고</u>하여야 한다.
　　　　　　　　　　공제규정×　　　　　시·도경찰청장의 승인×, 허가×, 경찰서장에게 신고×
징계규정을 변경할 때에도 또한 같다.

⑥ 시·도경찰청장은 제5항에 따른 징계규정의 보완이 필요하다고 인정할 때에는 <u>청원주</u>
관할경찰서장×
에게 그 <u>보완을 요구할 수 있다.</u>

제9조【국가기관 또는 지방자치단체에 근무하는 청원경찰의 보수】

① 법 제6조 제2항에 따른 국가기관 또는 지방자치단체에 근무하는 청원경찰의 봉급은 별표 1과 같다.

[별표 1] 국가기관 또는 지방자치단체에 근무하는 청원경찰의 봉급표

(월 지급액, 단위 : 원)

재직기간 / 호봉	15년 미만	15년 이상 23년 미만	23년 이상 30년 미만	30년 이상	재직기간 / 호봉	15년 미만	15년 이상 23년 미만	23년 이상 30년 미만	30년 이상
1	1,770,800	–	–	–	17	2,936,900	3,126,400	–	–
2	1,806,500	–	–	–	18	2,995,300	3,187,100	–	–
3	1,870,000	–	–	–	19	3,052,700	3,245,300	3,628,100	–
4	1,936,400	–	–	–	20	3,107,300	3,300,700	3,687,600	–
5	2,026,900	–	–	–	21	3,158,800	3,353,700	3,744,600	–
6	2,119,300	–	–	–	22	3,208,500	3,404,500	3,798,200	–
7	2,207,900	–	–	–	23	3,255,800	3,452,900	3,850,200	–
8	2,293,100	–	–	–	24	3,301,200	3,499,700	3,899,400	4,170,600
9	2,374,900	–	–	–	25	3,344,200	3,544,100	3,946,100	4,220,400
10	2,453,500	–	–	–	26	3,383,500	3,587,000	3,991,000	4,265,900
11	2,528,500	–	–	–	27	3,417,100	3,622,900	4,028,700	4,304,900
12	2,602,800	–	–	–	28	3,449,500	3,657,400	4,064,000	4,342,500
13	2,674,300	2,855,400	–	–	29	3,480,800	3,690,000	4,098,100	4,378,000
14	2,743,700	2,927,600	–	–	30	3,511,300	3,721,600	4,130,700	4,411,400
15	2,810,000	2,996,900	–	–	31	3,541,000	3,752,300	4,161,300	4,443,300
16	2,874,100	3,064,000	–	–					

② 법 제6조 제2항에 따른 국가기관 또는 지방자치단체에 근무하는 청원경찰의 각종 수당은 「공무원수당 등에 관한 규정」에 따른 수당 중 가계보전수당, 실비변상 등으로 하며, 그 세부 항목은 경찰청장이 정하여 고시한다.

대통령령으로 고시×, 행정안전부령으로 고시×

③ 법 제6조 제2항에 따른 재직기간은 청원경찰로서 근무한 기간으로 한다.

제10조【국가기관 또는 지방자치단체에 근무하는 청원경찰 외의 청원경찰의 보수】

국가기관 또는 지방자치단체에 근무하는 청원경찰 외의 청원경찰의 봉급과 각종 수당은 법 제6조 제3항에 따라 경찰청장이 고시한 최저부담기준액 이상으로 지급하여야 한다.

시·도경찰청장이 고시×   최고부담기준액 이하로 지급×

다만, 고시된 최저부담기준액이 배치된 사업장에서 같은 종류의 직무나 유사 직무에 종사하는 근로자에게 지급하는 임금보다 적을 때에는 그 사업장에서 같은 종류의 직무나 유사 직무에 종사하는 근로자에게 지급하는 임금에 상당하는 금액을 지급하여야 한다.

동일한 금액×

제11조 【보수 산정 시의 경력 인정 등】

① 청원경찰의 보수 산정에 관하여 그 배치된 사업장의 <u>취업규칙에 특별한 규정이</u>
∴ 취업규칙이 최우선 기준
<u>없는 경우에는 다음 각 호의 경력을 봉급 산정의 기준이 되는 경력에 산입(算入)하여야 한다.</u>

1. <u>청원경찰로 근무한 경력</u>
경비지도사×

2. <u>군 또는 의무경찰에 복무한 경력</u>

3. <u>수위·경비원·감시원</u> 또는 그 밖에 청원경찰과 비슷한 직무에 종사하던 사람이 해당 사업장의 청원주에 의하여 청원경찰로 임용된 경우에는 그 직무에 종사한 경력

4. 국가기관 또는 지방자치단체에서 근무하는 청원경찰에 대해서는 <u>국가기관 또는 지방자치단체에서 상근(常勤)으로 근무한 경력</u>
비상근×

② 국가기관 또는 지방자치단체에 근무하는 청원경찰 보수의 호봉 간 승급기간은 <u>경찰 공무원의 승급기간에 관한 규정을 준용한다.</u>
취업규칙에 따른다×

③ 국가기관 또는 지방자치단체에 근무하는 청원경찰 외의 청원경찰 보수의 호봉 간 승급기간 및 승급액은 그 배치된 사업장의 <u>취업규칙에 따르며</u>, 이에 관한 <u>취업규칙이 없을 때에는 순경의 승급에 관한 규정을 준용한다.</u>
∴ 순경의 승급에 관한 규정보다 취업규칙이 우선한다.

제12조 【청원경찰경비의 고시 등】

① 법 제6조 제1항 <u>제1호부터 제3호까지</u>의 청원경찰경비의 <u>지급방법</u> 또는 납부방법은
봉급, 수당, 피복비, 교육비. ∴퇴직금×
<u>행정안전부령으로 정한다.</u>
경찰청장이 고시×

② 법 제6조 제3항에 따른 청원경찰경비의 <u>최저부담기준액 및 부담기준액</u>은 경찰공무원 중 순경의 것을 고려하여 다음 연도분을 <u>매년 12월에 고시</u>하여야 한다. 다만, <u>부득이한 사유가 있을 때에는 수시로 고시할 수 있다.</u>

제13조 【보상금】

청원주는 법 제7조에 따른 보상금의 지급을 이행하기 위하여 「산업재해보상보험법」에
고용보험법에 따른 고용보험×
<u>따른 산업재해보상보험에 가입하거나,</u> 「근로기준법」에 따라 보상금을 지급하기 위한 <u>재원(財源)을 따로 마련하여야 한다.</u> ∴ 산재보험 가입여부에 따라 보상금의 지급주체가 달라진다.

> (tip) 청원경찰의 경비((經費) 등 비교

구분	국가·지자체 근무 청경	국가·지자체 외 근무 청경
봉급과 수당	• 봉급 : 경찰공무원의 보수 감안하여 대통령령으로 정한 금액 지급 • 수당 : 「공무원수당 등에 관한 규정」에 따른 수당 중 가계보전수당, 실비변상 등 지급 (세부항목은 경찰청장이 고시)	경찰청장이 고시한 최저부담기준액 이상으로 지급(최저부담기준액은 순경의 것을 고려하여 고시)
보수산정시 인정경력	취업규칙에 따름(취업규칙에 없을시 청경, 군·의경, 수위·경비원·감시원, 국가기관·지자체 상근 경력 산입)	취업규칙에 따름(취업규칙에 없을시 청경, 군·의경, 수위·경비원·감시원 경력 산입)
호봉간 승급기간	경찰공무원의 승급기간에 관한 규정 준용	취업규칙에 따름(취업규칙 없을시 순경의 승급에 관한 규정 준용)
피복비 교육비	경찰청장이 고시한 부담기준액(부담기준액은 순경의 것을 고려하여 고시)	
보상금	「공무원재해보상법」에 따른 재해보상	「산업재해보상보험법」에 따른 보험급여 또는 「근로기준법」에 따른 재해보상
퇴직금	대통령령(「공무원연금법」에 따른 퇴직급여)	「근로자퇴직급여 보장법」에 따른 퇴직금
배상책임	「국가배상법」에 따름	「민법」에 따름

시행령
청원경찰법

제14조 【복제】

① 청원경찰의 복제(服制)는 제복·장구(裝具) 및 부속물로 구분한다.

② 청원경찰의 제복·장구 및 부속물에 관하여 필요한 사항은 행정안전부령으로 정한다.
　　　　　　　　　　　　　　　　　　　　　　　　　　　대통령령×

③ 청원경찰이 그 배치지의 특수성 등으로 특수복장을 착용할 필요가 있을 때에는 청원주는 시·도경찰청장의 승인을 받아 특수복장을 착용하게 할 수 있다.
　관할경찰서장의 승인×, 관할경찰서장에게 보고하고×, 허가를 받아×

제15조 【분사기 휴대】

청원주는 「총포·도검·화약류 등의 안전관리에 관한 법률」에 따른 분사기의 소지허가를 받아
　　　　　　위험물 안전관리법×　　　　　　　　　　　　　　　　소지신고×, 사용인가×
청원경찰로 하여금 그 분사기를 휴대하여 직무를 수행하게 할 수 있다.

제16조 【무기 휴대】

① 청원주가 법 제8조 제2항에 따라 청원경찰이 휴대할 무기를 대여받으려는 경우에는 관할경찰서장을 거쳐 시·도경찰청장에게 무기대여를 신청하여야 한다.
　　　　　　　　　　　관할경찰서장에게 무기대여 신청×

② 제1항의 신청을 받은 시·도경찰청장이 무기를 대여하여 휴대하게 하려는 경우에는 청원주로부터 국가에 기부채납된 무기에 **한정하여** 관할경찰서장으로 하여금 무기를
　　　　　　∴ 기부채납한 무기가 아니면 대여 못함
대여하여 휴대하게 할 수 있다.

③ 제1항에 따라 무기를 대여하였을 때에는 <u>관할경찰서장은</u> 청원경찰의 <u>무기관리</u>
　　　　　　　　　　　　　　　　　　　시·도경찰청장×

　　<u>상황을 수시로 점검</u>하여야 한다.
　　　　월 1회 정기적으로 점검×

　　※ 관할경찰관서장은 시설주 및 특수경비원의 무기관리상황을 매월 1회 이상 점검(경비업법 시행령 제21조)

④ 청원주 및 청원경찰은 <u>행정안전부령</u>으로 정하는 무기관리수칙을 준수하여야 한다.
　　　　　　　　　　　　대통령령×

제17조【감독】

<u>관할경찰서장은</u> 매달 (1회) 이상 청원경찰을 배치한 경비구역에 대하여 다음 <u>각 호의</u>
시·도경찰청장×, 청원주×

<u>사항을 감독</u>하여야 한다.

1. <u>복무규율과 근무상황</u>

2. <u>무기의 관리 및 취급 사항</u>
　　장구관리×, 서류관리×, 비밀취급×

제18조【청원경찰의 신분】

청원경찰은 「<u>형법</u>」이나 그 밖의 법령에 따른 벌칙을 적용하는 경우와 법 및 이 영에서

<u>특별히 규정한 경우를 제외하고는 공무원으로 보지 아니한다.</u>
∴ 형법이나 그 밖의 법령에 따른 벌칙을 적용하는 경우 공무원으로 본다.

제19조【근무 배치 등의 위임】

① 「경비업법」에 따른 경비업자(이하 이 조에서 "경비업자"라 한다)가 중요 시설의
　　경비를 도급받았을 때에는 <u>청원주는</u> 그 사업장에 배치된 청원경찰의 <u>근무 배치</u>
　　　　　　　　　　　　　　시·도경찰청장×

　　<u>및 감독에 관한 권한</u>을 해당 <u>경비업자에게 위임</u>할 수 있다.
　　임용 및 해임에 관한 권한×　　　　관할경찰서장×

② 청원주는 제1항에 따라 경비업자에게 청원경찰의 근무 배치 및 감독에 관한 권한을 위임한
　　경우에 이를 이유로 청원경찰의 <u>보수나 신분상의 불이익</u>을 주어서는 아니된다.

제20조【권한의 위임】

<u>시·도경찰청장은</u> 법 제10조의3에 따라 다음 <u>각 호의 권한을 관할경찰서장에게 위임</u>한다. 다만,

청원경찰을 배치하고 있는 <u>사업장이 하나의 경찰서의 관할구역에 있는 경우로 한정한다.</u>
　　　　　　　　　　　　　　　　　시·도경찰청의×

1. 법 제4조 제2항 및 제3항에 따른 <u>청원경찰 배치의 결정 및 요청에 관한 권한</u>

2. 법 제5조 제1항에 따른 <u>청원경찰의 임용승인에 관한 권한</u>

3. 법 제9조의3 제2항에 따른 청원주에 대한 지도 및 <u>감독상 필요한 명령에 관한 권한</u>

4. 법 제12조에 따른 <u>과태료 부과·징수에 관한 권한</u>

※ 청원경찰 근무배치 및 감독에 관한 권한, 청원경찰 징계처분의 요청에 관한 권한, 청원경찰에게 지급할 보수·
　수당의 최저부담기준 결정에 관한 권한, 청원경찰의 특수복장 착용에 대한 승인권한, 청원경찰의 무기대여
　및 휴대에 관한 권한, 무기의 관리 및 취급사항을 감독하는 권한 등은 위임할 수 있는 권한이 아니다.

제20조의2 【민감정보 및 고유식별정보의 처리】

<u>시·도경찰청장</u> 또는 경찰서장은 다음 각 호의 사무를 수행하기 위하여 불가피한 경우 「개
_{경찰청장×}
인정보 보호법」 제23조에 따른 <u>건강에 관한 정보</u>와 같은 법 시행령 제18조 제2호에 따른
_{노동조합·정당 가입에 관한 정보×}
<u>범죄경력자료</u>에 해당하는 정보, 같은 영 제19조 제1호 또는 제4호에 따른 <u>주민등록번호</u>
_{운전면허번호×}
또는 <u>외국인등록번호</u>가 포함된 자료를 처리할 수 있다.
_{여권번호×}

1. 법 및 이 영에 따른 청원경찰의 <u>임용</u>, <u>배치</u> 등 <u>인사관리</u>에 관한 사무
2. 법 제8조에 따른 청원경찰의 <u>제복 착용</u> 및 <u>무기 휴대</u>에 관한 사무
3. 법 제9조의3에 따른 청원주에 대한 <u>지도·감독</u>에 관한 사무
4. 제1호부터 제3호까지의 규정에 따른 사무를 수행하기 위하여 필요한 사무

제20조의3 【규제의 재검토】 삭제 〈2020. 3. 3.〉

제21조 【과태료의 부과기준 등】

① 법 제12조 제1항에 따른 과태료의 부과기준은 별표 2와 같다.

② <u>시·도경찰청장</u>은 <u>위반행위의 동기</u>, 내용 및 <u>위반의 정도</u> 등을 고려하여 별표 2에 따른
_{경찰서장은×}
<u>과태료 금액의 100분의 50의 범위</u>에서 그 금액을 <u>줄이거나 늘릴 수 있다</u>. 다만, 늘리는
_{3분의 1의 범위×}
경우에는 법 제12조 제1항에 따른 과태료 금액의 <u>상한</u>을 초과할 수 없다.
_{500만원}

[별표 2] 과태료의 부과기준	
위반행위	**과태료 금액**
1. 법 제4조 제2항에 따른 시·도경찰청장의 <u>배치결정을 받지 않고</u> 다음 각 목의 시설에 청원경찰을 배치한 경우	
가. <u>국가중요시설</u>(국가정보원장이 지정하는 국가보안목표시설을 말한다)인 경우	500만원
나. 가목에 따른 국가중요시설 <u>외의</u> 시설인 경우	400만원
2. 법 제5조 제1항에 따른 시·도경찰청장의 <u>승인을 받지 않고</u> 다음 각 목의 청원경찰을 임용한 경우	
가. 법 제5조 제2항에 따른 임용 <u>결격사유에 해당하는</u> 청원경찰	500만원
나. 법 제5조 제2항에 따른 임용 결격사유에 해당하지 <u>않는</u> 청원경찰	300만원
3. 정당한 사유 없이 법 제6조 제3항에 따라 경찰청장이 고시한 <u>최저부담기준액 이상의</u> <u>보수를 지급하지 않은</u> 경우	500만원
4. 법 제9조의3 제2항에 따른 시·도경찰청장의 감독상 필요한 다음 각 목의 <u>명령을</u> 정당한 사유 없이 이행하지 않은 경우	
가. <u>총기·실탄 및 분사기에 관한 명령</u>	500만원
나. 가목에 따른 명령 <u>외의</u> 명령	300만원

시행령
청원경찰법

청원경찰법 시행규칙(행정안전부령)

제1조 【목적】
이 규칙은 「청원경찰법」 및 같은 법 시행령에서 위임된 사항과 그 시행에 필요한 사항을 규정함을 목적으로 한다.

제2조 【배치 대상】
「청원경찰법」(이하 "법"이라 한다) 제2조 제3호에서 "그 밖에 행정안전부령으로 정하는 중요시설, 사업장 또는 장소"란 다음 각 호의 시설, 사업장 또는 장소를 말한다.

1. 선박, 항공기 등 수송시설
2. 금융 또는 보험을 업(業)으로 하는 시설 또는 사업장
3. 언론, 통신, 방송 또는 인쇄를 업으로 하는 시설 또는 사업장
4. 학교 등 육영시설
   사회복지시설×
5. 「의료법」에 따른 의료기관
6. 그 밖에 공공의 안녕질서 유지와 국민경제를 위하여 고도의 경비(警備)가 필요한 중요 시설, 사업체 또는 장소

제3조 【청원경찰 배치신청서 등】
① 「청원경찰법 시행령」(이하 "영"이라 한다) 제2조에 따른 청원경찰 배치신청서는 별지 제1호 서식에 따른다.
② 법 제4조 제2항에 따른 청원경찰 배치결정 통지 또는 청원경찰 배치불허 통지는 별지 제2호 서식에 따른다.

제4조 【임용의 신체조건】
영 제3조 제2호에 따른 신체조건은 다음 각 호와 같다.
1. 신체가 건강하고 팔다리가 완전할 것 ∴ 체중 및 신장에 대한 조건은 없다.
2. 시력(교정시력을 포함한다)은 양쪽 눈이 각각 0.8 이상일 것 ∴ 청력에 대한 조건은 없다.

제5조【임용승인신청서 등】

① 법 제4조 제2항에 따라 청원경찰의 배치결정을 받은 자(이하 "청원주"라 한다)가 영 제4조 제1항에 따라 시·도경찰청장에게 청원경찰 임용승인을 신청할 때에는 별지 제3호 서식의 청원경찰 임용승인신청서에 그 해당자에 관한 다음 각 호의 서류를 첨부해야 한다.

1. 이력서 1부
경력증명서×
2. 주민등록증 사본 1부
주민등록표 등·초본×
3. 민간인 신원진술서(「보안업무규정」 제36조에 따른 신원조사가 필요한 경우만 해당된다) 1부
청원경찰 신분증명서×
4. 최근 3개월 이내에 발행한 채용신체검사서 또는 취업용 건강진단서 1부
6개월×
5. 가족관계등록부 중 기본증명서 1부
가족관계등록부 중 가족관계증명서×

② 제1항에 따른 신청서를 제출받은 시·도경찰청장은 「전자정부법」 제36조 제1항에 따라 행정정보의 공동이용을 통하여 해당자의 병적증명서를 확인하여야 한다. 다만, 그
청원주× 신분증명서×
해당자가 확인에 동의하지 아니할 때에는 해당 서류를 첨부하도록 하여야 한다.

제6조【교육기간 등】

영 제5조 제3항에 따른 교육기간은 2주로 하고, 교육과목 및 수업시간은 별표 1과 같다.
∴ 신임교육 기간은 2주이다.　　　　　　　　　76시간

[별표 1] 청원경찰의 교육과목 및 수업시간표

학과별		과목	시간
정신교육		정신교육	8
학술교육		형사법	10
		청원경찰법	5
실무교육 (44시간)	경무	경찰관직무집행법	5
	방범	방범업무	3
		경범죄처벌법	2
	경비	시설경비	6
		소방	4
	정보	대공이론	2
		불심검문	2
	민방위	민방공	3
		화생방	2
	기본훈련		5
	총기조작		2
	총검술		2
	사격		6
술과		체포술 및 호신술	6
기타		입교·수료 및 평가	3
계			76

tip 교육과목 정리(법과목)

구분	경비지도사	일반경비원	특수경비원	청원경찰
경비업법	○	○	○	×
경찰관직무집행법	○	×	○	○
청원경찰법	○	×	○	○
형사법	×	×	○	○
헌법	×	×	○	×
경범죄처벌법	×	×	×	○

※ 국가보안법, 통합방위법, 테러방지법, 민사소송법, 법학개론은 교육과목에 포함되지 않는다.

제7조 【청원경찰 배치통보서 등】

영 제6조 제1항에 따른 청원경찰 배치 통보 및 영 제6조 제2항에 따른 청원경찰 전출 통보는 별지 제4호 서식에 따른다.

제8조 【청원경찰경비의 지급방법 등】

영 제12조에 따른 청원경찰경비의 지급방법 및 납부방법은 다음 각 호와 같다.

1. 봉급과 각종 수당은 청원주가 그 청원경찰이 배치된 기관·시설·사업장 또는 장소(이하 "사업장"이라 한다)의 직원에 대한 보수 지급일에 청원경찰에게 직접 지급한다.

2. 피복은 청원주가 제작하거나 구입하여 별표 2에 따른 정기지급일 또는 신규 배치 시에 청원경찰에게 현품으로 지급한다.
   피복대금으로 지급×

3. 교육비는 청원주가 해당 청원경찰의 입교(入校) 3일 전에 해당 경찰교육기관에 낸다.
   입교 후×   청원경찰에게 지급한다×

제9조 【복제】

① 영 제14조에 따른 청원경찰의 제복·장구(裝具) 및 부속물의 종류는 다음 각 호와 같다.

1. 제복 : 정모(正帽), 기동모(활동에 편한 모자를 말한다. 이하 같다), 근무복(하복, 동복), 한여름 옷, 기동복, 점퍼, 비옷, 방한복, 외투, 단화, 기동화 및 방한화

2. 장구 : 허리띠, 경찰봉, 호루라기 및 포승 ※ 경비원의 장비 : 경적, 단봉, 분사기 등
   권총×   수갑×

3. 부속물 : 모자표장, 가슴표장, 휘장, 계급장, 넥타이핀, 단추 및 장갑
   이름표× 넥타이×   귀덮개×

② 영 제14조에 따른 청원경찰의 제복·장구 및 부속물의 형태·규격 및 재질은 다음 각 호와 같다.

1. 제복의 형태·규격 및 재질은 청원주가 결정하되, 경찰공무원 또는 군인 제복의 색상과
   _{시·도경찰청장이 결정×, 경찰서장이 결정×}   _{디자인×}

   명확하게 **구별**될 수 있어야 하며, 사업장별로 통일해야 한다. 다만, 기동모와
   _{경찰서 관할구역별×}

   기동복의 색상은 진한 청색으로 하고, 기동복의 형태·규격은 별도 1과 같이 한다.
   _{검정색×}

2. 장구의 형태·규격 및 재질은 경찰 장구와 같이 한다.
   _{부속물×}   _{구별되게 한다×}

3. 부속물의 형태·규격 및 재질은 다음 각 목과 같이 한다.

   가. 모자표장의 형태·규격 및 재질은 별도 2와 같이 하되, 기동모의 표장은 정모 표장의
       2분의 1 크기로 할 것.

   나. 가슴표장, 휘장, 계급장, 넥타이핀 및 단추의 형태·규격 및 재질은 별도 3부터 별도
       7까지와 같이 할 것.

[별도 5] 계급장

조원(신임)	조원(8년 이상 근무)	조장	반장	대장

③ 청원경찰은 **평상**근무 중에는 정모, 근무복, 단화, 호루라기, 경찰봉 및 포승을 착용하거나
   _{기동모×, 기동복×, 기동화×}

휴대하여야 하고, 총기를 휴대하지 아니할 때에는 분사기를 휴대하여야 하며, 교육훈련

이나 그 밖의 특수근무 중에는 기동모, 기동복, 기동화 및 휘장을 착용하거나 부착하되,
                        _{정모×, 근무복×, 단화×}

허리띠와 경찰봉은 착용하거나 휴대하지 아니할 수 있다.

④ 가슴표장, 휘장 및 계급장을 달거나 부착할 위치는 별도 8과 같다.

제10조【제복의 착용시기】

하복·동복의 착용시기는 사업장별로 청원주가 결정하되, 착용시기를 통일하여야 한다.
                    _{경찰서장이 결정×}

제11조【신분증명서】

① 청원경찰의 신분증명서는 청원주가 발행하며, 그 형식은 청원주가 결정하되 사업장
   _{경찰서장이 발행×}   _{시·도경찰청장이 결정×, 경찰서장이 결정×}

   별로 통일하여야 한다.

② 청원경찰은 근무 중에는 항상 신분증명서를 휴대하여야 한다.
   _{필요시×}

제12조 【급여품 및 대여품】

① 청원경찰에게 지급하는 급여품은 별표 2와 같고, 대여품은 별표 3과 같다.

② 청원경찰이 퇴직할 때에는 대여품을 청원주에게 반납하여야 한다.
　　　　　　　　　　　급여품×

[별표 2] 청원경찰 급여품표				[별표 3] 청원경찰 대여품표	
급여표				**대여품표**	
품명	수량	사용기간	정기지급일	품명	수량
근무복(하복)	1	1년	5월 5일	허리띠	1
근무복(동복)	1	1년	9월 25일	경찰봉	1
한여름 옷	1	1년	6월 5일	가슴표장	1
외투·방한복 또는 점퍼	1	2~3년	9월 25일	분사기	1
기동화 또는 단화	1	단화 1년 기동화 2년	9월 25일	포승	1
비옷	1	3년	5월 5일		
정모	1	3년	9월 25일		
기동모	1	3년	필요할 때		
기동복	1	2년	필요할 때		
방한화	1	2년	9월 25일		
장갑	1	2년	9월 25일	※청원경찰의 대여품과 장구(허리띠, 경찰봉, 호루라기, 포승)를 구분하여 암기하여야 함.	
호루라기	1	2년	9월 25일		

제13조 【직무교육】

① 청원주는 소속 청원경찰에게 그 직무집행에 필요한 교육을 매월 ④시간 이상 하여야
　경찰서장×　　　　　　　　　　　　　　　　　　　　　　　매년×
한다. ※ 직무수행에 필요한 교육 → 신임교육(청원경찰법 시행령 제5조 제1항 참조)

② 청원경찰이 배치된 사업장의 소재지를 관할하는 경찰서장(이하 "관할경찰서장"이라
한다)은 필요하다고 인정하는 경우에는 그 사업장에 소속 공무원을 파견하여 직무집행
　　　　　청원주의 신청이 있는 경우×
에 필요한 교육을 할 수 있다.

제14조 【근무요령】

① 자체경비를 하는 입초근무자는 경비구역의 정문이나 그 밖의 지정된 장소에서 경비구
　　　　　　　　소내근무자×
역의 내부, 외부 및 출입자의 움직임을 감시한다.

② 업무처리 및 자체경비를 하는 소내근무자는 근무 중 특이한 사항이 발생하였을 때에는
　　　　　　　　　　　　　　입초근무자×
지체 없이 청원주 또는 관할경찰서장에게 보고하고 그 지시에 따라야 한다.
　　　　　　　　　시·도경찰청장에게 보고×

③ **순찰**근무자는 청원주가 지정한 일정한 구역을 순회하면서 경비 임무를 수행한다. 이 경우 순찰은 단독 또는 복수로 **정선순찰**(정해진 노선을 규칙적으로 순찰하는 것을
∴ 정선순찰이 원칙이다. 난선순찰×
말한다)을 하되, **청원주가 필요하다고 인정할 때에는 요점순찰**(순찰구역 내 지정된 중요
관할경찰서장×   정선순찰×
지점을 순찰하는 것을 말한다) 또는 **난선순찰**(임의로 순찰지역이나 노선을 선정하여 불규칙적으로 순찰하는 것을 말한다)을 할 수 있다.

④ 대기근무자는 소내근무에 협조하거나 휴식하면서 불의의 사고에 대비한다.
순찰·입초근무에 협조×

제15조【무기대여 신청서】

영 제16조 제1항에 따른 무기대여 신청은 별지 제5호 서식에 따른다.

제16조【무기관리수칙】

① 영 제16조에 따라 무기와 탄약을 대여받은 청원주는 다음 각 호에 따라 무기와 탄약을 관리해야 한다.

1. 청원주가 무기와 탄약을 대여받았을 때에는 경찰청장이 정하는 무기·탄약 출납부
   시·도경찰청장×   무기·탄약 대여대장×
   및 무기장비 운영카드를 갖춰 두고 기록하여야 한다.

2. 청원주는 무기와 탄약의 관리를 위하여 관리책임자를 지정하고 관할경찰서장에게 그 사실을 통보하여야 한다.
   관할경찰서장을 거쳐 시·도경찰청장에게 통보×

3. 무기고 및 탄약고는 단층에 설치하고 환기·방습·방화 및 총받침대 등의 시설을 갖추어야 한다.
   복층에 설치×

4. 탄약고는 무기고와 떨어진 곳에 설치하고, 그 위치는 사무실이나 그 밖에 여러
   인접한 곳×
   사람을 수용하거나 여러 사람이 오고 가는 시설로부터 격리되어야 한다.
   인접×

5. 무기고와 탄약고에는 이중 잠금장치를 하고, 열쇠는 관리책임자가 보관하되, 근무
   숙직책임자×
   시간 이후에는 숙직책임자에게 인계하여 보관시켜야 한다.
   관리책임자×

6. 청원주는 경찰청장이 정하는 바에 따라 **매월** 무기와 탄약의 관리 실태를 파악하여
   관할경찰서장×(경비업법 시행규칙 제18조 제1항 제5호와 비교)
   다음 달 ③일까지 관할경찰서장에게 통보하여야 한다.

7. 청원주는 대여받은 무기와 탄약이 분실되거나 도난당하거나 빼앗기거나 훼손되는 등의 사고가 발생했을 때에는 지체 없이 그 사유를 관할경찰서장에게 통보해야 한다.
   24시간 이내×   관할 군부대장에게 통보×, 지방자치단체장에게 통보×

8. 청원주는 무기와 탄약이 분실되거나 도난당하거나 빼앗기거나 훼손되었을 때에는
   경찰청장이 정하는바에 따라 그 전액을 배상해야 한다. 다만, 전시·사변·천재지변이나
   시·도경찰청장×
   그 밖의 불가항력적인 사유가 있다고 시·도경찰청장이 인정하였을 때에는 그렇지 않다.

② 영 제16조에 따라 무기와 탄약을 대여받은 <u>청원주가 청원경찰에게 무기와 탄약을 출납</u>
<u>하려는 경우</u>에는 다음 각 호에 따라야 한다. 다만, <u>관할경찰서장의 지시</u>에 따라 제2호
청원경찰의 요청×
에 따른 <u>탄약의 수를 늘리거나 줄일 수 있고</u>, 무기와 탄약의 <u>출납을 중지할 수 있으며</u>,
무기와 탄약을 <u>회수하여 집중관리할 수 있다.</u>

1. 무기와 탄약을 출납하였을 때에는 <u>무기·탄약 출납부에 그 출납사항을 기록</u>하여야 한다.
무기장비 운영카드×, 무기·탄약 대여대장×

2. <u>소총의 탄약은 1정당 15발 이내</u>, <u>권총의 탄약은 1정당 7발 이내</u>로 출납하여야 한다.
이상×   이상×
이 경우 생산된 후 오래된 탄약을 우선하여 출납하여야 한다.

3. 청원경찰에게 지급한 무기와 탄약은 <u>매주 1회</u> 이상 손질하게 하여야 한다.
매월×

4. 수리가 필요한 무기가 있을 때에는 그 <u>목록과 무기장비 운영카드</u>를 첨부하여 <u>관할</u>
무기·탄약 출납부×

<u>경찰서장</u>에게 수리를 요청할 수 있다.
시·도경찰청장×

③ <u>청원주로부터 무기와 탄약을 지급받은 청원경찰</u>은 다음 각 호의 사항을 준수하여야 한다.

1. 무기를 지급받거나 반납할 때 또는 인계인수할 때에는 반드시 "<u>앞에 총</u>" 자세에서
"<u>검사 총</u>"을 하여야 한다.
"검사총" 자세에서 "앞에 총"×

2. 무기와 탄약을 지급받았을 때에는 별도의 지시가 없으면 <u>무기와 탄약을 분리하여</u>
휴대하여야 하며, <u>소총은 "우로 어깨 걸어 총"의 자세</u>를 유지하고, <u>권총은 "권총집에</u>
<u>넣어 총"의 자세</u>를 유지하여야 한다.

3. 지급받은 <u>무기는 다른 사람에게 보관 또는 휴대하게 할 수 없으며 손질을 의뢰할 수 없다.</u>

4. 무기를 손질하거나 조작할 때에는 반드시 <u>총구를 공중으로</u> 향하게 하여야 한다.
바닥으로×

5. 무기와 탄약을 반납할 때에는 손질을 철저히 하여야 한다.

6. 근무시간 이후에는 무기와 탄약을 <u>청원주에게 반납</u>하거나 <u>교대근무자에게 인계</u>하여야 한다.
관리책임자에게 반압×   숙직책임자에게 인계×

④ 청원주는 다음 각 호의 어느 하나에 해당하는 청원경찰에게 <u>무기와 탄약을 지급해서는</u>
<u>안 되며</u>, 지급한 무기와 탄약은 즉시 <u>회수해야 한다.</u>
회수할 수 있다×

1. <u>직무상 비위(非違)로 징계 대상이 된 사람</u>

2. <u>형사사건으로 조사 대상이 된 사람</u>
민사사건의 피고×, 민사소송의 피고로 소송계류 중인 사람×

3. <u>사직 의사를 밝힌 사람</u>

4. 치매, 조현병, 조현정동장애, 양극성 정동장애(조울병), 재발성 우울장애 등의 정신질환으
로 인하여 무기와 탄약의 휴대가 적합하지 않다고 해당 분야 <u>전문의</u>가 인정하는 사람

5. 제1호부터 제4호까지의 규정 중 어느 하나에 준하는 사유로 청원주가 무기와 탄약을
지급하기에 적절하지 않다고 인정하는 사람

※ 가정 환경이 불화한 사람×, 이혼경력이 있는 사람×, 전과가 있는 사람×

⑤ 청원주는 제4항에 따라 무기와 탄약을 지급하지 않거나 회수할 때에는 별지 제5호의2서식의 결정 통지서를 작성하여 지체 없이 해당 청원경찰에게 통지해야 한다. 다만, 지급한 무기와 탄약의 신속한 회수가 필요하다고 인정되는 경우에는 무기와 탄약을 먼저 회수한 후 통지서를 내줄 수 있다.

⑥ 청원주는 제4항에 따라 청원경찰에게 무기와 탄약을 지급하지 않거나 회수한 경우 (7일) 이내에 관할 경찰서장에게 별지 제5호의3서식의 결정 통보서를 작성하여 통보해야 한다.

⑦ 제6항에 따라 통보를 받은 관할 경찰서장은 통보받은 날부터 (14일) 이내에 무기와 탄약의 지급 제한 또는 회수의 적정성을 판단하기 위해 현장을 방문하여 해당 청원경찰의 의견을 청취하고 필요한 조치를 할 수 있다.

⑧ 청원주는 제4항 각 호의 사유가 소멸하게 된 경우에는 청원경찰에게 무기와 탄약을 지급할 수 있다.

제17조 【문서와 장부의 비치】

① **청원주**는 다음 각 호의 문서와 장부를 갖춰 두어야 한다.
1. 청원경찰 명부
   관할경찰서장도 비치
2. 근무일지
3. 근무상황카드
4. 경비구역배치도
   경비구역 평면도×
5. 순찰표철
6. 무기·탄약 **출납부**
7. 무기장비운영카드
8. 봉급지급조서철
9. 신분증명서 발급대장
10. 징계관계철
11. 교육훈련실시부
    관할경찰서장도 비치
12. 청원경찰 직무교육계획서
13. 급여품 및 대여품 대장
14. 그 밖에 청원경찰의 운영에 필요한 문서와 장부

② **관할경찰서장**은 다음 각 호의 문서와 장부를 갖춰 두어야 한다.
1. 청원경찰 명부
2. 감독순시부
3. 전출입 관계철
   시·도경찰청장도 비치

4. **교육훈련실시부**
   청원주도 비치
5. **무기·탄약 대여대장**
   무기·탄약 출납부×
6. **징계요구서철**
   징계관계철×
7. 그 밖에 청원경찰의 운영에 필요한 문서와 장부

③ **시·도경찰청장**은 다음 각 호의 문서와 장부를 갖춰 두어야 한다.
1. 배치결정 관계철
2. 청원경찰 임용승인 관계철
3. 전출입 관계철
   관할경찰서장도 비치
4. 그 밖에 청원경찰의 운영에 필요한 문서와 장부

④ 제1항부터 제3항까지의 규정에 따른 문서와 장부의 서식은 <u>경찰관서에서 사용하는</u> 서식을 준용한다.
행정안전부령으로 정한다×

(tip) 비치 장부·서류 정리

경비업법령상 시설주	청원경찰법령상 청원주	경비업법령상 관할경찰관서장	청원경찰법령상 관할경찰서장	청원경찰법령상 시·도경찰청장
	• 청원경찰 명부 • 교육훈련실시부	• 특수경비원 교육훈련실시부	• 청원경찰 명부 • 교육훈련실시부	
• 근무일지 • 근무상황카드 • 경비구역배치도 • 순찰표철 • 무기탄약출납부 • 무기장비운영카드	• 근무일지 • 근무상황카드 • 경비구역배치도 • 순찰표철 • 무기탄약출납부 • 무기장비운영카드	• 특수경비원 전출입 관계철 • 감독순시부 • 무기탄약대여대장	• 전출입관계철 • 감독순시부 • 무기탄약대여대장	• 전출입관계철 • 배치결정관계철 • 청원경찰 임용승인 관계철
※ 경비원명부, 경비원근무상황 기록부는 경비업자가 작성·비치함	• 징계관계철 • 봉급지급조서철 • 신분증명서 발급대장 • 청원경찰 직무교육 계획서 • 급여품 및 대여품 대장		• 징계요구서철	

제18조【표창】

시·도경찰청장, 관할경찰서장 또는 청원주는 청원경찰에게 다음 각 호의 구분에 따라 표창을
경찰청장×

수여할 수 있다.

1. 공적상 : 성실히 직무를 수행하여 근무성적이 탁월하거나 헌신적인 봉사로 특별한 공적을
   세운 경우
2. 우등상 : 교육훈련에서 교육성적이 우수한 경우

제19조【감독자의 지정】

① (2명) 이상의 청원경찰을 배치한 사업장의 청원주는 청원경찰의 지휘·감독을 위하여
   청원경찰 중에서 유능한 사람을 선정하여 감독자로 지정하여야 한다.
              연장자를×

② 제1항에 따른 감독자는 조장, 반장 또는 대장으로 하며, 그 지정기준은 별표 4와 같다.
                        소장×

[별표 4] 감독자 지정기준

근무인원	직급별 지정기준		
	대장	반장	조장
9명까지			1명
10명 이상 29명 이하		1명	2~3명
30명 이상 40명 이하		1명	3~4명
41명 이상 60명 이하	1명	2명	6명
61명 이상 120명 이하	1명	4명	12명

제20조【경비전화의 가설】

① 관할경찰서장은 청원주의 신청에 따라 경비를 위하여 필요하다고 인정할 때에는
   청원주는×   청원경찰의 신청×

   청원경찰이 배치된 사업장에 경비전화를 가설할 수 있다.

② 제1항에 따라 경비전화를 가설할 때 드는 비용은 청원주가 부담한다.
                                        관할경찰서장이 부담×

제21조【주의사항】

① 청원경찰이 법 제3조에 따른 직무를 수행할 때에는 경비 목적을 위하여 필요한 최소한
   의 범위에서 하여야 한다.

② 청원경찰은 「경찰관 직무집행법」에 따른 직무 외의 수사활동 등 사법경찰관리의 직무를
   수행해서는 아니된다. ∴ 경비구역 내에서의 긴급체포×, 현행법 체포○

제22조 【보고】

청원경찰이 법 제3조에 따라 직무를 수행할 때에 「경찰관 직무집행법」 및 같은 법 시행령에 따라 하여야 할 <u>모든 보고는</u> 관할경찰서장에게 <u>서면</u>으로 보고하기 전에 <u>지체 없이</u>
24시간 이내×
<u>구두로 보고</u>하고 그 지시에 따라야 한다.

제23조 【청원경찰 배치의 폐지·감축 통보】

법 제10조의5 제2항에 따른 청원경찰 배치의 폐지 또는 감축의 통보는 별지 제6호 서식에 따른다.

제24조 【과태료 부과 고지서 등】

① 법 제12조 제1항에 따른 과태료 부과의 사전 통지는 별지 제7호 서식의 과태료 부과 <u>사전 통지서</u>에 따른다.

② 법 제12조 제1항에 따른 과태료의 부과는 별지 제8호 서식의 과태료 부과 <u>고지서</u>에 따른다.

③ <u>경찰서장은</u> 과태료처분을 하였을 때에는 과태료 부과 및 징수 사항을 별지 제9호
경찰청장×, 시·도경찰청장×
서식의 과태료 수납부에 <u>기록하고 정리</u>하여야 한다.

법령연습

Ⅱ

경비업법령 연습

제**1**편

경비업법

제1장 총칙

01 경비업법은 경비원의 육성 및 발전과 그 체계적 관리에 관하여 필요한 사항을 정함으로써 경비업의 건전한 운영에 이바지함을 목적으로 한다.

해설

경비원의 → 경비업의 (법 제1조)　　　　　　　　　　　　　　　　　　　　**정답** ✕

02 경비업법은 경비업의 종류로 일반경비업무, 시설경비업무, 호송경비업무, 요인경비업무, 특수경비업무의 5가지를 규정하고 있다.

해설

시설경비업무, 호송경비업무, 신변보호업무, 기계경비업무, 특수경비업무의 5가지를 규정하고 있다.
(법 제2조 제1호)　　　　　　　　　　　　　　　　　　　　　　　　　**정답** ✕

03 경비업이란 경비업무의 전부 또는 일부를 도급받아 행하는 영업을 말한다.

해설

법 제2조 제1호　　　　　　　　　　　　　　　　　　　　　　　　　　**정답** ○

04 경비업법상의 경비업은 시설경비업무, 호송경비업무, 신변보호업무, 기계경비업무, 특수경비업무의 전부 또는 일부를 위임받아 행하는 영업을 말한다.

해설

위임 → 도급 (법 제2조 제1호)　　　　　　　　　　　　　　　　　　　　**정답** ✕

05 혼잡경비업무란 경비를 필요로 하는 시설 및 장소에서의 도난·화재 그 밖의 혼잡 등으로 인한 위험발생을 방지하는 업무를 말한다.

> **해설**
>
> 혼잡경비업무 → 시설경비업무 (법 제2조 제1호 가목)　　　　　**정답** ✕

06 경비업법상 시설경비업무의 대상으로는 호텔, 산업시설, 아파트 단지, 운반 중에 있는 상품 등을 들 수 있다.

> **해설**
>
> 운반 중에 있는 상품은 호송경비업무의 대상이다. (법 제2조 제1호 가목·나목 참조)　　**정답** ✕

07 호송경비업무란 경비대상시설에 있는 현금·유가증권·귀금속·상품 그 밖의 물건에 대하여 도난·화재 등 위험발생을 방지하는 업무를 말한다.

> **해설**
>
> 경비대상시설에 → 운반중에 (법 제2조 제1호 나목)　　　　　**정답** ✕

08 신변보호업무란 사람의 생명이나 재산에 대한 위해의 발생을 방지하고 보호하는 업무를 말한다.

> **해설**
>
> 재산 → 신체 (법 제2조 제1호 다목)　　　　　**정답** ✕

09 특수경비업무란 경비대상시설에 설치한 기기에 의하여 감지·송신된 정보를 그 경비 대상시설외의 장소에 설치한 관제시설의 기기로 수신하여 도난·화재 등 위험발생을 방지하는 업무를 말한다.

> **해설**
>
> 특수경비업무 → 기계경비업무 (법 제2조 제1호 라목)　　　　　**정답** ✕

10 기계경비업무란 경비대상시설에 설치한 기기에 의하여 감지·송신된 정보를 그 경비
대상시설내의 장소에 설치한 관제시설의 기기로 수신하여 도난·화재 등 위험발생을
방지하는 업무를 말한다.

> **해설**
>
> 경비대상시설내의 → 경비대상시설외의 (법 제2조 제1호 라목)　　　　**정답** ✕

11 기계경비업무란 공항(항공기를 포함한다) 등 대통령령이 정하는 국가중요시설의
경비 및 도난·화재 그 밖의 위험발생을 방지하는 업무를 말한다.

> **해설**
>
> 기계경비업무 → 특수경비업무 (법 제2조 제1호 마목)　　　　**정답** ✕

12 특수경비업무란 공항(항공기는 제외한다) 등 대통령령이 정하는 국가중요시설의
경비 및 도난·화재 그 밖의 위험발생을 방지하는 업무를 말한다.

> **해설**
>
> 항공기는 제외한다 → 항공기를 포함한다 (법 제2호 제1호 마목)　　　　**정답** ✕

13 경비지도사란 경비원을 지도·감독 및 교육하는 자를 말하며, 일반경비지도사와
특수경비지도사로 구분한다.

> **해설**
>
> 특수경비지도사 → 기계경비지도사 (법 제2조 제2호)　　　　**정답** ✕

14 경비지도사란 경비원을 지도·배치 및 훈련하는 자를 말한다.

> **해설**
>
> 지도·배치 및 훈련 → 지도·감독 및 교육 (법 제2조 제2호)　　　　**정답** ✕

15 경비원이라 함은 시설주가 채용한 고용인으로서 경비업무를 수행하는 자를 말한다.

> **해설**
>
> 시설주 → 경비업자 (법 제2조 제3호)　　　　**정답** ✕

16 경비원이라 함은 경비업의 허가를 받은 법인이 채용한 고용인으로서 일반경비원과 기계경비원이 있다.

> **해설**
>
> 기계경비원 → 특수경비원 (법 제2조 제3호) **정답** X

17 기계경비업무를 수행하는 경비원은 특수경비원에 해당한다.

> **해설**
>
> 특수 → 일반 (법 제2조 제3호 가목 참조) **정답** X

18 특수경비원이란 신변보호업무를 수행하는 자를 말한다.

> **해설**
>
> 특수경비원 → 일반경비원 (법 제2조 제3호) **정답** X

19 일반경비원은 공항 등 국가중요시설의 특수경비업무를 수행할 수 없다.

> **해설**
>
> 법 제2조 제3호 참조 **정답** O

20 "특수경비원"은 공항(항공기 포함) 등 대통령령이 정하는 국가중요시설의 경비 및 도난·화재 그 밖의 위험발생을 방지하는 경비업무를 수행하는 자이다.

> **해설**
>
> 법 제2조 제3호 나목 **정답** O

21 무기라 함은 인명 또는 신체에 위해를 가할 수 있도록 제작된 권총·소총·분사기를 말한다.

> **해설**
>
> 분사기는 무기가 아니라 장비이다. (법 제2조 제4호) **정답** X

22 무기라 함은 인명을 살상할 수 있도록 제작·판매된 권총·소총·도검을 말한다.

> **해설**
>
> 무기라 함은 인명 또는 신체에 위해를 가할 수 있도록 제작된 권총·소총 등을 말한다. (법 제2조 제4호)
>
> **정답** ✕

23 「노동조합 및 노동관계조정법」에 따라 노동관계 당사자가 부당노동행위 구제신청을 한 사업장은 집단민원현장에 해당한다.

> **해설**
>
> 부당노동행위 구제신청 → 노동쟁의 조정신청 (법 제2조 제5호 가목) **정답** ✕

24 「노동조합 및 노동관계조정법」에 따라 쟁의행위가 예상되는 사업장은 집단민원현장에 해당한다.

> **해설**
>
> 예상되는 → 발생한 (법 제2조 제5호 가목 참조) **정답** ✕

25 「도시개발법」에 따라 도시개발사업을 시행하기 위하여 지정·고시된 도시개발지역은 집단민원현장에 해당한다.

> **해설**
>
> 해당한다 → 해당하지 않는다 (법 제2조 제5호 참조) **정답** ✕

26 「도시 및 주거환경정비법」에 따른 정비사업과 관련하여 이해대립이 있어 다툼이 있는 장소는 집단민원현장에 해당한다.

> **해설**
>
> 법 제2조 제5호 나목 **정답** ○

27 특정 시설물의 설치와 관련하여 민사소송이 제기된 장소는 집단민원현장에 해당한다.

> **해설**
>
> 민사소송이 제기된 → 민원이 있는 (법 제2조 제5호 다목) **정답** ✕

28 대기업의 주주총회가 개최되고 있는 장소는 집단민원현장에 해당한다.

> **해설**
>
> 주주총회와 관련하여 이해대립이 있어 다툼이 있는 장소가 집단민원현장에 해당한다. (법 제2조 제5호 라목)
>
> **정답** ✕

29 건물·토지 등 부동산 및 동산에 대한 소유권·운영권·관리권·점유권 등 법적 권리에 대한 이해대립이 있는 장소는 집단민원현장에 해당한다.

> **해설**
>
> 이해대립이 있는 → 이해대립이 있어 다툼이 있는 (법 제2조 제5호 마목)
>
> **정답** ✕

30 70명 이상의 사람이 모이는 국제·문화·예술·체육 행사장은 집단민원현장에 해당한다.

> **해설**
>
> 70명 → 100명 (법 제2조 제5호 바목)
>
> **정답** ✕

31 110명의 사람이 모이는 문화 행사장은 집단민원현장이 아니다.

> **해설**
>
> 집단민원현장이 아니다 → 집단민원현장이다 (법 제2조 제5호 바목)
>
> **정답** ✕

32 「건축법」에 따라 철거명령이 내려진 장소는 집단민원현장에 해당한다.

> **해설**
>
> 해당한다 → 해당하지 않는다 (법 제2조 제5호 참조)
>
> **정답** ✕

33 「민사집행법」에 따라 강제집행을 하는 장소는 집단민원현장에 해당한다.

> **해설**
>
> 해당한다 → 해당하지 않는다 (법 제2조 제5호 참조)
>
> **정답** ✕

34 「행정절차법」에 따라 대집행을 하는 장소는 집단민원현장에 해당한다.

> **해설**
>
> 행정절차법 → 행정대집행법 (법 제2조 제5호 사목)   **정답** ✕

35 「공유토지분할에 관한 특례법」에 따라 공유토지에 대한 소유권행사와 토지의 이용에 문제가 있는 장소는 집단민원현장에 해당한다.

> **해설**
>
> 해당한다 → 해당하지 않는다 (법 제2조 제5호 참조)   **정답** ✕

36 경비업은 조합이 아니면 이를 영위할 수 없다.

> **해설**
>
> 조합 → 법인 (법 제3조)   **정답** ✕

37 경비업은 원칙적으로 법인만이 영위할 수 있으나, 법률이 정한 일정규모 이상의 시설이나 자본금을 갖춘 경우 조합이나 법인이 아닌 사단도 경비업을 영위할 수 있다.

> **해설**
>
> 조합이나 법인이 아닌 사단은 경비업을 영위할 수 없다. (법 제3조 참조)   **정답** ✕

제2장 경비업의 허가 등

01 경비업의 허가권자는 경찰청장이다.

> **해설**
>
> 경찰청장 → 시·도경찰청장 (법 제4조 제1항 참조)   **정답** ×

02 경비업을 영위하고자 하는 자는 경찰서장의 허가를 받아야 한다.

> **해설**
>
> 경찰서장 → 시·도경찰청장 (법 제4조 제1항 참조)   **정답** ×

03 경비업을 영위하고자 하는 경우 법인 주사무소의 소재지를 관할하는 시·도경찰청장의 허가를 받아야 하는데 허가시에 행하고자 하는 경비업무를 특정할 필요는 없다.

> **해설**
>
> 특정할 필요는 없다 → 특정하여야 한다 (법 제4조 제1항 참조)   **정답** ×

04 영업구역이 다수의 경찰서 관할구역에 걸칠 때 경비업의 허가권자는 주사무소의 소재지 관할경찰서장이다.

> **해설**
>
> 관할경찰서장 → 관할시·도경찰청장 (법 제4조 제1항 참조)   **정답** ×

05 경비업을 영위하고자 하는 법인의 영업구역이 2개 이상의 시·도경찰청의 관할구역을 걸칠 때 그 법인에 대한 허가권자는 경찰청장이다.

> **해설**
>
> 경비업을 영위하고자 하는 법인의 영업구역이 2개 이상의 시·도경찰청의 관할구역을 걸치는 경우에도 그 법인에 대한 허가권자는 주사무소의 소재지를 관할하는 시·도경찰청장이다. (법 제4조 제1항 참조)   **정답** ×

06 법인이 도급받아 행하고자 하는 경비업무를 변경하는 경우에는 관할경찰관서장에게 신고하면 된다.

> **해설**
>
> 관할 시·도경찰청장의 허가를 받아야 한다. (법 제4조 제1항)   **정답** ✕

07 경비업 허가를 받으려는 법인은 대통령령으로 정하는 5천만원 이상의 자본금을 보유하여야 한다.

> **해설**
>
> 5천만원 → 1억원 (법 제4조 제2항 제1호)   **정답** ✕

08 시설경비업무의 허가를 받으려는 법인의 경비인력 요건은 경비원 20명 이상 및 경비지도사 1명 이상이다.

> **해설**
>
> 경비원 20명 → 경비원 10명 (법 제4조 제2항 제2호 가목)   **정답** ✕

09 경비업의 허가를 받은 법인은 영업을 폐업하거나 휴업한 때에는 시·도경찰청장에게 허가를 받아야 한다.

> **해설**
>
> 허가를 받아야 한다 → 신고하여야 한다 (법 제4조 제3항 제1호)   **정답** ✕

10 경비업의 허가를 받은 법인이 명칭이나 대표자·임원을 변경한 때에는 경찰서장에게 신고하여야 한다.

> **해설**
>
> 경찰서장 → 시·도경찰청장 (법 제4조 제3항 제2호)   **정답** ✕

11 법인의 명칭을 변경할 때에는 그 법인의 주사무소의 소재지를 관할하는 시·도경찰청장의 허가를 받아야 한다.

해설

시·도경찰청장에게 신고하여야 한다. (법 제4조 제3항, 규칙 제5조 제2항)　　　정답 ✕

12 경비업의 허가를 받은 법인이 직원을 변경한 때에는 시·도경찰청장에게 신고하여야 한다.

해설

직원 → 임원 (법 제4조 제3항 제2호)　　　정답 ✕

13 경비업의 허가를 받은 법인이 주사무소나 출장소를 신설·이전 또는 폐지한 경우에는 시·도경찰청장에게 신고하여야 한다.

해설

법 제4조 제3항 제3호　　　정답 ○

14 경비업의 허가를 받은 법인이 시설경비업무의 수행을 위한 관제시설을 신설·이전 또는 폐지한 때에는 시·도경찰청장에게 신고하여야 한다.

해설

시설경비업무 → 기계경비업무 (법 제4조 제3항 제4호)　　　정답 ✕

15 기계경비업무의 수행을 위한 관제시설의 신설·이전에 관해서는 시·도경찰청장의 허가를 받아야 한다.

해설

시·도경찰청장의 허가를 받아야 한다 → 시·도경찰청장에게 신고하여야 한다 (법 제4조 제3항 제4호)

정답 ✕

16 기계경비업무의 수행을 위한 감지·송신·수신장치를 신설·이전 또는 폐지한 때에는 시·도경찰청장에게 신고하여야 한다.

> **해설**
>
> 감지·송신·수신장치를 → 관제시설을 (법 제4조 제3항 제4호)   **정답** ✕

17 기계경비업무의 수행을 위한 관제시설을 이전한 때에는 이전한 날로부터 30일 이내에 관할경찰서장에게 신고하여야 한다.

> **해설**
>
> 관할경찰서장 → 시·도경찰청장 (법 제4조 제3항 제4호, 영 제5조 제5항)   **정답** ✕

18 경비업의 허가를 받은 법인이 시설경비업무를 개시하거나 종료한 때에는 시·도경찰청장에게 신고하여야 한다.

> **해설**
>
> 시설경비업무 → 특수경비업무 (법 제4조 제3항 제5호)   **정답** ✕

19 영업을 폐업하거나 휴업한 때에는 관할 시·도경찰청장에게 신고하여야 하지만, 대통령령이 정하는 중요사항을 변경하고자 하는 때에는 허가를 받아야 한다.

> **해설**
>
> 허가를 받아야 한다 → 신고를 하여야 한다 (법 제4조 제3항 제1호·제6호)   **정답** ✕

20 경비업의 허가를 받은 법인이 정관의 내용을 변경한 때에는 시·도경찰청장에게 신고하여야 한다.

> **해설**
>
> 내용을 → 목적을 (법 제4조 제3항 제6호, 영 제5조 제4항)   **정답** ✕

21 경비업의 허가를 받은 법인이 경비지도사를 선임하거나 해임한 때에는 시·도경찰청장에게 신고하여야 한다.

> **해설** ▶
>
> 경비지도사의 선임·해임은 신고사항이 아니다. (법 제4조 제3항 참조)　　　**정답** ✕

22 경비업의 허가를 받은 법인이 허가증을 분실한 때에는 시·도경찰청장에게 신고하여야 한다.

> **해설** ▶
>
> 허가증을 분실한 경우에는 시·도경찰청장 또는 경찰서장에게 재발급을 '신청'하여야 한다. (법 제4조 제3항, 영 제4조 제3항 참조)　　　**정답** ✕

23 경비업의 허가 또는 신고의 절차, 신고의 기한 등 허가 및 신고에 관하여 필요한 사항은 행정안전부령으로 정한다.

> **해설** ▶
>
> 행정안전부령 → 대통령령 (법 제4조 제4항)　　　**정답** ✕

24 누구든지 경비업 허가를 받은 경비업체와 유사한 명칭으로 경비업 허가를 받을 수 없다.

> **해설** ▶
>
> 유사한 → 동일한 (법 제4조의2 제1항)　　　**정답** ✕

25 허가받은 경비업무외의 업무에 경비원을 종사하게 하여 경비업체의 허가가 취소된 경우, 허가가 취소된 날부터 5년이 지나면 허가가 취소된 경비업체와 동일한 명칭으로 경비업 허가를 받을 수 있다.

> **해설** ▶
>
> 허가가 취소된 날부터 10년이 지나지 아니한 때에는 누구든지 허가가 취소된 경비업체와 동일한 명칭으로 경비업 허가를 받을 수 없다. (법 제4조의2 제2항)　　　**정답** ✕

26　허가받은 경비업무외의 업무에 경비원을 종사하게 하여 허가가 취소된 법인은 법인 명의 변경에도 불구하고 허가가 취소된 날부터 10년이 지나지 아니한 때에는 경비업 허가를 받을 수 없다.

> **해설**
>
> 10년 → 5년 (법 제4조의2 제3항)　　　　　　　　　　　　　　**정답** ✕

27　미성년자는 경비업을 영위하는 법인의 임원이 될 수 있다.

> **해설**
>
> 법 제5조 참조　　　　　　　　　　　　　　　　　　　　**정답** ○

28　한정후견인 또는 성년후견인은 임원이 될 수 없다.

> **해설**
>
> 없다 → 있다 (법 제5조 제1호 참조)　　　　　　　　　　　**정답** ✕

29　피성년후견인, 피한정후견인, 파산선고를 받고 복권되지 아니한 자는 경비업을 영위하는 법인의 임원, 경비지도사, 일반경비원, 특수경비원 모두에 공통적 결격사유이다.

> **해설**
>
> 피한정후견인은 결격사유가 아니다. (법 제5조 제1호·제2호, 제10조 참조)　**정답** ✕

30　파산선고를 받고 복권된 자, 금고 이상의 형의 선고를 받고 그 형이 실효된 자는 법인 임원의 결격사유에 해당한다.

> **해설**
>
> 해당한다 → 해당하지 않는다 (법 제5조 제2호·제3호)　　　　**정답** ✕

31　벌금형의 선고를 받고 그 형이 실효되지 아니한 자는 경비업을 영위하는 법인의 임원이 될 수 없다.

> **해설**
>
> 벌금형 → 금고 이상의 형 (법 제5조 제3호)　　　　　　　　**정답** ✕

32 징역형을 받고 그 형이 실효되지 아니한 자는 경비업을 영위하는 법인의 임원이 될 수 없다.

해설 ▶

법 제5조 제3호 참조

정답 ○

33 징역형의 선고를 받고 형이 실효된 자는 경비업을 영위하는 법인의 임원이 될 수 없다.

해설 ▶

없다 → 있다 (법 제5조 제3호)

정답 ✕

34 「집회 및 시위에 관한 법률」에 위반하여 200만원의 벌금형의 선고를 받고 그 형이 실효되지 아니한 자는 호송경비업무를 수행하는 법인의 임원이 될 수 있다.

해설 ▶

법 제5조 제3호 참조

정답 ○

35 경비업법을 위반하여 벌금형을 선고받고 5년이 지나지 않은 자는 특수경비업무를 수행하는 법인의 임원이 될 수 없다.

해설 ▶

5년 → 3년 (법 제5조 제4호)

정답 ✕

36 시설경비업무를 수행하는 법인의 경우, 경비업법에 위반하여 벌금형의 선고를 받고 3년이 지나지 아니한 자는 법인의 임원 결격사유에 해당한다.

해설 ▶

시설경비업무 → 특수경비업무 (법 제5조 제4호 참조)

정답 ✕

37 「대통령 등의 경호에 관한 법률」에 위반하여 벌금형을 선고받고 3년이 경과한 자는 특수경비업무를 수행하는 법인의 임원이 될 수 있다.

> **해설**
>
> 법 제5조 제4호 참조   **정답** ○

38 「대통령 등의 경호에 관한 법률」에 위반하여 벌금형의 선고를 받은 후 1년이 지나지 않은 경우 호송경비업무를 수행하는 법인의 임원이 될 수 없다.

> **해설**
>
> 없다 → 있다 (법 제5조 제4호 참조)   **정답** ×

39 경비업법에 의한 명령에 위반하여 허가가 취소된 법인의 허가취소 당시의 임원이었던 자로서 그 취소 후 3년이 지난 자는 경비업을 영위하는 법인의 임원이 될 수 있다.

> **해설**
>
> 법 제5조 제5호 참조   **정답** ○

40 경비업법에 위반하여 영업이 정지된 법인의 영업정지 당시의 임원이었던 자로서 그 영업정지 종료 후 3년이 지나지 아니한 자는 영업정지사유에 해당하는 경비업무와 동종의 경비업무를 수행하는 법인의 임원이 될 수 없다.

> **해설**
>
> 없다 → 있다 (허가취소와 달리 영업정지는 임원의 결격사유가 아니다) (법 제5조 제5호 참조)
>
> **정답** ×

41 호송경비업무를 수행하는 법인이 경비업법에 의한 명령을 위반하여 허가가 취소된 경우, 그 당시 재직중이던 임원은 그 취소 후 1년만에 시설경비업무를 수행하는 법인의 임원이 될 수 있다.

> **해설**
>
> 호송경비업무와 시설경비업무는 동종의 경비업무가 아니므로 3년이 지나지 않아도 된다. (법 제5조 제5호 참조)   **정답** ○

42 관할 경찰관서장의 배치폐지명령에 따르지 아니하여 허가가 취소된 법인의 허가취소 당시의 임원이었던 자로서 허가가 취소된 날부터 5년이 지나지 아니한 자는 특수경비 업무를 수행하는 법인의 임원이 될 수 없다.

> **해설**
>
> 관할 경찰관서장의 배치폐지명령에 따르지 아니하여 허가가 취소된 법인의 허가취소 당시의 임원이었던 자로서 그 취소 후 '3년'이 지나지 아니한 자는 허가취소사유에 해당하는 경비업무와 '동종'의 경비업무를 수행하는 법인의 임원이 될 수 없다. (법 제5조 제5호 참조)　**정답** ✕

43 허위의 방법으로 허가를 받아 허가가 취소된 법인의 허가취소 당시의 임원이었던 자로서 그 취소 후 3년이 지난 자는 경비업을 영위하는 법인의 임원이 될 수 없다.

> **해설**
>
> 경비업법 제19조 제1항 제2호 및 제7호의 사유(허가받은 경비업무 외의 업무에 경비원을 종사하게 한 때, 경비업무의 범위를 벗어난 행위를 하게 한 때)를 제외한 사유로 허가가 취소된 경우이므로 3년이 지나면 임원이 될 수 있다. (법 제5조 제5호 참조)　**정답** ✕

44 허가받은 경비업무 외의 업무에 경비원을 종사하게 하여 허가가 취소된 법인의 허가취소 당시의 임원이었던 자로서 그 취소 후 3년이 지난 자는 경비업을 영위하는 법인의 임원이 될 수 없다.

> **해설**
>
> 경비업법 제19조 제1항 제2호 및 제7호의 사유로 허가가 취소된 경우이므로 5년이 지나야 임원이 될 수 있다. (법 제5조 제6호 참조)　**정답** ○

45 허가받은 경비업무 외의 업무에 경비원을 종사하게 하여 허가가 취소된 법인의 허가취소 당시의 임원이었던 자로서 그 취소 후 3년이 지난 자는 허가취소사유에 해당하는 경비업무와 동종의 경비업무를 수행하는 법인의 임원이 될 수 있다.

> **해설**
>
> 3년 → 5년 (법 제5호 제6호). 법 제5조 제5호에서 제19조 제1항 제2호의 사유는 제외하고 있으므로 법 제5조 제6호가 적용되어 동종의 경비업무인지 여부와 상관없이 5년이 지나야 된다.　**정답** ✕

46 소속 경비원으로 하여금 경비업무의 범위를 벗어난 행위를 하게 하여 허가가 취소된 법인의 허가취소 당시의 임원이었던 자로서 허가가 취소된 날부터 5년이 지나지 아니한 자는 경비업을 영위하는 법인의 임원이 될 수 없다.

> **해설**

법 제5조 제6호

정답 ○

47 경비업 허가의 유효기간은 허가받은 날부터 3년으로 한다.

> **해설**

3년 → 5년 (법 제6조 제1항)

정답 ✕

48 경비업 허가의 유효기간은 허가를 신청한 날로부터 5년으로 한다.

> **해설**

허가를 신청한 날로부터 → 허가받은 날부터 (법 제6조 제1항)

정답 ✕

49 경비업 허가의 유효기간이 만료된 후 계속하여 경비업을 하고자 하는 법인은 대통령령이 정하는 바에 의하여 갱신허가를 받아야 한다.

> **해설**

대통령령 → 행정안전부령 (법 제6조 제2항)

정답 ✕

50 경비업자는 경비업무에 해당하는 한, 시설주의 관리권의 범위를 넘어 경비업무를 수행할 수 있다.

> **해설**

경비업자는 시설주의 관리권의 범위안에서 경비업무를 수행하여야 한다. (법 제7조 제1항)

정답 ✕

51 경비업자는 경비대상시설의 소유자 또는 관리자의 관리권의 범위와 상관없이 독립적으로 경비업무를 수행하여야 한다.

 해설

경비업자는 경비대상시설의 소유자 또는 관리자의 관리권의 범위 안에서 경비업무를 수행하여야 한다. (법 제7조 제1항)

정답 ×

52 경비업자가 시설주의 관리권의 범위안에서 경비업무를 수행하는 한 다른 사람의 자유와 권리를 침해할 수 있으나, 그의 정당한 활동에 간섭하여서는 아니된다.

해설

다른 사람의 자유와 권리를 침해할 수 없다. (법 제7조 제1항)

정답 ×

53 경비업자는 도급을 의뢰받은 경비업무가 위법하거나 부당한 것일 때에는 이를 거부할 수 있다.

해설

거부할 수 있다 → 거부하여야 한다 (법 제7조 제2항)

정답 ×

54 경비업자는 도급을 의뢰받은 경비업무가 부당하더라도 위법하지 않는 한, 이를 거부할 수 없다.

해설

부당하더라도 거부하여야 한다. (법 제7조 제2항)

정답 ×

55 특수경비원은 도급을 의뢰받은 경비업무가 위법 또는 부당한 것일 때에는 이를 거부해야 한다.

해설

특수경비원은 → 경비업자는 (법 제7조 제2항)

정답 ×

56 경비업자는 불공정한 계약으로 시설주의 권익을 침해하거나 경비업의 건전한 육성과 발전을 해치는 행위를 하여서는 아니될 의무가 있다.

> **해설**

시설주 → 경비원 (법 제7조 제3항)

정답 ✕

57 경비업체에서 퇴직한 자도 원칙적으로 그 직무상 알게 된 비밀을 누설해서는 아니된다.

> **해설**

법 제7조 제4항 참조

정답 ○

58 경비업자의 임·직원이거나 임·직원이었던 자는 다른 법률에 특별한 규정이 있는 경우에는 직무상 알게 된 비밀을 누설할 수 있다.

> **해설**

법 제7조 제4항 참조

정답 ○

59 경비업자는 허가받은 경비업무 외의 업무에 경비원을 종사하게 하는 경우 관할 경찰서장에게 보고하여야 한다.

> **해설**

경비업자는 허가받은 경비업무 외의 업무에 경비원을 종사하게 하여서는 아니된다. (법 제7조 제5항)

정답 ✕

60 경비업자는 집단민원현장에 경비원을 배치하는 때에는 경비지도사를 선임하고 그 장소에 배치하여 대통령령으로 정하는 바에 따라 경비원을 지도·감독하게 하여야 한다.

> **해설**

대통령령으로 → 행정안전부령으로 (법 제7조 제6항)

정답 ✕

61 특수경비업무를 수행하는 경비업자는 특수경비업무의 개시신고를 하는 때에는 국가중요시설에 대한 특수경비업무의 수행이 중단되는 경우 시설주의 동의 없이 다른 특수경비업자 중에서 경비업무를 대행할 자를 지정하여 허가관청에 신고할 수 있다.

해설

시설주의 동의를 얻어 신고하여야 한다. (법 제7조 제7항)

정답 ✕

62 특수경비업자는 국가중요시설에 대한 특수경비업무의 수행이 중단되는 경우 시설주의 동의를 얻어 다른 특수경비업자 중에서 경비업무를 대행할 자를 지정하여 관할시·도경찰청의 허가를 받아야 한다.

해설

시·도경찰청의 허가를 받아야 한다 → 허가관청에 신고하여야 한다 (법 제7조 제7항 참조)

정답 ✕

63 특수경비업자는 경비대행업자의 지정을 변경하는 경우 허가관청에 신고하여야 한다.

해설

법 제7조 제7항

정답 ○

64 ① 도급의뢰 받은 위법 또는 부당한 업무에 대한 거부의무, ② 직무상 취득한 비밀의 부당 누설금지의무, ③ 일정한 경우 특수경비업자의 경비대행업자 지정의무, ④ 경비업자 간 담합금지의무 등은 경비업법에 명시된 경비업자의 의무이다.

해설

④ 경비업자 간 담합금지의무는 경비업법에 명시되어 있지 않다. (법 제7조 제2항·제4항·제7항 참조)

정답 ✕

65 특수경비업자는 국가중요시설에 대한 특수경비업무를 중단하게 되는 경우에는 미리 이를 시설주에게 통보해야 한다.

해설

시설주에게 → 경비대행업자에게 (법 제7조 제8항)

정답 ✕

66 특수경비업자는 국가중요시설에 대한 특수경비업무를 중단하게 되는 경우에는 미리
이를 경비대행업자에게 통보하여야 하며, 경비대행업자는 통보받은 후 7일 이내에
그 경비업무를 인수할 수 있다.

> **해설**
>
> 통보받은 후 7일 이내에 → 통보받은 즉시 / 인수할 수 있다 → 인수하여야 한다 (법 제7조 제8항)
>
> **정답** ×

67 특수경비업자는 경비장비의 제조·설비·판매업을 하여서는 아니된다.

> **해설**
>
> 하여서는 아니된다 → 할 수 있다 (법 제7조 제9항 참조)
>
> **정답** ×

68 기계경비업자는 경비업법에 의한 경비업과 경비장비의 제조·설비·판매업, 네트워
크를 활용한 정보산업, 시설물 유지관리업 및 경비원 교육업 등 대통령령이 정하는
경비관련업외의 영업을 하여서는 아니된다.

> **해설**
>
> 기계경비업자 → 특수경비업자 (법 제7조 제9항)
>
> **정답** ×

69 경비업의 허가를 받은 법인은 경비업 허가를 받지 아니한 자에게 경비업무를 도급할
수 있다.

> **해설**
>
> 누구든지 경비업 허가를 받지 아니한 자에게 경비업무를 도급하여서는 아니 된다. (법 제7조의2 제1항)
>
> **정답** ×

70 시설주 등이 집단민원현장에 경비인력을 20명 이상 배치하려고 할 때에는 그 경비인
력을 직접 고용하여야 한다.

> **해설**
>
> 직접 고용하여야 한다 → 직접 고용하여서는 아니된다 (법 제7조의2 제2항)
>
> **정답** ×

71 시설주가 집단민원현장에 경비인력 10명을 배치하려고 할 때에는 경비업자에게 경비업무를 도급하여야 한다.

> **해설**
>
> 10명을 배치하려고 할 때에는 그 경비인력을 직접 고용할 수 있다. 물론 도급할 수도 있으나, 도급하여야 하는 것은 아니다. (법 제7조의2 제2항)　　**정답** ×

72 누구든지 집단민원현장에 경비인력을 10명 이상 배치하려고 할 때에는 그 경비인력을 직접 고용하여서는 아니 되고, 경비업자에게 경비업무를 도급하여야 한다. 다만, 시설주 등이 집단민원현장 발생 1개월 전까지 직접 고용하여 경비업무를 수행하는 피고용인의 경우에는 그러하지 아니하다.

> **해설**
>
> 10명 → 20명 / 1개월 전 → 3개월 전 (법 제7조의2 제2항)　　**정답** ×

73 누구든지 집단민원현장에 경비인력을 20일 이상 배치하려고 할 때에는 그 경비인력을 직접 고용하여서는 아니되고, 경비업자에게 경비업무를 도급하여야 한다.

> **해설**
>
> 20일 → 20명 (법 제7조의2 제2항)　　**정답** ×

74 경비업무를 도급하는 자는 그 경비업무를 수급한 경비업자의 경비원 채용 시 채용업무에 관여하거나 영향력을 행사해서는 아니 된다.

> **해설**
>
> 채용업무에 → 무자격자나 부적격자 등을 채용하도록 (법 제7조의2 제3항)　　**정답** ×

75 경비업자의 경비원 채용 시 무자격자 및 부적격자의 구체적인 범위 등은 행정안전부령으로 정한다.

> **해설**
>
> 행정안전부령 → 대통령령 (법 제7조의2 제4항)　　**정답** ×

제3장 기계경비업무

01 경비업법령상 기계경비업자의 의무로는 대응체제 구축의무, 오경보 방지의무, 관리서류 비치의무, 경비대행업자 지정신고 의무, 비밀취급인가 의무 등이 있다.

> **해설**
>
> 경비대행업자 지정신고 의무, 비밀취급인가 의무는 특수경비업자의 의무이다. (법 제7조·제8조·제9조, 영 제6조 참조)
>
> **정답** ✕

02 기계경비지도사는 경비대상시설에 관한 경보를 수신한 때에는 신속하게 그 사실을 확인하는 등 필요한 대응조치를 취하여야 하며, 이를 위한 대응체제를 갖추어야 한다.

> **해설**
>
> 기계경비지도사 → 기계경비업자 (법 제8조)
>
> **정답** ✕

03 기계경비업자는 경비대상시설에 관한 경보를 수신한 때에는 25분 이내에 그 사실을 확인하는 등 필요한 대응조치를 취하여야 한다.

> **해설**
>
> 25분 이내 → 신속하게 (법 제8조)
>
> **정답** ✕

04 기계경비업자는 경비계약을 체결하는 때에는 오경보를 막기 위하여 계약상대방에게 기기사용요령 및 기계경비운영체계 등에 관하여 설명해야 한다.

> **해설**
>
> 법 제9조 제1항
>
> **정답** ○

05 기계경비업자는 경비계약을 체결하는 때에는 오경보를 막기 위하여 계약상대방에게 기기사용요령 및 기계경비운영체계 등에 관하여 서면 또는 구두로 설명하여야 한다.

> **해설**
>
> 서면 또는 구두로 → 서면 등을 교부하는 방법으로 (법 제9조 제1항, 영 제8조 제1항 참조)
>
> **정답** ✕

06 기계경비업자는 경비계약을 체결하는 때에는 각종 기기가 오작동되지 아니하도록 관리하여야 한다.

> **해설**
>
> 법 제9조 제1항

정답 ○

07 특수경비업자는 대응조치 등 업무의 원활한 운영과 개선을 위하여 대통령령이 정하는 바에 따라 관련 서류를 작성·비치하여야 한다.

> **해설**
>
> 특수경비업자 → 기계경비업자 (법 제9조 제2항)

정답 ✕

제4장 경비지도사 및 경비원

01 경비지도사의 결격사유는 일반경비원의 결격사유와 구별된다.

> **해설**

구별된다 → 동일하다 (법 제10조 제1항 참조) 정답 ✕

02 20세 미만인 사람은 경비지도사 및 경비원의 결격사유에 해당한다.

> **해설**

20세 → 18세 (법 제10조 제1항 제1호·제2항 제1호) 정답 ✕

03 60세 이상인 사람은 경비지도사가 될 수 있다.

> **해설**

법 제10조 제1항 제1호 참조 정답 ○

04 판단능력을 회복하고 경찰서장의 인증을 받은 피성년후견인은 경비지도사가 될 수 있다.

> **해설**

피성년후견인은 법원에 의하여 성년후견종료의 심판을 받지 않는 한 경비지도사가 될 수 없다. (법 제10조 제1항 제1호 참조) 정답 ✕

05 18세인 사람, 파산선고를 받고 복권된 자는 경비지도사가 될 수 있다.

> **해설**

법 제10조 제1항 제1호·제2호 참조 정답 ○

06 파산선고를 받고 복권되지 아니한 자는 경비지도사·일반경비원·특수경비원이 될 수 없다.

> **해설**

법 제10조 제1항 제2호·제2항 제3호 정답 ○

07 금고 이상의 실형의 선고를 받고 그 집행이 종료(집행이 종료된 것으로 보는 경우를 포함한다)되거나 집행이 면제된 날부터 5년이 지나지 아니한 자는 경비지도사 및 경비원의 결격사유에 해당한다.

> **해설**

법 제10조 제1항 제3호·제2항 제3호

정답 ○

08 「대통령 등의 경호에 관한 법률」을 위반하여 금고 이상의 실형을 선고 받고 그 집행이 종료된 날부터 3년이 지난 자는 경비지도사·일반경비원·특수경비원이 될 수 없다.

> **해설**

법 제10조 제1항 제3호·제2항 제3호

정답 ○

09 징역 3년의 실형의 선고를 받고 그 집행이 면제된 날부터 5년이 지나지 아니한 자는 경비지도사 및 경비원의 결격사유에 해당한다.

> **해설**

'금고 이상'의 실형의 선고를 받고 그 집행이 면제된 날부터 5년이 지나지 아니한 자는 결격사유에 해당한다 (법 제10조 제1항 제3호). 따라서 '징역 3년'도 당연히 결격사유에 해당한다.

정답 ○

10 금고 이상의 형의 선고유예를 받고 그 유예기간 중에 있는 자는 경비지도사 및 경비원의 결격사유에 해당한다.

> **해설**

선고유예 → 집행유예선고 (법 제10조 제1항 제4호·제2항 제3호)

정답 ×

11 금고 이상의 형의 집행유예선고를 받고 그 유예기간이 만료된 날부터 5년이 지나지 아니한 사람은 일반경비원이 될 수 없다.

> **해설**

금고 이상의 형의 집행유예선고를 받고 그 유예기간 중에 있는 사람은 일반경비원이 될 수 없다. (법 제10조 제1항 제4호 참조)

정답 ×

12 징역 1년에 집행유예 3년의 선고를 받고 그 유예기간이 지난 자는 경비지도사가 될 수 있다.

해설

법 제10조 제1항 제4호 참조

정답 ○

13 벌금형의 선고유예를 받고 그 유예기간이 끝난 날부터 5년이 지나지 아니한 자는 경비지도사 및 경비원의 결격사유에 해당한다.

해설

'벌금형'의 '선고유예'를 받은 경우는 결격사유에 해당하지 않는다. (법 제10조 제1항 제4호·제2항 제4호 참조)

정답 ✕

14 「형법」 제114조(범죄단체 등의 조직)의 죄를 범하여 벌금형을 선고받은 날부터 5년이 지나지 아니한 자는 경비지도사 및 경비원의 결격사유에 해당한다.

해설

「형법」 제114조(범죄단체 등의 조직)의 죄를 범하여 벌금형을 선고받은 날부터 '10년'이 지나지 아니한 자는 결격사유에 해당한다(법 제10조 제1항 제5호 가목). 따라서 '5년'이 지나지 아니한 자도 당연히 결격사유에 해당한다.

정답 ○

15 형법상 범죄단체조직죄를 범하여 벌금형을 선고받은 날부터 5년이 지난 자는 경비지도사·일반경비원·특수경비원이 될 수 있다.

해설

5년 → 10년 (법 제10조 제1항 제5호 가목·제2항 제3호)

정답 ✕

16 형법상 범죄단체조직죄를 범하여 금고 이상의 형을 선고받고 그 집행이 종료된 날 또는 집행이 유예·면제된 날부터 10년이 지나지 아니한 자는 경비지도사·일반경비원·특수경비원이 될 수 없다.

해설

법 제10조 제1항 제5호 가목·제2항 제3호

정답 ○

17 형법상 강간죄를 범하여 벌금형을 선고받은 날부터 5년이 지난 자는 경비지도사·일반경비원·특수경비원이 될 수 있다.

5년 → 10년 (법 제10조 제1항 제5호 다목·제2항 제3호) **정답** ×

18 형법상 강간죄를 범하여 징역형을 선고받고 그 집행이 종료된 날 또는 집행이 유예·면제된 날부터 10년이 지나지 아니한 자는 경비지도사·일반경비원·특수경비원이 될 수 없다.

법 제10조 제1항 제5호 다목·제2항 제3호 **정답** ○

19 「성폭력범죄의 처벌 등에 관한 특례법」 제3조(특수강도강간 등)의 죄를 범하여 벌금형을 선고받은 날부터 5년이 지나지 아니하거나 금고 이상의 형을 선고받고 그 집행이 유예된 날부터 5년이 지나지 아니한 자는 경비지도사 및 경비원의 결격사유로 규정되어 있다.

5년 → 10년 (법 제10조 제1항 제5호 라목) **정답** ×

20 형법상 절도죄를 범하여 벌금형을 선고받은 날부터 10년이 지나지 아니한 자는 경비지도사·일반경비원·특수경비원이 될 수 없다.

10년 → 5년 (법 제10조 제1항 제6호 가목·제2항 제3호) **정답** ×

21 「형법」 제330조(야간주거침입절도)의 죄를 범하여 벌금형을 선고받은 날부터 5년이 지나지 아니하거나 금고 이상의 형을 선고받고 그 집행이 유예된 날부터 5년이 지나지 아니한 자는 경비지도사 및 경비원의 결격사유이다.

법 제10조 제1항 제6호 가목·제2항 제3호 **정답** ○

22 형법상 강도죄를 범하여 금고 이상의 형을 선고받고 그 집행이 유예된 날부터 10년이 지나지 아니한 자는 경비지도사·일반경비원·특수경비원이 될 수 없다.

> **해설**
>
> 10년 → 5년 (법 제10조 제1항 제6호 가목·제2항 제3호)　　　　　　　　**정답** ✕

23 형법상 강도강간죄를 범하여 징역형을 선고받고 그 집행이 유예된 날부터 10년이 지나지 아니한 자는 경비지도사·일반경비원·특수경비원이 될 수 없다.

> **해설**
>
> 10년 → 5년 (법 제10조 제1항 제6호 가목·제2항 제3호)　　　　　　　　**정답** ✕

24 형법상 강간죄를 범하여 치료감호를 선고받고 그 집행이 종료된 날 또는 집행이 면제된 날부터 5년이 지난 자는 경비지도사·일반경비원·특수경비원이 될 수 있다.

> **해설**
>
> 5년 → 10년 (법 제10조 제1항 제7호·제2항 제3호)　　　　　　　　**정답** ✕

25 「형법」 제297조(강간)의 죄를 범하여 치료감호를 선고받고 그 집행이 종료된 날 또는 집행이 면제된 날부터 5년이 지나지 아니한 자는 경비지도사 및 경비원의 결격사유에 해당한다.

> **해설**
>
> 「형법」 제297조(강간)의 죄를 범하여 치료감호를 선고받고 그 집행이 종료된 날 또는 집행이 면제된 날부터 '10년'이 지나지 아니한 자는 결격사유에 해당한다(법 제10조 제1항 제7호). 따라서 '5년'이 지나지 아니한 자도 당연히 결격사유에 해당한다.　　　　　　**정답** ○

26 「아동·청소년의 성보호에 관한 법률」 제7조(아동·청소년에 대한 강간·강제추행 등)의 죄를 범하여 치료감호를 선고받고 그 집행이 종료된 날 또는 집행이 면제된 날부터 10년이 지나지 아니한 자는 경비지도사 및 경비원의 결격사유이다.

> **해설**
>
> 법 제10조 제1항 제7호·제2항 제3호　　　　　　　　**정답** ○

27 형법상 강도죄를 범하여 치료감호를 선고받고 그 집행이 면제된 날부터 3년이 지난 자는 경비지도사·일반경비원·특수경비원이 될 수 있다.

> **해설**
>
> 3년 → 5년 (법 제10조 제1항 제7호·제2항 제3호)   **정답** ✕

28 「대통령 등의 경호에 관한 법률」을 위반하여 벌금형을 선고받은 날부터 5년이 지나지 아니한 자는 경비지도사·일반경비원·특수경비원이 될 수 없다.

> **해설**
>
> 「대통령 등의 경호에 관한 법률」 → 경비업법 (법 제10조 제1항 제8호·제2항 제3호)   **정답** ✕

29 경비업법에 따른 명령을 위반하여 금고 이상의 형을 선고받고 그 집행이 유예된 날부터 5년이 지나지 아니한 자는 경비지도사·일반경비원·특수경비원이 될 수 없다.

> **해설**
>
> 법 제10조 제1항 제8호·제2항 제3호   **정답** ○

30 19세인 사람은 특수경비원이 될 수 없다.

> **해설**
>
> 없다 → 있다 (법 제10조 제2항 제1호)   **정답** ✕

31 20세 미만 또는 55세 이상인 사람은 특수경비원이 될 수 없다.

> **해설**
>
> 20세 → 18세 / 55세 → 60세 (법 제10조 제2항 제1호)   **정답** ✕

32 18세 미만이거나 60세 이상인 사람은 일반경비원이 될 수 없다.

> **해설**

일반 → 특수 (법 제10조 제2항 제1호)　　　　　　　　　**정답** ✕

33 60세 이상인 사람은 일반경비원·경비지도사는 될 수 없으나, 특수경비원은 될 수 있다.

> **해설**

일반경비원·경비지도사는 될 수 있으나, 특수경비원은 될 수 없다. (법 제10조 제1항·제2항 참조)　　　**정답** ✕

34 18세로서 음주운전이 적발되어 운전면허 정지기간 중에 있는 사람은 특수경비원이 될 수 있다.

> **해설**

운전면허 정지기간 중인 사유는 결격사유에 해당하지 않는다. (법 제10조 제2항 제1호 참조)　　　**정답** ○

35 피성년후견인 또는 피한정후견인은 특수경비원이 될 수 없다.

> **해설**

피한정후견인은 특수경비원이 될 수 있다. (법 제10조 제2항 제1호 참조)　　　**정답** ✕

36 심신상실자, 알코올 중독자 등 대통령령으로 정하는 정신적 제약이 있는 자는 경비원이 될 수 없다.

> **해설**

경비원 → 특수경비원 (법 제10조 제2항 제2호)　　　　　　**정답** ✕

37 금고 이상의 실형의 선고를 받고 집행이 면제된 날부터 3년이 경과한 자는 특수경비원이 될 수 없다.

해설

법 제10조 제2항 제3호, 제1항 제3호 참조

정답 ○

38 20세로서 징역 1년의 실형을 선고 받고 그 집행이 종료된 날로부터 4년이 된 자는 특수경비원이 될 수 없다.

해설

법 제10조 제2항 제3호, 제1항 제3호 참조

정답 ○

39 금고 이상의 형의 집행유예선고를 받고 그 유예기간 중에 있는 자는 특수경비원이 될 수 없으나, 경비지도사는 될 수 있다.

해설

경비지도사도 될 수 없다. (법 제10조 제2항 제3호, 제1항 제4호)

정답 ✕

40 벌금 이상의 형의 선고유예를 받고 그 유예기간 중에 있는 자는 특수경비원의 결격사유에 해당한다.

해설

벌금 이상 → 금고 이상 (법 제10조 제2항 제4호)

정답 ✕

41 금고 이상의 형의 선고유예를 받고 그 유예기간 중에 있는 자는 특수경비원이 될 수 없으나, 경비지도사는 될 수 있다.

해설

법 제10조 제2항 제4호

정답 ○

42 행정안전부령이 정하는 신체조건에 미달되는 자는 일반경비원이 될 수 없다.

> **해설**
>
> 일반경비원 → 특수경비원 (법 제10조 제2항 제5호)　　　　　　　**정답** ✕

43 일반경비원이 되기 위해서는 팔과 다리가 완전하고 두 눈의 맨눈시력 각각 0.2 이상 또는 교정시력 각각 0.8 이상이어야 한다.

> **해설**
>
> 일반경비원 → 특수경비원 (법 제10조 제2항 제5호, 규칙 제7조)　　**정답** ✕

44 팔과 다리가 완전하고 두 눈의 교정시력이 각각 0.8인 자는 특수경비원이 될 수 없다.

> **해설**
>
> 없다 → 있다 (법 제10조 제2항 제5호, 규칙 제7조)　　　　　　**정답** ✕

45 경비업자는 결격사유에 해당하는 자를 경비지도사 또는 경비원으로 채용한 경우에는 관할경찰서장에게 신고하고 근무하게 하여야 한다.

> **해설**
>
> 경비업자는 결격사유에 해당하는 자를 채용하거나 근무하게 하여서는 아니된다. (법 제10조 제3항)　　　　　　　　　　　　　　　　　**정답** ✕

46 일반경비원이 결격사유에 해당하게 될 때에는 원칙적으로 당연 퇴직된다.

> **해설**
>
> 일반 → 특수 (법 제10조의2 참조)　　　　　　　　　　　　**정답** ✕

47 특수경비원이 금고 이상의 형의 집행유예선고를 받고 그 유예기간중에 있는 경우에는 당연 퇴직된다.

> **해설**
>
> 법 제10조의2 본문, 제10조 제2항 제3호 참조　　　　　　　　**정답** ○

48 특수경비원이 나이가 60세가 되어 퇴직하는 경우에는 60세가 된 날이 1월부터 6월 사이에 있으면 6월 1일에, 7월부터 12월 사이에 있으면 12월 1일에 각각 당연 퇴직된다.

> **해설**

6월 1일 → 6월 30일 / 12월 1일 → 12월 31일 (법 제10조의2 단서)　**정답** ✕

49 특수경비원이 파산선고를 받은 경우에는 「채무자 회생 및 파산에 관한 법률」에 따라 신청기한 내에 면책신청을 하지 아니하였거나 면책허가 결정 또는 면책 취소가 확정된 경우만 당연 퇴직된다.

> **해설**

면책허가 → 면책불허가 (법 제10조의2 단서)　**정답** ✕

50 특수경비원이 「성폭력범죄의 처벌 등에 관한 특례법」 제2조(성폭력범죄), 「아동·청소년의 성보호에 관한 법률」 제2조 제2호(아동·청소년대상 성범죄)에 규정된 죄를 범하여 벌금형의 선고유예를 받은 경우에는 당연 퇴직된다.

> **해설**

벌금형 → 금고 이상의 형 (법 제10조의2 단서)　**정답** ✕

51 특수경비원이 직무와 관련하여 「형법」 제129조(수뢰), 제355조(횡령, 배임) 또는 제356조(업무상의 횡령과 배임)에 규정된 죄를 범하여 금고 이상의 형의 선고유예를 받은 경우에는 당연 퇴직된다.

> **해설**

「형법」 제129조(수뢰)는 규정되어 있지 않다. (법 제10조의2 단서)

정답 ✕

52 경비지도사는 결격사유에 해당하지 아니하는 자로서 시·도경찰청장이 시행하는 경비지도사시험에 합격하고 경찰청장이 정하는 교육을 받은 자이어야 한다.

> **해설**▶
>
> 시·도경찰청장이 → 경찰청장이 / 경찰청장이 → 행정안전부령으로 (법 제11조 제1항)
>
> **정답** ✕

53 시·도경찰청장은 경비지도사 교육을 받은 자에게 행정안전부령이 정하는 바에 따라 경비지도사자격증을 교부하여야 한다.

> **해설**▶
>
> 시·도경찰청장 → 경찰청장 (법 제11조 제2항)
>
> **정답** ✕

54 경비지도사시험은 매년 1회 이상 시행하며, 시험과목, 시험공고, 시험의 전부가 면제되는 자의 범위 그 밖에 경비지도사시험에 관하여 필요한 사항은 행정안전부령으로 정한다.

> **해설**▶
>
> 시험의 전부 → 시험의 일부 / 행정안전부령 → 대통령령 (법 제11조 제3항)   **정답** ✕

55 경비업자는 대통령령이 정하는 바에 따라 경비지도사를 선임할 수 있다.

> **해설**▶
>
> 선임할 수 있다 → 선임하여야 한다 (법 제12조 제1항)   **정답** ✕

56 경비원의 지도·감독·교육의 원활한 운영과 개선은 경비지도사의 직무에 해당한다.

> **해설**▶
>
> 교육의 원활한 운영과 개선은 → 교육에 관한 계획의 수립·실시 및 그 기록의 유지는 (법 제12조 제2항 제1호)   **정답** ✕

57 경비원의 채용 및 교육에 관한 경비업자에의 조언도 경비지도사의 직무에 해당한다.

> **해설**
>
> 해당한다 → 해당하지 않는다 (법 제12조 제2항 참조)   정답 ✕

58 경비대상시설에 대한 순회점검 및 감독은 경비지도사의 직무에 해당한다.

> **해설**
>
> 경비대상시설 → 경비현장에 배치된 경비원 (법 제12조 제2항 제2호)   정답 ✕

59 경찰기관 및 의료기관과의 연락방법에 대한 지도는 경비지도사의 직무에 해당한다.

> **해설**
>
> 의료기관 → 소방기관 (법 제12조 제2항 제3호)   정답 ✕

60 경비업체와의 연락방법에 대한 지도는 경비지도사의 직무에 해당한다.

> **해설**
>
> 경비업체와의 → 경찰기관 및 소방기관과의 (법 제12조 제2항 제3호)   정답 ✕

61 집단민원현장에 배치된 경비원에 대한 지도·감독은 경비지도사의 직무에 해당하지 않는다.

> **해설**
>
> 해당하지 않는다 → 해당한다 (법 제12조 제2항 제4호)   정답 ✕

62 경비업무의 연구, 경비진단에 관한 사항은 경비지도사의 직무에 해당한다.

> **해설**
>
> 경비지도사의 직무 → 경비협회의 업무 (법 제12조 제2항, 제22조 제3항 참조)   정답 ✕

63 기계경비업무를 위한 기계장치의 운용·감독, 오경보방지 등을 위한 기기관리의 감독은 일반경비지도사의 직무에 해당한다.

> **해설**
>
> 일반경비지도사 → 기계경비지도사 (법 제12조 제2항 제5호, 영 제17조)
>
> **정답** ✕

64 관할경찰서장은 경비업무를 적정하게 실시하기 위하여 경비원으로 하여금 대통령령으로 정하는 바에 따라 경비원 신임교육 및 직무교육을 받게 하여야 한다.

> **해설**
>
> 관할경찰서장은 → 경비업자는 (법 제13조 제1항 본문)
>
> **정답** ✕

65 경비업자라는 대통령령으로 정하는 경력 또는 자격을 갖춘 특수경비원을 신임교육 대상에서 제외할 수 있다.

> **해설**
>
> 특수경비원 → 일반경비원 (법 제13조 제1항 단서)
>
> **정답** ✕

66 경비업자는 대통령령으로 정하는 경력 또는 자격을 갖춘 일반경비원을 직무교육 대상에서 제외할 수 있다.

> **해설**
>
> 직무교육 → 신임교육 (법 제13조 제1항 단서)
>
> **정답** ✕

67 경비원이 되려는 사람은 경비원으로 채용되기 전에는 일반경비원 신임교육을 받을 수 없다.

> **해설**
>
> 경비원이 되려는 사람은 대통령령으로 정하는 교육기관에서 미리 일반경비원 신임교육을 받을 수 있다. (법 제13조 제2항)
>
> **정답** ✕

68 경비원이 되려는 사람은 경비협회, 경찰교육기관 등에서 미리 일반경비원 신임교육을 받을 수 없다.

> **해설**
>
> 없다 → 있다 (법 제13조 제2항, 영 제18조 제5항)　　　　　　　　　**정답** ✕

69 특수경비원이 되려는 사람은 대통령령으로 정하는 교육기관에서 미리 경비원 신임교육을 받을 수 있다.

> **해설**
>
> 특수경비원 → 일반경비원 (법 제13조 제2항)　　　　　　　　　**정답** ✕

70 경비원이 되려는 사람은 대통령령으로 정하는 교육기관에서 미리 일반경비원 신임교육을 받아야 한다.

> **해설**
>
> 받아야 한다 → 받을 수 있다 (법 제13조 제2항)　　　　　　　　　**정답** ✕

71 특수경비업자는 행정안전부령으로 정하는 바에 따라 특수경비원으로 하여금 특수경비원 신임교육과 정기적인 직무교육을 받게 하여야 한다.

> **해설**
>
> 행정안전부령 → 대통령령 (법 제13조 제3항)　　　　　　　　　**정답** ✕

72 특수경비업자는 특수경비원 신임교육을 받지 아니한 자를 채용하여서는 아니된다.

> **해설**
>
> 채용하여서는 아니된다 → 특수경비업무에 종사하게 하여서는 아니된다 (법 제13조 제3항)
>
> **정답** ✕

73 일반경비원에 대한 교육시 관할경찰서 소속 경찰공무원이 교육기관에 입회하여 대통령령이 정하는 바에 따라 지도·감독하여야 한다.

> **해설** ▶

일반경비원 → 특수경비원 (법 제13조 제4항)　　　　　　　　　　　　　**정답** ✕

74 특수경비원의 교육시 경비업자가 교육기관에 입회하여 행정안전부령이 정하는 바에 따라 지도·감독하여야 한다.

> **해설** ▶

경비업자가 → 경찰공무원이 / 행정안전부령 → 대통령령 (법 제13조 제4항)　　　　**정답** ✕

75 특수경비업자는 특수경비원으로 하여금 배치된 경비구역안에서 시·도경찰청장 및 공항경찰대장 등 국가중요시설의 경비책임자와 국가중요시설의 시설주의 감독을 받아 시설을 경비하고 도난·화재 그 밖의 위험의 발생을 방지하는 업무를 수행하게 하여야 한다.

> **해설** ▶

시·도경찰청장 → 관할경찰서장 (법 제14조 제1항)　　　　　　　　　　　**정답** ✕

76 특수경비원은 국가중요시설에 대한 경비업무 수행중 국가중요시설의 정상적인 운영을 해치는 장해를 일으켜서는 아니된다.

> **해설** ▶

법 제14조 제2항　　　　　　　　　　　　　　　　　　　　　　　　　**정답** ○

77 관할경찰관서장은 국가중요시설에 대한 경비업무의 수행을 위하여 필요하다고 인정하는 때에는 경비업자의 신청에 의하여 시설주의 부담으로 무기를 구입한다.

> **해설** ▶

관할경찰관서장 → 시·도경찰청장 / 경비업자의 신청 → 시설주의 신청 (법 제14조 제3항 참조)　　　　　　　　　　　　　　　　　　　　　　　　　　　　　　**정답** ✕

78 국가중요시설에 대한 경비업무의 수행을 위하여 필요한 경우에 시설주는 경찰청장의 승인에 의하여 무기를 구입한다.

> **해설**
>
> 국가중요시설에 대한 경비업무의 수행을 위하여 필요한 경우에 시·도경찰청장은 시설주의 신청에 의하여 무기를 구입한다. (법 제14조 제3항 참조)　　**정답** ×

79 시·도경찰청장은 집단민원현장에 대한 경비업무의 수행을 위하여 필요하다고 인정하는 때에는 시설주의 신청에 의하여 무기를 구입한다.

> **해설**
>
> 집단민원현장 → 국가중요시설 (법 제14조 제3항)　　**정답** ×

80 시·도경찰청장이 시설주의 신청에 의하여 무기를 구입한 경우 경비업자는 그 무기의 구입대금을 지불하고, 구입한 무기를 국가에 기부채납하여야 한다.

> **해설**
>
> 경비업자 → 시설주 (법 제14조 제3항 단서)　　**정답** ×

81 시·도경찰청장은 필요한 경우에 관할경찰관서장의 신청에 의하여 시설주로부터 국가에 기부채납된 무기를 대여하게 할 수 있다.

> **해설**
>
> 관할경찰관서장 → 시설주 (법 제14조 제4항)　　**정답** ×

82 경찰청장은 시·도경찰청장으로 하여금 시설주의 신청에 의하여 시설주로부터 국가에 기부채납된 무기를 대여하게 하고 시설주는 이를 특수경비원으로 하여금 휴대하게 할 수 있다.

> **해설**
>
> 경찰청장은 시·도경찰청장으로 → 시·도경찰청장은 관할경찰관서장으로 (법 제14조 제4항)　　**정답** ×

83 특수경비원이 배치된 경비시설에 대한 무기의 관리 책임은 시설주와 관할경찰관서장이 공동책임을 진다.

> **해설**
>
> 법 제14조 제5항 참조
>
> **정답** ○

84 시설주가 대여받은 무기에 대하여 관할경찰관서장은 무기의 관리책임을 지고, 시설주는 특수경비원의 무기관리상황을 대통령령이 정하는 바에 따라 지도·감독하여야 한다.

> **해설**
>
> 관할경찰관서장은 → 시설주 및 관할경찰관서장은 / 시설주는 특수경비원의 → 관할경찰관서장은 시설주 및 특수경비원의 (법 제14조 제5항)
>
> **정답** ×

85 시·도경찰청장은 무기의 적정한 관리를 위하여 무기를 대여받은 시설주에 대하여 필요한 명령을 발할 수 있다.

> **해설**
>
> 시·도경찰청장 → 관할경찰관서장 (법 제14조 제6항)
>
> **정답** ×

86 시설주로부터 무기의 관리를 위하여 지정받은 책임자는 무기대여대장 및 근무상황기록부를 비치·기록하여야 한다.

> **해설**
>
> 무기대여대장 및 근무상황기록부 → 무기출납부 및 무기장비운영카드 (법 제14조 제7항 제1호)
>
> **정답** ×

87 시설주로부터 무기의 관리를 위하여 지정받은 관리책임자가 무기를 직접 지급·회수하여서는 아니된다.

> **해설**
>
> 직접 지급·회수하여야 한다. (법 제14조 제7항 제2호)
>
> **정답** ×

88 특수경비원은 국가중요시설의 경비를 위하여 무기를 사용할 필요가 있는 때에는 우선적으로 무기를 사용할 수 있다.

> **해설**
>
> 무기를 사용하지 아니하고는 다른 수단이 없다고 인정되는 때에는 필요한 한도안에서 무기를 사용할 수 있다. (법 제14조 제8항)　　**정답** ✕

89 특수경비원은 무기 또는 폭발물을 소지하고 국가중요시설에 침입한 자가 2회 이상 투기를 요구받고도 이에 불응하면서 계속 항거하는 경우 이를 억제하기 위하여 무기를 사용하지 아니하고는 다른 수단이 없다고 인정되는 때에는 무기를 사용하여 위해를 끼칠 수 있다.

> **해설**
>
> 2회 이상 → 3회 이상 (법 제14조 제8항 제1호)　　**정답** ✕

90 특수경비원은 흉기 또는 그 밖의 위험한 물건을 소지하고 국가중요시설에 침입한 자가 3회 이상 투항을 요구받고도 이에 불응하면서 계속 항거하는 경우 이를 억제하기 위하여 무기를 사용하지 아니하고는 다른 수단이 없다고 인정되는 때에는 무기를 사용하여 위해를 끼칠 수 있다.

> **해설**
>
> 흉기 또는 그 밖의 위험한 물건을 → 무기 또는 폭발물을 (법 제14조 제8항 제1호)　　**정답** ✕

91 특수경비원은 국가중요시설에 침입한 무장간첩이 투항을 요구받고도 이에 불응하는 경우에는 필요한 한도안에서 무기를 사용할 수 있다. 다만 위해를 끼쳐서는 아니된다.

> **해설**
>
> 이 경우에는 위해를 끼칠 수 있다. (법 제14조 제8항 제2호 참조)　　**정답** ✕

92 특수경비원은 국가중요시설에 침입한 무장간첩이 3회 이상 투항을 요구받고도 이에 불응한 때에 한하여 무기를 사용하여 위해를 끼칠 수 있다.

> **해설**
>
> 3회 이상 투항을 요구받고도 이에 불응한 때에 한하여 → 투항을 요구받고도 이에 불응한 때에는 (법 제14조 제8항 제2호)　　**정답** ✕

93 특수경비원의 무기휴대, 무기종류, 그 사용기준 및 안전검사의 기준 등에 관하여 필요한 사항은 행정안전부령으로 정한다.

해설

행정안전부령 → 대통령령 (법 제14조 제9항)　　　　　　　　　**정답** ✕

94 특수경비원은 직무를 수행함에 있어 시설주, 관할 시·도경찰청장 및 경찰관서장, 소속상사의 직무상 명령에 복종하여야 한다.

해설

관할 시·도경찰청장 및 경찰관서장 → 관할경찰관서장 (법 제15조 제1항)　　**정답** ✕

95 특수경비원은 관할경찰관서장 또는 시설주의 허가없이 경비구역을 벗어나서는 아니 된다.

해설

관할경찰관서장 또는 시설주 → 소속상사 (법 제15조 제2항)　　　　**정답** ✕

96 특수경비원은 소속상사의 허가 및 정당한 사유 없이 배치된 경비구역을 벗어나서는 안 된다.

해설

허가 및 정당한 사유 → 허가 또는 정당한 사유 (법 제15조 제2항)　　**정답** ✕

97 특수경비원은 직무 중 소속상사의 허가 없이는 어떠한 경우에도 경비구역을 벗어날 수 없다.

해설

소속상사의 허가가 없더라도 정당한 사유가 있으면 경비구역을 벗어날 수 있다. (법 제15조 제2항)

정답 ✕

98 일반경비원은 파업·태업 그 밖에 경비업무의 정상적인 운영을 저해하는 일체의 쟁의행위를 할 수 없다.

> **해설**
>
> 일반경비원 → 특수경비원 (법 제15조 제3항)　　　　　**정답** ✕

99 특수경비원은 쟁의행위 유형 중 태업은 할 수 있지만, 파업은 할 수 없다.

> **해설**
>
> 특수경비원은 태업도 할 수 없다. (법 제15조 제3항)　　　　**정답** ✕

100 특수경비원은 경비업무의 정상적인 운영을 저해한다 하더라도 파업·태업이 아닌 다른 방법에 의한 쟁의행위는 가능하다.

> **해설**
>
> 특수경비원은 파업·태업 그 밖에 경비업무의 정상적인 운영을 저해하는 일체의 쟁의행위를 하여서는 아니된다. (법 제15조 제3항)　　　　**정답** ✕

101 특수경비원은 단결권을 행사할 수 없다.

> **해설**
>
> 단결권 → 단체행동권 (법 제15조 제3항 참조)　　　　**정답** ✕

102 일반경비원은 권총·소총 등 무기를 휴대하고 경비를 수행할 수 있다.

> **해설**
>
> 일반경비원 → 특수경비원 (법 제15조 제4항 참조)　　　　**정답** ✕

103 특수경비원은 사람을 향하여 권총 또는 소총을 발사하고자 하는 때에는 미리 구두로 경고한 다음 공포탄에 의한 사격으로 경고하여야 한다.

> **해설**
>
> 구두로 경고한 다음 공포탄 → 구두 또는 공포탄. 즉, 구두로 경고하거나 공포탄으로 경고하거나 한가지만 하면 된다. (법 제15조 제4항 제1호)　　　　**정답** ✕

104 특수경비원은 사람을 향하여 권총을 발사하고자 하는 때에는 구두에 의한 경고가 아닌 공포탄 사격에 의한 경고가 선행되어야 한다.

> **해설**
>
> 공포탄 사격에 의한 경고가 선행되어야 하는 것은 아니다. 즉, 구두에 의한 경고도 할 수 있다. (법 제15조 제4항 제1호)　　**정답** ✕

105 특수경비원을 급습하거나 타인의 생명·신체·재산에 대한 중대한 위험을 야기하는 범행이 목전에 실행되고 있는 등 상황이 급박하여 경고할 시간적 여유가 없는 경우에는 경고 없이 권총을 발사할 수 있다.

> **해설**
>
> 생명·신체·재산에 → 생명·신체에 (법 제15조 제4항 제1호 가목)　　**정답** ✕

106 사람을 향하여 권총 또는 소총을 발사하고자 하는 때에는 인질사건에 있어서 은밀히 작전을 수행하는 경우로서 부득이한 때에도 공포탄에 의한 사격으로 상대방에게 경고하여야 한다.

> **해설**
>
> 공포탄에 의한 경고를 하지 아니할 수 있다. (법 제15조 제4항 제1호 나목 참조)　　**정답** ✕

107 테러사건에 있어서 은밀히 작전을 수행하는 경우에는 부득이한 때에도 미리 상대방에게 경고한 후 권총을 사용하여야 한다.

> **해설**
>
> 테러사건에 있어서 은밀히 작전을 수행하는 경우로서 부득이한 때에는 경고하지 않고 권총을 사용할 수 있다. (법 제15조 제4항 제1호 나목 참조)　　**정답** ✕

108 살인·강도·방화 등 강력사건에 있어서 은밀히 작전을 수행하는 경우에는 구두 또는 공포탄에 의한 경고 없이 권총 또는 소총을 발사할 수 있다.

> **해설**
>
> 살인·강도·방화 등 강력사건 → 인질·간첩 또는 테러사건 (법 제15조 제4항 제1호 나목)　　**정답** ✕

109 특수경비원이 경비업무 수행 중 절도범과 마주친 경우에는 경고하지 아니하고 권총을 발사할 수 있는 때에 해당한다.

> **해설**
>
> 해당한다 → 해당하지 않는다 (법 제15조 제4항 제1호 참조)
>
> **정답** ✕

110 특수경비원은 무기를 사용하는 경우에 있어서 원칙적으로 범죄와 무관한 다중의 생명·신체에 위해를 가할 우려가 있는 때에는 사용하여서는 아니된다.

> **해설**
>
> 법 제15조 제4항 제2호
>
> **정답** ○

111 타인 또는 특수경비원의 생명·신체에 대한 중대한 위협이 발생한 경우에는 언제든지 권총 또는 소총을 발사할 수 있다.

> **해설**
>
> 언제든지 → 필요한 최소한의 범위 안에서 (법 제15조 제4항 제2호)
>
> **정답** ✕

112 무기를 사용하지 아니하고는 타인의 생명·신체에 대한 중대한 위협을 방지할 수 없다고 인정되는 때에는 필요한 최대한의 범위 안에서 이를 사용할 수 있다.

> **해설**
>
> 최대한의 → 최소한의 (법 제15조 제4항 제2호)
>
> **정답** ✕

113 특수경비원은 14세 미만의 자 또는 임산부에 대하여는 어떠한 경우라도 소총을 발사하여서는 아니 된다.

> **해설**
>
> 총기 또는 폭발물을 가지고 대항하는 경우에는 소총을 발사할 수 있다. (법 제15조 제4항 제3호)
>
> **정답** ✕

114 임산부가 총기 또는 폭발물을 가지고 대항하는 경우에도 임산부에 대하여 소총을 발사하여서는 아니 된다.

해설

소총을 발사할 수 있다. (법 제15조 제4항 제3호)   정답 ✕

115 특수경비원은 칼을 가지고 대항하는 14세 미만의 자에 대하여 권총 또는 소총을 발사할 수 있다.

해설

칼 → 총기 또는 폭발물 (법 제15조 제4항 제3호)   정답 ✕

116 특수경비원은 총기 또는 폭발물을 가지고 대항하는 경우를 제외하고는 18세 미만의 자 또는 임산부에 대하여는 권총을 발사하여서는 아니 된다.

해설

18세 미만 → 14세 미만 (법 제15조 제4항 제3호)   정답 ✕

117 경비원은 직무를 수행함에 있어 경비업무의 범위를 벗어난 행위를 하여서는 아니된다.

해설

법 제15조의2 제1항   정답 ○

118 경비원은 직무를 수행함에 있어 타인에게 공권력을 과시하거나 물리력을 행사하는 등 경비업무의 범위를 벗어난 행위를 하여서는 아니된다.

해설

공권력 → 위력 (법 제15조의2 제1항)   정답 ✕

119 누구든지 경비원으로 하여금 경비업무의 범위를 벗어난 행위를 하게 하여서는 아니 된다.

해설

법 제15조의2 제2항   정답 ○

120 경비원의 제복은 색상 및 디자인 등이 군인과는 명확히 구별되어야 하나 경찰공무원 과는 유사한 복장으로 할 수 있다.

> **해설**
>
> 경찰공무원과도 명확히 구별되어야 한다. (법 제16조 제1항) **정답** ✕

121 경비업자는 경찰공무원 또는 군인의 제복과 색상 및 디자인 등이 명확히 구별되는 소속 경비원의 복장을 정하고 이를 확인할 수 있는 사진을 첨부하여 주된 사무소를 관할하는 경찰서장에게 행정안전부령으로 정하는 바에 따라 신고하여야 한다.

> **해설**
>
> 경찰서장 → 시·도경찰청장 (법 제16조 제1항) **정답** ✕

122 경비업자는 경비업무 수행상 필요한 경우 경비원에게 소속 경비업체를 표시한 이름 표를 부착하도록 할 수 있다.

> **해설**
>
> 경비업자는 경비업무 수행 시 경비원에게 소속 경비업체를 표시한 이름표를 부착하도록 하여야 한다. (법 제16조 제2항 본문). **정답** ✕

123 경비업자는 집단민원현장이 아닌 곳에서 신변보호업무를 수행하는 경비원에게도 소속 경비업체를 표시한 이름표를 부착하도록 해야 한다.

> **해설**
>
> 경비업자는 집단민원현장이 아닌 곳에서 신변보호업무를 수행하는 경비원에게는 소속 경비업체를 표시한 이름표를 부착하지 아니할 수 있다. (법 제16조 제2항 단서) **정답** ✕

124 경비원이 집단민원현장에서 신변보호업무를 수행하는 경우에는 신고된 복장과 다른 복장을 착용할 수 있다.

> **해설**
>
> 집단민원현장에서 → 집단민원현장이 아닌 곳에서 (법 제16조 제2항) **정답** ✕

125 경비업무의 성격상 부득이한 사유가 있어 시·도경찰청장이 허용하는 경우에는 경비원은 신고된 복장과 다른 복장을 착용할 수 있다.

시·도경찰청장 → 관할경찰관서장 (법 제16조 제2항) 정답 ✕

126 시·도경찰청장은 경비원의 복장 신고시 제출받은 경비원의 복장 사진을 검토한 후 시설주에게 복장 변경 등에 대한 시정명령을 할 수 있다.

시설주에게 → 경비업자에게 (법 제16조 제3항) 정답 ✕

127 시·도경찰청장은 경비원의 복장 신고시 제출받은 사진을 검토한 후 경비업자에게 복장 변경 등에 대한 이행명령을 할 수 있다.

이행명령 → 시정명령 (법 제16조 제3항) 정답 ✕

128 시·도경찰청장으로부터 복장 변경에 대한 시정명령을 받은 경비업자는 이를 이행하여야 하고, 시·도경찰청장에게 행정안전부령으로 정하는 바에 따라 이행신고를 하여야 한다.

이행신고 → 이행보고 (법 제16조 제4항) 정답 ✕

129 경비원이 휴대할 수 있는 장비의 종류는 권총·소총 등 행정안전부령으로 정한다.

권총·소총 → 경적·단봉·분사기 (법 제16조의2 제1항) 정답 ✕

130 경비원이 휴대할 수 있는 장비의 종류는 행정안전부령으로 정하되, 이를 항상 휴대하여야 한다.

> **해설**
>
> 이를 항상 휴대하여야 한다 → 근무 중에만 이를 휴대할 수 있다 (법 제16조의2 제1항)   **정답** ✕

131 경비원이 휴대할 수 있는 장비의 종류는 경적·단봉·분사기 등 대통령령으로 정하되, 근무시간 이외에도 이를 휴대할 수 있다.

> **해설**
>
> 대통령령 → 행정안전부령 / 근무시간 이외에도 → 근무 중에만 (법 제16조의2 제1항)   **정답** ✕

132 경비업자가 경비원으로 하여금 경적·단봉·분사기를 휴대하여 직무를 수행하게 하는 경우에는 「총포·도검·화약류 등 단속법」에 따라 미리 분사기의 소지허가를 받아야 한다.

> **해설**
>
> 경적·단봉·분사기 → 분사기 (법 제16조의2 제2항)   **정답** ✕

133 경비업자가 경비원으로 하여금 분사기를 휴대하여 직무를 수행하게 하는 경우에는 「총포·도검·화약류 등 단속법」에 따라 미리 신고하여야 한다.

> **해설**
>
> 신고하여야 한다 → 소지허가를 받아야 한다 (법 제16조의2 제2항)   **정답** ✕

134 경비업자가 경비원으로 하여금 무기를 휴대하여 직무를 수행하게 하는 경우에는 「총포·도검·화약류 등 단속법」에 따라 미리 무기의 소지허가를 받아야 한다.

> **해설**
>
> 무기를 → 분사기를 / 무기의 → 분사기의 (법 제16조의2 제2항)   **정답** ✕

135 누구든지 경비원의 장비를 임의로 개조하여 통상의 용법과 달리 사용함으로써 다른 사람의 생명·신체에 위해를 가하여서는 아니 된다.

> **해설**
>
> 법 제16조의2 제3항
>
> **정답** ○

136 경비원은 경비업무를 위하여 필요하다고 인정되는 상당한 이유가 있을 때에는 필요한 최소한도에서 무기를 사용할 수 있다.

> **해설**
>
> 무기를 → 장비를 (법 제16조의2 제4항)
>
> **정답** ×

137 경비업자는 출동차량 등의 도색 및 표지를 일반차량과 명확히 구별될 수 있게 하여야 한다.

> **해설**
>
> 일반차량 → 경찰차량 및 군차량 (법 제16조의3 제1항)
>
> **정답** ×

138 경비업자는 출동차량 등의 도색 및 표지를 소방차량 및 구급차량과 명확히 구별될 수 있게 하여야 한다.

> **해설**
>
> 소방차량 및 구급차량 → 경찰차량 및 군차량 (법 제16조의3 제1항)
>
> **정답** ×

139 경비업자는 출동차량 등의 도색 및 표지를 정하고 이를 확인할 수 있는 사진을 첨부하여 주된 사무소를 관할하는 경찰서장에게 행정안전부령으로 정하는 바에 따라 신고하여야 한다.

> **해설**
>
> 경찰서장 → 시·도경찰청장 (법 제16조의3 제2항)
>
> **정답** ×

140 경비업자는 출동차량 등의 도색 및 표지를 정하고 이를 확인할 수 있는 사진을 첨부하여 출동차량 등을 운행한 후 지체없이 주된 사무소를 관할하는 시·도경찰청장에게 신고하여야 한다.

> **해설**
>
> 운행한 후 지체없이 → 운행하기 전에 (법 제16조의3 제2항, 규칙 제21조 제1항)　　**정답** ✕

141 집단민원현장이 아닌 곳에서 호송경비업무를 수행하는 경우 또는 경비업무의 성격상 부득이한 사유가 있어 관할경찰관서장이 허용하는 경우에는 신고된 출동차량과 도색 및 표지가 다른 차량을 운행할 수 있다.

> **해설**
>
> 있다 → 없다 (지문과 같은 규정은 없다. 법 제16조의3, 제16조 제2항 참조)　　**정답** ✕

142 시·도경찰청장은 경비업자로부터 출동차량의 도색 및 표지에 대하여 제출받은 사진을 검토한 후 경비업자에게 도색 및 표지 변경 등에 대한 시정명령을 할 수 있다.

> **해설**
>
> 법 제16조의3 제3항　　**정답** ○

143 경찰청장과 시·도경찰청장은 경비지도사가 결격사유에 해당하는지를 확인하기 위하여 직권으로 범죄경력조회를 할 수 있으나, 관할경찰관서장은 범죄경력조회 요청이 있는 경우에만 범죄경력조회를 할 수 있다.

> **해설**
>
> 관할경찰관서장도 직권으로 범죄경력조회를 할 수 있다. (법 제17조 제1항 참조)　　**정답** ✕

144 경찰청장, 시·도경찰청장 또는 관할경찰관서장은 직권으로 경비업자의 임·직원, 경비지도사 또는 경비원이 결격사유에 해당하는지를 확인하기 위하여 「형의 실효 등에 관한 법률」에 따른 범죄경력조회를 할 수 있다.

> **해설**
>
> 임·직원 → 임원 (법 제17조 제1항 참조)　　**정답** ✕

145 경찰청장, 시·도경찰청장 또는 관할경찰관서장은 경비업자로부터 수사경력조회 요청이 있는 경우에는 경비업자의 임원, 경비지도사 또는 경비원이 결격사유에 해당하는지를 확인하기 위하여 수사경력조회를 할 수 있다.

> **해설**
>
> 수사경력조회 → 범죄경력조회 (법 제17조 제1항 참조)　　　**정답** ✕

146 경비업자는 선임하려는 경비지도사가 결격사유에 해당하는지를 확인하기 위하여 시·도경찰청장에게 「채무자회생 및 파산에 관한 법률」에 따른 채무내역을 요청할 수 있다.

> **해설**
>
> 「채무자회생 및 파산에 관한 법률」에 따른 채무내역 → 「형의 실효 등에 관한 법률」에 따른 범죄경력조회 (법 제17조 제2항)　　　**정답** ✕

147 경비업자는 선출·선임·채용 또는 배치하려는 임원, 경비지도사 또는 경비원이 결격 사유에 해당하는지를 확인하기 위하여 주된 사무소, 출장소 또는 배치장소를 관할하는 시·도경찰청장 또는 경찰관서장에게 「형의 실효 등에 관한 법률」에 따른 범죄경력 조회를 요청하여야 한다.

> **해설**
>
> 요청하여야 한다 → 요청할 수 있다 (법 제17조 제2항)　　　**정답** ✕

148 범죄경력조회 요청을 받은 시·도경찰청장 또는 관할경찰관서장은 경비업자에게 그 결과를 통보할 때에는 경비업자의 임원, 경비지도사 또는 경비원이 결격사유에 해당하는지 여부와 전과기록을 통보하여야 한다.

> **해설**
>
> 결격사유에 해당하는지 여부만을 통보하여야 한다. (법 제17조 제3항)　　　**정답** ✕

149 관할경찰관서장이 경비업자에게 범죄경력조회 결과를 통보할 때에는 결격사유에 해당하는 일정한 범죄사실을 통보하여야 한다.

> **해설**
>
> 결격사유에 해당하는지 여부만을 통보하여야 한다. (법 제17조 제3항)　　　**정답** ✕

150   경비업자는 경비원이 결격사유에 해당하게 된 사실을 알게되거나 경비업법을 위반한 때에는 관할경찰관서장에게 그 사실을 통보하여야 한다.

해설

경비업자는 → 시·도경찰청장 또는 관할경찰관서장은 / 관할경찰관서장에게 → 경비업자에게 (법 제17조 제4항)

정답 ✕

151   시·도경찰청장은 경비업자의 임원이 결격사유에 해당하는 사실을 알게 된 때에는 경비업자의 요청이 없는 한 그 사실을 통보해서는 아니 된다.

해설

경비업자의 요청이 없더라도 그 사실을 통보하여야 한다. (법 제17조 제4항 참조)

정답 ✕

152   관할 경찰관서장은 경비업자의 임원, 경비지도사 또는 경비원이 결격사유에 해당하는 사실을 알게 된 때에는 경비업자의 요청이 있는 경우에만 그 사실을 통보하여야 한다.

해설

경비업자의 요청이 없어도 통보하여야 한다. (법 제17조 제4항 참조)

정답 ✕

153   시·도경찰청장은 경비원이 결격사유에 해당하는 사실을 알게 되었을 때에는 지체없이 당해 경비원을 해임하고 그 결과를 경찰서장에게 통보하여야 한다.

해설

지체없이 당해 경비원을 해임하고 그 결과를 경찰서장에게 통보 → 경비업자에게 그 사실을 통보 (법 제17조 제4항 참조)

정답 ✕

154   시·도경찰청장은 경비업자의 임원, 경비지도사 또는 경비원이 경비업법에 따른 명령을 위반한 때에는 경비업자에게 시정명령을 할 수 있다.

해설

시정명령을 할 수 있다 → 그 사실을 통보하여야 한다 (법 제17조 제4항)

정답 ✕

155 관할경찰관서장은 행정안전부령이 정하는 바에 따라 경비원의 명부를 작성·비치하여야 한다.

> **해설**
>
> 관할경찰관서장은 → 경비업자는 (법 제18조 제1항)　　　　　　　**정답** ✕

156 경비업자가 경비원의 명부를 작성·비치할 경우 집단민원현장에 배치되는 일반경비원의 명부는 그 경비원이 배치되는 장소에도 작성·비치하여야 한다.

> **해설**
>
> 법 제18조 제1항　　　　　　　**정답** ○

157 경비업자가 호송경비업무 또는 기계경비업무를 수행하는 경비원을 배치하거나 배치를 폐지한 경우에는 행정안전부령이 정하는 바에 따라 시·도경찰청장에게 신고하여야 한다.

> **해설**
>
> 시·도경찰청장 → 관할경찰관서장 (법 제18조 제2항)　　　　　　　**정답** ✕

158 경비업자는 시설경비업무 또는 신변보호업무 중 집단민원현장에 일반경비원을 배치하는 경우에는 경비원을 배치하기 24시간 전까지 행정안전부령으로 정하는 바에 따라 배치허가를 신청하여야 한다.

> **해설**
>
> 24시간 → 48시간 (법 제18조 제2항 제1호 참조)　　　　　　　**정답** ✕

159 시설경비업무 또는 신변보호업무 중 집단민원현장에 배치된 일반경비원의 경우에는 경비원을 배치하기 48시간 전까지 관할경찰관서장에게 신고하여야 한다.

> **해설**
>
> 신고하여야 한다 → 배치허가를 신청하여야 한다 (법 제18조 제2항 제1호)　　　　　　　**정답** ✕

160 호송경비업무 또는 신변보호업무 중 집단민원현장에 배치된 일반경비원의 경우에는 경비원을 배치하기 48시간 전까지 배치허가를 신청하고, 관할경찰관서장의 배치허가를 받은 후에 경비원을 배치하여야 한다.

해설

호송경비업무 → 시설경비업무 (법 제18조 제2항 제1호)   정답 ✕

161 기계경비업무 또는 특수경비업무 중 집단민원현장에 경비원을 배치하는 경우에는 경비원 배치 48시간 전까지 행정안전부령에 따라 배치허가를 신청하고 관할 경찰관서장의 배치허가를 받은 후에 경비원을 배치하여야 한다.

해설

기계경비업무 또는 특수경비업무 → 시설경비업무 또는 신변보호업무 (법 제18조 제2항 제1호)   정답 ✕

162 신변보호업무 중 집단민원현장에 일반경비원을 배치하는 경우에는 배치하기 전까지 배치허가를 신청하여야 한다.

해설

배치하기 전까지 → 배치하기 48시간 전까지 (법 제18조 제2항 제1호)   정답 ✕

163 집단민원현장에 경비원을 배치하기 위하여 배치허가를 신청하는 경우 관할경찰관서장은 배치허가를 함에 있어 조건을 붙일 수 없다.

해설

없다 → 있다 (법 제18조 제2항 단서)   정답 ✕

164 경비업자가 경비원을 배치한 경우에는 경찰관서장에게 신고하여야 하나, 신변보호업무 중 집단민원현장에 배치된 일반경비원의 경우에는 배치하기 24시간 전까지 배치허가를 신청하여야 한다.

해설

24시간 → 48시간 (법 제18조 제2항 제1호)   정답 ✕

165 경비업자가 집단민원현장이 아닌 곳에서 신변보호업무를 수행하는 일반경비원을 배치하는 경우에는 배치하기 48시간 전까지 관할경찰관서장에게 신고하여야 한다.

> **해설**
>
> 배치하기 48시간 전까지 → 배치하기 전까지 (법 제18조 제2항 제2호)　　**정답** ✕

166 경비업자가 특수경비원을 배치하는 경우에는 대통령령이 정하는 바에 따라 경비원을 배치하기 48시간 전까지 관할경찰관서장에게 신고하여야 한다.

> **해설**
>
> 대통령령 → 행정안전부령 / 배치하기 48시간 전 → 배치하기 전 (법 제18조 제2항 제3호)　**정답** ✕

167 관할경찰관서장은 경비업자로부터 배치허가 신청을 받은 경우 경비원이 경비업무의 범위를 벗어난 행위를 할 우려가 있는 때에는 그 사유를 조사한 후 배치허가를 하여야 한다.

> **해설**
>
> 그 사유를 조사한 후 배치허가를 하여야 한다 → 배치허가를 하여서는 아니 된다 (법 제18조 제3항 제1호)　　**정답** ✕

168 관할경찰관서장은 배치허가 신청을 받은 경우, 불허가사유에 해당하는 때에는 이를 확인하기 위하여 소속 경찰관으로 하여금 그 주된 사무소를 방문하여 조사하게 할 수 있다.

> **해설**
>
> 주된 사무소 → 배치장소 (법 제18조 제3항 후단)　　**정답** ✕

169 관할경찰관서장은 경비업자로부터 배치허가 신청을 받은 경우 경비원 중 결격자나 신임교육을 받지 아니한 사람이 100분의 20 이상으로 포함되어 있는 때에는 배치허가를 하여서는 아니 된다.

> **해설**
>
> 100분의 20 → 100분의 21 (법 제18조 제3항 제2호, 영 제22조)　　**정답** ✕

170 관할 경찰관서장이 집단민원현장에 일반경비원 배치허가 신청을 받은 경우에 직무교육을 받지 아니한 사람이 대통령령으로 정하는 기준 이상으로 포함되어 있으면 배치허가를 하여서는 아니된다.

> **해설**
>
> 직무교육 → 신임교육 (법 제18조 제3항 제2호)
>
> **정답** ✕

171 관할경찰관서장은 경비업자로부터 배치허가 신청을 받은 경우 경비원의 복장·장비 등에 대하여 내려진 필요한 명령을 이행하지 아니하는 때에는 배치허가를 하지 않을 수 있다.

> **해설**
>
> 배치허가를 하지 않을 수 있다 → 배치허가를 하여서는 아니 된다 (법 제18조 제3항 제3호)
>
> **정답** ✕

172 경비업자로부터 배치허가 신청을 받은 관할경찰관서장은 배치되는 경비원 중 결격자가 있는 경우에는 배치허가를 하여서는 아니 된다.

> **해설**
>
> 배치허가를 하여서는 아니 된다 → 그 사람을 제외하고 배치허가를 하여야 한다 (법 제18조 제4항)
>
> **정답** ✕

173 관할경찰서장은 경비원을 배치하여 경비업무를 수행하게 하는 때에는 대통령령으로 정하는 바에 따라 배치된 경비원의 인적사항과 배치일시·배치장소 등 근무상황을 기록하여 보관하여야 한다.

> **해설**
>
> 관할경찰서장은 → 경비업자는 / 대통령령 → 행정안전부령 (법 제18조 제5항)
>
> **정답** ✕

174 경비업자는 형법상 상해죄 또는 폭행죄를 범하여 벌금형을 선고받고 7년이 지나지 아니한 자를 집단민원현장에 일반경비원으로 배치하여서는 아니 된다.

> **해설**
>
> 7년 → 5년 (법 제18조 제6항 제1호)
>
> **정답** ✕

175 경비업자는 형법상 체포·감금죄를 범하여 금고 이상의 형을 선고받고 그 집행이 유예된 날부터 3년이 지난 자를 집단민원현장에 일반경비원으로 배치할 수 있다.

> **해설**▶
>
> 3년 → 5년 (법 제18조 제6항 제1호)　　　　　　　　　　　　　　　　　　**정답** ✕

176 경비업자는 형법상 협박죄 또는 재물손괴죄를 범하여 벌금형을 선고받고 5년이 지나지 아니한 자를 집단민원현장에 일반경비원으로 배치하여서는 아니된다.

> **해설**▶
>
> 협박죄 또는 재물손괴죄 → 특수협박죄 또는 특수손괴죄 (법 제18조 제6항 제1호)　**정답** ✕

177 경비업자는 형법상 업무상 과실치사죄를 범하여 징역형을 선고받고 그 집행이 유예된 날부터 5년이 지나지 아니한 자를 집단민원현장에 일반경비원으로 배치하여서는 아니된다.

> **해설**▶
>
> 업무상 과실치사죄는 집단민원현장 배치 결격사유에 해당하는 죄가 아니므로 배치할 수 있다. (법 제18조 제6항 참조)　　　　　　　　　　　　　　　　　　　　　　　　**정답** ✕

178 경비업자는 경비원 명부에 없는 자를 경비업무에 종사하게 하여서는 아니 되고, 경비원을 배치하는 경우에는 직무교육을 이수한 자를 배치하여야 한다.

> **해설**▶
>
> 직무교육 → 신임교육 (법 제18조 제7항)　　　　　　　　　　　　　　　　**정답** ✕

179 시·도경찰청장은 경비업자가 배치허가를 받지 아니하고 경비원을 배치하거나 경비원 명단 및 배치일시·배치장소 등 배치허가 신청의 내용을 거짓으로 한 때에는 배치폐지를 명할 수 있다.

> **해설**▶
>
> 시·도경찰청장 → 관할경찰관서장 (법 제18조 제8항 제1호)　　　　　　　**정답** ✕

180 경비업자가 형법상 상해죄 또는 폭행죄를 범하여 벌금형을 선고받고 5년이 지난 자를 집단민원현장에 일반경비원으로 배치한 때에는 관할경찰관서장은 배치폐지를 명할 수 있다.

> **해설**

5년이 지난 자 → 5년이 지나지 아니한 자 (법 제18조 제8항 제2호)   **정답** X

181 경비업자가 형법상 사기죄로 기소된 자를 경비원으로 배치한 경우에는 배치폐지를 명할 수 있다.

> **해설**

형법상 사기죄로 기소된 자는 배치폐지를 명할 수 있는 경우가 아니다. (법 제18조 제8항 제2호 참조)   **정답** X

182 관할경찰관서장은 경비업자가 신임교육을 이수하지 아니한 자를 특수경비원으로 배치한 때에는 배치폐지를 명할 수 있다.

> **해설**

법 제18조 제8항 제3호   **정답** O

183 경비업자 또는 경비원이 위력이나 흉기 또는 그 밖의 위험한 물건을 사용하여 집단적 폭력사태를 일으킨 때에는 관할경찰관서장은 경비업의 허가를 취소하여야 한다.

> **해설**

경비업의 허가를 취소하여야 한다 → 배치폐지를 명할 수 있다 (법 제18조 제8항 제4호)   **정답** X

184 관할경찰관서장은 경비원이 경비업무의 범위를 벗어난 행위를 한 때에는 배치폐지를 명할 수 있다.

> **해설**

'경비원이 경비업무의 범위를 벗어난 행위를 한 때'는 배치폐지를 명할 수 있는 사유가 아니다. (법 제18조 제8항·제3항 참조)   **정답** X

185 관할경찰관서장은 경비업자가 배치신고를 하지 아니하고 일반경비원을 배치한 때에는 배치폐지를 명하여야 한다.

> **해설**
>
> 명하여야 한다 → 명할 수 있다 (법 제18조 제8항 제5호)
>
> **정답** ✕

186 경찰관서장은 경비업자가 경비원의 복장·장비 등에 대하여 내려진 필요한 명령을 이행하지 아니한 때에는 배치폐지를 명할 수 있다.

> **해설**
>
> 배치폐지를 명할 수 있다 → 배치허가를 하여서는 아니된다 (법 제18조 제3항 제3호, 제18조 제8항 참조)
>
> **정답** ✕

제5장 행정처분 등

01 경비업자가 허위 그 밖의 부정한 방법으로 허가를 받은 때에는 허가를 취소하거나 영업정지를 명할 수 있다.

> **해설**
>
> 허가를 취소하거나 영업정지를 명할 수 있다 → 허가를 취소하여야 한다 (법 제19조 제1항 제1호)
>
> **정답** ✕

02 허가받은 경비업무외의 업무에 경비원을 종사하게 한 때에는 경비업의 영업정지사유에 해당한다.

> **해설**
>
> 영업정지사유 → 허가취소사유 (법 제19조 제1항 제2호)
>
> **정답** ✕

03 기계경비업자가 경비업 및 경비관련업 외의 영업을 하였을 때에는 그 허가를 취소하여야 한다.

> **해설**
>
> 기계경비업자 → 특수경비업자 (법 제19조 제1항 제3호)
>
> **정답** ✕

04 허가관청은 특수경비업자가 경비업 및 경비관련업 외의 영업을 하였을 때에는 그 허가를 취소할 수 있다.

> **해설**
>
> 취소할 수 있다 → 취소하여야 한다 (법 제19조 제1항 제3호)
>
> **정답** ✕

05 정당한 사유없이 허가를 받은 날부터 6개월 이내에 경비 도급실적이 없을 때에는 경비업의 허가취소사유에 해당한다.

> **해설**
>
> 6개월 이내 → 2년 이내 (법 제19조 제1항 제4호)
>
> **정답** ✕

06 정당한 사유없이 허가를 받은 다음 날부터 2년 이내에 경비 도급실적이 없을 때에는 경비업 허가를 취소하여야 한다.

> **해설**
>
> 허가를 받은 다음 날부터 → 허가를 받은 날부터 (법 제19조 제1항 제4호)   **정답** ✕

07 정당한 사유없이 허가를 받은 날부터 계속하여 6개월 이상 휴업한 때에는 경비업의 허가를 취소하여야 한다.

> **해설**
>
> 6개월 → 1년 (법 제19조 제1항 제4호)   **정답** ✕

08 정당한 사유없이 계속하여 15개월 동안 휴업한 때에는 경비업 허가의 취소 사유에 해당한다.

> **해설**
>
> 1년(12개월) 이상 휴업한 경우이므로 취소 사유에 해당한다. (법 제19조 제1항 제4호)   **정답** ○

09 정당한 사유없이 최종 도급계약 종료일의 다음 날부터 1년 이내에 경비 도급실적이 없을 때에는 경비업의 허가취소사유에 해당한다.

> **해설**
>
> 1년 이내 → 2년 이내 (법 제19조 제1항 제5호)   **정답** ✕

10 정당한 사유없이 최종 도급계약 종료일로부터 2년 이내에 경비 도급실적이 없을 때에는 경비업의 허가취소사유에 해당한다.

> **해설**
>
> 종료일로부터 → 종료일의 다음 날부터 (법 제19조 제1항 제5호)   **정답** ✕

11 정당한 사유없이 최종 도급계약 체결일의 다음 날부터 2년 이내에 경비 도급실적이 없을 때에는 경비업 허가를 취소하여야 한다.

> **해설**

체결일 → 종료일 (법 제19조 제1항 제5호) **정답** ✕

12 경비업자가 영업정지처분을 받고 계속하여 영업을 한 때에는 6개월 이내의 기간을 정하여 영업의 전부 또는 일부에 대하여 영업정지를 명할 수 있다.

> **해설**

영업정지처분을 받고 계속하여 영업을 한 때는 필요적 허가취소사유에 해당한다. (법 제19조 제1항 제6호) **정답** ✕

13 허가관청은 경비업자가 소속 경비원으로 하여금 경비업무의 범위를 벗어난 행위를 하게 한 때에는 그 허가를 취소할 수 있다.

> **해설**

취소할 수 있다 → 취소하여야 한다 (법 제19조 제1항 제7호) **정답** ✕

14 허가관청은 경비업자가 관할경찰관서장의 배치폐지 명령에 따르지 아니한 때에는 6개월 이내의 기간을 정하여 영업정지를 명할 수 있다.

> **해설**

6개월 이내의 기간을 정하여 영업정지를 명할 수 있다 → 그 허가를 취소하여야 한다 (법 제19조 제1항 제8호) **정답** ✕

15 허가관청은 경비업자가 시·도경찰청장의 허가 없이 경비업무를 변경한 때에는 허가를 취소하여야 한다.

> **해설**

취소하여야 한다 → 취소하거나 영업정지를 명할 수 있다 (법 제19조 제2항 제1호) **정답** ✕

16 경비업자가 도급을 의뢰받은 경비업무가 부당한 것임에도 이를 거부하지 아니한 때에는 허가를 취소하거나 영업정지를 명할 수 있다.

> **해설**
>
> 부당한 → 위법한 (법 제19조 제2항 제2호)
>
> **정답** ✕

17 경비업자가 ㉠ 경비지도사를 집단민원현장에 선임·배치하지 아니한 때, ㉡ 결격사유에 해당하는 경비원을 배치한 때, ㉢ 결격사유에 해당하는 경비지도사를 선임·배치한 때, ㉣ 배치결격사유에 해당하는 일반경비원을 집단민원현장에 배치한 때에는 허가를 취소하여야 한다.

> **해설**
>
> 취소하여야 한다 → 취소하거나 영업정지를 명할 수 있다 (법 제19조 제2항 제3호·제6호·제14호)
>
> **정답** ✕

18 경비업법에 의하면 경비업자가 경비대상 시설에 관한 경보 대응체제를 갖추지 아니한 때에는 허가를 취소하여야 한다.

> **해설**
>
> 허가를 취소하거나 6개월 이내의 영업정지를 명할 수 있다. (법 제19조 제2항 제4호)
>
> **정답** ✕

19 허가관청은 경비업자가 법령을 위반하여 관련 서류를 작성·비치하지 아니하거나 집단민원현장에 일반경비원 명부를 작성·비치하지 아니한 때에는 1년 이내의 기간을 정하여 영업정지를 명할 수 있다.

> **해설**
>
> 1년 → 6개월 (법 제19조 제2항 제5호·제12호)
>
> **정답** ✕

20 허가관청은 경비업자가 법령을 위반하여 경비지도사를 선임한 때에는 허가를 취소하여야 한다.

> **해설**

취소하여야 한다 → 취소할 수 있다 (법 제19조 제2항 제7호)

정답 ✕

21 허가관청은 경비업자가 경비원으로 하여금 교육을 받게 하지 아니한 때에는 행정안전부령으로 정하는 행정처분의 기준에 따라 그 허가를 취소하거나 6개월 이내의 기간을 정하여 영업의 전부 또는 일부에 대하여 영업정지를 명할 수 있다.

> **해설**

행정안전부령 → 대통령령 (법 제19조 제2항 제8호)

정답 ✕

22 경비업법에 의하면 특수경비업자가 신임교육을 받지 않은 사람을 경비원으로 배치한 경우에는 영업정지를 명할 수 있다.

> **해설**

법 제19조 제2항 제8호, 제13조 제3항 참조

정답 ○

23 경비업법에 의하면 경비업자가 경비원의 복장·장비·출동차량 등에 관한 규정을 위반한 때에는 그 허가를 취소하여야 한다.

> **해설**

허가를 취소하거나 6개월 이내의 영업정지를 명할 수 있다. (법 제19조 제2항 제9호·제10호·제11호)

정답 ✕

24 경비업자가 집단민원현장에 특수경비원 명부를 작성·비치하지 아니한 때에는 허가를 취소하거나 9개월 이내의 기간을 정하여 영업정지 처분을 할 수 있다.

> **해설**

특수경비원 → 일반경비원 / 9개월 → 6개월 (법 제19조 제2항 제12호)

정답 ✕

25 경비업자가 배치허가를 받지 아니하고 경비원을 배치하거나 경비원 명단 및 배치일시·배치장소 등 배치허가 신청의 내용을 거짓으로 한 때에는 필요적 취소사유에 해당한다.

해설

필요적 → 임의적 (법 제19조 제2항 제13호) 정답 ✕

26 배치경비원 인원 및 배치시간 등 배치허가 신청의 내용을 과실로 누락한 때에는 영업정지를 명할 수 있다고 경비업법에 명시되어 있다.

해설

있다 → 없다 (법 제19조 제2항 제13호 참조) 정답 ✕

27 경비업법에 의하면 허가관청은 경비업자가 법 제24조에 따른 감독상 명령에 따르지 아니한 때 또는 법 제26조를 위반하여 손해를 배상하지 아니한 때에는 허가를 취소하거나 영업정지를 명할 수 있다.

해설

법 제19조 제2항 제15호·제16호 정답 ○

28 경비업자가 불공정한 계약으로 경비원의 권익을 침해하거나 경비업의 건전한 육성과 발전을 해치는 행위를 한 경우에는 허가를 취소하거나 영업정지를 명할 수 있다.

해설

이 경우에는 행정처분(허가취소·영업정지)의 대상이 아니다. (법 제19조 참조) 정답 ✕

29 허가관청은 영업정지처분을 하는 때에는 경비업자가 허가받은 경비업무 중 영업정지 사유에 해당되는 경비업무에 한하여 처분을 하여야 한다.

해설

법 제19조 제3항 정답 ○

30 시설경비업무를 허가받은 경비업자가 부정한 방법으로 신변보호업무를 허가 받은 경우 시설경비업무와 신변호보업무가 모두 취소된다.

> **해설**
>
> 신변보호업무만 취소된다. (법 제19조 제3항 본문, 제1항 제1호 참조)   **정답** ✕

31 시설경비업무와 기계경비업무를 허가 받은 경비업자가 기계경비대상 시설에 관한 경보대응체제를 갖추지 아니한 경우 시설경비업무에 대하여도 영업정지처분을 할 수 있다.

> **해설**
>
> 기계경비업무에 한하여 영업정지처분을 할 수 있다. (법 제19조 제3항 본문, 제2항 제4호 참조)
>
>   **정답** ✕

32 호송경비업무와 특수경비업무를 허가 받은 경비업자가 신변보호업무에 경비원을 종사하게 한 경우에는 호송경비업무와 특수경비업무의 허가가 모두 취소된다.

> **해설**
>
> 법 제19조 제3항 단서, 제1항 제2호 참조   **정답** ○

33 시설경비업무와 기계경비업무를 허가 받은 경비업자가 소속 경비원으로 하여금 경비업무의 범위를 벗어난 행위를 하게 한 때에는 시설경비업무에 한하여 허가가 취소된다.

> **해설**
>
> 시설경비업무와 기계경비업무의 허가가 모두 취소된다 (법 제19조 제3항 단서, 제1항 제7조 참조)
>
>   **정답** ✕

34 시·도경찰청장은 경비지도사가 결격사유에 해당하게 된 때에는 그 자격을 취소할 수 있다.

> **해설**
>
> 시·도경찰청장은 → 경찰청장은 / 취소할 수 있다 → 취소하여야 한다 (법 제20조 제1항 제1호)
>
>   **정답** ✕

35 경찰청장은 경비지도사가 피한정후견인 선고를 받은 경우에는 경비지도사 자격을 취소하여야 한다.

> **해설**
>
> 피한정후견인 → 피성년후견인 (법 제20조 제1항 제1호, 법 제10조 제1항 제1호·제2호)　　**정답** ×

36 금고 이상의 실형의 선고를 받고 그 집행이 종료(집행이 종료된 것으로 보는 경우를 제외한다)되거나 집행이 면제된 날부터 5년이 지나지 아니한 경우 경비지도사 자격의 취소사유에 해당한다.

> **해설**
>
> 제외한다 → 포함한다 (법 제20조 제1항 제1호, 법 제10조 제1항 제3호)　　**정답** ×

37 금고 이상의 형의 선고유예를 받고 그 유예기간 중에 있는 경우 경비지도사 자격의 취소사유에 해당한다.

> **해설**
>
> 선고유예 → 집행유예선고 (법 제20조 제1항 제1호, 법 제10조 제1항 제4호)　　**정답** ×

38 경찰청장은 경비지도사가 협박죄로 벌금형을 선고받은 때에는 그 자격을 취소하여야 한다.

> **해설**
>
> '협박죄'로 벌금형을 선고받은 때에는 경비지도사 결격사유에 해당하지 않으므로 자격취소사유가 아니다. (법 제20조 제1항 제1호, 법 제10조 제1항 참조)　　**정답** ×

39 형법상 범죄단체조직죄를 범하여 벌금형을 선고받은 날부터 10년이 지나지 아니한 경우는 경비지도사 자격의 취소사유에 해당한다.

> **해설**
>
> 법 제20조 제1항 제1호, 법 제10조 제1항 제5호　　**정답** ○

40 형법상 강간죄를 범하여 벌금형을 선고받은 날부터 10년이 지나지 아니하거나 금고 이상의 형을 선고받고 그 집행이 종료된 날 또는 집행이 유예·면제 된 날부터 10년이 지나지 아니한 경우는 경비지도사 자격의 취소사유에 해당한다.

> **해설**

법 제20조 제1항 제1호, 법 제10조 제1항 제5호 다목　　　　**정답** ○

41 형법상 상해죄를 범하여 치료감호를 선고받고 그 집행이 면제된 날부터 5년이 지나지 아니한 경우는 경비지도사 자격의 취소사유에 해당한다.

> **해설**

상해죄 → 절도, 강도 등의 죄 (법 제20조 제1항 제1호, 법 제10조 제1항 제7호 참조)　　**정답** ✕

42 경찰청장은 경비지도사가 경비업법 위반하여 벌금형을 선고받은 때에는 그 자격을 취소하여야 한다.

> **해설**

법 제20조 제1항 제1호, 제10조 제1항 제8호 참조　　　　**정답** ○

43 허위 그 밖의 부정한 방법으로 경비지도사자격증을 교부받은 때에는 그 자격을 정지시킬 수 있다.

> **해설**

정지시킬 수 있다 → 취소하여야 한다 (법 제20조 제1항 제2호)　　**정답** ✕

44 경비지도사자격증을 다른 사람에게 빌려주거나 양도한 때에는 그 자격을 정지할 수 있다.

> **해설**

정지할 수 있다 → 취소하여야 한다 (법 제20조 제1항 제3호)　　**정답** ✕

45 경찰청장은 경비지도사가 자격정지 기간 중에 경비지도사로 선임되어 활동한 때에는 1년의 범위 내에서 정지기간을 연장시킬 수 있다.

> **해설**
>
> 경찰청장은 경비지도사가 자격정지 기간 중에 경비지도사로 선임되어 활동한 때에는 그 자격을 취소하여야 한다. (법 제20조 제1항 제4호)　　**정답** ×

46 경찰청장은 경비지도사가 자격정지 기간 중에 경비지도사로 선임되어 활동한 때에는 그 자격을 취소할 수 있다.

> **해설**
>
> 취소할 수 있다 → 취소하여야 한다 (법 제20조 제1항 제4호)　　**정답** ×

47 경찰청장은 배치된 경비원이 경비업법을 위반하는 행위를 하는 경우 그를 지도·감독하는 경비지도사의 자격을 취소하여야 한다.

> **해설**
>
> 경비지도사자격 취소사유가 아니다. (법 제20조 제1항 참조)　　**정답** ×

48 경비원의 지도·감독·교육에 관한 계획의 수립·실시 및 그 기록의 유지를 성실하게 수행하지 아니한 경우에는 경비지도사의 자격을 정지시킬 수 있다.

> **해설**
>
> 법 제20조 제2항 제1호, 법 제12조 제2항·제3항 참조　　**정답** ○

49 경비지도사가 집단민원현장에 배치된 경비원에 대한 지도·감독 직무를 성실하게 수행하지 아니한 경우에는 경비지도사 자격을 취소시킬 수 있다.

> **해설**
>
> 취소시킬 수 있다 → 정지시킬 수 있다 (법 제20조 제2항 제1호, 법 제12조 제2항·제3항 참조)　　**정답** ×

50 경찰청장은 기계경비지도사가 오경보방지 등을 위한 기기관리 감독의 직무를 위반하여 직무를 성실하게 수행하지 아니한 때에는 1년의 범위 내에서 그 자격을 정지시킬 수 있다.

> **해설**
>
> 법 제20조 제2항 제1호
>
> **정답** ○

51 경비업자와의 업무계약사항을 성실하게 수행하지 아니한 경우에는 경비지도사의 자격을 정지시킬 수 있다.

> **해설**
>
> 있다 → 없다 (법 제20조 제2항 제1호, 법 제12조 제2항·제3항 참조)
>
> **정답** ×

52 시·도경찰청장은 경비지도사가 직무를 성실하게 수행하지 아니한 때에는 대통령령이 정하는 바에 따라 3년의 범위 내에서 그 자격을 정지시킬 수 있다.

> **해설**
>
> 시·도경찰청장 → 경찰청장 / 3년 → 1년 (법 제20조 제2항 제1호)
>
> **정답** ×

53 경비지도사의 직무를 성실하게 수행하지 아니한 때, 경찰청장 또는 시·도경찰청장의 지도·감독상 명령을 위반한 때에는 경비지도사의 자격을 취소할 수 있다.

> **해설**
>
> 취소할 수 있다 → 정지시킬 수 있다 (법 제20조 제2항)
>
> **정답** ×

54 경찰청장이 경비업무의 적정한 수행을 위하여 경비지도사를 지도·감독하며 내린 필요한 명령을 경비지도사가 위반한 때에는 경비지도사의 자격을 취소하여야 한다.

> **해설**
>
> 취소하여야 한다 → 정지시킬 수 있다 (법 제20조 제2항 제2호)
>
> **정답** ×

55 경찰청장은 경비지도사가 경찰청장 또는 시·도경찰청장의 명령을 위반한 때에는 6개월의 범위 내에서 그 자격을 정지시킬 수 있다.

> **해설**

6개월 → 1년 (법 제20조 제2항 제2호) **정답** ✕

56 경비지도사의 자격을 취소한 때에는 관할경찰서장이 자격증을 회수하여야 한다.

> **해설**

관할경찰서장 → 경찰청장 (법 제20조 제3항) **정답** ✕

57 경찰청장은 경비지도사의 자격을 취소한 때에는 경비지도사자격증을 회수하여야 하나, 경비지도사의 자격을 정지한 때에는 자격증을 회수하지 않는다.

> **해설**

자격을 정지한 때에는 그 정지기간동안 경비지도사자격증을 회수하여 보관하여야 한다. (법 제20조 제3항) **정답** ✕

58 경찰청장 또는 시·도경찰청장은 경비업자에 대한 과태료 부과처분을 하고자 하는 경우에는 청문을 실시하여야 한다.

> **해설**

과태료 부과처분을 할 경우에는 청문을 실시하지 않는다. (법 제21조 참조) **정답** ✕

59 경찰청장 또는 시·도경찰청장은 경비업의 허가 또는 영업정지 처분을 하고자 하는 경우에는 청문을 실시하여야 한다.

> **해설**

경비업의 허가 → 경비업 허가의 취소 (법 제21조 제1호) **정답** ✕

60 경찰청장 또는 시·도경찰청장은 경비지도사자격의 취소 또는 정지 처분을 하고자 하는 경우에는 청문을 실시할 수 있다.

> **해설**

실시할 수 있다 → 실시하여야 한다 (법 제21조 제2호)　　　　　**정답** ✕

61 경찰청장 또는 시·도경찰청장은 경비업 법인의 임원선임을 취소하고자 하는 경우에는 청문을 실시하여야 한다.

> **해설**

경비업 법인의 임원선임 취소는 청문을 실시해야 하는 경우에 해당하지 않는다. (법 제21조 참조)

　　　　　정답 ✕

62 시·도경찰청장이 특수경비원에 대한 징계 처분을 하고자 하는 경우에는 청문을 실시하여야 한다.

> **해설**

경비원의 징계 처분은 청문 실시사유가 아니다. (법 제21조 참조)　　　　　**정답** ✕

제6장 경비협회

01 경비업자는 경비업무의 건전한 발전과 경비지도사의 자질향상 및 교육훈련 등을 위하여 대통령령이 정하는 바에 따라 경비협회를 설립할 수 있다.

> **해설**
>
> 경비지도사 → 경비원 (법 제22조 제1항) **정답** ✕

02 경비원은 경비업무의 건전한 발전과 경비원의 권익을 보호하기 위하여 경비협회를 설립할 수 있다.

> **해설**
>
> 경비원은 → 경비업자는 / 경비원의 권익을 보호하기 위하여 → 경비원의 자질향상 및 교육훈련 등을 위하여 (법 제22조 제1항) **정답** ✕

03 경비업자는 경비업무의 건전한 발전과 경비원의 자질향상 및 교육훈련 등을 위하여 행정안전부령이 정하는 바에 따라 경비협회를 설립하여야 한다.

> **해설**
>
> 행정안전부령 → 대통령령 / 설립하여야 한다 → 설립할 수 있다 (법 제22조 제1항) **정답** ✕

04 경비협회는 조합으로 한다.

> **해설**
>
> 조합 → 법인 (법 제22조 제2항) **정답** ✕

05 경비협회는 법인으로 할 수 있다.

> **해설**
>
> 할 수 있다 → 한다 (법 제22조 제2항) **정답** ✕

06 경비협회의 업무에는 경비업무의 연구도 포함된다.

> **해설**
>
> 법 제22조 제3항 제1호 　　　　　　　　　　　　　　　　　　　　　**정답** ○

07 경비업 허가에 관한 사항, 경비원의 징계에 관한 사항, 경지지도사·경비원의 신분증명서의 발급 등은 경비협회의 업무에 해당한다.

> **해설**
>
> 해당한다 → 해당하지 않는다 (법 제22조 제3항 참조) 　　　　　　　**정답** ✕

08 경비도급계약과 알선에 관한 사항은 경비협회의 업무에 해당한다.

> **해설**
>
> 해당한다 → 해당하지 않는다 (법 제22조 제3항 참조) 　　　　　　　**정답** ✕

09 경비지도사의 교육·훈련 및 그 연구, 경비업자의 후생·복지에 관한 사항 등은 경비협회의 업무에 해당한다.

> **해설**
>
> 경비지도사 → 경비원 / 경비업자 → 경비원 (법 제22조 제3항 참조) 　　**정답** ✕

10 경비원의 지도·감독 및 교육의 실시는 경비협회의 업무에 해당한다.

> **해설**
>
> 경비협회의 업무 → 경비지도사의 직무 (법 제22조 제3항, 제12조 제2항 참조) 　**정답** ✕

11 경비업무의 연구, 보안측정에 관한 사항, 경비업무의 건전한 운영과 육성에 관하여 필요한 사항 등은 경비협회의 업무에 해당한다.

> **해설**
>
> 보안측정 → 경비진단 (법 제22조 제3항 참조) 　　　　　　　　　　**정답** ✕

12 경비지도사의 지도·감독은 경비협회의 업무에 해당한다.

> **해설**
>
> 해당한다 → 해당하지 않는다 (법 제22조 제3항 참조) 　　**정답** ✕

13 경비협회에 관해서는 경비업법에 특별한 규정이 있는 것을 제외하고는 민법 중 재단법인에 관한 규정을 준용한다.

> **해설**
>
> 재단법인 → 사단법인 (법 제22조 제4항) 　　**정답** ✕

14 경비협회에 관하여 경비업법에 특별한 규정이 있는 것을 제외하고는 민법 중 조합에 관한 규정을 준용한다.

> **해설**
>
> 조합 → 사단법인 (법 제22조 제4항) 　　**정답** ✕

15 경비협회는 경비업자의 형사책임을 보장하기 위한 공제사업을 운영할 수 있다.

> **해설**
>
> 형사책임 → 손해배상책임 (법 제23조 제1항 제1호) 　　**정답** ✕

16 경비협회는 경비원의 손해배상책임을 보장하기 위한 공제사업을 할 수 있다.

> **해설**
>
> 경비원 → 경비업자 (법 제23조 제1항 제1호) 　　**정답** ✕

17 경비협회는 경비업자의 손해배상책임을 보장하기 위한 공제사업을 하여야 한다.

> **해설**
>
> 하여야 한다 → 할 수 있다 (법 제23조 제1항 제1호) 　　**정답** ✕

18 경비협회는 경비원이 업무수행 중 고의 또는 과실로 경비업체에 입힌 손해에 대한 경비업자의 배상책임을 보장하기 위하여 공제사업을 할 수 있다.

경비업체 → 경비대상 또는 제3자 (법 제23조 제1항, 제26조 참조)　　　　정답 ✕

19 경비협회는 경비업자가 경비업을 운영할 때 필요한 입찰보증, 계약보증(이행보증을 제외한다), 하도급보증을 위한 공제사업을 할 수 있다.

제외한다 → 포함한다 (법 제23조 제1항 제2호)　　　　정답 ✕

20 경비협회는 경비원의 복지향상을 위한 공제사업을 할 수 없다.

없다 → 있다 (법 제23조 제1항 제3호)　　　　정답 ✕

21 경비협회는 경비업자의 복지향상과 업무상 재해로 인한 손실을 보상하는 공제사업을 할 수 있다.

경비업자 → 경비원 (법 제23조 제1항 제3호)　　　　정답 ✕

22 경비협회는 경비진단과 관련한 연구 및 경비지도사의 교육·훈련에 관한 공제사업을 할 수 있다.

경비진단과 → 경비업무와 / 경비지도사 → 경비원 (법 제23조 제1항 제4호)　　정답 ✕

23 경비협회는 공제사업을 하고자 하는 때에는 정관을 작성하여야 한다.

정관을 작성 → 공제규정을 제정(법 제23조 제2항)　　　　정답 ✕

24 경비협회는 공제규정을 제정한 경우 지체없이 관할 시·도경찰청장에게 신고하여야 한다.

> **해설**
>
> 공제규정을 제정한 경우 신고의무는 없다. (법 제23조 제2항 참조)   **정답** ✕

25 공제규정에는 공제사업의 범위, 공제계약의 내용, 공제사업의 감독에 관한 기준 및 공제금에 충당하기 위한 책임준비금 등 공제사업의 운영에 관하여 필요한 사항을 정하여야 한다.

> **해설**
>
> 공제사업의 감독에 관한 기준 → 공제금, 공제료 (법 제23조 제3항)   **정답** ✕

26 행정안전부장관은 가입자의 보호를 위하여 공제사업의 감독에 관한 기준을 정하여야 한다.

> **해설**
>
> 행정안전부장관 → 경찰청장 / 정하여야 한다 → 정할 수 있다 (법 제23조 제4항)   **정답** ✕

27 시·도경찰청장은 공제사업의 건전한 육성과 가입자의 보호를 위하여 공제사업의 감독에 관한 기준을 정할 수 있다.

> **해설**
>
> 시·도경찰청장 → 경찰청장 (법 제23조 제4항)   **정답** ✕

28 경찰청장은 공제사업의 건전한 육성을 위하여 공제사업의 감독에 관한 기준을 경비협회와 협의하여 정할 수 있다.

> **해설**
>
> 경비협회 → 금융위원회 (법 제23조 제4항·제5항)   **정답** ✕

29 경찰청장은 공제규정을 승인하는 경우에는 미리 금융감독원의 원장과 협의하여야 한다.

> **해설**

금융감독원의 원장과 → 금융위원회와 (법 제23조 제5항)　　　　　**정답** ✕

30 경찰청장은 공제규정을 승인하거나 공제사업의 감독에 관한 기준을 정하는 경우에는 미리 경찰공제회와 협의하여야 한다.

> **해설**

경찰공제회 → 금융위원회 (법 제23조 제5항)　　　　　**정답** ✕

31 경찰청장은 공제사업의 감독에 관한 기준을 정하는 경우에는 미리 금융위원회의 승인을 얻어야 한다.

> **해설**

금융위원회의 승인을 얻어야 한다 → 금융위원회와 협의하여야 한다 (법 제23조 제5항)

정답 ✕

32 경찰청장은 공제사업에 대하여 「금융위원회의 설치 등에 관한 법률」에 따른 금융위원회 위원장에게 검사를 요청할 수 있다.

> **해설**

금융위원회 위원장에게 → 금융감독원의 원장에게 (법 제23조 제6항)　　　　　**정답** ✕

제7장 보칙

01 시·도경찰청장 또는 관할경찰관서장은 경비업무의 적정한 수행을 위하여 경비업자 및 경비지도사를 지도·감독하며 필요한 명령을 할 수 있다.

> **해설**
>
> 시·도경찰청장 또는 관할경찰관서장 → 경찰청장 또는 시·도경찰청장 (법 제24조 제1항)　**정답** ✕

02 경찰청장 또는 시·도경찰청장은 경비지도사로 하여금 관할구역안에 있는 경비업자의 주사무소 및 출장소와 경비원 배치장소에 출입하여 근무상황 등을 감독하며 필요한 명령을 하게 할 수 있다.

> **해설**
>
> 경찰청장 또는 시·도경찰청장은 경비지도사로 → 시·도경찰청장 또는 관할경찰관서장 소속 경찰공무원으로 (법 제24조 제2항)　**정답** ✕

03 시·도경찰청장 또는 관할경찰관서장은 경비업자 또는 배치된 경비원이 「경비업법」이나 「경비업법」에 따른 명령, 「형법」을 위반하는 행위를 하는 경우 그 위반행위의 중지를 명할 수 있다.

> **해설**
>
> 형법 → 폭력행위 등 처벌에 관한 법률 (법 제24조 제3항)　**정답** ✕

04 시·도경찰청장 또는 관할경찰관서장은 경비업자 또는 배치된 경비원이 경비업법을 위반하는 행위를 하는 경우 그 위반행위의 중지를 명하여야 한다.

> **해설**
>
> 중지를 명하여야 한다 → 중지를 명할 수 있다 (법 제24조 제3항)　**정답** ✕

05 시·도경찰청장은 배치된 경비지도사가 「폭력행위 등 처벌에 관한 법률」을 위반하는 행위를 하는 경우 그 위반행위의 중지를 명할 수 있다.

> **해설**
>
> 경비지도사가 → 경비원이 (법 제24조 제3항)　**정답** ✕

06 경찰청장 또는 시·도경찰청장은 경비업무 장소가 집단민원현장으로 판단되는 경우에는 그 때부터 48시간 이내에 경비업자에게 경비원 배치 허가를 받을 것을 고지하여야 한다.

─ **해설** ▶

경찰청장 또는 시·도경찰청장은 → 시·도경찰청장 또는 관할경찰관서장 (법 제24조 제4항)

정답 ✕

07 시·도경찰청장 또는 관할경찰관서장은 경비업무 장소가 집단민원현장으로 판단되는 경우에는 그 때부터 24시간 이내에 경비업자에게 경비원 배치 허가를 받을 것을 고지하여야 한다.

─ **해설** ▶

24시간 → 48시간 (법 제24조 제4항)

정답 ✕

08 시·도경찰청장 또는 관할경찰관서장은 경비업무 장소가 집단민원현장으로 판단되는 경우에는 그 때부터 48시간 이내에 경비업자에게 경비원 배치 허가를 받도록 하여야 한다.

─ **해설** ▶

받도록 하여야 한다 → 받을 것을 고지하여야 한다 (법 제24조 제4항)

정답 ✕

09 관할경찰관서장은 대통령령이 정하는 바에 따라 특수경비업자에 대하여 보안지도·점검을 실시하여야 하고, 필요한 경우 관계기관에 경비진단을 요청하여야 한다.

─ **해설** ▶

관할경찰관서장 → 시·도경찰청장 / 경비진단 → 보안측정 (법 제25조)

정답 ✕

10 시·도경찰청장은 시설경비업자에 대하여 보안지도·점검을 실시하여야 하고, 필요한 경우 관계기관에 보안측정을 요청할 수 있다.

─ **해설** ▶

시설경비업자 → 특수경비업자 / 요청할 수 있다 → 요청하여야 한다 (법 제25조)

정답 ✕

11 시·도경찰청장은 특수경비업자에 대하여 보안지도·점검을 실시하여야 하고, 필요한 경우 관할경찰관서장에 보안측정을 요청하여야 한다.

> **해설**
>
> 관할경찰관서장 → 관계기관 (법 제25조)　　　　　　　　　　　　　　　　　　　**정답** ✕

12 경비지도사는 경비원이 업무수행중 고의 또는 과실로 경비대상에 손해가 발생하는 것을 방지하지 못한 때에는 그 손해를 배상하여야 한다.

> **해설**
>
> 경비지도사 → 경비업자 (법 제26조 제1항)　　　　　　　　　　　　　　　　　　**정답** ✕

13 경비업자는 경비원이 업무수행중이 아닌 때에 고의로 경비대상에 손해가 발생하는 것을 방지하지 못한 경우에는 그 손해를 배상하여야 한다.

> **해설**
>
> 업무수행중이 아닌 때에 → 업무수행중 (법 제26조 제1항)　　　　　　　　　　　**정답** ✕

14 경비원 갑(甲)이 업무수행 중 무과실로 경비대상에 손해가 발생하는 것을 방지하지 못한 경우 경비업자의 손해배상책임은 발생하지 않는다.

> **해설**
>
> '고의 또는 과실'이 아닌 '무과실'이므로 경비업자의 손해배상책임은 발생하지 않는다. (법 제26조 제1항 참조)　　　　　　　　　　　　　　　　　　　　　　　　　　　　　**정답** ○

15 A경비법인에 소속된 경비원 B는 근무가 없는 일요일 자신이 파견되어 있는 ○○은행 앞에서 우연히 지나가던 행인과 말다툼을 하다가 행인을 폭행하였다. 행인은 전치 3주의 상해를 입었다. 이 경우는 업무수행 중의 손해가 아니기 때문에 경비원 B가 개인적으로 손해배상책임을 진다.

> **해설**
>
> 법 제26조 제2항 참조　　　　　　　　　　　　　　　　　　　　　　　　　　　**정답** ○

16 경비업자는 경비원이 업무수행 중 과실로 제3자에게 손해를 입힌 경우에는 이를 배상할 책임이 없다.

> **해설**
>
> 없다 → 있다 (법 제26조 제2항 참조)
>
> **정답** ✕

17 경비원이 업무수행 중에 제3자에게 과실로 손해를 입힌 경우에는 경비업자가 배상책임을 지나, 고의로 손해를 입힌 경우에는 경비업자는 배상책임을 지지 않는다.

> **해설**
>
> 경비원이 업무수행 중 고의로 제3자에게 손해를 입힌 경우에도 경비업자는 배상책임을 진다. (법 제26조 제2항)
>
> **정답** ✕

18 시설주는 경비원이 업무수행 중 고의 또는 과실로 제3자에게 손해를 입힌 경우에는 이를 배상하여야 한다.

> **해설**
>
> 시설주 → 경비업자 (법 제26조 제2항)
>
> **정답** ✕

19 경비업자는 경비원이 업무수행중이 아닌 때에 과실로 제3자에게 손해를 입힌 경우에는 이를 배상하여야 한다.

> **해설**
>
> 업무수행중이 아닌 때에 → 업무수행중 (법 제26조 제2항)
>
> **정답** ✕

20 경비업법에 의한 경찰청장의 권한은 경찰청장의 재량으로 그 일부를 시·도경찰청장에게 위임할 수 있다.

> **해설**
>
> 경찰청장의 재량으로 → 대통령령이 정하는 바에 따라 (법 제27조 제1항)
>
> **정답** ✕

21 경비업법에 의한 경찰청장의 권한은 대통령령이 정하는 바에 따라 그 전부 또는 일부를 시·도경찰청장에게 위탁할 수 있다.

> **해설**
>
> 전부 또는 일부를 → 일부를 / 위탁 → 위임 (법 제27조 제1항)　　　　**정답** ✕

22 경비업법에 의한 시·도경찰청장의 권한은 그 일부를 관할경찰서장에게 위임할 수 있다.

> **해설**
>
> 시·도경찰청장 → 경찰청장 / 관할경찰서장 → 시·도경찰청장 (법 제27조 제1항)　　**정답** ✕

23 경찰청장은 경비지도사의 시험 및 교육에 관한 업무를 시·도경찰청장에게 위임할 수 있다.

> **해설**
>
> 시·도경찰청장에게 위임 → 관계전문기관 또는 단체에 위탁 (법 제27조 제2항)　　**정답** ✕

24 경찰청장은 경비원의 교육에 관한 업무를 대통령령이 정하는 바에 따라 관계전문기관 또는 단체에 위탁할 수 있다.

> **해설**
>
> 경비원 → 경비지도사 (법 제27조 제2항)　　　　**정답** ✕

25 경비업법에 따른 경비업의 허가를 받거나 허가증을 재교부 받고자 하는 자는 경찰청장이 정하는 바에 따라 수수료를 납부하여야 한다.

> **해설**
>
> 경찰청장이 → 대통령령이 (법 제27조의2)　　　　**정답** ✕

26 경비업의 허가를 받는 경우에는 수수료를 납부하여야 하나, 허가증을 재교부 받는 경우에는 수수료가 면제된다.

> **해설**
>
> 재교부 받는 경우에도 수수료를 납부하여야 한다. (법 제27조의2 참조)　　**정답** ✕

27 경찰청장으로부터 경비지도사의 시험 및 교육에 관한 업무를 위탁받은 단체의 임직원은 형법상 직권남용, 공무상 비밀의 누설, 허위공문서작성등의 죄를 적용할 때에는 공무원으로 의제된다.

> **해설**

직권남용, 공무상 비밀의 누설, 허위공문서작성등 → 수뢰, 사전수뢰, 제삼자뇌물제공, 수뢰후부정처사, 알선수뢰 (법 제27조의3)   **정답** ×

28 경찰청장으로부터 위탁받은 경비지도사의 시험 및 교육에 관한 업무에 종사하는 관계전문기관 또는 단체의 임직원은 형법상 뇌물공여죄를 적용할 때에는 공무원으로 본다.

> **해설**

뇌물공여죄는 공무원으로 의제되는 죄에 해당하지 않는다. (법 제27조의3 참조)   **정답** ×

제8장 벌칙

01 국가중요시설의 정상적인 운영을 해치는 장애를 일으킨 특수경비원은 7년 이하의 징역 또는 3천만원 이하의 벌금에 처한다.

> **해설**
>
> 7년 이하 → 5년 이하 / 3천만원 → 5천만원 (법 제28조 제1항) **정답** ✕

02 국가중요시설의 정상적인 운영을 해치는 장해를 일으킨 특수경비원은 경비업법상 가장 엄하게 처벌된다.

> **해설**
>
> 법 제28조 제1항 참조 **정답** ○

03 업무수행 중 고의 또는 과실로 국가중요시설의 정상적인 운영을 해치는 장해를 일으킨 특수경비원은 5년 이하의 징역 또는 5천만원 이하의 벌금에 처한다.

> **해설**
>
> 고의 또는 과실로 → 고의로 (법 제28조 제1항) **정답** ✕

04 무허가로 경비업을 영위한 자는 4년 이하의 징역 또는 3천만원 이하의 벌금에 처해진다.

> **해설**
>
> 4년 이하 → 3년 이하 (법 제28조 제2항 제1호) **정답** ✕

05 허가를 받지 아니하고 경비업을 영위한 자는 2년 이하의 징역 또는 2천만원 이하의 벌금에 처한다.

> **해설**
>
> 2년 → 3년 / 2천만원 → 3천만원 (법 제28조 제2항 제1호) **정답** ✕

06 직무상 알게 된 비밀을 누설하거나 부당한 목적을 위하여 사용한 자는 2년 이하의 징역 또는 2천만원 이하의 벌금에 처한다.

해설

2년 → 3년 / 2천만원 → 3천만원 (법 제28조 제2항 제2호)　　정답 ✕

07 국가중요시설에 대한 특수경비업무의 중단을 통보하지 아니하거나 그 경비업무를 즉시 인수하지 아니한 특수경비업자 또는 경비대행업자는 500만원 이하의 과태료에 처한다.

해설

500만원 이하의 과태료 → 3년 이하의 징역 또는 3천만원 이하의 벌금 (법 제28조 제2항 제3호)
정답 ✕

08 집단민원현장에 경비원을 배치하면서 허가를 받지 아니한 자에게 경비업무를 도급한 자는 과태료에 처한다.

해설

과태료 → 3년 이하의 징역 또는 3천만원 이하의 벌금 (법 제28조 제2항 제4호)　정답 ✕

09 집단민원현장에 20명 이상의 경비인력을 배치하면서 그 경비인력을 직접 고용한 자는 2년 이하의 징역 또는 2천만원 이하의 벌금에 처한다.

해설

2년 → 3년 / 2천만원 → 3천만원 (법 제28조 제2항 제5호)　　정답 ✕

10 경비업무 도급인이 그 경비업무를 수급한 경비업자의 경비원 채용 시 무자격자나 부적격자 등을 채용하도록 관여하거나 영향력을 행사한 경우에는 1년 이하의 징역 또는 1천만원 이하의 벌금에 처한다.

해설

1년 → 3년 / 1천만원 → 3천만원 (법 제28조 제2항 제6호)　　정답 ✕

11 과실로 국가중요시설의 정상적인 운영을 해치는 장해를 일으킨 특수경비원은 과태료에 처한다.

> **해설**
>
> 과태료 → 3년 이하의 징역 또는 3천만원 이하의 벌금 (법 제28조 제2항 제7호)　　**정답** ✕

12 과실로 인하여 경비대상시설의 정상적인 운영을 해치는 장해를 일으킨 일반경비원은 3년 이하의 징역 또는 3천만원 이하의 벌금에 처한다.

> **해설**
>
> 경비대상시설 → 국가중요시설 / 일반경비원 → 특수경비원 (법 제28조 제2항 제7호)　　**정답** ✕

13 일반경비원이 직무수행 중 경비구역 안에서 위험물의 폭발로 인한 위급사태가 발생한 때에 소속 상사의 직무상 명령에 복종하지 아니한 경우에는 3년 이하의 징역 또는 3천만원 이하의 벌금에 처한다.

> **해설**
>
> 일반경비원 → 특수경비원(법 제28조 제2항 제8호)　　**정답** ✕

14 경비원으로 하여금 경비업무의 범위를 벗어난 행위를 하게 한 자에 대하여는 1년 이하의 징역 또는 1천만원 이하의 벌금에 처한다.

> **해설**
>
> 1년 이하의 징역 또는 1천만원 이하의 벌금 → 3년 이하의 징역 또는 3천만원 이하의 벌금 (법 제28조 제2항 제9호)　　**정답** ✕

15 국가중요시설에 대한 경비업무의 수행 중 정당한 사유 없이 무기를 소지하고 배치된 경비구역을 벗어난 특수경비원은 3년 이하의 징역 또는 3천만원 이하의 벌금에 처한다.

> **해설**
>
> 3년 → 2년 / 3천만원 → 2천만원 (법 제28조 제3항)　　**정답** ✕

16 시설주로부터 무기관리책임자로 지정받고 무기장비운영 카드를 비치하지 않는 관리책임자는 과태료 처분을 받는다.

> **해설**
>
> 과태료 처분 → 형사 처벌(1년 이하의 징역 또는 1천만원 이하의 벌금) (법 제28조 제4항 제1호)
>
> **정답** ✕

17 특수경비원이 파업·태업 그 밖에 경비업무의 정상적인 운영을 저해하는 쟁의행위를 한 경우에는 2년 이하의 징역 또는 2천만원 이하의 벌금에 처한다.

> **해설**
>
> 2년 → 1년 / 2천만원 → 1천만원 (법 제28조 제4항 제2호)
>
> **정답** ✕

18 파업·태업 그 밖에 경비업무의 정상적인 운영을 저해하는 쟁의행위를 한 일반경비원은 1년 이하의 징역 또는 1천만원 이하의 벌금에 처한다.

> **해설**
>
> 일반경비원 → 특수경비원 (법 제28조 제4항 제2호)
>
> **정답** ✕

19 경비원이 직무를 수행함에 있어 타인에게 위력을 과시하는 등 경비업무의 범위를 벗어난 행위를 한 경우에는 3년 이하의 징역 또는 3천만원 이하의 벌금에 처한다.

> **해설**
>
> 3년 → 1년 / 3천만원 → 1천만원 (법 제28조 제4항 제3호)
>
> **정답** ✕

20 경비업법령에서 정한 장비 외에 흉기 또는 그 밖의 위험한 물건을 휴대하고 경비업무를 수행한 경비원 또는 경비원에게 이를 휴대하고 경비업무를 수행하게 한 자는 3년 이하의 징역 또는 3천만원 이하의 벌금에 처한다.

> **해설**
>
> 3년 → 1년 / 3천만원 → 1천만원 (법 제28조 제4항 제4호)
>
> **정답** ✕

21 경찰관서장의 배치폐지 명령을 따르지 아니한 자는 500만원 이하의 과태료에 처한다.

> **해설**
>
> 500만원 이하의 과태료 → 1년 이하의 징역 또는 1천만원 이하의 벌금 (법 제28조 제4항 제5호)
>
> **정답** ×

22 경비업자가 배치허가 신청의 내용을 거짓으로 한 것이 발각되어 경찰관서장이 배치폐지 명령을 하였으나 이에 따르지 아니한 경우에는 1년 이하의 징역 또는 1천만원 이하의 벌금에 처한다.

> **해설**
>
> 법 제28조 제4항 제5호
>
> **정답** ○

23 시·도경찰청장 또는 관할경찰관서장의 중지명령에 따르지 아니한 자는 500만원 이하의 과태료를 부과한다.

> **해설**
>
> 500만원 이하의 과태료를 부과한다 → 1년 이하의 징역 또는 1천만원 이하의 벌금에 처한다 (법 제28조 제4항 제6호)
>
> **정답** ×

24 특수경비원이 무기를 휴대하고 경비업무를 수행 중에 특수상해죄, 과실치상죄, 과실치사죄, 폭행치사상죄, 특수강요죄 등의 죄를 범한 때에는 그 죄에 정한 형의 2분의 1까지 가중처벌한다.

> **해설**
>
> 과실치상죄, 과실치사죄 → 업무상 과실치상죄, 업무상 과실치사죄 (법 제29조 제1항 참조)
>
> **정답** ×

25 경비업법령상 특수경비원이 무기를 휴대하고 경비업무를 수행 중에 법령에 규정된 무기의 안전수칙을 위반하여 범죄를 범한 경우 법정형의 2분의 1까지 가중처벌되는 형법상 범죄로는 살인죄·강도죄·강간죄·사기죄·절도죄·주거침입죄 등이 있다.

> **해설**
>
> 살인죄·강도죄·강간죄·사기죄·절도죄·주거침입죄는 포함되지 않는다. (법 제29조 제1항 참조)
>
> **정답** ×

26 경비업법령상 특수경비원의 형의 가중처벌 대상에 해당되는 형법상 범죄로는 특수절도죄, 특수강도죄, 특수주거침입죄, 중체포죄, 재물손괴죄 등이 있다.

— **해설** ▶

특수절도죄, 특수강도죄, 특수주거침입죄는 해당되지 않는다. (법 제29조 제1항 참조)   **정답** ✕

27 경비업법령상 특수경비원의 형의 가중처벌 대상에 해당하는 형법상 범죄로는 협박죄, 상해죄, 강요죄, 공갈죄 등이 있다.

— **해설** ▶

상해죄, 강요죄, 공갈죄 → 특수상해죄, 특수강요죄, 특수공갈죄 (법 제29조 제1항)   **정답** ✕

28 경비업법상 경비원이 경비업무 수행 중에 경비장비 외의 흉기를 휴대하고 폭행죄, 폭행치사상죄, 체포죄, 협박죄, 재물손괴죄 등을 범한 때에는 그 죄에 정한 형의 2분의 1까지 가중처벌한다.

— **해설** ▶

폭행죄 → 특수폭행죄 (법 제29조 제2항)   **정답** ✕

29 경비원이 경비업무 수행 중에 경비업법령에서 정한 장비 외에 흉기 또는 그 밖의 위험한 물건을 휴대하고 특수협박죄를 범한 경우, 그 죄에 정한 형의 2분의 1까지 가중처벌한다.

— **해설** ▶

특수협박죄 → 협박죄 (법 제29조 제2항)   **정답** ✕

30 경비원이 경비업무 수행 중에 경비업법에 규정된 장비 외에 흉기 그 밖의 위험한 물건을 휴대하고 형법상 특수폭행죄, 인질강요죄, 주거침입죄, 강도죄 등을 범한 경우 그 법정형의 2분의 1까지 가중 처벌된다.

— **해설** ▶

인질강요죄, 주거침입죄, 강도죄는 해당되지 않는다. (법 제29조 제2항 참조)   **정답** ✕

31 경비업법령상 경비원이 경비업무 수행 중에 경비업법령에서 정한 장비 외에 흉기 또는 그 밖의 위험한 물건을 휴대하고 업무방해죄, 권리행사방해죄, 공무집행방해죄 등을 범한 경우, 그 죄에 정한 형의 2분의 1까지 가중처벌한다.

> **해설**
>
> 업무방해죄, 권리행사방해죄, 공무집행방해죄는 가중처벌하는 범죄에 해당하지 않는다. (법 제29조 제2항 참조)
>
> **정답** ✕

32 경비원이 경비업무 수행 중에 경비업법령에서 정한 장비 외에 흉기 또는 그 밖의 위험한 물건을 휴대하고 형법상 특수상해, 체포·감금, 특수폭행, 협박, 특수강요, 특수공갈, 재물손괴, 업무상과실치사상 등의 죄를 범한 때에는 그 죄에 정한 형의 2배까지 가중처벌한다.

> **해설**
>
> 2배 → 2분의 1 (법 제29조 제2항)
>
> **정답** ✕

33 경비원이 경비업법상의 벌칙부과 대상인 행위를 한 경우에는 경비원에 대해서만 경비업법상의 징역 또는 벌금의 벌칙을 부과한다.

> **해설**
>
> 양벌규정에 의하여 법인 등에 대하여도 원칙적으로 벌금형을 과한다. (법 제30조 참조) **정답** ✕

34 경비업법령상 법인이나 개인에게도 벌금형을 과하는 양벌규정이 적용되는 행위자로는 법인의 대표자, 법인·개인의 대리인, 개인의 직계존속·비속 등이 있다.

> **해설**
>
> 개인의 직계존속·비속은 양벌규정이 적용되는 행위자가 될 수 없다. (법 제30조 본문) **정답** ✕

35 법인의 대표자나 개인의 대리인이 그 법인 또는 개인의 업무에 관하여 경비업법 제28조의 위반행위를 하면 그 행위자를 벌하는 외에 그 법인 또는 개인에게도 행위자와 동일한 벌금형을 과한다.

> **해설**
>
> 행위자와 동일한 벌금형 → 해당 조문의 벌금형 (법 제30조 본문) **정답** ✕

36 개인의 대리인이 그 개인의 업무에 관하여 제28조(벌칙)의 위반행위를 하면 그 대리인을 벌하는 외에 그 개인에게도 해당 조문의 징역형을 과한다.

> **해설**
>
> 징역형 → 벌금형 (법 제30조 본문)   정답 ✕

37 법인의 대표자가 그 법인의 업무에 관하여 제31조(과태료)의 위반행위를 하면 그 대표자를 벌하는 외에 그 법인에게도 해당 조문의 과태료를 과한다.

> **해설**
>
> 제31조(과태료) → 제28조(벌칙) / 과태료를 → 벌금형을 (법 제30조 본문)   정답 ✕

38 법인의 대표자가 배치허가를 받지 아니하고 경비원을 배치한 경우에는 양벌규정이 적용된다.

> **해설**
>
> 양벌규정은 '벌칙' 위반행위에 대하여 적용된다. 법인의 대표자가 배치허가를 받지 아니하고 경비원을 배치한 경우에는 '과태료' 부과사유에 해당하므로 양벌규정이 적용되지 않는다. (법 제30조, 제31조 제1항 제4호 참조).   정답 ✕

39 경비원이 경비업무의 범위를 벗어난 행위를 한 경우에는 양벌규정이 적용된다.

> **해설**
>
> 이 경우에는 벌칙 위반행위에 해당하므로 양벌규정이 적용된다. (법 제30조, 법 제28조 제4항 제3호 참조)   정답 ○

40 법인의 대표자나 개인의 대리인이 경비업법 제28조의 위반행위를 하면, 법인 또는 개인이 그 위반행위를 방지하기 위하여 해당 업무에 관하여 상당한 주의와 감독을 게을리하지 아니한 경우에도 법인 또는 개인은 양벌규정에 의하여 처벌된다.

> **해설**
>
> 법인 또는 개인이 그 위반행위를 방지하기 위하여 해당 업무에 관하여 상당한 주의와 감독을 게을리하지 아니한 경우에는 벌하지 않는다. (법 제30조 단서)   정답 ✕

41   경비업법상 과태료 금액은 500만원 이하이다.

> **해설**
>
> 500만원 → 3천만원 (법 제31조 제1항)   **정답** ✕

42   경비원의 복장에 관한 신고를 하지 아니하고 집단민원현장에 경비원을 배치한 경비업자에게는 3천만원 이하의 벌금에 처한다.

> **해설**
>
> 3천만원 이하의 벌금에 처한다 → 3천만원 이하의 과태료를 부과한다 (법 제31조 제1항 제1호)
>
> **정답** ✕

43   경비업무 수행시 경비원에게 소속 경비업체를 표시한 이름표를 부착하게 하지 아니하거나, 신고된 동일 복장을 착용하게 하지 아니하고 집단민원현장에 경비원을 배치한 경비업자는 500만원 이하의 과태료를 부과한다.

> **해설**
>
> 500만원 → 3천만원 (법 제31조 제1항 제2호)   **정답** ✕

44   집단민원현장에 일반경비원을 배치하면서 경비원의 명부를 배치장소에 작성·비치하지 아니한 경비업자에게는 500만원 이하의 과태료를 부과한다.

> **해설**
>
> 500만원 → 3천만원 (법 제31조 제1항 제3호)   **정답** ✕

45   배치허가를 받지 아니하고 경비원을 배치하거나 경비원 명단 및 배치일시·배치장소 등 배치허가 신청의 내용을 거짓으로 한 경비업자는 3년 이하의 징역 또는 3천만원 이하의 벌금에 처한다.

> **해설**
>
> 3년 이하의 징역 또는 3천만원 이하의 벌금에 처한다 → 3천만원 이하의 과태료를 부과한다 (법 제31조 제1항 제4호)
>
> **정답** ✕

46 경비업자가 신임교육을 이수하지 않은 자를 집단민원현장이 아닌 곳에서 신변보호업무를 수행하는 일반경비원으로 배치한 경우 500만원 이하의 과태료를 부과한다.

> **해설**

500만원 → 3천만원 (법 제31조 제1항 제5호)　　　　　**정답** ✕

47 신임교육을 이수하지 아니한 자를 특수경비원으로 배치한 자는 3천만원 이하의 과태료를 부과한다.

> **해설**

법 제31조 제1항 제5호　　　　　**정답** ○

48 경비업의 허가를 받은 법인이 영업을 폐업하거나 휴업한 때 시·도경찰청장에게 신고하지 않은 경우에는 500만원 이하의 과태료에 처한다.

> **해설**

법 제31조 제2항 제1호, 제4조 제3항 제1호　　　　　**정답** ○

49 경비업의 허가를 받은 법인이 기계경비업무의 수행을 위한 관제시설을 신설·이전 또는 폐지한 때 시·도경찰청장에게 신고하지 않은 경우에는 500만원 이하의 과태료에 처한다.

> **해설**

법 제31조 제2항 제1호, 제4조 제3항 제4호　　　　　**정답** ○

50 경비업자가 경비원을 배치하거나 배치를 폐지한 경우에 관할경찰관서장에게 신고하지 않은 경우에는 1년 이하의 징역 또는 1천만원 이하의 벌금에 처한다.

> **해설**

1년 이하의 징역 또는 1천만원 이하의 벌금 → 500만원 이하의 과태료 (법 제31조 제2항 제1호, 제18조 제2항)　　　　　**정답** ✕

51 경비대행업자 지정신고를 아니한 자는 형사처벌을 받게 된다.

> **해설**

형사처벌을 받게 된다 → 과태료에 처한다 (법 제31조 제2항 제2호)　　　　　**정답** ✕

52 기계경비업자가 경비계약을 체결하면서 계약상대방에게 기기사용요령 및 기계경비 운영체계 등에 관한 설명의무를 이행하지 않은 경우에는 500만원 이하의 과태료에 처한다.

> **해설**
>
> 법 제31조 제2항 제3호
>
> **정답** ○

53 경비지도사를 선임하지 않은 경우에는 과태료 부과대상이다.

> **해설**
>
> 법 제31조 제2항 제4호
>
> **정답** ○

54 무기대여를 받은 시설주가 경찰서장의 감독상 필요한 명령을 정당한 이유없이 이행 하지 아니한 경우 과태료에 처한다.

> **해설**
>
> 법 제31조 제2항 제5호
>
> **정답** ○

55 결격사유에 해당하는 경비원을 배치하거나 결격사유에 해당하는 경비지도사를 선 임·배치한 경비업자나 시설주에게는 1년 이하의 징역 또는 1천만원 이하의 벌금에 처한다.

> **해설**
>
> 1년 이하의 징역 또는 1천만원 이하의 벌금에 처한다 → 500만원 이하의 과태료를 부과한다 (법 제31조 제2항 제6호)
>
> **정답** ×

56 복장 등에 관한 신고규정을 위반하여 신고를 하지 아니한 경비업자에게는 300만원 이하의 과태료를 부과한다.

> **해설**
>
> 300만원 → 500만원 (법 제31조 제2항 제7호)
>
> **정답** ×

57 경비업무 수행시 경비원에게 소속 경비업체를 표시한 이름표를 부착하게 하지 아니하거나, 신고된 동일 복장을 착용하게 하지 아니하고 경비원을 경비업무에 배치한 경비업자에게는 3천만원 이하의 과태료를 부과한다.

> **해설**
>
> 3천만원 → 500만원 (법 제31조 제2항 제8호)　　　　　　**정답** ✕

58 경비원 명부를 작성·비치하지 아니하거나 경비원의 근무상황을 기록하여 보관하지 아니한 경비업자에게는 500만원 이하의 과태료를 부과한다.

> **해설**
>
> 법 제31조 제2항 제9호·제10호　　　　　　**정답** ○

59 경비업법상 과태료는 관할지방법원이 부과·징수한다.

> **해설**
>
> 관할지방법원 → 시·도경찰청장 또는 경찰관서장 (법 제31조 제3항)　　　　　　**정답** ✕

60 경비업법상 과태료는 행정안전부령이 정하는 바에 의하여 행정안전부장관이 부과·징수한다.

> **해설**
>
> 행정안전부령 → 대통령령 / 행정안전부장관 → 시·도경찰청장 또는 경찰관서장 (법 제31조 제3항)　　　　　　**정답** ✕

61 경비업법상 과태료는 경찰청의 행정규칙이 정하는 바에 의하여 시·도경찰청장 또는 경찰관서장이 부과·징수한다.

> **해설**
>
> 경찰청의 행정규칙 → 대통령령 (법 제31조 제3항)　　　　　　**정답** ✕

경비업법 시행령

01 특수경비업자는 공항·항만, 원자력발전소 등의 시설 중 행정안전부장관이 지정하는 국가보안목표시설과 국가정보원장이 지정하는 국가중요시설에 대한 경비업무를 담당한다.

> **해설**
>
> 행정안전부장관 → 국가정보원장 / 국가정보원장 → 국방부장관 (영 제2조 참조)   **정답** ✕

02 국가중요시설은 공항·항만, 원자력발전소 등의 시설 중 국가정보원장이 지정하는 국가안보시설과 국방부장관이 지정하는 국가보안시설을 말한다.

> **해설**
>
> 국가안보시설 → 국가보안목표시설 / 국가보안시설 → 국가중요시설 (영 제2조 참조)   **정답** ✕

03 경비업의 허가를 받으려는 경우에는 허가신청서에 행정안전부령으로 정하는 서류를 첨부하여 경찰청장 또는 법인의 주사무소를 관할하는 시·도경찰청장에게 제출하여야 한다.

> **해설**
>
> 시·도경찰청장 또는 해당 시·도경찰청 소속의 경찰서장에게 제출하여야 한다. (영 제3조 제1항)   **정답** ✕

04 경비업자가 허가 받은 경비업무를 변경하려는 경우에는 변경허가신청서를 경찰청장 또는 관할 시·도경찰청장에게 제출하여야 한다.

> **해설**
>
> 경찰청장 또는 관할 시·도경찰청장 → 시·도경찰청장 또는 해당 시·도경찰청 소속의 경찰서장 (영 제3조 제1항)   **정답** ✕

05 경비업의 허가신청서를 제출하는 법인이 시행령 별표 1의 규정에 의한 시설등(자본금을 제외한다. 이하 같음)을 갖출 수 없는 경우에는 허가신청시 시설 등의 확보계획서를 제출한 후 허가를 받은 날부터 15일 이내에 기준 시설 등을 갖추고 법인의 주사무소 관할경찰서장의 확인을 받아야 한다.

> **해설**
>
> 15일 → 1월 / 법인의 주사무소 관할경찰서장 → 시·도경찰청장 (영 제3조 제2항)　**정답** ×

06 경비업의 변경허가를 신청하는 때에 자본금을 제외한 시설 등의 기준을 갖출 수 없는 경우에는 변경허가의 신청시 시설 등의 확보계획서를 제출한 후 변경허가를 받은 날부터 1월 이내에 기준 시설 등을 갖추고 시·도경찰청장의 허가를 받아야 한다.

> **해설**
>
> 허가를 → 확인을 (영 제3조 제2항)　**정답** ×

07 경비업을 영위하고자 하는 법인은 대통령령으로 정하는 경비인력·자본금·시설 및 장비를 갖추지 못한 경우에는 허가신청시 그에 대한 확보계획서를 제출한 후 허가를 받은 날부터 1월 이내에 필요한 법정시설 등을 갖추고 시·도경찰청장의 확인을 받아야 한다.

> **해설**
>
> 경비인력·자본금·시설 및 장비 → 경비인력·시설 및 장비 (영 제3조 제2항)　**정답** ×

08 경비업 변경허가 신청시 자본금을 갖출 수 없는 경우에는 자본금 확보계획서를 제출한 후 변경허가를 받은 날부터 1월 이내에 자본금을 갖추고 시·도경찰청장의 확인을 받아야 한다.

> **해설**
>
> 자본금은 확보계획서를 제출할 수 없고 변경허가 신청시 반드시 갖추어야 한다. (영 제3조 제2항 참조)　**정답** ×

09 경비업 허가를 신청할 경우 자본금에 관한 기준은 시설경비·호송경비·신변보호·기계경비업무는 5천만원 이상, 특수경비업무는 5억원 이상이다.

> **해설**
>
> 5천만원 → 1억원 / 5억원 → 3억원 (영 제3조 제2항 별표1)　　　　　정답 ✕

10 시설경비업무는 일반경비원 20명 이상, 경비지도사 1명 이상의 경비인력을 갖추어야 한다.

> **해설**
>
> 일반경비원 20명 → 일반경비원 10명 (영 제3조 제2항 별표1)　　　　　정답 ✕

11 호송경비업무와 특수경비업무는 5명 이상의 무술유단자를 갖추어야 한다.

> **해설**
>
> 특수경비업무 → 신변보호업무 (영 제3조 제2항 별표1)　　　　　정답 ✕

12 기계경비업무의 경비인력은 전자·통신 분야 기술자격증소지자 3명을 포함한 일반경비원 10명 이상, 경비지도사 1명 이상이 있어야 한다.

> **해설**
>
> 3명 → 5명 (영 제3조 제2항 별표1)　　　　　정답 ✕

13 기계경비업무는 기계·설비 분야 기술자격증 소지자 5명을 포함한 일반경비원 10명 이상을 갖추어야 한다.

> **해설**
>
> 기계·설비 분야 → 전자·통신 분야 (영 제3조 제2항 별표1)　　　　　정답 ✕

14 특수경비업의 허가를 받고자 하는 법인은 특수경비원 5명 이상의 경비인력을 갖추어야 한다.

> **해설**
>
> 5명 → 20명 (영 제3조 제2항 별표1)　　　　　정답 ✕

15 특수경비업의 허가를 받고자 하는 법인은 특수경비원 20명 이상, 경비지도사 1명 이상, 자본금 3억원 이상을 갖추어야 한다.

> **해설**

영 제3조 제2항 별표1   ○

16 경비업 허가를 신청할 경우 경비지도사 인력에 관한 기준은 시설경비·호송경비·신변보호·기계경비업무는 1명 이상, 특수경비업무는 2명 이상이다.

> **해설**

특수경비업무도 경비지도사 1명 이상이다. (영 제3조 제2항 별표1)   ✕

17 호송경비업무는 호송용 차량 2대 이상, 현금호송백 1개 이상을 갖추어야 한다.

> **해설**

2대 이상 → 1대 이상 (영 제3조 제2항 별표1)   ✕

18 신변보호업무는 기준 경비인력 수 이상의 경비원 복장 및 경적, 단봉, 분사기를 갖추어야 한다.

> **해설**

신변보호업무의 경우 기준경비인력 수 이상의 '복장'을 갖출 필요는 없다. (영 제3조 제2항 별표1)
 ✕

19 기계경비업무는 통신장비를 갖추어야 한다.

> **해설**

기계경비업무 → 신변보호업무 (영 제3조 제2항 별표1)   ✕

20 기계경비업무는 감지·송신·수신장치 및 경보시설, 출장소별 출동차량 1대 이상을 갖추어야 한다.

> **해설**

경보시설 → 관제시설 / 1대 이상 → 2대 이상 (영 제3조 제2항 별표1)   정답 ✕

21 기계경비업 허가신청서를 제출하는 법인이 출장소를 서울, 인천, 대전의 3곳에 두려고 하는 경우에 최종적으로 갖추어야 할 출동차량은 최소 3대이다.

해설

3대 → 6대 (출장소별로 2대 이상이므로) (영 제3조 제2항 별표1) **정답** ✕

22 특수경비업무는 기준 경비인력 수 이상의 경비원 복장 및 경적, 단봉, 분사기, 무기를 갖추어야 한다.

해설

기준 경비인력 수 이상의 '무기'를 갖출 필요는 없다. (영 제3조 제2항 별표1) **정답** ✕

23 하나의 경비업무에 대한 자본금을 갖춘 경비업자가 그 외의 경비업무를 추가로 하고자 하는 경우 자본금을 갖춘 것으로 추정한다.

해설

추정한다 → 본다 (영 제3조 제2항 별표1의 비고1) **정답** ✕

24 자본금이 1억원인 시설경비업자가 호송경비업무와 신변보호업무를 추가로 하려는 경우에는 자본금 3억원 이상을 갖추어야 한다.

해설

자본금이 1억원인 시설경비업자가 호송경비업무·신변보호업무·기계경비업무를 추가로 하려는 경우에는 자본금을 갖춘 것으로 보므로 자본금 3억원 이상을 갖출 필요는 없다. (영 제3조 제2항 별표1의 비고1 참조) **정답** ✕

25 특수경비업자 외의 자가 특수경비업무를 추가로 하고자 하는 경우에는 이미 갖추고 있는 자본금을 제외하고 특수경비업무의 자본금 기준에 적합하여야 한다.

해설

제외하고 → 포함하여 (영 제3조 제2항 별표1의 비고1) **정답** ✕

26 자본금이 2억원인 기계경비업자가 특수경비업무를 추가로 하려는 경우에는 자본금 3억원을 추가로 더 갖추어야 한다.

해설

기계경비업자가 특수경비업무를 추가로 하려는 경우에는 이미 갖추고 있는 자본금을 포함하여 특수경비업무의 자본금 기준(3억원)에 적합하여야 하므로, 현재 2억원인 기계경비업자는 1억원만 추가로 더 갖추면 된다. (영 제3조 제2항 별표1의 비고1 참조) **정답** ✕

27 시설경비업무와 특수경비업무를 겸업하고자 하는 경우 자본금은 1억원 이상을 보유하여야 한다.

해설

1억원 → 3억원 (영 제3조 제2항 별표1의 비고1 참조) **정답** ✕

28 하나의 경비업무에 대한 시설을 갖춘 경비업자가 그 외의 경비업무를 추가로 하고자 하는 경우에는 경비인력이 더 적게 필요한 경비업무에 해당하는 교육장을 갖추어야 한다.

해설

적게 → 많이 (영 제3조 제2항 별표1의 비고2) **정답** ✕

29 경비인력이 20명인 시설경비업자가 경비인력 5명인 호송경비업무를 추가로 하려는 경우에는 25명 이상을 동시에 교육할 수 있는 교육장을 갖추어야 한다.

해설

25명 이상 → 20명 이상 (영 제3조 제2항 별표1의 비고2 참조) **정답** ✕

30 "무술유단자"란 대한체육회에 가맹된 단체 또는 경찰청에 등록된 무도 관련 단체가 무술유단자로 인정한 사람을 말한다.

해설

경찰청 → 문화체육관광부 (영 제3조 제2항 별표1의 비고3) **정답** ✕

31 "호송용 차량"이란 현금이나 그 밖의 귀중품의 운반에 필요한 신속성 및 보안성을 갖추고 영상녹화시설 및 경보시설을 갖춘 자동차를 말한다.

> **해설** ▶

신속성 및 보안성 → 견고성 및 안전성 / 영상녹화시설 → 무선통신시설 (영 제3조 제2항 별표1)

정답 ✕

32 "호송용 차량"이란 현금이나 그 밖의 귀중품을 운반하기 위한 이동용 호송장비로서 경보시설을 갖춘 것을 말한다.

> **해설** ▶

호송용 차량 → 현금호송백 (영 제3조 제2항 별표1의 비고5)

정답 ✕

33 "전자·통신 분야 기술자격증소지자"란 「국가기술자격법」에 따라 전자 및 통신 분야에서 2급 이상의 기술자격을 취득한 사람을 말한다.

> **해설** ▶

2급 이상의 기술자격 → 기술자격

정답 ✕

34 경비업의 허가여부를 결정하는 경우에 법인의 임원중 결격사유에 해당하는 자가 있는지의 유무, 자본금의 확보가능성의 여부, 대표자·임원의 경력 및 신용 등은 검토의 대상이 된다.

> **해설** ▶

법인의 임원중 결격사유에 해당하는 자가 있는지의 유무, '경비인력·시설 및 장비'의 확보 또는 확보가능성의 여부, '자본금'과 대표자·임원의 경력 및 신용이 검토의 대상이 된다. (영 제4조 제1항 참조)

정답 ✕

35 시·도경찰청장이 경비업 허가를 신청 받아 허가여부를 결정할 때, 임원의 신용은 검토 대상이 아니다.

> **해설** ▶

검토 대상이 아니다 → 검토 대상이다 (영 제4조 제1항 참조)

정답 ✕

36 시·도경찰청장은 경비업을 허가하는 경우에는 직접 신청인에게 허가증을 발급하여야 한다.

> **해설**

해당 법인의 주사무소를 관할하는 경찰서장을 거쳐 신청인에게 허가증을 발급하여야 한다. (영 제4조 제2항)

정답 ✕

37 시·도경찰청장은 경비업 변경허가를 한 경우 해당 법인의 주사무소를 관할하는 지구대장을 거쳐 신청인에게 허가증을 발급하여야 한다.

> **해설**

지구대장 → 경찰서장 (영 제4조 제2항)

정답 ✕

38 경비업자는 경비업 허가증이 못쓰게 된 경우에는 허가증 재교부신청서에 사유서를 첨부하여 법인의 주사무소를 관할하는 시·도경찰청장 또는 해당 시·도경찰청 소속의 경찰서장에게 재발급을 신청하여야 한다.

> **해설**

잃어버린 경우에는 '사유서'를 첨부하나, 못쓰게 된 경우에는 '허가증'을 첨부한다. (영 제4조 제3항 참조)

정답 ✕

39 경비업자는 폐업을 한 경우에는 폐업을 한 날부터 10일 이내에 폐업신고서에 허가증을 첨부하여 법인의 주사무소를 관할하는 시·도경찰청장 또는 해당 시·도경찰청 소속의 경찰서장에게 제출하여야 한다.

> **해설**

10일 → 7일 (영 제5조 제1항)

정답 ✕

40 경비업자는 휴업을 한 경우에는 휴업한 날부터 10일 이내에 휴업신고서를 법인의 주사무소를 관할하는 시·도경찰청장 또는 해당 시·도경찰청 소속의 경찰서장에게 제출하여야 한다.

> **해설**

10일 → 7일 (영 제5조 제2항)

정답 ✕

41 휴업신고를 한 경비업자가 신고한 휴업기간이 끝나기 전에 영업을 다시 시작하려는 경우에는 신고한 휴업기간이 끝난 후 7일 이내에 영업재개신고서를 제출하여야 한다.

해설 ▶

신고한 휴업기간이 끝난 후 7일 이내에 → 영업을 다시 시작한 후 7일 이내에 (영 제5조 제2항)

정답 ✕

42 휴업신고를 한 경비업자가 신고한 휴업기간이 끝나기 전에 영업을 다시 시작하려는 경우에는 영업을 다시 시작하기 전 7일 이내에 영업재개신고서를 제출하여야 한다.

해설 ▶

시작하기 전 7일 → 시작한 후 7일 (영 제5조 제2항)

정답 ✕

43 휴업신고를 한 경비업자가 신고한 휴업기간이 끝나기 전에 신고한 휴업기간을 연장하려는 경우에는 신고한 휴업기간이 끝나기 7일전에 휴업기간연장신고서를 제출하여야 한다.

해설 ▶

휴업기간이 끝나기 7일전에 → 휴업기간이 끝난 후 7일 이내에 (영 제5조 제2항)

정답 ✕

44 경비업의 허가를 받은 법인의 출장소를 신설·이전 또는 폐지한 때에 신고를 하여야 하는 출장소는 주사무소 외의 장소로서 일상적으로 일정 지역안의 경비업무를 지휘·총괄하는 영업거점인 지점·지사 또는 사업소 등의 장소로 한다.

해설 ▶

영 제5조 제3항

정답 ○

45 경비업자는 이미 허가를 받은 법인의 명칭이나 대표자·임원을 변경한 때에는 그 사유가 발생한 날로부터 15일 이내에 시·도경찰청장에게 신고하여야 한다.

해설 ▶

15일 → 30일 (영 제5조 제5항)

정답 ✕

46 경비업자는 기계경비업무의 수행을 위한 관제시설을 신설·이전 또는 폐지한 때에는 그 사유가 발생하기 전 30일 이내에 신고하여야 한다.

> **해설**
>
> 발생하기 전 → 발생한 날부터 (영 제5조 제5항) **정답** ✕

47 경비업자는 특수경비업무를 개시하거나 종료한 때에는 개시 또는 종료한 날부터 7일 이내에 신고하여야 한다.

> **해설**
>
> 7일 → 30일 (영 제5조 제5항) **정답** ✕

48 특수경비업자는 첫 업무개시의 신고를 하기 전에 시·도경찰청장의 비밀취급허가를 받아야 한다.

> **해설**
>
> 비밀취급허가 → 비밀취급인가 (영 제6조 제1항) **정답** ✕

49 첫 업무개시의 신고를 하기 전에 시·도경찰청장의 비밀취급인가를 받아야 하는 경비업자는 기계경비업자이다.

> **해설**
>
> 기계경비업자 → 특수경비업자 (영 제6조 제1항 참조) **정답** ✕

50 특수경비업자는 비밀취급인가를 첫 업무개시의 신고 후 즉시 받아야 한다.

> **해설**
>
> 신고 후 즉시 → 신고 전에 (영 제6조 제1항 참조) **정답** ✕

51 비밀취급인가에 대한 인가권자는 경찰청장이다.

> **해설**
>
> 경찰청장 → 시·도경찰청장 (영 제6조 제1항 참조) **정답** ✕

52 비밀취급인가 신청에 대해 시·도경찰청장은 특수경비업자로 하여금 직접 국가정보원장에게 보안측정을 요청하도록 할 수 있다.

> **해설**
>
> 직접 → 경찰청장을 거쳐 (영 제6조 제2항)　　　　　**정답** ✕

53 시·도경찰청장은 특수경비업자에게 비밀취급인가를 하고자 하는 때에는 특수경비업자로 하여금 경찰청장을 거쳐 국방부장관에게 보안측정을 요청하도록 하여야 한다.

> **해설**
>
> 국방부장관 → 국가정보원장 (영 제6조 제2항)　　　　　**정답** ✕

54 관할 경찰서장은 특수경비업자에게 비밀취급인가를 하고자 하는 때에는 특수경비업자로 하여금 시·도경찰청장을 거쳐 국가정보원장에게 보안측정을 요청하도록 하여야 한다.

> **해설**
>
> 관할 경찰서장은 → 시·도경찰청장은 / 시·도경찰청장을 → 경찰청장을 (영 제6조 제2항)
>
> **정답** ✕

55 기계경비업자는 관제시설 등에서 경보를 수신한 때에는 경보를 수신한 때부터 늦어도 15분 이내에는 도착시킬 수 있는 대응체제를 갖추어야 한다.

> **해설**
>
> 15분 → 25분 (영 제7조)　　　　　**정답** ✕

56 전기장비 제조업은 특수경비업자가 할 수 있는 경비관련업이다.

> **해설**
>
> 영 제7조의2 제1항 별표1의2　　　　　**정답** ◯

57 경비업법령상 특수경비업자가 할 수 있는 '전자부품, 컴퓨터, 영상, 음향 및 통신장비 제조업' 분야의 경비관련업에는 ① 전자카드 제조업, ② 통신 및 방송장비 제조업, ③ 영상 및 음향기기 제조업, ④ 전기경보 및 신호장치 제조업이 있다.

> **해설**
>
> ④ 전기경보 및 신호장치 제조업은 '전기장비 제조업'에 해당한다. (영 제7조의2 제1항 별표1의2)
>
> **정답** ✕

58 경비업법령상 특수경비업자가 할 수 있는 '통신업' 분야의 경비관련업에는 ① 전기통신업, ② 통신기기 수리업, ③ 통신장비 도매업이 있다.

> **해설**
>
> ② 통신기기 수리업은 '수리업'에 해당하며, ③ 통신장비 도매업은 '도매 및 상품중개업'에 해당한다. (영 제7조의2 제1항 별표1의2)
>
> **정답** ✕

59 특수경비업자는 부동산 임대업은 할 수 없으나, 부동산 관리업은 할 수 있다.

> **해설**
>
> 영 제7조의2 제1항 별표1의2
>
> **정답** ○

60 경비업법령상 특수경비업자가 할 수 있는 '사업지원 서비스업' 분야의 경비관련업에는 ① 인력공급 및 고용알선업, ② 경비, 경호 및 탐정업, ③ 사업시설 유지관리 서비스업, ④ 건물 산업설비 청소 및 방제 서비스업 등이 있다.

> **해설**
>
> ③ 사업시설 유지관리 서비스업, ④ 건물 산업설비 청소 및 방제 서비스업은 '사업시설 관리 및 조경 서비스업'에 해당한다. (영 제7조의2 제1항 별표1의2)
>
> **정답** ✕

61 특수경비업자가 할 수 있는 경비관련업에는 전기, 전자, 통신 및 정밀기기 수리업이 포함된다.

> **해설**
>
> 영 제7조의2 제1항 별표1의2
>
> **정답** ○

62 특수경비업자가 할 수 있는 경비관련업에는 주차장 운영업이 포함된다.

> **해설**

영 제7조의2 제1항 별표1의2

정답 ○

63 특수경비업자가 할 수 있는 경비관련업의 범위에 관하여는 경비업법령에 특별한 규정이 있는 경우를 제외하고는 「산업발전법」에 따라 산업통상자원부장관이 고시하는 한국표준산업분류표에 의한다.

> **해설**

「산업발전법」에 따라 산업통상자원부장관 → 「통계법」에 따라 통계청장 (영 제7조의2 제2항)

정답 ×

64 호송경비업무를 도급하려는 자는 만 60세 이상인 자를 그 경비업무를 수급한 경비업자의 경비원으로 채용하도록 관여하거나 영향력을 행사해서는 아니된다.

> **해설**

만 60세 이상 → 만 18세 미만 (영 제7조의3 제1호 가목)

정답 ×

65 기계경비업무를 도급하려는 자는 형법상 강간죄를 범하여 벌금형을 선고받고 10년이 지나지 아니한 자를 그 경비업무를 수급한 경비업자의 경비원으로 채용하도록 영향력을 행사해서는 아니된다.

> **해설**

영 제7조의3 제1호 가목

정답 ○

66 특수경비업무를 도급하려는 자는 만 60세 이상인 자를 그 경비업무를 수급한 경비업자의 경비원으로 채용하도록 관여하거나 영향력을 행사해서는 아니된다.

> **해설**

영 제7조의3 제2호 가목

정답 ○

67 집단민원현장의 시설경비업무를 도급하려는 자는 형법상 범죄단체등 조직죄를 범하여 벌금형을 선고받은 날부터 10년이 지나지 아니한 자를 그 경비업무를 수급한 경비업자의 경비원으로 채용하도록 영향력을 행사해서는 아니된다.

> **해설**

영 제7조의3 제3호 가목

정답 ○

68 집단민원현장의 신변보호업무를 도급하려는 자는 형법상 상해·폭행·체포·감금죄를 범하여 벌금형을 선고받고 10년이 지나지 아니한 자를 그 경비업무를 수급한 경비업자의 경비원으로 채용하도록 관여하여서는 아니된다.

> **해설**

10년 → 5년 (영 제7조의3 제3호 나목)

정답 ×

69 기계경비업자가 계약상대방에게 하여야 하는 설명은 구두로 하는 것이 원칙이다.

> **해설**

구두 → 서면 (영 제8조 제1항 참조)

정답 ×

70 기계경비업자가 계약상대방에게 하여야 하는 설명은 경비대상시설의 명칭·소재지 등의 사항을 기재한 서면등을 교부하는 방법에 의한다.

> **해설**

경비대상시설의 명칭·소재지 → 당해 기계경비업무와 관련된 관제시설 및 출장소의 명칭·소재지 (영 제8조 제1항 제1호)

정답 ×

71 기계경비업자가 경비계약을 체결할 때 계약상대방에게 교부하는 서면에는 '기계경비업자가 경비대상시설에서 발생한 경보를 수신한 경우에 취하는 조치'를 기재하여야 한다.

> **해설**

영 제8조 제1항 제2호

정답 ○

72 기계경비업자가 경비계약을 체결할 때 계약상대방에게 교부하는 서면에는 '기계경비업무용 기기의 설치방법 및 종류와 그 밖의 기계장치의 개요'를 기재하여야 한다.

> **해설**

설치방법 → 설치장소 (영 제8조 제1항 제3호)　　　　　　　**정답** ✕

73 기계경비업자는 오경보의 발생원인과 수신기기의 유지·관리방법 등을 설명한 서면 또는 전자문서(전자문서는 계약상대방이 원하는 경우에 한한다)를 계약상대방에게 교부하여야 한다.

> **해설**

수신기기 → 송신기기 (영 제8조 제1항 제4호)　　　　　　　**정답** ✕

74 기계경비업자는 경비원의 업무수행 중 고의 또는 과실로 경비대상에 손해가 발생하는 것을 방지하지 못한 때에 그 손해에 대한 배상범위와 손해배상액에 관한 사항을 기재한 서면을 출장소별로 갖추어 두어야 한다.

> **해설**

출장소별로 갖추어 두어야 한다 → 계약상대방에게 교부하여야 한다 (영 제8조 제2항)　　**정답** ✕

75 기계경비업자가 경비계약을 체결하는 때에는 계약상대방의 요청이 없는 한 손해배상에 관한 사항을 기재한 서면을 교부할 의무는 없다.

> **해설**

계약상대방의 요청이 없어도 손해배상의 범위와 손해배상액에 관한 사항을 기재한 서면을 교부할 의무가 있다. (영 제8조 제2항 참조)　　　　　　　**정답** ✕

76 기계경비업자는 경비대상시설의 명칭·소재지 및 경비계약기간을 기재한 서류를 주사무소에 갖추어 두어야 한다.

> **해설**

주사무소에 → 출장소별로 (영 제9조 제1항)　　　　　　　**정답** ✕

77 기계경비업자는 업무의 원활한 운영과 개선을 위하여 경비대상시설의 명칭·소재지 및 경비계약기간에 관한 서류를 주사무소에 비치한 경우, 이를 출장소에 비치할 필요는 없다.

> **해설**
>
> 서류는 출장소별로 비치하여야 한다. (영 제9조 제1항, 법 제9조 제2항 참조) **정답** ✕

78 일반경비업자는 출장소별로 경비대상시설의 명칭·소재지 및 경비계약기간을 기재한 서류를 갖추어 두어야 한다.

> **해설**
>
> 일반경비업자 → 기계경비업자 (영 제9조 제1항 제1호) **정답** ✕

79 기계경비업자는 기계경비지도사의 명단·배치일자·배치장소와 출동차량의 대수 등의 사항을 계약상대방에게 설명하여야 한다.

> **해설**
>
> 기계경비업자는 기계경비지도사의 명단·배치일자·배치장소와 출동차량의 대수 등의 사항을 기재한 서류를 갖추어 두어야 한다. (영 제9조 제1항) **정답** ✕

80 기계경비업자는 출장소별로 경비원의 명단·배치일자·배치장소와 출동차량의 대수를 기재한 서류를 갖추어 두어야 한다.

> **해설**
>
> 경비원 → 기계경비지도사 (영 제9조 제1항 제2호) **정답** ✕

81 기계경비업자는 출장소별로 경보의 발신 및 현장도착 일시와 조치의 결과를 기재한 서류를 갖추어 두어야 한다.

> **해설**
>
> 경보의 발신 → 경보의 수신 (영 제9조 제1항 제3호) **정답** ✕

82 기계경비업자는 출장소별로 손해배상 범위와 손해배상액에 관한 사항을 기재한 서류를 갖추어 두어야 한다.

> **해설** ◥
>
> 손해배상에 관한 사항은 비치서류가 아니다. (영 제9조 제1항 참조)   정답 ✕

83 기계경비업자는 출장소별로 가입고객의 주민등록번호 등 개인정보를 기재한 서류를 갖추어 두어야 한다.

> **해설** ◥
>
> 개인정보를 기재한 서류는 비치서류가 아니다. (영 제9조 제1항 참조)   정답 ✕

84 기계경비업자는 경보의 수신 및 현장도착 일시와 조치의 결과를 기재한 서류를 당해 경보를 수신한 날부터 2년간 보관하여야 한다.

> **해설** ◥
>
> 2년간 → 1년간 (영 제9조 제2항)   정답 ✕

85 기계경비업자는 오경보가 발생한 경비 대상시설 및 그 오경보에 대한 조치의 결과를 기재한 서류를 조치 후 계약기간 종료시까지 보관하여야 한다.

> **해설** ◥
>
> 조치 후 계약기간 종료시까지 → 당해 경보를 수신한 날부터 1년간 (영 제9조 제2항)   정답 ✕

86 오경보에 대한 조치의 결과를 기재한 서류는 당해 경보를 수신한 날부터 2년간 이를 보관하여야 한다.

> **해설** ◥
>
> 2년간 → 1년간 (영 제9조 제2항)   정답 ✕

87 기계경비업자는 기계경비지도사의 명단·배치일자·배치장소와 출동차량의 대수를 기재한 서류를 1년간 보관하여야 한다.

> **해설** ◥
>
> 1년간 보관하는 서류에 해당하지 않는다. (영 제9조 제2항 참조)   정답 ✕

88 일반경비지도사는 시설경비업무·호송경비업무·신변보호업무·기계경비업무에 종사하는 경비원을 지도·감독 및 교육하는 역할을 한다.

> **해설**

기계경비업무 → 특수경비업무 (영 제10조 제1호)

정답 ✕

89 기계경비지도사는 특수경비업무에 종사하는 경비원을 지도·감독 및 교육한다.

> **해설**

특수경비업무 → 기계경비업무 (영 제10조 제2호)

정답 ✕

90 심신미약자, 마약·대마·향정신성의약품 또는 알코올 중독자 등은 특수경비원의 결격사유에 해당한다.

> **해설**

심신미약자 → 심신상실자 (영 제10조의2 제1호·제2호)

정답 ✕

91 해당 분야 전문의가 특수경비원으로서 적합하다고 인정하는 경우에는 치매, 조현병 등의 정신질환이나 정신 발육지연, 뇌전증 등이 있는 사람도 특수경비원이 될 수 있다.

> **해설**

영 제10조의2 제3호

정답 ○

92 경찰청장은 경비지도사의 수급상황을 조사하여 경비지도사를 새로이 선발할 필요가 있다고 인정되는 때에는 경비지도사시험의 실시계획을 수립하여야 한다.

> **해설**

경찰청장은 경비지도사시험의 실시계획을 매년 수립해야 한다. (영 제11조 제1항)

정답 ✕

93 경비지도사시험을 실시하고자 하는 때에는 응시자격·시험과목·시험일시·시험장소 및 선발예정인원 등을 시험시행일 60일 전까지 공고하여야 한다.

> **해설**

60일 → 90일 (영 제11조 제2항)

정답 ✕

94 경비지도사시험의 실시공고는 관보게재와 경찰청 게시판 또는 인터넷 홈페이지에 게시하는 방법에 의한다.

> **해설**
>
> 경찰청 게시판 또는 → 각 시·도경찰청 게시판 및 (영 제11조 제3항)　　　**정답** ✕

95 경비지도사시험의 경우 시험관리기관이 필요하다고 인정하는 때에는 제1차시험과 제2차시험을 병합하여 실시할 수 있다.

> **해설**
>
> 시험관리기관 → 경찰청장 (영 제12조 제1항)　　　**정답** ✕

96 경비지도사시험은 제1차 시험과 제2차 시험을 병합하여 실시하되, 경찰청장이 필요하다고 인정하는 때에는 제1차 시험과 제2차 시험을 구분하여 실시할 수 있다.

> **해설**
>
> 병합 → 구분 / 구분 → 병합 (영 제12조 제1항)　　　**정답** ✕

97 경비지도사 제1차시험과 제2차시험은 각각 선택형으로 하되, 제2차시험에 있어서는 선택형 외에 약술형을 추가할 수 있다.

> **해설**
>
> 약술형 → 단답형 (영 제12조 제2항)　　　**정답** ✕

98 경비지도사 제1차시험과 제2차시험을 병합하여 실시하는 경우에는 제1차시험에 불합격한 자가 치른 제2차시험은 이를 취소하여야 한다.

> **해설**
>
> 취소하여야 한다 → 무효로 한다 (영 제12조 제5항)　　　**정답** ✕

99 경비지도사 제1차시험에 합격한 자에 대하여는 다음 해의 시험에 한하여 제1차시험을 면제한다.

> **해설**
>
> 다음 해 → 다음 회 (영 제12조 제6항)　　　**정답** ✕

100 경찰공무원법상 경찰공무원으로 5년 이상 재직한 사람은 경비지도사 제1차 시험을 면제받는다.

> **해설**
>
> 5년 → 7년 (영 제13조 제1호) **정답** ✕

101 소방공무원으로 7년 이상 재직한 사람은 경비지도사 제1차 시험을 면제한다.

> **해설**
>
> 소방공무원 → 경찰공무원 (영 제13조 제1호) **정답** ✕

102 「청원경찰법」에 따른 청원경찰로 7년 이상 재직한 사람은 경비지도사 제1차시험을 면제한다.

> **해설**
>
> 청원경찰은 제1차시험 면제 대상이 아니다. (영 제13조 참조) **정답** ✕

103 「대통령 등의 경호에 관한 법률」에 따른 경호공무원 또는 별정직공무원으로 근무한 경력이 있는 사람은 경비지도사 제1차 시험을 면제한다.

> **해설**
>
> 근무한 경력이 있는 사람 → 7년 이상 재직한 사람 (영 제13조 제2호) **정답** ✕

104 「군인사법」에 따른 각 군 전투병과 또는 군사경찰병과 부사관 이상 간부로 5년 이상 재직한 사람은 경비지도사 제1차 시험을 면제한다.

> **해설**
>
> 5년 → 7년 (영 제13조 제3호) **정답** ✕

105 「경비업법」에 따른 경비업무에 7년 이상(특수경비업무의 경우에는 3년 이상) 종사하고 행정안전부령으로 정하는 교육과정을 이수한 사람은 경비지도사 제1차 시험을 면제할 수 있다.

> **해설** ▶

면제할 수 있다 → 면제한다 (영 제13조 제4호)   **정답** ✕

106 경비업법에 따른 특수경비업무 분야에서 2년 이상 종사하고 행정안전부령으로 정하는 교육과정을 이수한 사람은 경비지도사 제1차 시험을 면제한다.

> **해설** ▶

2년 → 3년 (영 제13조 제4호)   **정답** ✕

107 「고등교육법」에 따른 대학 이상의 학교를 졸업한 사람으로서 재학 중 소방학·경찰학·행정학 과목을 이수하고 졸업한 후 경비업무에 종사한 경력이 5년인 사람은 경비지도사 제1차 시험면제자에 해당한다.

> **해설** ▶

경비지도사 시험과목을 3과목 이상 이수해야 하는데 경찰학, 행정학은 경비지도사 시험과목에 해당하지 않는다. (영 제13조 제5호)   **정답** ✕

108 「고등교육법」에 따른 전문대학을 졸업한 사람으로서 재학 중 경비지도사 시험과목을 3과목 이상을 이수하고 졸업한 후 경비업무에 종사한 경력이 3년 이상인 사람은 경비지도사 제1차 시험을 면제한다.

> **해설** ▶

3년 → 5년 (영 제13조 제6호)   **정답** ✕

109 「고등교육법」에 따른 전문대학을 졸업한 사람으로서 재학 중 경비지도사 시험과목을 3과목 이상을 이수하고 졸업한 후 경비업무에 6년 종사한 사람은 경비지도사 제1차 시험을 면제한다.

> **해설** ▶

5년 이상 종사한 사람이 면제이므로 6년 종사한 사람은 당연히 면제이다. (영 제13조 제6호 참조)   **정답** ○

110 기계경비지도사의 자격을 취득한 후 일반경비지도사의 시험에 응시하는 사람은 경비지도사 제1차 시험면제자에 해당한다.

> **해설**
>
> 영 제13조 제7호
>
> **정답** ○

111 「공무원임용령」에 따른 행정직군 교정직렬 공무원으로 5년 이상 재직한 사람은 경비지도사 제1차 시험을 면제한다.

> **해설**
>
> 5년 → 7년 (영 제13조 제8호)
>
> **정답** ✕

112 「공무원임용령」에 따른 행정직군 방호·경비직렬 공무원으로 7년 이상 재직한 사람은 경비지도사 제1차 시험을 면제한다.

> **해설**
>
> 방호·경비직렬 → 교정직렬 (영 제13조 제8호)
>
> **정답** ✕

113 경비지도사 제2차시험의 합격결정에 있어서는 선발예정인원의 범위안에서 60점 이상을 득점한 자중에서 고득점 순으로 합격자를 결정하되, 동점자로 인하여 선발예정인원이 초과되는 때에는 연장자 순으로 합격자를 결정한다.

> **해설**
>
> 연장자 순으로 합격자를 결정한다 → 동점자 모두를 합격자로 한다 (영 제14조 제2항)
>
> **정답** ✕

114 「고등교육법」에 의한 전문대학에서 경비업무 관련학과의 부교수로 재직하고 있는 자는 경비지도사 시험출제위원으로 임명·위촉될 수 있다.

> **해설**
>
> 부교수 → 교수 (영 제15조 제1항 제1호)
>
> **정답** ✕

115 박사 이상의 학위소지자로 경찰청장이 정하는 바에 의하여 경비업무에 관한 전문경력이 3년 이상 인정되는 자이어야 경비지도사 시험출제위원으로 임명될 수 있다.

> **해설**
>
> 박사 → 석사 / 전문경력이 3년 이상 → 전문경력이 (영 제15조 제1항 제2호)　　**정답** ✕

116 방범·경비업무를 2년 이상 담당한 경위 이상 경찰공무원의 경력이 있는 자는 경비지도사 시험출제위원으로 임명될 수 있다.

> **해설**
>
> 2년 이상 담당한 경위 이상 → 3년 이상 담당한 경감 이상 (영 제15조 제1항 제3호)　　**정답** ✕

117 정보·보안업무를 3년 이상 담당한 경감 이상 경찰공무원의 경력이 있는 자는 경비지도사 시험출제위원으로 위촉될 수 있다.

> **해설**
>
> 정보·보안업무 → 방범·경비업무 (영 제15조 제1항 제3호)　　**정답** ✕

118 경비지도사 시험출제위원의 수는 시험과목별로 3인 이상으로 한다.

> **해설**
>
> 3인 이상 → 2인 이상 (영 제15조 제2항)　　**정답** ✕

119 경비지도사 시험출제위원으로 임명 또는 위촉된 자는 대통령령이 정하는 준수사항을 성실히 이행하여야 한다.

> **해설**
>
> 대통령령 → 경찰청장 (영 제15조 제3항)　　**정답** ✕

120 경비지도사 시험출제위원에 대하여는 예산의 범위안에서 수당과 여비를 지급하여야 한다.

> **해설**
>
> 지급하여야 한다 → 지급할 수 있다 (영 제15조 제4항)　　**정답** ✕

121 공무원인 시험출제위원이 그 소관업무와 직접적으로 관련하여 경비지도사 시험관리 업무에 종사하는 경우에는 예산의 범위안에서 수당과 여비를 지급할 수 있다.

> **해설**
>
> 지급할 수 있다 → 지급할 수 없다 (영 제15조 제4항)   **정답** ✕

122 경비업자는 경비원을 배치하여 영업활동을 하고 있는 지역을 관할하는 시·도경찰청의 관할구역별로 경비원 300명까지는 경비지도사 1명을 선임·배치하고, 경비원이 300명을 초과하는 경우 300명을 초과하는 경비원 200명 단위로 경비지도사 1명씩을 추가로 선임·배치해야 한다.

> **해설**
>
> 300명 → 200명 / 200명 → 100명 (영 제16조 제1항 별표3 제1호)   **정답** ✕

123 경비지도사가 선임·배치된 시·도경찰청의 관할구역과 경계를 맞닿아 인접한 시·도경찰청의 관할구역에 배치된 경비원이 100명 이하인 경우에는 경비지도사를 따로 선임·배치하지 않을 수 있다. 이 경우 제주특별자치도경찰청과 경상남도경찰청은 경계를 맞닿아 인접한 것으로 본다.

> **해설**
>
> 100명 → 30명 / 경상남도 → 전라남도 (영 제16조 제1항 별표3 제2호)   **정답** ✕

124 인접규정에 따라 경비지도사를 따로 선임·배치하지 않는 경우 경비지도사 1명이 지도·감독 및 교육할 수 있는 경비원의 총수(경계를 맞닿아 인접한 시·도경찰청의 관할구역에 배치된 경비원의 수를 합산한다)는 100명을 초과할 수 없다.

> **해설**
>
> 100명 → 200명 (영 제16조 제1항 별표3 제3호)   **정답** ✕

125 시설경비업무, 호송경비업무, 신변보호업무, 기계경비업무를 하는 경비업자는 일반 경비지도사를 선임·배치하여야 한다.

> **해설**
>
> 기계경비업무 → 특수경비업무 (영 제16조 제1항 별표3 비고1)   **정답** ✕

126 시설경비업무·호송경비업무·기계경비업무 또는 특수경비업무 중 둘 이상의 경비업무를 하는 경우에는 각 경비업무에 종사하는 경비원의 수를 합산한 인원을 기준으로 경비지도사를 선임·배치해야 한다.

> **해설**
>
> 기계경비업무 → 신변보호업무 (영 제16조 제1항 별표3 비고1)　　　　　**정답** ✕

127 특수경비업무를 수행하는 경비업자는 특수경비원 신임교육을 이수한 특수경비지도사를 선임·배치해야 한다.

> **해설**
>
> 특수경비지도사 → 일반경비지도사 (영 제16조 제1항 별표3 비고1)　　　　**정답** ✕

128 기계경비업무와 시설경비업무를 하는 경비업자는 기계경비지도사를 선임·배치해야 한다.

> **해설**
>
> 기계경비업무와 시설경비업무를 → 기계경비업무를 (영 제16조 제1항 별표3 비고2)
>
> 　　　　　　　　　　　　　　　　　　　　　　　　　　**정답** ✕

129 경비원의 수가 서울 200명, 인천 120명, 대전 315명일 경우 경비업자가 선임·배치하여야 하는 경비지도사의 최소 인원은 6명이다.

> **해설**
>
> 6명 → 5명(서울1명 + 인천1명 + 대전3명 = 5명) (영 제16조 제1항 별표3)　　**정답** ✕

130 경비원의 수가 서울특별시 407명, 인천광역시 15명, 강원도 120명, 전라남도 30명, 제주특별자치도 20명일 때, 경비업법령상 경비업자가 선임·배치하여야 하는 경비지도사의 최소 인원은 7명이다.

> **해설**
>
> 7명 → 6명(서울·인천4명 + 강원도1명 + 전라남도·제주특별자치도1명 = 6명) (영 제16조 제1항 별표3 참조)　　　　　　　　　　　　　　　　　　　　　　　**정답** ✕

131 ○○광역시에서 시설경비업무, 호송경비업무 및 신변보호업무를 하는 A경비업체는 그 각각의 업무에 종사하는 경비원으로 120명, 80명, 130명을 고용하고 있다. 이 때 일반경비지도사의 수는 3명 이상이어야 한다.

> **해설**
>
> 시설·호송·신변·특수경비업무 중 둘 이상의 경비업무를 하는 경우에는 각 경비업무에 종사하는 경비원의 수를 합산한 인원(330명)을 기준으로 경비지도사를 선임·배치하여야 한다. (영 제16조 제1항 별표3 비고)
>
> **정답** ○

132 서울특별시에서 시설경비업무, 호송경비업무 및 기계경비업무를 하는 A경비업체는 그 각각의 업무에 종사하는 경비원으로 120명, 80명, 130명을 고용하고 있다. 이때 경비지도사의 수는 3명 이상이어야 한다.

> **해설**
>
> 3명 → 2명(120명 + 80명 → 일반경비지도사 1명, 130명 → 기계경비지도사 1명) (영 제16조 제1항 별표3 비고)
>
> **정답** ✕

133 K경비법인은 시설경비업무, 특수경비업무, 기계경비업무를 허가받았다. 서울에 시설-경비원 350명, 부산에 특수-경비원 100명, 전라남도에 시설-경비원 50명, 제주에 기계-경비원 30명이 배치되어 있다. 이 경우 K경비법인은 5명 이상의 경비지도사를 선임·배치하여야 한다.

> **해설**
>
> 5명 이상 → 6명 이상 (서울에 일반경비지도사 3명, 부산에 일반경비지도사 1명, 전라남도에 일반경비지도사 1명, 제주는 전라남도와 인접지역이나 기계경비이므로 기계경비지도사 1명을 선임·배치하여야 한다) (영 제16조 제1항 별표3 참조)
>
> **정답** ✕

134 K경비법인은 시설경비업무, 호송경비업무, 기계경비업무를 허가받았다. 주된 사무소는 서울에 있고, 대구와 광주에 각각 출장소를 두고 있다. 세부적인 경비인력이 다음과 같을 때 K경비법인은 최소 12명의 경비지도사를 선임하여야 한다.
서울 : 시설-경비원 350명, 호송-경비원 200명, 기계-경비원 250명
대구 : 시설-경비원 100명, 호송-경비원 50명, 기계-경비원 50명
광주 : 시설-경비원 50명, 호송-경비원 50명, 기계-경비원 20명

> **해설**
>
> 12명 → 11명 (서울은 일반경비지도사 5명, 기계경비지도사 2명, 대구는 일반경비지도사 1명, 기계경비지도사 1명, 광주는 일반경비지도사 1명, 기계경비지도사 1명을 각각 선임하여야 하므로 최소 11명의 경비지도사를 선임하여야 한다) (영 제16조 제1항 별표3 참조)
>
> **정답** ✕

135 A회사는 다음과 같이 경비원을 배치하였다. 이 경우 선임·배치하여야 할 일반경비지도사는 6명 이상이어야 한다.

시설경비업무 : 서울 250명, 인천 35명, 대전 44명, 부산 150명

기계경비업무 : 제주 30명

해설

6명 → 5명(서울 2명, 인천 1명, 대전 1명, 부산 1명의 '일반'경비지도사를 선임·배치하여야 한다. 제주에는 1명의 '기계'경비지도사를 선임·배치하여야 한다) (영 제16조 제1항 별표3 참조)

정답 ✕

136 경비업자는 선임·배치된 경비지도사에 결원이 있거나 자격정지 등의 사유로 그 직무를 수행할 수 없는 때에는 30일 이내에 경비지도사를 새로이 충원하여야 한다.

해설

30일 → 15일 (영 제16조 제2항)

정답 ✕

137 경비업자는 소속 경비지도사가 퇴직한 때에는 15일 이내에 경비지도사를 새로이 충원하여야 한다.

해설

영 제16조 제2항

정답 ○

138 경비지도사는 경비원의 지도·감독·교육에 관한 계획의 수립·실시 및 그 기록의 유지의 직무를 주 1회 이상 수행하여야 한다.

해설

주 1회 → 월 1회 (영 제17조 제2항)

정답 ✕

139 경비업자에 선임된 경비지도사는 ① 경비원의 지도감독·교육에 관한 계획의 수립·실시 및 그 기록의 유지, ② 경비현장에 배치된 경비원에 대한 순회점검 및 감독, ③ 경찰기관 및 소방기관과의 연락방법에 대한 지도, ④ 집단민원 현장에 배치된 경비원에 대한 지도·감독 등의 직무를 월 1회 이상 수행하여야 한다.

해설

③ 경찰기관 및 소방기관과의 연락방법에 대한 지도, ④ 집단민원 현장에 배치된 경비원에 대한 지도·감독은 월 1회 이상 수행하여야 하는 직무에 해당하지 않는다. (영 제17조 제2항 참조)

정답 ✕

140 경비지도사는 소방기관과의 연락방법에 대한 지도를 월 1회 이상 수행하여야 한다.

> **해설**
>
> 소방기관과의 연락방법에 대한 지도는 월 1회 이상 수행하는 직무에 해당하지 않는다. (영 제17조 제2항 참조)   **정답** ×

141 경비업자에 선임된 기계경비지도사는 기계경비업무를 위한 기계장치의 운용·감독 및 오경보방지를 위한 기기관리의 감독 등의 직무를 월 2회 이상 수행하여야 한다.

> **해설**
>
> 월 2회 이상 → 월 1회 이상 (영 제17조 제2항)   **정답** ×

142 경비업자는 경비원에 대한 교육을 실시하고, 경비원 직무교육 실시대장에 그 내용을 기록하여 1년간 보존하여야 한다.

> **해설**
>
> 경비업자는 → 경비지도사는 / 1년간 → 2년간 (영 제17조 제3항)   **정답** ×

143 경비원에 대한 신임교육경비는 일반경비원의 경우 일반경비업자의 부담으로 하나, 특수경비원의 경우는 특수경비원의 부담으로 한다.

> **해설**
>
> 특수경비원의 부담 → 특수경비업자의 부담 (영 제18조 제1항, 제19조 제1항 참조)   **정답** ×

144 일반경비원에 대한 직무교육은 경비협회, 경찰교육기관 등에서 실시한다.

> **해설**
>
> 직무교육 → 신임교육 (영 제18조 제1항)   **정답** ×

145 경비협회는 특수경비원 신임교육 법정교육기관이다.

> **해설**
>
> 특수경비원 → 일반경비원 (영 제18조 제1항 제1호)   **정답** ×

146 「경찰공무원 교육훈련규정」에 따른 경찰교육기관에서도 일반경비원 신임교육이 가능하다.

해설 ▶

영 제18조 제1항 제2호

정답 ○

147 경비업무 관련 학과가 개설된 대학 등 경비원에 대한 교육을 전문적으로 수행할 수 있는 인력과 시설을 갖춘 기관은 지정·고시 이전이라도 일반경비원 신임교육을 할 수 있다.

해설 ▶

경찰청장이 지정·고시하여야 일반경비원 신임교육을 할 수 있다. (영 제18조 제1항 제3호)

정답 ✕

148 경비협회, 경찰교육기관, 행정안전부령으로 정하는 기준에 적합한 기관·단체 중 경찰청장이 지정하여 고시하는 기관·단체는 일반경비원에 대한 신임교육 기관에 해당한다.

해설 ▶

행정안전부령으로 정하는 기준에 적합한 기관·단체 중 경찰청장이 지정하여 고시하는 기관·단체는 '특수경비원'에 대한 신임교육 기관에 해당한다. (영 제18조 제1항, 제19조 제1항)

정답 ✕

149 경비업자는 일반경비원 신임교육을 받은 사람으로서 채용 전 5년 이내에 경비업무에 종사한 경력이 있는 사람을 일반경비원으로 채용한 경우에는 해당 일반경비원을 일반경비원 신임교육 대상에서 제외할 수 있다.

해설 ▶

5년 → 3년 (영 제18조 제2항 제1호)

정답 ✕

150 일반경비원으로 채용된 사람 중 특수경비원 신임교육을 받고 일반경비원 채용 전 3년 이내에 경비업무에 종사한 경력이 있는 사람은 일반경비원 신임교육을 면제할 수 없다.

해설 ▶

없다 → 있다 (영 제18조 제2항 제1호)

정답 ✕

151 경비업자는 경찰공무원으로 5년 근무한 경력이 있는 사람을 일반경비원으로 채용한 경우에는 해당 일반경비원을 일반경비원 신임교육 대상에서 제외할 수 없다.

> **해설**

없다 → 있다 (영 제18조 제2항 제2호)　　　　　　**정답** ✕

152 경비업자는 교정직렬 공무원으로 근무한 경력이 있는 사람을 일반경비원으로 채용한 경우에는 해당 일반경비원을 일반경비원 신임교육 대상에서 제외할 수 있다.

> **해설**

있다 → 없다 (영 제18조 제2항 참조)　　　　　　**정답** ✕

153 경비업자는 「대통령 등의 경호에 관한 법률」에 따른 경호공무원 또는 별정직공무원으로 근무한 경력이 있는 사람을 일반경비원으로 채용한 경우에는 해당 일반경비원을 일반경비원 신임교육 대상에서 제외하여야 한다.

> **해설**

제외하여야 한다 → 제외할 수 있다 (영 제18조 제2항 제3호)　　　　　　**정답** ✕

154 경비업자는 「군인사법」에 따른 부사관 이상으로 근무한 경력이 있는 사람을 특수경비원으로 채용한 경우에는 해당 특수경비원을 특수경비원 신임교육 대상에서 제외할 수 있다.

> **해설**

특수경비원 → 일반경비원 (영 제18조 제2항 제4호)　　　　　　**정답** ✕

155 경비업자는 경비지도사로 3년 이상 근무한 경력이 있는 사람을 일반경비원으로 채용한 경우에는 해당 일반경비원을 일반경비원 신임교육 대상에서 제외할 수 있다.

> **해설**

경비지도사로 3년 이상 근무한 경력이 → 경비지도사 자격이 (영 제18조 제2항 제5호)　　　　　　**정답** ✕

156 경비업자는 채용 당시 일반경비원 신임교육을 받은 지 3년이 지나지 아니한 사람을 일반경비원으로 채용한 경우에는 경비업무에 종사한 경력이 없더라도 해당 일반경비원을 일반경비원 신임교육 대상에서 제외할 수 있다.

> **해설**
>
> 영 제18조 제2항 제6호
>
> **정답** ○

157 경비협회는 소속 일반경비원에게 경비지도사가 수립한 교육계획에 따라 매년 행정안전부령으로 정하는 시간 이상 직무교육을 받도록 하여야 한다.

> **해설**
>
> 경비협회 → 경비업자 / 매년 → 매월 (영 제18조 제3항)
>
> **정답** ×

158 일반경비원의 교육 실시에 필요한 사항은 대통령령으로 정한다.

> **해설**
>
> 대통령령 → 행정안전부령 (영 제18조 제5항)
>
> **정답** ×

159 특수경비업자는 특수경비원을 채용한 경우 특수경비원의 부담으로 경찰교육기관 등에서 실시하는 특수경비원 신임교육을 받도록 하여야 한다.

> **해설**
>
> 특수경비원의 부담 → 특수경비업자의 부담 (영 제19조 제1항)
>
> **정답** ×

160 특수경비업자는 채용 전 5년 이내에 특수경비업무에 종사하였던 경력이 있는 사람을 특수경비원으로 채용한 경우에는 해당 특수경비원을 특수경비원 신임교육 대상에서 제외할 수 있다.

> **해설**
>
> 5년 → 3년 (영 제19조 제2항)
>
> **정답** ×

경시
비행
업령
법법

161 특수경비업자는 채용 전 3년 이내에 일반경비업무에 종사하였던 경력이 있는 사람을 특수경비원으로 채용한 경우에는 신임교육을 면제할 수 있다.

> **해설**
>
> 일반경비업무에 → 특수경비업무에 (영 제19조 제2항)　　　　　　　　**정답** ✕

162 특수경비업자는 소속 특수경비원에게 경비지도사가 수립한 교육계획에 따라 매년 행정안전부령으로 정하는 시간 이상 직무교육을 받도록 하여야 한다.

> **해설**
>
> 매년 → 매월 (영 제19조 제3항)　　　　　　　　**정답** ✕

163 특수경비업자는 소속 특수경비원에게 관할경찰관서장이 수립한 교육 계획에 따라 매월 6시간 이상의 직무교육을 받도록 하여야 한다.

> **해설**
>
> 관할경찰관서장이 → 경비지도사가 (영 제19조 제3항)　　　　　　　　**정답** ✕

164 경비지도사의 교육시간은 34시간, 일반경비원의 신임교육시간은 28시간, 특수경비원의 신임교육시간은 68시간이다.

> **해설**
>
> 34시간 → 44시간 / 28시간 → 24시간 / 68시간 → 88시간 (영 제19조 참조)　　　**정답** ✕

165 특수경비원에 대한 신임교육의 과목 및 시간, 직무교육의 과목 등 특수경비원의 교육 실시에 필요한 사항은 대통령령으로 정한다.

> **해설**
>
> 대통령령 → 행정안전부령 (영 제19조 제4항)　　　　　　　　**정답** ✕

166 경비업자는 채용한 경비원에 대한 일정한 신임교육과 직무교육을 자신의 부담으로 실시하고 시·도경찰청장에게 신고하여야 한다.

> **해설**
>
> 교육실시에 대하여는 시·도경찰청장에게 신고하지 않는다. (영 제18조·제19조 참조)　　**정답** ✕

167 시설주는 특수경비원이 휴대할 무기를 대여받고자 하는 때에는 무기대여신청서를
관할경찰관서장에게 제출하여야 한다.

> **해설** ▶
>
> 관할경찰관서장에게 제출 → 관할경찰관서장을 거쳐 시·도경찰청장에게 제출 (영 제20조 제1항)
>
> **정답** ✕

168 시설주는 특수경비원이 휴대할 무기를 대여받고자 하는 때에는 무기대여신청서를
관할경찰관서장을 거쳐 경찰청장에게 제출하여야 한다.

> **해설** ▶
>
> 경찰청장 → 시·도경찰청장 (영 제20조 제1항)
>
> **정답** ✕

169 관할경찰관서장으로부터 대여받은 무기를 특수경비원에게 휴대하게 하는 경우 시설
주는 관할경찰관서장의 사후승인을 얻어야 한다.

> **해설** ▶
>
> 사후승인 → 사전승인 (영 제20조 제2항)
>
> **정답** ✕

170 관할경찰관서장은 무기휴대 사전승인을 함에 있어서 특수경비원에게 무기를 지급하
여야 할 필요성이 있는지의 여부에 관하여 판단할 수 있다.

> **해설** ▶
>
> 판단할 수 있다 → 판단하여야 한다 (영 제20조 제3항)
>
> **정답** ✕

171 관할경찰관서장은 무기지급의 필요성이 해소되었다고 인정되는 때에는 특수경비원
으로부터 즉시 무기를 회수하여야 한다.

> **해설** ▶
>
> 관할경찰관서장은 → 시설주는 (영 제20조 제4항)
>
> **정답** ✕

172   시설주는 무기지급의 필요성이 해소되었다고 인정되는 때에는 특수경비원으로부터 24시간 이내에 무기를 회수하여야 한다.

> **해설**
>
> 24시간 이내에 → 즉시 (영 제20조 제4항)   **정답** ×

173   특수경비원이 휴대할 수 있는 무기종류는 권총 및 분사기로 한다.

> **해설**
>
> 분사기 → 소총 (영 제20조 제5항)   **정답** ×

174   일반경비원과 특수경비원은 권총을 휴대할 수 있다.

> **해설**
>
> 일반경비원은 권총을 휴대할 수 없다. (영 제20조 제5항 참조)   **정답** ×

175   특수경비원이 휴대할 수 있는 무기종류는 권총에 한한다.

> **해설**
>
> 권총 → 권총 및 소총 (영 제20조 제5항)   **정답** ×

176   특수경비원이 사용하는 무기에 대한 안전검사는 반기 1회 실시하여야 한다.

> **해설**
>
> 반기 1회 → 연간 1회 (영 제20조 제6항, 위해성 경찰장비의 사용기준에 등에 관한 규정 제18조 및 별표2)
>   **정답** ×

177   특수경비원이 사용하는 권총 및 소총의 안전검사내용은 ① 총열의 균열 유무, ② 구경의 임의개조 여부, ③ 방아쇠를 당길 수 있는 힘이 1킬로그램 이상인지 여부, ④ 안전장치의 작동 여부 등이다.

> **해설**
>
> ② 구경의 임의개조 여부는 권총 및 소총의 안전검사내용에 포함되지 않는다. (영 제20조 제6항, 위해성 경찰장비의 사용기준에 등에 관한 규정 제18조 및 별표2)
>   **정답** ×

178 시설주, 관리책임자와 특수경비원은 대통령령이 정하는 무기관리수칙을 준수하여야 한다.

> **해설**

대통령령 → 행정안전부령 (영 제20조 제7항)　　　　　　　　　**정답** ✕

179 시·도경찰청장은 시설주 및 특수경비원의 무기관리상황을 매주 1회 이상 점검하여야 한다.

> **해설**

시·도경찰청장 → 관할경찰관서장 / 매주 1회 → 매월 1회 (영 제21조)　　**정답** ✕

180 관할경찰서장은 경비업자 및 특수경비원의 무기관리상황을 매월 1회 이상 점검하여야 한다.

> **해설**

경비업자 → 시설주 (영 제21조)　　　　　　　　　　　　　　**정답** ✕

181 집단민원현장에 배치될 100명의 경비원 중 신임교육을 받지 아니한 경비원이 21명인 경우에는 배치허가를 받을 수 없다.

> **해설**

영 제22조, 법 제18조 제3항 제2호 참조　　　　　　　　　　　**정답** ○

182 경비업자의 출장소를 관할하는 시·도경찰청장 또는 경찰관서장은 출장소의 임·직원이나 경비지도사가 경비업법에 위반한 사실을 안 때에는 지체없이 그 사실을 서면 또는 구두로 당해 경비업을 허가한 시·도경찰청장에게 통보하거나 보고하여야 한다.

> **해설**

경비지도사가 → 경비원이 / 서면 또는 구두로 → 서면등(서면 또는 전자문서)으로 (영 제23조 제1항)　　　　　　　　　　　　　　　　　　　　　　　**정답** ✕

183 허가관청은 행정처분이 영업정지인 경우 위반행위의 동기, 내용 및 위반의 정도 등을 고려하여 경감할 수 있으나, 가중할 수는 없다.

> **해설**
>
> 가중하거나 경감할 수 있다. (영 제24조 별표4 제1호 가목) **정답** ✕

184 경비업자의 위반행위가 2 이상인 경우로서 그에 해당하는 각각의 처분기준이 다른 경우에는 그 중 경(輕)한 처분기준에 따른다.

> **해설**
>
> 경(輕)한 → 중(重)한 (영 제24조 별표4 제1호 나목) **정답** ✕

185 경비업자의 위반행위가 2 이상인 경우로서 2 이상의 처분기준이 동일한 영업정지인 경우에는 각 처분기준을 합산한 기간으로 한다.

> **해설**
>
> 동일한 영업정지인 경우에는 중한 처분기준의 2분의 1까지 가중할 수 있다. (영 제24조 별표4 제1호 나목) **정답** ✕

186 경비업자의 위반행위가 2 이상인 경우로서 2 이상의 처분기준이 동일한 영업정지인 경우에는 중(重)한 처분기준의 3분의 1까지 가중할 수 있다. 다만 가중하는 경우에는 각 처분기준을 합산한 기간을 초과할 수 있다.

> **해설**
>
> 3분의 1까지 → 2분의 1까지 / 초과할 수 있다 → 초과할 수 없다 (영 제24조 별표4 제1호 나목) **정답** ✕

187 위반행위의 횟수에 따른 행정처분 기준은 최근 1년간 같은 위반행위로 행정처분을 받은 경우에 적용한다. 이 경우 기준 적용일은 위반행위에 대한 행정처분일과 그 처분 후의 위반행위가 다시 있은 날을 기준으로 한다.

> **해설**
>
> 1년간 → 2년간 / 다시 있은 날을 → 다시 적발된 날을 (영 제24조 별표4 제1호 다목) **정답** ✕

경비업법 시행령

188 영업정지처분에 해당하는 위반행위가 적발된 날 이전 최근 3년간 같은 위반행위로 3회 영업정지처분을 받은 경우에는 그 위반행위에 대한 행정처분기준은 허가취소로 한다.

> **해설** ▶
>
> 3년간 → 2년간 / 3회 → 2회 (영 제24조 별표4 제1호 라목)　　**정답** ✕

189 경비업자가 시·도경찰청장의 허가없이 경비업무를 변경한 때에는 1차 위반시 경고, 2차 위반시 영업정지 3개월, 3차 이상 위반시 허가취소의 처분을 받을 수 있다.

> **해설** ▶
>
> 2차 위반시 영업정지 6개월이다. (영 제24조 별표4 제2호 가목)　　**정답** ✕

190 경비업자가 도급을 의뢰받은 경비업무가 위법한 것임에도 이를 거부하지 않은 때에는 1차 위반시 경고, 2차 위반시 영업정지 6개월, 3차 이상 위반시 허가취소의 처분을 받을 수 있다.

> **해설** ▶
>
> 1차 위반시 영업정지 1개월, 2차 위반시 영업정지 3개월이다. (영 제24조 별표4 제2호 나목)
>
> **정답** ✕

191 경비업자가 경비지도사를 집단민원현장에 선임·배치하지 않은 때에는 1차 위반시 경고, 2차 위반시 영업정지 1개월, 3차 이상 위반시 영업정지 6개월의 처분을 받을 수 있다.

> **해설** ▶
>
> 1차 위반시 영업정지 1개월, 2차 위반시 영업정지 3개월, 3차 이상 위반시 허가취소이다. (영 제24조 별표4 제2호 다목)　　**정답** ✕

192 기계경비업자가 경비대상 시설에 관한 경보 대응체제를 갖추지 않은 때에는 1차 위반시 경고, 2차 위반시 영업정지 1개월, 3차 이상 위반시 영업정지 3개월의 처분을 받을 수 있다.

> **해설** ▶
>
> 2차 위반시 경고, 3차 이상 위반시 영업정지 1개월이다. (영 제24조 별표4 제2호 라목)　**정답** ✕

193 기계경비업자가 관련 서류를 작성·비치하지 않은 때에는 1차 위반시 경고, 2차 위반시 경고, 3차 이상 위반시 영업정지 3개월의 처분을 받을 수 있다.

> **해설**

3차 이상 위반시 영업정지 1개월이다. (영 제24조 별표4 제2호 마목)   **정답** ✕

194 경비업자가 결격사유에 해당하는 경비원을 배치하거나 결격사유에 해당하는 경비지도사를 선임·배치한 때에는 1차 위반시 경고, 2차 위반시 영업정지 3개월, 3차 이상 위반시 영업정지 6개월의 처분을 받을 수 있다.

> **해설**

1차 위반시 영업정지 1월, 3차 이상 위반시 허가취소이다. (영 제24조 별표4 제2호 바목)

정답 ✕

195 경비업자가 법령을 위반하여 경비지도사를 선임한 때에는 1차 위반시 경고, 2차 위반시 영업정지 1개월, 3차 이상 위반시 허가취소의 처분을 받을 수 있다.

> **해설**

1차 위반시 영업정지 1개월, 2차 위반시 영업정지 3개월이다. (영 제24조 별표4 제2호 사목)

정답 ✕

196 경비업자가 경비원으로 하여금 교육을 받게 하지 않은 때에는 1차 위반시 경고, 2차 위반시 영업정지 1개월, 3차 이상 위반시 영업정지 3개월의 처분을 받을 수 있다.

> **해설**

2차 위반시 경고, 3차 이상 위반시 영업정지 1개월이다. (영 제24조 별표4 제2호 아목)   **정답** ✕

197 경비업자가 경비원의 복장·장비·출동차량 등에 관한 규정을 위반한 때에는 1차 위반시 경고, 2차 위반시 경고, 3차 이상 위반시 영업정지 1개월의 처분을 받을 수 있다.

> **해설**

2차 위반시 영업정지 1개월, 3차 이상 위반시 영업정지 3개월이다. (영 제24조 별표4 제2호 자목·차목·카목)

정답 ✕

198 경비업자가 집단민원현장에 일반경비원의 명부를 작성·비치하지 않은 때에는 1차 위반시 경고, 2차 위반시 영업정지 3개월, 3차 이상 위반시 영업정지 6개월의 처분을 받을 수 있다.

> **해설**
>
> 1차 위반시 영업정지 1개월, 3차 이상 위반시 허가취소이다. (영 제24조 별표4 제2호 타목)
>
> **정답** ✕

199 경비업자가 배치허가를 받지 아니하고 경비원을 배치하거나 경비원 명단 및 배치일시·배치장소 등 배치허가 신청의 내용을 거짓으로 한 때에는 1차 위반시 영업정지 1개월, 2차 위반시 영업정지 6개월, 3차 이상 위반시 허가취소의 처분을 받을 수 있다.

> **해설**
>
> 2차 위반시 영업정지 3개월이다. (영 제24조 별표4 제2호 파목)
>
> **정답** ✕

200 경비업자가 배치결격사유에 해당하는 일반경비원을 집단민원현장에 배치한 때에는 1차 위반시 경고, 2차 위반시 영업정지 6개월, 3차 이상 위반시 허가취소의 처분을 받을 수 있다.

> **해설**
>
> 1차 위반시 영업정지 1개월, 2차 위반시 영업정지 3개월이다. (영 제24조 별표4 제2호 하목)
>
> **정답** ✕

201 경비업자가 특수폭행죄를 범하여 벌금형을 선고받고 5년이 지나지 아니한 자를 일반경비원으로 집단민원현장에 배치해서는 아니됨에도 불구하고 이를 2차례 위반한 때에는 허가취소처분 사유에 해당한다.

> **해설**
>
> 허가취소처분 사유 → 영업정지 3개월 (영 제24조 별표4 제2호 하목)
>
> **정답** ✕

202 경비업자가 경찰청장·시·도경찰청장 또는 관할경찰관서장의 감독상 명령에 따르지 않은 때에는 1차 위반시 영업정지 1개월, 2차 위반시 영업정지 3개월, 3차 이상 위반시 영업정지 6개월의 처분을 받을 수 있다.

> **해설**
>
> 1차 위반시 경고, 3차 이상 위반시 허가취소이다. (영 제24조 별표4 제2호 거목) **정답** ✕

203 경비업자가 경비원의 업무수행중 고의 또는 과실로 발생한 손해를 배상하지 않은 때에는 1차 위반시 영업정지 1개월, 2차 위반시 영업정지 3개월, 3차 이상 위반시 허가취소의 처분을 받을 수 있다.

> **해설**
>
> 1차 위반시 경고, 3차 이상 위반시 영업정지 6개월이다. (영 제24조 별표4 제2호 너목) **정답** ✕

204 경비지도사가 직무를 성실하게 수행하지 아니한 경우, 1차 위반시 자격정지 3월, 2차 위반시 자격정지 9월, 3차 이상 위반시 자격취소의 처분을 받을 수 있다.

> **해설**
>
> 2차 위반시 자격정지 6월, 3차 이상 위반시 자격정지 12월이다. (영 제25조 별표5 제1호) **정답** ✕

205 경비지도사가 소속경비원의 지도·감독·교육에 대한 계획수립과 그 계획에 의한 교육실시 및 기록을 유지하지 아니한 때의 행정처분은 1차 자격정지 1월, 2차 자격정지 6월, 3차 자격정지 9월이다.

> **해설**
>
> 1차 자격정지 3월, 3차 자격정지 12월이다. (영 제25조 별표5 제1호) **정답** ✕

206 경비지도사가 경비현장에 배치된 경비원에 대한 순회점검 및 감독 의무 등 직무를 성실하게 수행하지 아니하여 1차 적발된 경우 6월의 자격정지처분을 받을 수 있다.

> **해설**
>
> 6월 → 3월 (영 제25조 별표5 제2호) **정답** ✕

207 경비지도사가 경찰청장·시·도경찰청장의 명령을 위반한 경우, 1차 위반시 자격정지 3월, 2차 위반시 자격정지 6월, 3차 이상 위반시 자격정지 9월의 처분을 받을 수 있다.

> **해설**
>
> 1차 위반시 '자격정지 1월'이다. (영 제25조 별표5 제2호) **정답** ✕

208 경비지도사 경비업법 제24조의 명령을 위반하여 자격정지처분을 받은 후 2년 내에 또다시 명령위반으로 적발된 경우 12월의 자격정지처분을 받을 수 있다.

> **해설**
>
> 12월 → 6월 (영 제25조 별표5 제2호) **정답** ✕

209 위반행위의 횟수에 따른 행정처분의 기준은 당해 위반행위가 있은 이전 최근 1년간 같은 위반행위로 행정처분을 받은 경우에 적용한다.

> **해설**
>
> 1년간 → 2년간 (영 제25조 별표5 비고) **정답** ✕

210 위반행위의 횟수에 따른 행정처분의 기준은 당해 위반행위가 있은 이전 최근 2년간 동일성 여부와 관계없이 위반행위로 행정처분을 받은 누적 횟수에 적용한다.

> **해설**
>
> 동일성 여부와 관계없이 → 같은 (영 제25조 별표5) **정답** ✕

211 경비지도사에 대한 자격정지처분을 할 경우 위반행위의 동기, 내용 및 위반의 정도 등을 고려하여 가중하거나 감경할 수 있다.

> **해설**
>
> 경비업자에 대한 영업정지처분과 달리 경비지도사에 대한 자격정지처분은 가중하거나 감경하지 않는다. (영 제24조 별표4, 제25조 별표5 참조) **정답** ✕

212 경비협회를 설립하고자 할 때에는 경비업자 5인 이상이 발기인이 되어야 한다.

해설

경비협회 설립시 요구되던 발기인 5인 이상의 요건은 2014. 12. 30. 개정법에서 폐지되었다. 그러므로 현행법에 의하면 발기인 없이 경비협회를 설립할 수 있다. (영 제26조 제1항) **정답** ✕

213 경비협회는 행정안전부령이 정하는 바에 의하여 회원으로부터 회비를 징수할 수 있다.

해설

행정안전부령 → 정관 (영 제26조 제2항) **정답** ✕

214 경비협회는 공제사업의 회계를 다른 사업의 회계와 통합하여 경리하여야 한다.

해설

통합하여 → 구분하여 (영 제27조 제1항) **정답** ✕

215 경비협회는 경비업자의 손해배상책임의 보장 외의 목적으로 공제사업을 운영하여서는 아니된다.

해설

영 제27조 제2항의 내용이나, 동규정은 2015. 10. 20. 삭제되었다. 따라서 현재는 '운영할 수 있다'고 할 것이다. **정답** ✕

216 경비업의 허가를 받은 자가 추가·변경허가를 받고자 하는 경우에는 수수료를 납부하여야 하나, 갱신허가를 받고자 하는 경우에는 수수료를 납부하지 않는다.

해설

갱신허가의 경우에도 수수료를 납부하여야 한다. (영 제28조 제1항 제1호) **정답** ✕

217 경비업의 갱신허가를 받고자 하는 경우에는 2천원의 수수료를 납부하여야 한다.

해설

2천원 → 1만원 (영 제28조 제1항 제1호) **정답** ✕

218 경비업의 허가를 받고자 하는 경우에는 1만원의 수수료를 납부하여야 하며, 수수료는
정보통신망을 이용하여 전자화폐·전자결제 등의 방법으로 납부한다.

> **해설** ▶

수수료는 허가신청서에 수입인지를 첨부하여 납부한다. 다만, 경찰청장 및 시·도경찰청장은 정보통신망
을 이용하여 전자화폐·전자결제 등의 방법으로 수수료를 납부하게 할 수 있다. (영 제28조 제1항 제1호,
제2항, 제5항)   **정답** ✕

219 경비업의 허가사항의 변경신고로 인하여 허가증을 재교부 받고자 하는 경우에는
1만원의 수수료를 납부하여야 한다.

> **해설** ▶

1만원 → 2천원 (영 제28조 제1항 제2호)   **정답** ✕

220 시험에 응시하고자 하는 자는 행정안전부령으로 정하여 고시하는 수수료를 납부하여
야 한다.

> **해설** ▶

행정안전부령으로 → 경찰청장이 (영 제28조 제3항)   **정답** ✕

221 경비지도사시험 응시수수료를 과오납한 경우에는 경찰청장은 과오납한 금액의 100
분의 50을 반환하여야 한다.

> **해설** ▶

100분의 50 → 전액 (영 제28조 제4항 제1호)   **정답** ✕

222 경찰청장은 시험에 응시하고자 하는 자가 응시수수료를 과오납한 경우 납부한 응시
수수료 전액을 반환하여야 한다.

> **해설** ▶

납부한 응시수수료 전액 → 과오납한 금액 전액 (영 제28조 제4항 제1호)   **정답** ✕

223 경찰청장은 시험에 응시하고자 하는 자가 시험시행기관의 귀책사유로 시험에 응시하지 못한 경우에는 응시수수료 배액을 반환하여야 한다.

> 해설

배액 → 전액 (영 제28조 제4항 제2호)

 ✕

224 시험에 응시하고자 하는 자의 귀책사유로 시험에 응시하지 못한 경우 납부한 응시수수료 전액을 반환받는다.

> 해설

응시수수료 전액을 반환받는다 → 응시수수료를 반환받지 못한다 (영 제28조 제4항 제2호 참조)

 ✕

225 경찰청장은 시험시행일 20일 전까지 접수를 취소하는 경우에는 응시수수료의 50%를 반환하여야 한다.

> 해설

응시수수료의 50%를 → 응시수수료 전액을 (영 제28조 제4항 제3호)

 ✕

226 시·도경찰청장은 경비지도사 시험시행일 20일 전까지 접수를 취소하는 경우 응시수수료 전액을 반환하여야 한다.

> 해설

시·도경찰청장 → 경찰청장 (영 제28조 제4항 제3호)

 ✕

227 경찰청장은 시험시행일 3일 전까지 접수를 취소하는 경우에는 응시수수료의 100분의 50을 반환하여야 한다.

> 해설

3일 전 → 10일 전 (영 제28조 제4항 제4호)

 ✕

228 관할경찰서장은 정보통신망을 이용하여 전자화폐·전자결제 등의 방법으로 수수료를 납부하게 할 수 있다.

> **해설**
>
> 관할경찰서장 → 경찰청장 및 시·도경찰청장 (영 제28조 제5항)　　　　　　**정답** ✕

229 관할경찰서장은 특수경비업자에 대하여 연 1회 이상의 보안지도·점검을 실시하여야 한다.

> **해설**
>
> 관할경찰서장 → 시·도경찰청장 / 연 1회 → 연 2회 (영 제29조)　　　　　　**정답** ✕

230 시·도경찰청장은 기계경비업자에 대하여 연 2회 이상의 안전지도·점검을 실시하여야 한다.

> **해설**
>
> 기계경비업자 → 특수경비업자 / 안전지도 → 보안지도 (영 제29조)　　　　　**정답** ✕

231 시·도경찰청장은 행사장에서 혼잡으로 인한 위험의 발생을 방지하기 위하여 경비원에 의한 경비가 필요하다고 인정되는 때에는 행사개최일 전에 경비업자에게 경비원에 의한 경비를 실시하거나 부득이한 사유로 그것을 실시할 수 없는 경우에는 행사개최 48시간 전까지 시·도경찰청장에게 그 사실을 통지하여 줄 것을 요청할 수 있다.

> **해설**
>
> 경비업자에게 → 당해 행사의 주최자에게 / 48시간 전까지 → 24시간 전까지 (영 제30조)
>
> **정답** ✕

232 경찰청장은 경비지도사 자격증의 교부에 관한 권한을 시·도경찰청장에게 위임한다.

> **해설**
>
> 경비지도사 자격증의 교부에 관한 권한은 위임할 수 없는 권한이다. (영 제31조 제1항 참조)
>
> **정답** ✕

233 경찰청장은 경비업 허가의 취소 및 영업정지에 관한 권한, 경비지도사 자격의 취소 및 정지에 관한 청문의 권한을 시·도경찰청장에게 위임한다.

> **해설**
>
> 경비업 허가의 취소 및 영업정지에 관한 권한 → 경비지도사의 자격의 취소 및 정지에 관한 권한 (영 제31조 제1항)   **정답** ✕

234 경비업의 허가권한, 경비협회의 공제사업에 대한 금융감독원장의 검사요청권한 등은 경찰청장이 시·도경찰청장에게 위임한 권한에 해당한다.

> **해설**
>
> 해당한다 → 해당하지 않는다 (영 제31조 제1항 참조)   **정답** ✕

235 경찰청장의 권한 중 시·도경찰청장에게 위임할 수 있는 권한에 경비지도사시험의 관리 및 경비지도사의 교육에 관한 권한은 해당하지 않는다.

> **해설**
>
> 영 제31조 참조   **정답** ○

236 경찰청장 또는 경찰관서장은 경비지도사시험의 관리와 경비지도사의 교육에 관한 업무를 경비업무에 관한 인력과 전문성을 갖춘 기관으로서 경찰관서장이 지정하여 고시하는 기관 또는 단체에 위임할 수 있다.

> **해설**
>
> 경찰관서장이 지정 → 경찰청장이 지정 / 위임할 수 있다 → 위탁한다 (영 제31조 제2항)   **정답** ✕

237 경찰청장 등이 처리할 수 있는 민감정보 및 고유식별정보에는 건강에 관한 정보, 범죄경력자료에 해당하는 정보, 주민등록번호·외국인등록번호가 포함된 자료, 신용카드사용내역이 포함된 자료 등이 있다.

> **해설**
>
> '신용카드사용내역이 포함된 자료'는 경찰청장 등이 처리할 수 있는 민감정보 및 고유식별정보가 아니다. (영 제31조의2 참조)   **정답** ✕

238 경찰청장, 시·도경찰청장, 경찰서장 및 경찰관서장은 경비협회의 설립에 관한 사무, 공제사업에 관한 사무 등을 수행하기 위하여 민감정보 및 고유식별정보를 처리할 수 있다.

 해설

처리할 수 있다 → 처리할 수 없다 (영 제31조의2 참조)   정답 ✕

239 경찰청장, 시·도경찰청장, 경찰서장 및 경찰관서장은 경비업의 허가 및 갱신허가에 관한 사무 등을 수행하기 위하여 불가피한 경우 「개인정보 보호법 시행령」에 따른 주민등록번호 또는 외국인 등록번호가 포함된 자료를 처리할 수 있다.

해설

영 제31조의2 제1호   정답 ○

240 시·도경찰청장은 임원·경비지도사·경비원의 결격사유 확인에 관한 사무를 수행하기 위하여 불가피한 경우 개인정보 보호법령에 따른 건강에 관한 정보와 범죄경력자료에 해당하는 정보를 처리할 수 있다.

해설

영 제31조의2 제1의2호   정답 ○

241 경찰청장, 시·경찰청장 등은 경비지도사 시험 등에 관한 사무, 경비지도사의 지도·감독에 관한 사무를 수행하기 위하여 불가피한 경우 개인정보 보호법령상 건강에 관한 정보, 범죄경력자료에 해당하는 정보, 주민등록번호가 포함된 자료를 처리할 수 있다.

해설

건강에 관한 정보, 범죄경력자료에 해당하는 정보는 처리할 수 없다. (영 제31조의2 제2호·제8호)

정답 ✕

242 경찰서장 및 경찰관서장은 경비원의 복장·장비에 관한 사무, 경비원 배치허가에 관한 사무 등을 수행하기 위하여 불가피한 경우 「개인정보 보호법 시행령」에 따른 주민등록번호가 포함된 자료를 처리할 수 있다.

> **해설**
>
> 경비원의 복장·장비에 관한 사무 → 경비원의 교육에 관한 사무 (영 제31조의2 제3호·제6호)
>
> **정답** ✕

243 시·도경찰청장은 특수경비원의 직무 및 무기사용 등에 관한 사무를 수행하기 위하여 불가피한 경우 「개인정보 보호법」에 따른 범죄경력자료에 해당하는 정보를 처리할 수 있다.

> **해설**
>
> 범죄경력자료에 해당하는 정보 → 건강에 관한 정보 (영 제31조의2 제4호)
>
> **정답** ✕

244 시·도경찰청장은 일반경비원의 직무 및 장비사용에 관한 사무 등을 수행하기 위하여 불가피한 경우 개인정보 보호법령에 따른 건강에 관한 정보와 주민등록번호 또는 외국인등록번호가 포함된 자료를 처리할 수 있다.

> **해설**
>
> 일반경비원의 직무 및 장비사용에 관한 사무 → 특수경비원의 직무 및 무기사용에 관한 사무 (영 제31조의2 제4호)
>
> **정답** ✕

245 경비업 허가의 취소에 따른 행정처분에 관한 사무는 경비업법령상 민감정보 및 고유식별정보를 처리할 수 있는 사무에 해당한다.

> **해설**
>
> 영 제31조의2 제7호
>
> **정답** ○

246 시·도경찰청장은 특수경비업자에 대한 보안지도·점검 및 보안측정에 관한 사무를 수행하기 위하여 불가피한 경우 개인정보 보호법령에 따른 건강에 관한 정보를 처리할 수 있다.

> **해설**
>
> 건강에 관한 정보 → 범죄경력자료에 해당하는 정보 (영 제31조의2 제9호)
>
> **정답** ✕

247 기계경비운영체계의 오작동여부 확인에 관한 사무는 경비업법령상 민감정보 및 고유식별정보를 처리할 수 있는 사무에 해당한다.

> **해설**
>
> 해당한다 → 해당하지 않는다 (영 제31조의2 참조)　　　　**정답** ×

248 시·도경찰청장은 경비업의 시설 등의 기준, 집단민원현장 배치 불허가 기준에 대하여 5년마다 그 타당성을 검토하여 개선 등의 조치를 하여야 한다.

> **해설**
>
> 시·도경찰청장 → 경찰청장 / 5년마다 → 3년마다 (영 제31조의3)　　　　**정답** ×

249 집단민원현장 배치허가 기준, 행정처분 기준, 과태료 부과기준, 경비원이 휴대하는 무기 등은 경비업법령상 규제의 재검토 사항에 해당한다.

> **해설**
>
> 해당한다 → 해당하지 않는다 (영 제31조의3, 규칙 제27조의2)　　　　**정답** ×

250 벌금형의 부과기준은 경찰청장이 3년마다 타당성을 검토하여 개선 등의 조치를 해야 하는 규제사항이다.

> **해설**
>
> 벌금형의 부과기준은 규제의 재검토 사항이 아니다. (영 제31조의3 참조)　　　　**정답** ×

251 경비원 배치신고를 하지 않고 1개월 이내의 기간을 경과한 경우에는 100만원의 과태료를 부과한다.

> **해설**
>
> 100만원 → 50만원 (영 제32조 제1항 별표6 제1호 가목)　　　　**정답** ×

252 영업을 폐업하거나 휴업한 후 신고를 하지 않고 12개월을 초과한 경우에는 300만원의 과태료를 부과한다.

> **해설**

300만원 → 400만원 (영 제32조 제1항 별표6 제1호 라목) **정답** ✕

253 법인의 주사무소를 이전하고 12개월 초과의 기간이 경과하고도 신고하지 않은 경우에는 300만원의 과태료를 부과한다.

> **해설**

300만원 → 400만원 (영 제32조 제1항 별표6 제1호 라목) **정답** ✕

254 경비대행업자 지정신고를 허위로 신고한 경우에는 300만원의 과태료를 부과한다.

> **해설**

300만원 → 400만원 (영 제32조 제1항 별표6 제2호 가목) **정답** ✕

255 특수경비업자가 경비대행업자 지정신고를 하지 않은 경우에는 1회 위반시 100만원, 2회 위반시 200만원, 3회 이상 위반시 400만원의 과태료를 부과한다.

> **해설**

지정신고를 하지 않은 경우에는 위반 횟수에 관계없이 과태료 금액이 동일하다. 즉, 허위로 신고한 경우 400만원, 그 밖의 사유로 신고하지 않은 경우에는 300만원이다. (영 제32조 제1항 별표6 제2호)

정답 ✕

256 기계경비업자가 계약상대방에게 설명의무를 이행하지 않은 경우 1회 위반시 100만원, 2회 위반시 200만원, 3회 이상 위반시 300만원의 과태료를 부과한다.

> **해설**

3회 이상 위반시 400만원이다. (영 제32조 제1항 별표6 제3호) **정답** ✕

257 결격사유에 해당하는 경비원을 배치하거나 결격사유에 해당하는 경비지도사를 선임·배치한 경우 1회 위반시 600만원, 2회 위반시 1200만원, 3회 이상 위반시 2400만원의 과태료를 부과한다.

> **해설**
>
> 1회 위반시 100만원, 2회 위반시 200만원, 3회 이상 위반시 400만원이다. (영 제32조 제1항 별표6 제4호)
>
> **정답** ✕

258 경비지도사를 선임하지 아니한 경우에는 1회 위반시 50만원, 2회 위반시 100만원, 3회 이상 위반시 200만원의 과태료를 부과한다.

> **해설**
>
> 1회 위반시 100만원, 2회 위반시 200만원, 3회 이상 위반시 400만원이다. (영 제32조 제1항 별표6 제5호)
>
> **정답** ✕

259 무기를 대여받은 시설주가 관할경찰관서장의 감독상 필요한 명령을 정당한 이유 없이 이행하지 아니한 경우에는 300만원의 과태료를 부과한다.

> **해설**
>
> 300만원 → 500만원 (영 제32조 제1항 별표6 제6호)
>
> **정답** ✕

260 관할경찰관서장이 무기의 적정 관리를 위하여 무기를 대여받은 시설주에 대하여 감독상 필요한 명령을 하였으나 정당한 이유 없이 이행하지 않은 경우에는 위반 횟수에 관계없이 부과되는 과태료 금액은 500만원으로 동일하다.

> **해설**
>
> 영 제32조 제1항 별표6 제6호
>
> **정답** ○

261 복장 등에 관한 신고규정을 위반하여 신고를 하지 않은 경우 1회 위반시 50만원, 2회 위반시 100만원, 3회 이상 위반시 200만원의 과태료를 부과한다.

> **해설**
>
> 1회 위반시 100만원, 2회 위반시 200만원, 3회 이상 위반시 400만원이다. (영 제32조 제1항 별표6 제7호)
>
> **정답** ✕

262 경비원의 복장에 관한 신고를 하지 않고 집단민원현장에 경비원을 배치한 경우 1회 위반시 100만원, 2회 위반시 200만원, 3회 이상 위반시 400만원의 과태료를 부과한다.

> **해설**
>
> 1회 위반시 600만원, 2회 위반시 1200만원, 3회 이상 위반시 2400만원이다. (영 제32조 제1항 별표6 제8호)
>
> **정답** ✕

263 이름표를 부착하게 하지 않거나, 신고된 동일 복장을 착용하게 하지 않고 경비원을 경비업무에 배치한 경우 1회 위반시 600만원, 2회 위반시 1200만원, 3회 이상 위반시 2400만원의 과태료를 부과한다.

> **해설**
>
> 1회 위반시 100만원, 2회 위반시 200만원, 3회 이상 위반시 400만원이다. (영 제32조 제1항 별표6 제9호)
>
> **정답** ✕

264 이름표를 부착하게 하지 않거나, 신고된 동일 복장을 착용하게 하지 않고 집단민원현장에 경비원을 배치한 경우 1회 위반시 100만원, 2회 위반시 200만원, 3회 이상 위반시 400만원의 과태료를 부과한다.

> **해설**
>
> 1회 위반시 600만원, 2회 위반시 1200만원, 3회 이상 위반시 2400만원이다. (영 제32조 제1항 별표6 제10호)
>
> **정답** ✕

265 경비원 명부를 비치하지 아니한 경우 1회 위반시 50만원, 2회 위반시 100만원, 3회 이상 위반시 200만원의 과태료를 부과한다.

> **해설**
>
> 1회 위반시 100만원, 2회 위반시 200만원, 3회 이상 위반시 400만원이다. (영 제32조 제1항 별표6 제11호 가목)
>
> **정답** ✕

266 경비원 명부를 작성하지 아니한 경우에는 1회 위반시 100만원, 2회 위반시 200만원, 3회 이상 위반시 400만원의 과태료를 부과한다.

> **해설**
> 1회 위반시 50만원, 2회 위반시 100만원, 3회 이상 위반시 200만원이다. (영 제32조 제1항 별표6 제11호 나목)
> **정답** ✕

267 집단민원현장에 배치되는 일반경비원의 명부를 그 배치 장소에 비치하지 않은 경우 1회 위반시 300만원, 2회 위반시 600만원, 3회 이상 위반시 1200만원의 과태료를 부과한다.

> **해설**
> 1회 위반시 600만원, 2회 위반시 1200만원, 3회 이상 위반시 2400만원이다. (영 제32조 제1항 별표6 제12호 가목)
> **정답** ✕

268 집단민원현장에 배치되는 일반경비원의 명부를 작성하지 않은 경우 1회 위반시 600만원, 2회 위반시 1200만원, 3회 이상 위반시 2400만원의 과태료를 부과한다.

> **해설**
> 1회 위반시 300만원, 2회 위반시 600만원, 3회 이상 위반시 1200만원이다. (영 제32조 제1항 별표6 제12호 나목)
> **정답** ✕

269 배치허가를 받지 않고 경비원을 배치한 경우 1회 위반시 1000만원, 2회 위반시 2000만원, 3회 이상 위반시 4000만원의 과태료를 부과한다.

> **해설**
> 3회 이상 위반시 3000만원이다. (영 제32조 제1항 별표6 제13호)
> **정답** ✕

270 경비원 명단 및 배치일시·배치장소 등 배치허가 신청의 내용을 거짓으로 한 경우 1회 위반시 100만원, 2회 위반시 200만원, 3회 이상 위반시 400만원의 과태료를 부과한다.

> **해설**
> 1회 위반시 1000만원, 2회 위반시 2000만원, 3회 이상 위반시 3000만원이다. (영 제32조 제1항 별표6 제13호)
> **정답** ✕

271 경비원의 근무상황을 기록하여 보관하지 않은 경우 1회 위반시 100만원, 2회 위반시 200만원, 3회 위반시 400만원의 과태료를 부과한다.

> **해설**
>
> 1회 위반시 50만원, 2회 위반시 100만원, 3회 이상 위반시 200만원이다. (영 제32조 제1항 별표6 제14호)
>
> **정답** ✕

272 신임교육을 이수하지 않은 자를 신변보호업무 중 집단민원현장의 일반경비원으로 배치한 경우 1회 위반시 300만원, 2회 위반시 600만원, 3회 이상 위반시 1200만원의 과태료를 부과한다.

> **해설**
>
> 1회 위반시 600만원, 2회 위반시 1200만원, 3회 이상 위반시 2400만원이다. (영 제32조 제1항 별표6 제15호)
>
> **정답** ✕

273 신임교육을 이수하지 않은 자를 특수경비원으로 배치한 경우 1회 위반시 1000만원, 2회 위반시 2000만원, 3회 이상 위반시 3000만원의 과태료를 부과한다.

> **해설**
>
> 1회 위반시 600만원, 2회 위반시 1200만원, 3회 이상 위반시 2400만원이다. (영 제32조 제1항 별표6 제15호)
>
> **정답** ✕

274 시·도경찰청장 또는 경찰관서장은 질서위반행위자의 성별·건강상태·환경 등을 고려하여 과태료 금액의 100분의 50의 범위에서 경감하거나 가중할 수 있다.

> **해설**
>
> 성별·건강상태·환경 → 연령·재산상태·환경 (영 제32조 제2항, 질서위반행위규제법 제14조 제3호)
>
> **정답** ✕

경비업법 시행규칙

01 경비업자는 호송경비업무를 수행하기 위하여 관할경찰서의 협조를 얻고자 하는 때에는 현금 등의 운반을 위한 출발 전일까지 도착지의 경찰서장에게 호송경비통지서를 제출하여야 한다.

> **해설**
>
> 도착지 → 출발지 (규칙 제2조)　　　　　　　　　　　　　　　　　　　**정답** ✕

02 경비업자는 호송경비업무를 수행하기 위하여 관할경찰서의 협조를 얻고자 하는 때에는 현금 등의 운반을 위한 출발일까지 출발지의 경찰서장에게 호송경비통지서를 제출하여야 한다.

> **해설**
>
> 출발일까지 → 출발 전일까지 (규칙 제2조)　　　　　　　　　　　　　**정답** ✕

03 호송경비통지서는 전자문서로 된 통지서를 포함한다.

> **해설**
>
> 규칙 제2조 참조　　　　　　　　　　　　　　　　　　　　　　　　　**정답** ○

04 경비업의 허가를 받으려는 경우에는 경비업 허가신청서에 ① 법인의 등기사항증명서, ② 법인 대표자의 이력서, ③ 자본금의 확보계획서를 첨부하여 법인의 주사무소를 관할하는 시·도경찰청장 또는 해당 시·도경찰청 소속의 경찰서장에게 제출하여야 한다.

> **해설**
>
> 허가신청서에 ① 법인의 정관, ② 법인 임원의 이력서, ③ 경비인력·시설 및 장비의 확보계획서(경비업 허가의 신청시 이를 갖출 수 없는 경우에 한한다)를 첨부한다. (규칙 제3조 제1항)　　**정답** ✕

05 경비업 허가신청서 또는 갱신허가신청서를 제출받은 시·도경찰청장은 경비업법상 행정정보의 공동이용을 통하여 법인의 납세증명서를 확인하여야 한다.

> **해설**
>
> 경비업법 → 전자정부법 / 납세증명서 → 등기사항증명서 (규칙 제3조 제2항, 제6조 제2항)
>
> **정답** ✕

06 경비업 허가를 받은 법인의 명칭이 변경되어 신고를 하는 경우에는 경비업 허가사항 등의 변경신고서에 허가증 사본을 첨부하여 법인의 주사무소를 관할하는 시·도경찰 청장 또는 해당 시·도경찰청 소속의 경찰서장에게 제출하여야 한다.

> **해설**
>
> 허가증 사본 → 허가증 원본 (규칙 제5조 제2항 제1호)
>
> **정답** ✕

07 법인의 명칭·대표자·임원, 법인의 주사무소·출장소가 변경되어 경비업 허가사항 등의 변경신고서 제출시 허가증 원본을 첨부하여야 한다.

> **해설**
>
> 법인 임원 변경시에는 허가증 원본을 첨부하지 않는다. (규칙 제5조 제2항 제3호 참조)
>
> **정답** ✕

08 경비업의 갱신허가를 받으려는 자는 허가의 유효기간 만료일 15일 전까지 경비업 갱신허가신청서에 허가증 원본 및 정관(변경사항이 있는 경우만 해당한다)을 첨부하 여 법인의 주사무소를 관할하는 시·도경찰청장 또는 해당 시·도경찰청 소속의 경찰서 장에게 제출하여야 한다.

> **해설**
>
> 15일 → 30일 (규칙 제6조 제1항)
>
> **정답** ✕

09 정관을 변경하지 아니한 경비업체가 갱신허가를 받고자하는 경우에는 유효기간 만료일 30일 전까지 경비업 갱신허가신청서에 허가증 원본과 정관을 첨부하여 제출하여야 한다.

> **해설**
>
> 정관을 변경하지 아니한 경비업체는 정관을 첨부하지 않는다. (규칙 제6조 제1항 참조)
>
> **정답** ✕

10 경비업 갱신허가신청서를 제출받은 담당공무원은 경비업법에 따른 행정정보의 공동
이용을 통하여 법인의 등기사항증명서를 확인하여야 한다.

> **해설**
>
> 담당공무원은 경비업법 → 시·도경찰청장은 전자정부법 (규칙 제6조 제2항)   **정답** ✕

11 경찰청장은 경비업의 갱신허가를 하는 때에는 유효기간이 만료되는 허가증을 회수하
여야 한다.

> **해설**
>
> 경찰청장 → 시·도경찰청장 (규칙 제6조 제3항)   **정답** ✕

12 경비업자는 집단민원현장에 선임·배치된 경비지도사로 하여금 경비원의 의무 위반
행위에 대한 처벌을 하도록 하여야 한다.

> **해설**
>
> 의무 위반행위에 대한 처벌을 → 의무 위반행위 예방 및 제지를 (규칙 제6조의2 제1호)   **정답** ✕

13 관할경찰서장은 집단민원현장에 선임·배치된 경비지도사로 하여금 경비원의 복장
착용 등에 대한 지도·감독의 직무를 수행하도록 하여야 한다.

> **해설**
>
> 관할경찰서장은 → 경비업자는 (규칙 제6조의2 제2호)   **정답** ✕

14 경비업자는 집단민원현장에 선임·배치된 경비지도사로 하여금 출동차량에 대한
지도·감독의 직무를 수행하도록 하여야 한다.

> **해설**
>
> 출동차량에 대한 → 경비원의 장비 휴대 및 사용에 대한 (규칙 제6조의2 제3호)   **정답** ✕

15 경비업자는 집단민원현장에 선임·배치된 경비지도사로 하여금 집단민원현장의 경비원 명부를 작성하도록 하여야 한다.

> **해설**
>
> 집단민원현장의 경비원 명부를 작성하도록 하여야 한다 → 집단민원현장에 비치된 경비원 명부의 관리를 하도록 하여야 한다 (규칙 제6조의2 제4호)　　**정답** ✕

16 특수경비원이 되고자 하는 사람은 팔과 다리가 완전하고 두 눈의 맨눈시력(교정시력 포함)이 각각 0.8 이상이 되어야 한다.

> **해설**
>
> 맨눈시력(교정시력 포함)이 각각 0.8 이상 → 맨눈시력이 각각 0.2 이상 또는 교정시력이 각각 0.8 이상 (규칙 제7조)　　**정답** ✕

17 경비지도사시험에 응시하고자 하는 자는 응시원서(전자문서로 된 원서를 포함한다)를 경찰청장에게 제출하여야 한다.

> **해설**
>
> 경찰청장에게 → 시험관리기관에 (규칙 제8조)　　**정답** ✕

18 일반경비지도사의 교육시간은 88시간이다.

> **해설**
>
> 88시간 → 44시간 (규칙 제9조 제1항)　　**정답** ✕

19 일반경비지도사와 기계경비지도사의 공통교육 과목으로는 경비업법, 경찰관직무집행법, 청원경찰법 등이 있다.

> **해설**
>
> 규칙 제9조 제1항 별표1　　**정답** ○

20 ① 테러 대응요령, ② 체포·호신술, ③ 분사기 사용법, ④ 호송경비, ⑤ 신변보호 등의 과목은 일반경비지도사와 기계경비지도사의 공통교육 과목에 해당한다.

> **해설**
>
> ④ 호송경비, ⑤ 신변보호 과목은 일반경비지도사만의 교육과목에 해당한다. (규칙 제9조 제1항 별표1)
>
> **정답** ✕

21 인력경비개론은 일반경비지도사의 교육과목이며, 기계경비개론은 기계경비지도사의 교육과목이다.

> **해설**
>
> 인력경비개론 → 기계경비개론 / 기계경비개론 → 인력경비개론 (규칙 제9조 제1항 별표1)
>
> **정답** ✕

22 '일반경비현장실습'은 일반경비지도사의 교육과목이며, '기계경비현장실습'은 기계경비지도사의 교육과목이다.

> **해설**
>
> 규칙 제9조 제1항 별표1
>
> **정답** ○

23 경비지도사 교육과목 중 테러대응요령, 화재대처법, 응급처치법, 체포·호신술의 교육시간은 모두 3시간씩으로 동일하다.

> **해설**
>
> 화재대처법의 교육시간은 2시간이다. (규칙 제9조 제1항 별표1)
>
> **정답** ✕

24 경비업법, 경찰관직무집행법, 청원경찰법, 헌법 및 형사법, 범죄예방론 등은 경비지도사 교육과목에 해당한다.

> **해설**
>
> 헌법 및 형사법, 범죄예방론은 특수경비원 신임교육과목에 해당한다. (규칙 제9조 제1항 별표1, 제15조 제1항 별표4 참조)
>
> **정답** ✕

25 기계경비지도사 자격증 취득자가 자격증 취득일부터 5년 이내에 일반경비지도사 시험에 합격하여 교육을 받을 경우에는 공통교육을 면제한다.

> **해설**
>
> 5년 → 3년 (규칙 제9조 제1항 별표1 비고)　　　　　　　　　　　　　　　**정답** ✕

26 일반경비지도사 합격자가 합격일부터 3년 이내에 기계경비지도사 시험에 합격하여 교육을 받을 경우에는 공통교육을 면제한다.

> **해설**
>
> 합격자가 합격일부터 → 자격증 취득자가 자격증 취득일부터 (규칙 제9조 제1항 별표1 비고)
>
> 　　　　　　　　　　　　　　　　　　　　　　　　　　　　　　　**정답** ✕

27 일반경비지도사 자격증 취득자가 자격증 취득일부터 3년 이내에 기계경비지도사 시험에 합격하여 교육을 받을 경우, 받아야 하는 교육과목은 체포·호신술, 예절 및 인권교육, 기계경비운용관리, 기계경비기획및설계이다.

> **해설**
>
> 체포·호신술, 예절 및 인권교육 → 인력경비개론, 기계경비현장실습 (규칙 제9조 제1항 별표1)
>
> 　　　　　　　　　　　　　　　　　　　　　　　　　　　　　　　**정답** ✕

28 경비지도사의 교육에 소요되는 비용은 경비업자의 부담으로 한다.

> **해설**
>
> 경비업자 → 경비지도사의 교육을 받는 자 (규칙 제9조 제2항)　　　　　　**정답** ✕

29 경비업법에 따른 경비업무에 7년 이상(특수경비업무의 경우에는 3년 이상) 종사하고 고등교육법에 의한 전문대학 이상의 교육기관에서 64시간 이상의 경비업무관련 과정을 마친 사람은 경비지도사 1차 시험을 면제한다.

> **해설**
>
> 64시간 → 1년 (규칙 제10조 제1호)　　　　　　　　　　　　　　　　**정답** ✕

30 경비업법에 따른 경비업무에 7년 이상(특수경비업무의 경우에는 3년 이상) 종사하고 경찰청장이 지정하는 기관 또는 단체에서 실시하는 44시간 이상의 경비지도사 양성과정을 마치고 수료시험에 합격한 사람은 경비지도사 제1차시험을 면제한다.

> **해설**
>
> 44시간 → 64시간 (규칙 제10조 제2호)　　　　　　　　　　　　**정답** ✕

31 경찰청장은 경비지도사시험에 합격한 사람에게는 경비지도사자격증 교부대장에 정해진 사항을 기재한 후, 경비지도사 자격증을 교부해야 한다.

> **해설**
>
> 경비지도사시험에 합격하고 경비지도사 교육을 받은 사람에게 자격증을 교부한다. (규칙 제11조 참조)
>
> **정답** ✕

32 신임교육의 시간은 일반경비원의 경우는 28시간, 특수경비원의 경우는 69시간이다.

> **해설**
>
> 28시간 → 24시간 / 69시간 → 88시간 (규칙 제12조 제1항·제15조 제1항 참조)　**정답** ✕

33 일반경비원의 신임교육 시간은 이론교육 6시간, 실무교육 18시간이다.

> **해설**
>
> 이론교육 4시간, 실무교육 19시간, 기타(입교식 및 수료식) 1시간이다. (규칙 제12조 제1항 별표2)
>
> **정답** ✕

34 경비업법령상 일반경비원 신임교육의 이론교육 과목으로는 경비업법, 법죄예방론, 경찰관직무집행법, 청원경찰법, 형사법 등이 있다.

> **해설**
>
> 경찰관직무집행법, 청원경찰법, 형사법은 포함되지 않는다. (규칙 제12조 제1항 별표2)　**정답** ✕

35 일반경비원의 신임교육시 실무교육 과목으로 시설경비실무, 호송경비실무, 신변보호실무, 특수경비실무 등이 있다.

해설

특수경비실무 → 기계경비실무 (규칙 제12조 제1항 별표2)   정답 ✕

36 일반경비원 신임교육 과목 중 사고예방대책, 체포·호신술, 장비사용법, 직업윤리 및 서비스의 교육시간은 모두 3시간씩으로 동일하다.

해설

장비사용법의 교육시간은 2시간이다. (규칙 제12조 제1항 별표2)   정답 ✕

37 시·도경찰청장은 일반경비원에 대한 신임교육의 실시를 위하여 연도별 교육계획을 수립하고, 일반경비원 신임교육 기관 또는 단체가 교육계획에 따라 교육을 실시하도록 하여야 한다.

해설

시·도경찰청장 → 경찰청장 (규칙 제12조 제2항)   정답 ✕

38 관할경찰서장은 일반경비원 신임교육과정을 마친 사람에게 신임교육이수증을 교부하고 그 사실을 신임교육이수증 교부대장에 기록하여야 한다.

해설

관할경찰서장은 → 일반경비원 신임교육 기관 또는 단체의 장은 (규칙 제12조 제4항)   정답 ✕

39 일반경비원 신임교육기관 또는 단체는 일반경비원 신임교육과정을 마친 사람에게 신임교육 이수 확인증을 교부하고 그 사실을 교부대장에 기록해야 한다.

해설

신임교육 이수 확인증 → 신임교육 이수증 (규칙 제12조 제4항)   정답 ✕

40 일반경비원 신임교육기관은 신임교육과정을 마친 사람에게 신임교육 이수증을 교부하고 그 사실을 신임교육이수증 교부대장에 기록해야 하며, 교육기관, 교육일, 교육이수증 교부번호 등을 포함한 신임교육 이수자 현황을 시·도경찰청장에게 통보해야 한다.

> **해설**

시·도경찰청장 → 경찰청장 (규칙 제12조 제4항)   정답 ✕

41 경비업자는 일반경비원이 직무교육을 받은 때에는 경비원의 명부에 그 사실을 기재하여야 한다.

> **해설**

직무교육 → 신임교육 (규칙 제12조 제5항)   정답 ✕

42 경찰청장은 일반경비원 신임교육을 받은 사람이 요청하는 경우에는 신임교육 이수 확인증을 발급할 수 있다.

> **해설**

경찰청장 → 시·도경찰청장 또는 경찰서장 (규칙 제12조 제6항)   정답 ✕

43 일반경비업자는 소속 일반경비원에 대하여 매월 6시간 이상의 직무교육을 실시하여야 한다.

> **해설**

6시간 → 4시간 (규칙 제13조 제1항)   정답 ✕

44 일반경비원 또는 특수경비원에 대한 신임교육의 과목은 일반경비원 또는 특수경비원의 직무수행에 필요한 이론·실무과목, 그 밖에 정신교양 등으로 한다.

> **해설**

신임교육 → 직무교육 (규칙 제13조 제2항, 제16조 제3항)   정답 ✕

45 특수경비원 신임교육의 과정을 개설하고자 하는 기관 또는 단체는 관련 규정에 의한 시설 등을 갖추고 시·도경찰청장에게 지정을 요청하여야 한다.

해설

시·도경찰청장 → 경찰청장 (규칙 제14조 제1항)　　　　　　　　　　정답 ✕

46 특수경비원 신임교육의 과정을 개설하고자 하는 기관 또는 단체는 100인 이상 수용이 가능한 $132m^2$ 이상의 강의실을 갖추어야 한다.

해설

$132m^2$ → $165m^2$ (규칙 제14조 제1항 별표3)　　　　　　　　　정답 ✕

47 특수경비원 신임교육의 과정을 개설하고자 하는 기관 또는 단체는 감지장치·수신장치 및 관제시설을 갖춘 $123m^2$ 이상의 특수경비실습실을 갖추어야 한다.

해설

$123m^2$ → $132m^2$ / 특수경비실습실 → 기계경비실습실 (규칙 제14조 제1항 별표3)　정답 ✕

48 특수경비원 신임교육의 과정을 개설하고자 하는 기관 또는 단체는 무전기 등 통신장비를 갖춘 $132m^2$ 이상의 기계경비실습실을 갖추어야 한다.

해설

무전기 등 통신장비를 → 감지장치·수신장치 및 관제시설을 (규칙 제14조 제1항 별표3)

정답 ✕

49 특수경비원 신임교육의 과정을 개설하고자 하는 기관 또는 단체는 300인 이상이 동시에 사용할 수 있는 $132m^2$ 이상의 체육관 또는 운동장을 갖추어야 한다.

해설

300인 → 100인 / $132m^2$ → $330m^2$ (규칙 제14조 제1항 별표3)　　정답 ✕

50 특수경비원 신임교육의 과정을 개설하고자 하는 기관 또는 단체는 권총에 의한 실탄사격이 가능하고 20개 사로 이상을 갖춘 사격장을 갖추어야 한다.

> **해설**
>
> 권총 → 소총 / 20개 사로 → 10개 사로 (규칙 제14조 제1항 별표3)　　　**정답** ✕

51 고등교육법에 의한 대학 이상의 교육기관에서 교육과목 관련학과의 전임강사(전문 대학의 경우에는 부교수) 이상의 직에 1년 이상 종사한 경력이 있는 사람은 특수경비원 신임교육기관의 강사가 될 수 있다.

> **해설**
>
> 부교수 → 조교수 (규칙 제14조 제1항 별표3)　　　**정답** ✕

52 박사학위를 소지한 사람으로서 교육과목 관련 분야의 실무 경력이 있는 사람은 특수경비원 신임교육기관의 강사기준을 충족한다.

> **해설**
>
> 실무 경력이 → 연구 실적이 (규칙 제14조 제1항 별표3)　　　**정답** ✕

53 석사학위를 소지한 사람으로서 교육과목 관련 분야의 실무업무에 3년 이상 종사한 경력(학위 취득 전의 경력은 제외한다)이 있는 사람은 특수경비원 신임교육기관의 강사기준을 충족한다.

> **해설**
>
> 경력은 제외한다 → 경력을 포함한다 (규칙 제14조 제1항 별표3)　　　**정답** ✕

54 교육과목 관련 분야에서 공무원으로 3년 이상 근무한 경력이 있는 사람은 특수경비원에 대한 신임교육기관의 강사가 될 수 있다.

> **해설**
>
> 3년 → 5년 (규칙 제14조 제1항 별표3)　　　**정답** ✕

55 교육과목 관련 분야의 실무업무에 5년 이상 종사한 경력이 있는 사람은 특수경비원에 대한 신임교육기관의 강사가 될 수 있다.

> **해설**
>
> 5년 → 10년 (규칙 제14조 제1항 별표3)　　　**정답** ✕

56 체포·호신술 과목의 경우 무도사범의 자격이 있는 사람으로서 교육과목 관련 분야에서 1년 이상 실무 경력(자격 취득 전의 경력을 포함한다)이 있는 사람은 특수경비원 신임교육기관의 강사기준을 충족한다.

> **해설**

1년 → 2년 (규칙 제14조 제1항 별표3)

정답 ✕

57 폭발물 처리요령 및 예절교육 과목의 경우 교육과목 관련 분야에서 3년 이상 실무 경력이 있어야 특수경비원 신임교육기관의 강사가 될 수 있다.

> **해설**

3년 → 2년 (규칙 제14조 제1항 별표3)

정답 ✕

58 특수경비원에 신임교육의 과정을 개설하고자 하는 기관은 교육시설이 교육기관의 소유가 아닌 경우에는 임대 등을 통하여 교육기간동안 이용할 수 있도록 하여야 한다.

> **해설**

규칙 제14조 제1항 별표3 비고

정답 ○

59 시·도경찰청장은 시행규칙이 정한 기준에 적합한 경우 특수경비원 신임교육을 실시할 수 있는 기관 또는 단체를 지정할 수 있다.

> **해설**

시·도경찰청장 → 경찰청장 (규칙 제14조 제2항)

정답 ✕

60 경찰청장으로부터 특수경비원 신임교육기관으로 지정받은 기관은 신임교육 과정에서 필요한 경우 경찰청장에게 전문적인 소양을 갖춘 경찰관의 파견을 요청할 수 있다.

> **해설**

경찰청장에게 → 관할경찰관서장에게 (규칙 제14조 제3항)

정답 ✕

61 특수경비원 신임교육의 과목에는 경찰법·국가배상법 등이 포함되어야 한다.

> **해설**

경찰법·국가배상법 → 경비업법·경찰관직무집행법·청원경찰법 (규칙 제15조 제1항 별표4)　**정답** ✕

62 특수경비원 신임교육시 실무교육 과목에는 호송경비실무, 신변보호실무, 기계경비실무 등이 포함된다.

> **해설**

호송경비실무, 신변보호실무는 포함되지 않는다. (규칙 제15조 제1항 별표4)　**정답** ✕

63 특수경비원 신임교육 과목 중 폭발물처리요령, 정보보호 및 보안업무, 민방공, 체포·호신술의 교육시간은 모두 6시간씩으로 동일하다.

> **해설**

체포·호신술의 교육시간은 5시간이다. (규칙 제15조 제1항 별표4)　**정답** ✕

64 범죄예방론, 분사기 사용법, 화재대처법, 테러 대응요령, 교육기법 과목은 경비지도사 교육과 특수경비원 신임교육의 공통적인 교육과목에 해당한다.

> **해설**

'범죄예방론'은 경비지도사 교육과목에 해당하지 않으며, '교육기법'은 특수경비원 신임교육과목에 해당하지 않는다. (규칙 제9조 제1항 별표1, 제15조 제1항 별표4 참조)　**정답** ✕

65 신임교육의 과목 중 ① 경비업법, ② 청원경찰법, ③ 범죄예방론, ④ 기계경비실무, ⑤ 체포·호신술 과목은 일반경비원과 특수경비원의 공통과목이다.

> **해설**

② 청원경찰법은 특수경비원의 신임교육과목에 해당한다. (규칙 제12조 제1항, 제15조 제1항 참조)　**정답** ✕

66 경비업자는 특수경비원 신임교육과정을 마친 사람에게 신임교육이수증을 교부하고 그 사실을 신임교육이수증 교부대장에 기록해야 하며, 교육기관, 교육일, 교육이수증 교부번호 등을 포함한 신임교육 이수자 현황을 시·도경찰청장에게 통보해야 한다.

> **해설**

경비업자는 → 신임교육 기관 또는 단체의 장은 / 시·도경찰청장에게 → 경찰청장에게 (규칙 제15조 제2항)

정답 ✕

67 경비지도사는 특수경비원이 신임교육을 받은 때에는 경비원의 명부에 그 사실을 기재하여야 한다.

> **해설**

경비지도사는 → 경비업자는 (규칙 제15조 제3항)

정답 ✕

68 시·도경찰청장 또는 경찰서장은 특수경비원 신임교육을 받은 사람이 요청하는 경우에는 신임교육 이수증을 발급하여야 한다.

> **해설**

이수증을 발급하여야 한다 → 이수 확인증을 발급할 수 있다 (규칙 제15조 제4항)

정답 ✕

69 경비업자는 특수경비원 신임교육을 받은 사람이 요청하는 경우에는 신임교육 이수 확인증을 발급할 수 있다.

> **해설**

경비업자는 → 시·도경찰청장 또는 경찰서장은 (규칙 제15조 제4항)

정답 ✕

70 특수경비업자는 소속 특수경비원에 대하여 매년 4시간 이상의 직무교육을 실시하여야 한다.

> **해설**

매년 4시간 → 매월 6시간 (규칙 제16조 제1항)

정답 ✕

71 A특수경비업체에서 2개월 동안 근무한 甲(신임교육 대상 제외자 아님)이 경비업법령 상 특수경비원으로서 받았어야 할 신임교육과 직무교육의 시간을 합하면 최소 100시 간이다.

> **해설**
>
> (신임교육 88시간) + (직무교육 2×6시간) = 100시간 (규칙 제15조 제1항, 제16조 제1항)　**정답**　○

72 시·도경찰청장은 필요하다고 인정하는 경우에는 일반경비원이 배치된 경비대상시 설에 소속공무원을 파견하여 직무집행에 필요한 교육을 실시할 수 있다.

> **해설**
>
> 시·도경찰청장은 → 관할경찰관서장은 / 일반경비원 → 특수경비원 (규칙 제16조 제2항)　**정답**　×

73 무기를 대여받은 국가중요시설의 시설주는 무기의 관리를 위한 책임자를 지정하고 시·도경찰청장에게 이를 통보하여야 한다.

> **해설**
>
> 시·도경찰청장 → 관할경찰관서장 (규칙 제18조 제1항 제1호)　**정답**　×

74 국가중요시설 무기관리 책임자는 무기고 및 탄약고를 복층에 설치하고 환기·방습·방 화 및 총받침대 등의 시설을 갖추어야 한다.

> **해설**
>
> 복층 → 단층 (규칙 제18조 제1항 제2호)　**정답**　×

75 탄약고는 많은 사람이 오고 가는 곳에 설치하여 방범능력을 높혀야 한다.

> **해설**
>
> 탄약고는 많은 사람이 오고 가는 시설과 떨어진 곳에 설치하여야 한다. (규칙 제18조 제1항 제3호)
>
> **정답**　×

76 무기고 및 탄약고에는 이중 경보장치를 하여야 하며, 열쇠는 관할경찰서장이 보관하 되, 근무시간 이후에는 열쇠를 당직책임자에게 인계하여 보관시켜야 한다.

> **해설**
>
> 경보장치 → 잠금장치 / 관할경찰서장이 → 관리책임자가 (규칙 제18조 제1항 제4호)　**정답**　×

77 국가중요시설 무기관리 책임자는 무기의 관리실태를 매월 파악하여 다음 달 5일까지 관할경찰서장에게 통보하여야 한다.

해설

5일 → 3일 (규칙 제18조 제1항 제5호) 정답 ✕

78 시설주 또는 관리책임자는 대여받은 무기를 빼앗기거나 대여받은 무기가 분실·도난 또는 훼손되는 등의 사고가 발생한 때에는 관할시·도경찰청장에게 그 사유를 지체 없이 통보하여야 한다.

해설

관할시·도경찰청장 → 관할경찰관서장 (규칙 제18조 제1항 제6호) 정답 ✕

79 시설주 또는 관리책임자가 대여 받은 무기를 빼앗기거나 분실한 때에는 시·도경찰청 장이 정하는 바에 의하여 그 배액을 배상하여야 한다.

해설

시·도경찰청장 → 경찰청장 / 배액 → 전액 (규칙 제18조 제1항 제7호) 정답 ✕

80 시설주는 대여받은 무기를 빼앗기거나 대여받은 무기가 분실·도난 또는 훼손된 때에는 시·도경찰청장이 정하는 바에 의하여 그 전액을 배상하여야 하나, 전시·사변, 천재·지변 그 밖의 불가항력의 사유가 있다고 경찰청장이 인정한 때에는 그러하지 아니하다.

해설

시·도경찰청장 → 경찰청장 / 경찰청장 → 시·도경찰청장 (규칙 제18조 제1항 제7호) 정답 ✕

81 시설주는 자체계획을 수립하여 보관하고 있는 무기를 매월 1회 이상 손질할 수 있게 하여야 한다.

해설

매월 1회 → 매주 1회 (규칙 제18조 제1항 제8호) 정답 ✕

82 무기를 대여받은 국가중요시설의 시설주는 고의 또는 과실로 무기(부속품을 포함한다)를 빼앗기거나 무기가 분실·도난 또는 훼손되도록 한 특수경비원에 대하여 특수경비업자에게 교체 또는 징계 등의 조치를 요청하여야 한다.

> **해설** ▶
>
> 요청하여야 한다 → 요청할 수 있다 (규칙 제18조 제2항)　　**정답** ✕

83 특수경비원이 고의로 무기를 빼앗긴 경우 시설주 또는 관리책임자는 관할경찰관서장에게 당해 특수경비원에 대한 징계를 요청할 수 있다.

> **해설** ▶
>
> 관할경찰관서장 → 특수경비업자 (규칙 제18조 제2항)
>
> **정답** ✕

84 시설주가 특수경비원에게 탄약을 출납하는 경우 소총과 권총에 있어서 공히 1정당 15발 이내로 한다.

> **해설** ▶
>
> 소총은 1정당 15발 이내, 권총은 1정당 7발 이내로 한다. (규칙 제18조 제3항 제2호 참조)　**정답** ✕

85 무기를 대여 받은 시설주가 특수경비원에게 무기를 출납하고자 하는 때에는 탄약의 출납은 소총에 있어서는 1정당 20발 이내로 해야 한다.

> **해설** ▶
>
> 20발 → 15발 (규칙 제18조 제3항 제2호 참조)　　**정답** ✕

86 시설주가 특수경비원에게 무기를 출납하고자 하는 때에는 무기를 지급받은 특수경비원으로 하여금 무기를 매월 1회 이상 손질하게 하여야 한다.

> **해설** ▶
>
> 매월 1회 → 매주 1회 (규칙 제18조 제3항 제3호)　　**정답** ✕

87 시설주가 특수경비원에게 무기를 출납하고자 하는 때에 수리가 필요한 무기가 있을 때에는 그 목록과 무기장비운영카드를 첨부하여 시·도경찰청장에게 수리를 요청하여야 한다.

> **해설**
>
> 시·도경찰청장 → 관할경찰관서장 (규칙 제18조 제3항 제4호)　　　　**정답** ✕

88 시설주로부터 무기를 지급받은 특수경비원은 무기를 인계인수하는 때에는 반드시 "우로 어깨걸어 총"의 자세에서 "검사 총"을 하여야 한다.

> **해설**
>
> 우로 어깨걸어 총 → 앞에 총 (규칙 제18조 제4항 제1호)　　　　**정답** ✕

89 특수경비원이 무기를 지급받은 때에는 별도의 지시가 없는 한 탄약은 무기로부터 분리하여 휴대하여야 하며, 소총은 "앞에 총"의 자세를 유지하여야 한다.

> **해설**
>
> "앞에 총" → "우로 어깨걸어 총" (규칙 제18조 제4항 제2호)　　　　**정답** ✕

90 특수경비원이 무기를 손질 또는 조작하는 때에는 총구를 반드시 지면으로 향하게 하여야 한다.

> **해설**
>
> 지면으로 → 공중으로 (규칙 제18조 제4항 제4호)　　　　**정답** ✕

91 시설주로부터 무기를 지급받은 특수경비원은 근무시간 이후에는 무기를 관할경찰서 지구대에 반납하거나 교대근무자에게 인계하여야 한다.

> **해설**
>
> 관할경찰서 지구대에 → 시설주에게 (규칙 제18조 제4항 제6호)　　　　**정답** ✕

92 시설주는 특수경비원이 민사사건으로 인하여 재판을 받고 있는 경우에는 무기를 지급해서는 안 된다.

> **해설**▶
>
> 민사사건 → 형사사건 / 재판을 → 조사를 (규칙 제18조 제5항 제1호)　　　　　**정답** ✕

93 시설주는 민사재판에 증인으로 출석 예정인 특수경비원에게는 무기를 지급할 수 있다.

> **해설**▶
>
> 규칙 제18조 제5항 참조　　　　　**정답** ○

94 시설주는 사직 의사를 표명한 특수경비원에게 지급된 무기가 있는 경우 이를 24시간 이내에 회수해야 한다.

> **해설**▶
>
> 24시간 이내에 → 즉시 (규칙 제18조 제5항 제2호)　　　　　**정답** ✕

95 시설주는 질병이 있는 특수경비원에게 무기를 지급해서는 안 되며, 지급된 무기가 있는 경우 이를 즉시 회수해야 한다.

> **해설**▶
>
> 질병 → 정신질환 (규칙 제18조 제5항 제3호)　　　　　**정답** ✕

96 시설주는 무기를 수송하는 때에는 출발하기 전에 시·도경찰청장에게 그 사실을 신고하여야 한다.

> **해설**▶
>
> 시·도경찰청장 → 관할경찰서장 / 신고 → 통보 (규칙 제18조 제6항)　　　　　**정답** ✕

97 시설주로부터 무기수송 사실을 통보받은 관할경찰서장은 2인 이상의 경찰관을 무기를 수송하는 자동차 등에 함께 타도록 하여야 한다.

> **해설**▶
>
> 2인 이상의 경찰관 → 1인 이상의 무장경찰관 (규칙 제18조 제6항)　　　　　**정답** ✕

98 경비원의 복장 신고를 하려는 경비업자는 소속 경비원에게 복장을 착용하도록 한 후에 경비원 복장 등 신고서를 경비업자의 주된 사무소를 관할하는 경찰서장에게 제출하여야 한다.

> **해설**

착용하도록 한 후에 → 착용하도록 하기 전에 / 경찰서장에게 → 시·도경찰청장에게 (규칙 제19조 제1항)

정답 ✕

99 경비원 복장 시정명령에 대한 이행보고를 하려는 경비업자는 시정명령 이행보고서에 이행사실을 입증할 수 있는 사진 등의 서류를 첨부하여 시정명령을 한 시·도경찰청장에게 제출하여야 한다.

> **해설**

규칙 제19조 제2항

정답 ○

100 경비업자는 경비원의 복장 신고서 또는 복장 시정명령 이행보고서를 경비업자의 주된 사무소를 관할하는 시·도경찰청장 소속 경찰서장을 거쳐 제출할 수 있다. 이 경우 신고서 또는 이행보고서를 받은 경찰서장은 7일 이내에 경비업자의 주된 사무소를 관할하는 시·도경찰청장에게 해당 신고서 또는 이행보고서를 보내야 한다.

> **해설**

7일 이내에 → 지체 없이 (규칙 제19조 제3항)

정답 ✕

101 경비원은 경비업무 수행시 계급장을 경비원 복장의 상의 가슴 부위에 부착하여 경비원의 계급을 외부에서 알아볼 수 있도록 해야 한다.

> **해설**

계급장을 → 이름표를 / 계급을 → 이름을 (규칙 제19조 제4항)

정답 ✕

102 경비업무 수행시 경비원의 이름표는 경비업자가 지정한 부위에 부착하여야 한다.

> **해설**

경비원은 경비업무 수행 시 이름표를 경비원 복장의 상의 가슴 부위에 부착하여야 한다. (규칙 제19조 제4항)

정답 ✕

103 경비원은 근무 중 경비업무 수행에 필요한 것으로서 공격적인 용도로 제작된 장비를 휴대할 수 있다.

> **해설** ▶
>
> 제작된 → 제작되지 아니하는 (규칙 제20조 제1항)　　　　　　　　　　　　**정답** ✕

104 경비원은 근무 중 경적, 단봉, 분사기, 수갑, 포승 및 그 밖에 경비 업무 수행에 필요한 것으로서 공격적인 용도로 제작되지 아니하는 장비를 휴대할 수 있다.

> **해설** ▶
>
> 수갑, 포승 → 안전방패, 무전기 (규칙 제20조 제1항)　　　　　　　　　　**정답** ✕

105 경비원은 근무 중 반드시 안전모 및 방검복 등 안전장비를 착용하여야 한다.

> **해설** ▶
>
> 반드시 착용하여야 한다 → 착용할 수 있다 (규칙 제20조 제1항)　　　　　**정답** ✕

106 경비원의 장비 중 단봉의 기준은 금속(합금 포함)이나 플라스틱 재질의 전장 1000㎜ 이하의 호신용 봉이어야 한다.

> **해설** ▶
>
> 1000㎜ → 700㎜ (규칙 제20조 제2항 별표5 제2호)　　　　　　　　　　**정답** ✕

107 경비원 휴대장비의 구체적인 기준에 따르면 분사기는 「경찰관 직무집행법」에 따른 분사기이어야 한다.

> **해설** ▶
>
> 「경찰관 직무집행법」 → 「총포·도검·화약류 등 단속법」(총포·도검·화약류 등의 안전관리에 관한 법률)
> (규칙 제20조 제2항 별표5 제3호)　　　　　　　　　　　　　　　　　　**정답** ✕

108 경비원의 휴대장비 중 안전방패는 플라스틱 재질의 폭 300㎜ 이하, 길이 700㎜ 이하의 방패로 경찰공무원이 사용하는 안전방패와 색상 및 디자인이 명확히 구분되어야 한다.

> **해설** ▶
>
> 300㎜ 이하 → 500㎜ 이하 / 700㎜ 이하 → 1,000㎜ 이하 (규칙 제20조 제2항 별표5 제4호)
> 　　　　　　　　　　　　　　　　　　　　　　　　　　　　　　　　**정답** ✕

109 경비원의 장비 중 안전방패의 기준은 금속 재질의 폭 500㎜ 이하, 길이 1,000㎜ 이하의 방패이어야 한다.

> **해설**

금속 → 플라스틱 (규칙 제20조 제2항 별표5 제4호) **정답** ✕

110 경비원의 휴대장비 중 안전모는 얼굴을 가리면서 머리를 보호하는 장비로 경찰공무원이 사용하는 방석모와 색상 및 디자인이 명확히 구분되어야 한다.

> **해설**

가리면서 → 가리지 아니하면서 (규칙 제20조 제2항 별표5 제6호) **정답** ✕

111 경비원이 사용하는 경적, 단봉, 무전기의 경우 경찰공무원이 사용하는 것과 그 색상 및 디자인이 명확히 구분되어야 한다.

> **해설**

경적, 단봉, 무전기 → 안전방패, 안전모, 방검복 (규칙 제20조 제2항 별표5 참조) **정답** ✕

112 출동차량 등에 대한 변경신고를 하려는 경비업자는 출동차량 등을 운행하기 전에 출동차량등 신고서(전자문서로 된 신고서 포함)를 출동예정지를 관할하는 시·도경찰청장에게 제출하여야 한다.

> **해설**

출동예정지를 → 경비업자의 주된 사무소를 (규칙 제21조 제1항) **정답** ✕

113 출동차량 등의 시정명령에 대한 이행보고를 하려는 경비업자는 시정명령 이행보고서에 이행사실을 입증할 수 있는 사진 등의 서류를 첨부하여 시정명령을 한 경찰청장에게 제출하여야 한다.

> **해설**

경찰청장 → 시·도경찰청장 (규칙 제21조 제2항) **정답** ✕

114 출동차량 신고서는 경비업자의 주된 사무소를 관할하는 시·도경찰청장 소속의 경찰 서장을 거쳐 제출할 수 있다. 이 경우 신고서를 받은 경찰서장은 지체 없이 경비업자의 주된 사무소를 관할하는 시·도경찰청장에게 해당 신고서를 보내야 한다.

> **해설**
>
> 규칙 제21조 제3항 　　　　　　　　　　　　　　　　　　　　　　　　　**정답** ○

115 경비원 등의 결격사유 확인을 위한 범죄경력조회 요청은 범죄경력 조회신청서(전자 문서 포함) 또는 구두로 한다.

> **해설**
>
> 구두로 요청할 수는 없다. (규칙 제22조 제1항 참조) 　　　　　　　　　　　**정답** ✕

116 경비업자는 경비원의 결격사유 확인을 위한 범죄경력조회를 요청하는 경우 경비업 허가증 원본, 취업자 또는 취업예정자 범죄경력조회 동의서를 첨부하여야 한다.

> **해설**
>
> 허가증 원본 → 허가증 사본 (규칙 제22조 제2항) 　　　　　　　　　　　　**정답** ✕

117 경비업자는 주된 사무소에 경비원 명부를 작성·비치하여야 하고, 출장소와 집단민원 현장에는 경비원 명부를 작성·비치하지 않아도 된다.

> **해설**
>
> 출장소와 집단민원현장에도 경비원 명부를 작성·비치하여야 한다. (규칙 제23조) 　　**정답** ✕

118 경비업자는 주된 사무소, 출장소, 관할 경찰관서에 경비원 명부를 작성·비치하여 두어야 한다.

> **해설**
>
> 관할 경찰관서 → 집단민원현장 (규칙 제23조) 　　　　　　　　　　　　　**정답** ✕

119 경비업자는 배치되는 일반경비원의 명부를 그 경비원이 배치되는 모든 장소에 작성· 비치하여야 한다.

> **해설**
>
> 경비업자는 주된 사무소, 출장소, 집단민원현장에 경비원 명부를 작성·비치하여야 한다. (규칙 제23조 참조) 　　　　　　　　　　　　　　　　　　　　　**정답** ✕

120 경비업자는 경비업무를 수행하기 위하여 20명 이상 경비원을 배치하려는 때에는 경비원을 배치한 후 7일 이내에 경비원 배치신고서를 배치지를 관할하는 경찰관서장에게 제출해야 한다.

> **해설**
>
> 20명 → 20일 (규칙 제24조 제1항) **정답** ✕

121 경비업자는 법 제18조 제2항에 따라 경비업무를 수행하기 위하여 20일 이상 경비원을 배치하거나 그 기간을 연장하려는 때에는 경비원을 배치한 후 14일 이내에 경비원 배치신고서를 배치지를 관할하는 시·도경찰청장에게 제출해야 한다.

> **해설**
>
> 14일 이내 → 7일 이내 / 시·도경찰청장 → 경찰관서장 (규칙 제24조 제1항 본문) **정답** ✕

122 경비업자는 집단민원현장이 아닌 곳에서 시설경비업무를 수행하기 위하여 10일 동안 경비원을 배치하려는 때에는 경비원을 배치한 후 7일 이내에 경비원 배치신고서를 제출해야 한다.

> **해설**
>
> 집단민원현장이 아닌 곳에서 시설경비업무를 수행하기 위하여 '10일 동안' 경비원을 배치하려는 때에는 경비원 배치신고서를 제출하지 않아도 된다. (규칙 제24조 제1항 본문, 법 제18조 제2항 본문 참조) **정답** ✕

123 경비업자는 집단민원현장이 아닌 곳에서 신변보호업무를 수행하는 일반경비원을 배치하는 경우에는 경비원을 배치한 후 7일 이내에 경비원 배치신고서를 배치지를 관할하는 경찰관서장에게 제출해야 한다.

> **해설**
>
> 배치한 후 7일 이내에 → 배치하기 전까지 (규칙 제24조 제1항 단서) **정답** ✕

124 특수경비원을 배치하는 경우에는 경비원을 배치하는 기간과 관계없이 경비원을 배치하기 전까지 배치지를 관할하는 경찰관서장에게 배치신고서를 제출해야 한다.

> **해설**
>
> 규칙 제24조 제1항 **정답** ○

125 일반경비원을 배치하는 경비업자는 배치신고서에 일반경비원 전원의 병력(病歷)신고 및 개인정보 이용 동의서를 첨부하여 관할 경찰관서장에게 제출해야 한다.

> **해설** ▶
>
> 일반경비원 → 특수경비원 (규칙 제24조 제2항)
>
> **정답** ✕

126 특수경비원의 배치와 관련하여 경비업자로부터 병력(病歷)신고 및 개인정보 이용 동의서를 제출받은 관할 경찰관서장은 경찰청장 또는 시·도경찰청장에게 치료경력의 조회를 요청할 수 있다.

> **해설** ▶
>
> 경찰청장 또는 시·도경찰청장에게 → 국민건강보험공단 등 관계기관에 (규칙 제24조 제3항)
>
> **정답** ✕

127 관할 경찰관서장이 경비업자에게 특수경비원의 결격사유인 정신적 제약에 해당하지 않음을 증명하는 해당 분야 전문의의 진단서 제출을 요청한 경우 경비업자는 해당 특수경비원의 서류(제출일 기준 3개월 이내에 발급된 서류에 한정)를 관할 경찰관서장에게 제출해야 한다.

> **해설** ▶
>
> 3개월 → 6개월 (규칙 제24조 제4항)
>
> **정답** ✕

128 경비원의 배치신고를 한 경비업자가 경비원의 배치를 폐지한 때에는 배치폐지를 한 날부터 7일 이내에 경비원 배치폐지신고서를 주된 사무소의 관할경찰관서장에게 제출하여야 한다.

> **해설** ▶
>
> 주된 사무소의 → 배치지의 (규칙 제24조 제5항)
>
> **정답** ✕

129 경비원의 배치신고를 한 경비업자가 경비원 배치신고시에 기재한 배치폐지 예정일에 경비원의 배치를 폐지한 때에는 배치폐지를 한 날부터 7일 이내에 경비원 배치폐지신고서를 배치지의 관할경찰관서장에게 제출하여야 한다.

> **해설** ▶
>
> 경비원 배치신고시에 기재한 배치폐지 예정일에 경비원의 배치를 폐지한 때에는 경비원 배치폐지신고서를 제출하지 않는다. (규칙 제24조 제5항 단서)
>
> **정답** ✕

130 경비업자는 일반경비원 또는 특수경비원으로 근무했던 사람이 요청하는 경우에는 배치폐지 확인증을 발급할 수 있다.

해설

경비업자는 → 시·도경찰청장 또는 경찰서장은 (규칙 제24조 제6항)   정답 X

131 집단민원현장에 일반경비원 배치허가를 신청하려는 경비업자는 집단민원현장 일반경비원 배치허가 신청서에 집단민원현장에 배치될 일반경비원의 직무교육 이수증 각 1부를 첨부하여 관할경찰관서장에게 제출해야 한다.

해설

직무교육 이수증 → 신임교육 이수증 (규칙 제24조의2 제1항)   정답 X

132 집단민원현장에의 일반경비원 배치허가 신청서를 받은 관할경찰관서장은 경비원 배치예정일까지 배치허가 여부를 결정하여 경비업자에게 통보하여야 한다.

해설

경비원 배치예정일까지 → 경비원 배치예정 일시 전까지 (규칙 제24조의2 제2항)   정답 X

133 집단민원현장에의 일반경비원 배치허가를 받은 경비업자가 경비원 배치기간을 연장하려는 경우에는 배치기간이 만료되기 24시간 전까지 배치허가 신청서를 관할경찰관서장에게 제출하여 허가를 받아야 한다.

해설

24시간 → 48시간 (규칙 제24조의2 제3항)   정답 X

134 집단민원현장에의 일반경비원 배치허가를 받은 경비업자가 집단민원현장에 새로운 경비원을 배치하려는 경우에는 새로운 경비원을 배치한 후 48시간 이내에 관할경찰관서장에게 신고하여야 한다.

해설

새로운 경비원을 배치한 후 48시간 이내에 관할경찰관서장에게 신고하여야 한다 → 새로운 경비원을 '배치하기 48시간 전까지' 배치허가 신청서를 관할경찰관서장에게 제출하여 '허가'를 받아야 한다 (규칙 제24조의2 제4항)   정답 X

135 집단민원현장에의 일반경비원 배치허가를 받은 경비업자가 경비원의 배치를 폐지하려는 때에는 배치폐지를 하기 48시간 전까지 집단민원현장 일반경비원 배치폐지 신고서를 관할경찰관서장에게 제출해야 한다.

> **해설**
>
> 배치폐지를 하기 48시간 전까지 → 배치폐지를 한 날부터 48시간 이내에 (규칙 제24조의2 제5항)
>
> **정답** ✕

136 집단민원현장에의 일반경비원 배치허가를 받은 경비업자가 집단민원현장에 배치된 경비원을 변경한 경우에는 변경된 내용을 관할경찰관서장에게 신고하여야 한다.

> **해설**
>
> 경비원을 → 경비지도사를 / 신고하여야 한다 → 통보하여야 한다 (규칙 제24조의2 제6항)
>
> **정답** ✕

137 경비업자는 경비업무를 수행하는 경비원의 인적사항, 배치일시, 배치장소, 배치폐지일시 및 근무여부 등 근무상황을 기록한 근무상황기록부(전자문서로 된 근무상황기록부를 포함한다)를 작성하여 주된 사무소 또는 출장소에 갖추어 두어야 한다.

> **해설**
>
> 주된 사무소 또는 출장소 → 주된 사무소 및 출장소 (규칙 제24조의3 제1항)
>
> **정답** ✕

138 경비업자는 경비원을 배치하여 경비업무를 수행하게 하는 때에는 근무상황기록부를 작성하여 2년 동안 보관하여야 한다.

> **해설**
>
> 2년 → 1년 (규칙 제24조의3 제2항)
>
> **정답** ✕

139 경비지도사는 경비원 근무상황기록부를 작성하여 1년 동안 보관하여야 한다.

> **해설**
>
> 경비지도사 → 경비업자 (규칙 제24조의3 제2항)
>
> **정답** ✕

140 시설주는 특수경비원의 신청에 의하여 특수경비원이 배치된 국가중요시설에 경비전화를 가설할 수 있다.

> **해설**
>
> 시설주는 특수경비원의 → 관할경찰관서장은 시설주의 (규칙 제25조 제1항)   **정답** ✕

141 관할경찰관서장은 시설주의 신청에 의하여 일반경비원이 배치된 경비대상시설에 경비전화를 가설할 수 있다.

> **해설**
>
> 일반경비원이 배치된 경비대상시설 → 특수경비원이 배치된 국가중요시설 (규칙 제25조 제1항)
>
> **정답** ✕

142 관할경찰관서장은 시설주의 신청에 의하여 특수경비원이 배치된 국가중요시설 등에 경비전화를 가설할 수 있는데 이 경우 소요경비는 경비업자의 부담으로 하여야 한다.

> **해설**
>
> 경비업자의 부담 → 시설주의 부담 (규칙 제25조 제1항·제2항)   **정답** ✕

143 특수경비원을 배치한 시설주가 갖추어 두어야 할 장부·서류로는 근무일지, 근무상황 카드, 경비구역배치도, 순찰표철, 무기탄약대여대장, 무기장비운영카드가 있다.

> **해설**
>
> 무기탄약대여대장 → 무기탄약출납부 (규칙 제26조 제1항)   **정답** ✕

144 감독순시부, 특수경비원 전·출입관계철은 특수경비원을 배치한 시설주가 갖추어 두어야 하는 장부 및 서류에 해당한다.

> **해설**
>
> 시설주 → 관할경찰관서장 (규칙 제26조 제2항 제1호)   **정답** ✕

145 특수경비원 교육훈련실시부는 특수경비원을 배치한 시설주가 갖추어 두어야 하는 장부 및 서류에 해당한다.

해설

시설주 → 관할경찰관서장 (규칙 제26조 제2항 제3호)

정답 ✕

146 특수경비원을 배치한 시설주가 갖추어 두어야 하는 장부 또는 서류의 서식은 경찰관서에서 사용하는 서식과 명확히 구분되어야 한다.

해설

서식과 명확히 구분되어야 한다 → 서식을 준용한다 (규칙 제26조 제3항)

정답 ✕

147 시·도경찰청장은 경비원이 휴대하는 장비 등에 대하여 2014년 6월 8일을 기준으로 5년마다 그 타당성을 검토하여 개선 등의 조치를 하여야 한다.

해설

시·도경찰청장 → 경찰청장 / 5년 마다 → 3년 마다 (규칙 제27조의2)

정답 ✕

148 경비업법령상 과태료 부과의 사전 통지는 과태료 부과 사전 통지서에 따르며, 과태료의 부과는 과태료 부과 고지서에 따른다.

해설

규칙 제28조

정답 ○

청원경찰법령 연습

제2편

청원경찰법

01 청원경찰법 제1조는 "이 법은 청원경찰의 직무·임용·배치·징계·신분보장 및 그 밖에 필요한 사항을 규정함으로써 청원경찰을 배치한 기관·시설 또는 사업장의 원활한 운영을 목적으로 한다."라고 규정하고 있다.

해설

징계·신분보장 → 보수·사회보장 / 청원경찰을 배치한 기관·시설 또는 사업장의 → 청원경찰의 (법 제1조)

정답 ✕

02 청원경찰이란 국가 또는 시설·사업장 등의 경영자가 경비(經費)를 부담할 것을 조건으로 경찰의 배치를 신청하는 경우 그 기관·시설 또는 사업장 등의 경비(警備)를 담당하게 하기 위하여 배치하는 경찰을 말한다.

해설

국가 → 해당 기관의 장 (법 제2조)

정답 ✕

03 청원경찰법령상 청원경찰이 배치될 수 있는 곳은 국가기관 또는 공공단체와 그 관리하에 있는 중요시설 또는 사업장, 국외주재 국내기관, 보험·인쇄 등을 업으로 하는 시설 또는 사업장 등이다.

해설

국외주재 국내기관 → 국내주재 외국기관 (법 제2조 제2호, 규칙 제2조)

정답 ✕

04 청원경찰법상 청원경찰의 배치 대상으로 국가기관, 공공단체, 국내 주재 외국기관, 대통령령으로 정하는 중요시설 등을 명시하고 있다.

> **해설**
>
> 대통령령 → 행정안전부령 (법 제2조 참조)　　　　　　　　　　　　　　**정답** ✕

05 청원경찰은 청원주와 배치된 기관·시설 또는 사업장 등의 구역을 관할하는 시·도지사의 감독을 받는다.

> **해설**
>
> 시·도지사 → 경찰서장 (법 제3조)　　　　　　　　　　　　　　　　　**정답** ✕

06 청원경찰은 청원경찰의 배치 결정을 받은 자와 배치된 기관·시설 또는 사업장 등의 구역을 관할하는 시·도경찰청장의 감독을 받는다.

> **해설**
>
> 시·도경찰청장 → 경찰서장 (법 제3조)　　　　　　　　　　　　　　　**정답** ✕

07 청원경찰은 경비구역만의 경비를 목적으로 필요한 범위에서 「경찰공무원법」에 따른 경찰관의 직무를 수행한다.

> **해설**
>
> 경찰공무원법 → 경찰관직무집행법 (법 제3조)　　　　　　　　　　　　**정답** ✕

08 청원경찰은 청원경찰의 배치결정을 받은 자(청원주)와 관할경찰서장의 감독을 받는다.

> **해설**
>
> 법 제3조 참조　　　　　　　　　　　　　　　　　　　　　　　　　**정답** ○

09 청원경찰은 필요한 범위 내에서 「경찰관 직무집행법」의 적용을 받는다.

> **해설**
>
> 법 제3조 참조　　　　　　　　　　　　　　　　　　　　　　　　　**정답** ○

10 청원경찰을 배치받으려는 자는 경찰청장령으로 정하는 바에 따라 관할경찰관서장에게 청원경찰 배치를 신청하여야 한다.

> **해설**
>
> 경찰청장령 → 대통령령 / 관할경찰관서장 → 관할시·도경찰청장 (법 제4조 제1항)　　**정답** ✕

11 청원경찰을 배치받으려는 자는 행정안전부령으로 정하는 바에 따라 경찰청장에게 청원경찰 배치를 신청해야 한다.

> **해설**
>
> 행정안전부령 → 대통령령 / 경찰청장 → 관할 시·도경찰청장 (법 제4조 제1항)　　**정답** ✕

12 청원경찰 배치결정은 시·도경찰청장의 권한이다.

> **해설**
>
> 법 제4조 제2항 참조　　**정답** ○

13 시·도경찰청장은 청원경찰 배치 신청을 받으면 30일 이내에 그 배치 여부를 결정하여 신청인에게 알려야 한다.

> **해설**
>
> 30일 이내에 → 지체 없이 (법 제4조 제2항)　　**정답** ✕

14 경찰청장은 청원경찰 배치가 필요하다고 인정하는 기관의 장 또는 시설·사업장의 경영자에게 청원경찰을 배치할 것을 요청할 수 있다.

> **해설**
>
> 경찰청장 → 시·도경찰청장 (법 제4조 제3항)　　**정답** ✕

15 시·도경찰청장은 청원경찰 배치가 필요하다고 인정하는 기관의 장에게 청원경찰을 배치할 것을 요청하여야 한다.

> **해설**
>
> 요청하여야 한다 → 요청할 수 있다 (법 제4조 제3항)　　**정답** ✕

청원경찰법

16   청원경찰임용승인은 청원주의 권한이다.

> **해설**
>
> 청원주 → 시·도경찰청장 (법 제5조 제1항 참조)   정답 ✕

17   청원경찰은 청원주가 관할경찰관서장과 협의하여 임용하되, 임용을 할 때에는 미리
시설·사업장의 경영자의 승인을 받아야 한다.

> **해설**
>
> 청원경찰은 '청원주'가 임용하되, 임용을 할 때에는 미리 '시·도경찰청장'의 승인을 받아야 한다. (법
> 제5조 제1항)   정답 ✕

18   청원경찰의 임용권자는 경찰서장이며, 임용할 때에는 미리 시·도경찰청장의 허가를
받아야 한다.

> **해설**
>
> 경찰서장 → 청원주 / 허가를 → 승인을 (법 제5조 제1항)   정답 ✕

19   피성년후견인 또는 피한정후견인, 파산선고를 받고 복권되지 아니한 자는 청원경찰
로 임용될 수 없다.

> **해설**
>
> 피한정후견인은 청원경찰로 임용될 수 있다. (법 제5조 제2항, 국가공무원법 제33조 제1호·제2호)
>   정답 ✕

20   대한민국 국적을 가지지 아니한 자와 국적법에 따른 복수국적자는 청원경찰로 임용
될 수 없다.

> **해설**
>
> 없다 → 있다 (설문은 경찰공무원의 임용결격사유에 해당한다) (법 제5조 제2항 참조)   정답 ✕

21 금고 이상의 실형을 선고받은 자는 그 집행이 끝나거나 집행이 면제된 때에 청원경찰로 임용될 수 있다.

━━ 해설 ▶

집행이 끝나거나 집행이 면제된 날부터 5년이 지나야 청원경찰로 임용될 수 있다. (법 제5조 제2항, 국가공무원법 제33조 제3호)

정답 ✕

22 금고 이상의 형의 집행유예를 선고받고 그 유예기간이 끝난 날부터 5년이 지나지 아니한 자는 청원경찰로 임용될 수 없다.

━━ 해설 ▶

5년 → 2년 (법 제5조 제2항, 국가공무원법 제33조 제4호)

정답 ✕

23 금고 이상의 형의 선고유예를 받고 그 선고유예 기간이 끝난 날부터 2년이 지나지 아니한 자는 청원경찰로 임용될 수 없다.

━━ 해설 ▶

금고 이상의 형의 선고유예를 받은 경우에 그 선고유예 기간 중에 있는 자는 청원경찰로 임용될 수 없다. (법 제5조 제2항, 국가공무원법 제33조 제5호)

정답 ✕

24 자격정지 이상의 형의 선고유예를 받은 경우에 그 선고유예 기간 중에 있는 자는 청원경찰의 결격사유에 해당한다.

━━ 해설 ▶

자격정지 → 금고 (법 제5조 제2항, 국가공무원법 제33조 제5호)

정답 ✕

25 법원의 판결 또는 다른 법률에 따라 자격이 상실된 자는 청원경찰로 임용될 수 없으나, 자격이 정지된 자는 청원경찰로 임용될 수 있다.

━━ 해설 ▶

자격이 정지된 자도 청원경찰로 임용될 수 없다. (법 제5조 제2항, 국가공무원법 제33조 제6호)

정답 ✕

26 청원경찰로 재직기간 중 직무와 관련하여 「형법」상 횡령·배임죄 및 업무상의 횡령·배임죄를 범한 자로서 100만원 이상의 벌금형을 선고받고 그 형이 확정된 후 3년이 지나지 아니한 자는 청원경찰로 임용될 수 없다.

▶ 해설

100만원 → 300만원 / 3년 → 2년 (법 제5조 제2항, 국가공무원법 제33조 제6의2호)

정답 ✕

27 「성폭력범죄의 처벌 등에 관한 특례법」에 따른 성폭력범죄를 범한 사람으로서 100만원 이상의 벌금형을 선고받고 그 형이 확정된 후 5년이 지나지 아니한 사람은 청원경찰로 임용될 수 없다.

▶ 해설

5년 → 3년 (법 제5조 제2항, 국가공무원법 제33조 제6의3호 가목)

정답 ✕

28 「스토킹범죄의 처벌 등에 관한 법률」에 따른 스토킹범죄를 범한 사람으로서 300만원 이상의 벌금형을 선고받고 그 형이 확정된 후 2년이 지나지 아니한 자는 청원경찰 임용결격사유로 규정하고 있다.

▶ 해설

300만원 → 100만원 / 2년 → 3년 (법 제5조 제2항, 국가공무원법 제33조 제6의3호 다목)

정답 ✕

29 미성년자에 대한 「성폭력범죄의 처벌 등에 관한 특례법」 제2조에 따른 성폭력범죄를 저질러 파면된 사람은 파면처분을 받은 때부터 5년이 지나면 청원경찰로 임용될 수 있다.

▶ 해설

이 경우에는 5년이 지나도 청원경찰로 임용될 수 없다. (법 제5조 제2항, 국가공무원법 제33조 제6의3호)

정답 ✕

30 징계에 의하여 파면처분을 받고 3년이 지난 자는 청원경찰로 임용될 수 있다.

> **해설**
>
> 3년 → 5년 (법 제5조 제2항, 국가공무원법 제33조 제7호) **정답** ✕

31 징계로 해임처분을 받은 때부터 5년이 지나지 아니한 자는 청원경찰로 임용될 수 없다.

> **해설**
>
> 5년 → 3년 (법 제5조 제2항, 국가공무원법 제33조 제8호) **정답** ✕

32 징계로 정직처분을 받은 때부터 1년이 지나지 아니한 자는 청원경찰로 임용될 수 없다.

> **해설**
>
> 없다 → 있다 (정직처분은 결격사유에 해당하지 않는다) (법 제5조 제2항 참조) **정답** ✕

33 청원경찰의 임용자격·임용방법·교육 및 보수에 관하여는 행정안전부령으로 정한다.

> **해설**
>
> 행정안전부령 → 대통령령 (법 제5조 제3항) **정답** ✕

34 청원경찰의 복무에 관하여는 지방공무원법에 관한 규정을 준용한다.

> **해설**
>
> 지방공무원법 → 국가공무원법 및 경찰공무원법 (법 제5조 제4항) **정답** ✕

35 청원경찰의 복무에 관하여는 「경찰관직무집행법」을 준용한다.

> **해설**
>
> 경찰관직무집행법 → 국가공무원법 및 경찰공무원법 (법 제5조 제4항) **정답** ✕

청원경찰법

36 청원경찰의 복무에 관하여는 「국가공무원법」 및 「경찰법」을 준용한다.

> **해설**
>
> 경찰법 → 경찰공무원법 (법 제5조 제4항)　　　　　　　　　　**정답** ✕

37 청원경찰의 복무에 관련하여 경찰공무원법상의 교육훈련에 관한 규정이 준용된다.

> **해설**
>
> 교육훈련에 관한 규정은 준용되지 않는다. (법 제5조 제3항·제4항 참조)　　**정답** ✕

38 청원경찰의 복무와 관련하여 국가공무원법상의 공무원의 복종의무, 직장이탈금지의무, 비밀엄수의무가 준용되며, 경찰공무원법상의 준용규정은 존재하지 않는다.

> **해설**
>
> 경찰공무원법상 준용규정도 존재한다. (법 제5조 제4항 참조)　　**정답** ✕

39 「국가공무원법」상의 집단행위의 금지, 성실의무, 종교중립의 의무, 청렴의 의무, 영리업무 및 겸직금지, 정치운동의 금지 등의 규정은 청원경찰법령상 청원경찰의 복무에 관하여 준용된다.

> **해설**
>
> 준용되지 않는다. (법 제5조 제4항 참조)　　**정답** ✕

40 청원경찰은 재직 중은 물론 퇴직 후에도 직무상 알게 된 비밀을 엄수하여야 한다.

> **해설**
>
> 법 제5조 제4항 참조　　**정답** ○

41 청원경찰의 복무에 관하여는 국가공무원법 제56조(성실의무), 제58조 제1항(직장이탈금지의무), 제60조(비밀엄수의무) 등의 규정을 준용한다.

> **해설**
>
> 제56조(성실의무) → 제57조(복종의무) (법 제5조 제4항)　　**정답** ✕

42 청원경찰의 복무에 관하여 「국가공무원법」상 거짓 보고 등의 금지 규정이 준용된다.

> **해설**
>
> 국가공무원법 → 경찰공무원법 (법 제5조 제4항 참조)　　　　　**정답** ✕

43 청원경찰의 징계권자는 경찰서장이다.

> **해설**
>
> 경찰서장 → 청원주 (법 제5조의2 제1항)　　　　　**정답** ✕

44 관할경찰서장은 청원경찰이 직무상 의무를 위반하거나 직무를 태만히 한 때에는 대통령령으로 정하는 징계절차를 거쳐 징계처분을 하여야 한다.

> **해설**
>
> 관할경찰서장은 → 청원주는 (법 제5조의2 제1항)　　　　　**정답** ✕

45 청원주는 청원경찰이 직무상의 의무를 위반하거나 직무를 태만히 한 때 또는 품위를 손상하는 행위를 한 때에는 대통령령으로 정하는 징계절차를 거쳐 징계처분을 할 수 있다.

> **해설**
>
> 징계처분을 할 수 있다 → 징계처분을 하여야 한다 (법 제5조의2 제1항)　　　　　**정답** ✕

46 청원경찰이 직무상 의무를 위반하거나 직무를 태만히 한 경우에는 당연 퇴직사유에 해당한다.

> **해설**
>
> 당연 퇴직사유 → 징계사유 (법 제5조의2 제1항)　　　　　**정답** ✕

47 청원경찰에 대한 징계의 종류는 파면, 해임, 정직, 강등, 경고 5종류이다.

> **해설**
>
> 강등, 경고 → 감봉, 견책 (법 제5조의2 제2항)　　　　　**정답** ✕

48   직위해제와 면직은 청원경찰에 대한 징계의 종류에 해당한다.

> **해설**
>
> 해당한다 → 해당하지 않는다 (법 제5조의2 제2항 참조)   정답 ✕

49   청원경찰의 경비는 시·도경찰청에서 부담한다.

> **해설**
>
> 시·도경찰청에서 부담 → 청원주가 부담 (법 제6조 제1항 참조)   정답 ✕

50   청원경찰의 봉급과 각종 수당은 지방자치단체장이 부담한다.

> **해설**
>
> 지방자치단체장이 부담 → 청원주가 부담 (법 제6조 제1항 제1호)   정답 ✕

51   청원경찰의 자녀교육비는 청원주가 부담한다.

> **해설**
>
> 자녀교육비 → 교육비 (법 제6조 제1항 참조)   정답 ✕

52   청원주는 청원경찰의 피복비·교육비·의료비·교통비 등을 부담하여야 한다.

> **해설**
>
> 의료비와 교통비는 부담하지 않는다. (법 제6조 제1항 참조)   정답 ✕

53   청원경찰의 경조사비, 업무추진비는 청원주가 부담하여야 하는 청원경찰경비에 해당한다.

> **해설**
>
> 해당한다 → 해당하지 않는다 (법 제6조 제1항 참조)   정답 ✕

54 청원주는 청원경찰의 본인 또는 유족 보상금 및 연금 등을 부담할 수 있다.

> **해설**
>
> 연금 → 퇴직금 / 부담할 수 있다 → 부담하여야 한다 (법 제6조 제1항) **정답** ✕

55 지방자치단체에 15년 근무한 청원경찰의 보수는 순경의 보수를 감안하여 대통령령으로 정한다.

> **해설**
>
> 순경 → 경장 (법 제6조 제2항 제1호) **정답** ✕

56 국가기관 또는 지방자치단체에 근무하는 청원경찰의 보수는 재직기간이 15년 이상 30년 미만인 경우에는 '경장'의 보수를 감안하여 대통령령으로 정한다.

> **해설**
>
> 30년 미만 → 23년 미만 (법 제6조 제2항 제2호) **정답** ✕

57 국가기관에 근무하는 청원경찰의 보수는 그 재직기간이 25년인 경우, 경찰공무원 경위의 보수를 감안하여 대통령령으로 정한다.

> **해설**
>
> 경위의 → 경사의 (법 제6조 제2항 제3호 참조) **정답** ✕

58 청원경찰경비 중 봉급·수당의 최저부담기준액과 피복비·교육비의 부담기준액은 행정안전부장관이 정하여 고시한다.

> **해설**
>
> 행정안전부장관 → 경찰청장 (법 제6조 제3항) **정답** ✕

59 청원경찰의 피복비 및 교육비의 부담기준액은 시·도경찰청장이 정하여 고시한다.

> **해설**
>
> 시·도경찰청장 → 경찰청장 (법 제6조 제3항) **정답** ✕

60 국가기관 또는 지방자치단체에 근무하는 청원경찰의 봉급·수당의 최저부담기준액은 경찰청장이 정하여 고시한다.

> **해설** ▶
>
> 국가기관 또는 지방자치단체에 근무하는 청원경찰의 봉급은 대통령령(청원경찰법 시행령 제9조 제1항 별표1)으로 정한다. (법 제6조 제3항 참조) **정답** ✕

61 청원주가 부담하는 청원경찰경비 중 보상금과 퇴직금의 부담기준액은 경찰청장이 정하여 고시한다.

> **해설** ▶
>
> 보상금과 퇴직금 → 피복비와 교육비 (법 제6조 제3항) **정답** ✕

62 청원주는 청원경찰이 직무수행으로 인하여 부상을 입거나, 질병에 걸리거나 또는 사망한 경우에는 대통령령으로 정하는 바에 따라 청원경찰 본인 또는 그 유족에게 보상금을 지급할 수 있다.

> **해설** ▶
>
> 지급할 수 있다 → 지급하여야 한다 (법 제7조 제1호) **정답** ✕

63 청원주는 청원경찰이 직무상의 부상·질병으로 인하여 퇴직하거나, 퇴직 후 3년 이내에 사망한 경우 청원경찰 본인 또는 그 유족에게 보상금을 지급하여야 한다.

> **해설** ▶
>
> 3년 → 2년 (법 제7조 제2호) **정답** ✕

64 청원주는 청원경찰이 직무상의 부상·질병으로 퇴직 후 2년 이후에 사망한 경우 청원경찰의 유족에게 보상금을 지급하여야 한다.

> **해설** ▶
>
> 2년 이후 → 2년 이내 (법 제7조 제2호) **정답** ✕

65 청원경찰이 퇴직한 때에는 원칙적으로 「국민연금법」에 따른 퇴직금을 지급하여야 한다.

> **해설** ▶
>
> 국민연금법 → 근로자퇴직급여 보장법 (법 제7조의2)　　　　　　　　　**정답** ✕

66 청원주는 청원경찰이 퇴직할 때에는 행정안전부령이 정하는 바에 따라 「근로자퇴직급여 보장법」에 따른 퇴직금을 지급하여야 한다.

> **해설** ▶
>
> 청원주는 청원경찰이 퇴직할 때에는 「근로자퇴직급여 보장법」에 따른 퇴직금을 지급하여야 한다. (법 제7조의2)　　　　　　　　　**정답** ✕

67 청원주는 지방자치단체에 근무하는 청원경찰이 퇴직할 때는 「근로자퇴직급여 보장법」에 따른 퇴직금을 지급하여야 한다.

> **해설** ▶
>
> 지방자치단체에 근무하는 청원경찰이 → (국가기관이나 지방자치단체 외에 근무하는) 청원경찰이 (법 제7조의2)　　　　　　　　　**정답** ✕

68 국가기관이나 지방자치단체에 근무하는 청원경찰의 퇴직금에 관하여는 행정안전부령으로 정한다.

> **해설** ▶
>
> 행정안전부령 → 대통령령 (법 제7조의2)　　　　　　　　　**정답** ✕

69 청원경찰법령상 국가 또는 지방자치단체의 기관이 아닌 사업장의 청원주가 「산업재해보상보험법」에 따른 산업재해보상보험에 가입한 경우에 청원경찰이 직무수행 중의 부상으로 인하여 퇴직하였다면 고용노동부장관이 「산업재해보상보험법」에 의하여 보상금을 지급하여야 하고, 청원주가 「근로자퇴직급여 보장법」에 따른 퇴직금을 지급하여야 한다.

> **해설** ▶
>
> 법 제7조, 제7조의2, 영 제13조 참조　　　　　　　　　**정답** ○

70 청원경찰은 근무 중에 제복을 착용하여야 하며, 청원주는 직권으로 청원경찰에게 무기를 휴대하게 할 수 있다.

> **해설**
>
> 청원주는 '직권으로' 청원경찰에게 무기를 휴대하게 할 수 없다. (법 제8조 제1항·제2항 참조)
>
> **정답** ✕

71 청원경찰의 무기휴대여부 결정은 시·도경찰청장의 권한이다.

> **해설**
>
> 법 제8조 제2항 참조
>
> **정답** ○

72 경찰청장은 청원경찰이 직무를 수행하기 위하여 필요하다고 인정하면 청원주의 신청을 받아 관할경찰서장으로 하여금 청원경찰에게 무기를 대여하여 지니게 할 수 있다.

> **해설**
>
> 경찰청장은 → 시·도경찰청장은 (법 제8조 제2항)
>
> **정답** ✕

73 시·도경찰청장은 청원경찰이 직무를 수행하기 위하여 필요하다고 인정하면 관할경찰서장의 신청을 받아 청원주로 하여금 청원경찰에게 무기를 대여하여 지니게 할 수 있다.

> **해설**
>
> 관할경찰서장의 신청을 받아 청원주로 → 청원주의 신청을 받아 관할경찰서장으로 (법 제8조 제2항)
>
> **정답** ✕

74 관할경찰서장은 청원경찰이 직무를 수행하기 위하여 필요하다고 인정하면 직권으로 청원경찰에게 무기를 대여하여 지니게 할 수 있다.

> **해설**
>
> '시·도경찰청장'은 '청원주의 신청'을 받아 관할경찰서장으로 하여금 청원경찰에게 무기를 대여하여 지니게 할 수 있다. (법 제8조 제2항 참조)
>
> **정답** ✕

75 청원경찰의 복제와 무기 휴대에 필요한 사항은 행정안전부령으로 정한다.

해설

행정안전부령 → 대통령령 (법 제8조 제3항)　　　　　정답 ✕

76 관할경찰서장은 항상 소속 청원경찰의 근무 상황을 감독하고, 근무 수행에 필요한 교육을 하여야 한다.

해설

관할경찰서장은 → 청원주는 (법 제9조의3 제1항)　　　　　정답 ✕

77 경찰청장은 청원경찰의 효율적인 운영을 위하여 청원주를 지도하며 감독상 필요한 명령을 할 수 있다.

해설

경찰청장 → 시·도경찰청장 (법 제9조의3 제2항)　　　　　정답 ✕

78 청원경찰은 파업, 태업 또는 그 밖에 업무의 정상적인 운영을 방해하는 일체의 쟁의행위를 하여서는 아니 된다.

해설

법 제9조의4　　　　　정답 ○

79 청원경찰이 직무를 수행할 때 직권을 남용하여 국민에게 해를 끼친 경우에는 1년 이하의 징역이나 1천만원 이하의 벌금에 처한다.

해설

1년 이하의 징역이나 1천만원 이하의 벌금 → 6개월 이하의 징역이나 금고 (법 제10조 제1항)

정답 ✕

80 청원경찰이 직무를 수행할 때 직권을 남용하여 국민에게 해를 끼친 경우에는 6개월 이하의 금고나 구류에 처한다.

해설

금고나 구류 → 징역이나 금고 (법 제10조 제1항) 　　　　　　　　　　　　　정답 ✕

81 청원경찰 업무에 종사하는 사람은 「형법」이나 그 밖의 법령에 따른 벌칙을 적용할 때에는 공무원으로 보지 아니한다.

해설

보지 아니한다 → 본다 (법 제10조 제2항) 　　　　　　　　　　　　　　　정답 ✕

82 청원경찰은 형법에 따른 벌칙을 적용할 때에는 공무원으로 간주하지 않는다.

해설

간주하지 않는다 → 간주한다 (법 제10조 제2항) 　　　　　　　　　　　　정답 ✕

83 국가기관이나 지방자치단체에 근무하는 청원경찰을 제외한 청원경찰의 직무상 불법행위에 대한 배상책임에 관하여는 청원경찰법의 규정을 따른다.

해설

청원경찰법 → 민법 (법 제10조의2) 　　　　　　　　　　　　　　　　　　정답 ✕

84 국가기관이나 지방자치단체에 근무하는 청원경찰의 직무상 불법행위에 대한 배상책임에 관하여는 민법의 규정을 적용해야 한다.

해설

민법 → 국가배상법 (법 제10조의2 참조) 　　　　　　　　　　　　　　　　정답 ✕

85 청원경찰법에 따른 경찰청장의 권한은 그 일부를 대통령령으로 정하는 바에 의하여 시·도경찰청장에게 위임할 수 있다.

해설

경찰청장의 권한 → 시·도경찰청장의 권한 / 시·도경찰청장에게 위임 → 관할경찰서장에게 위임 (법 제10조의3) 　　　　　　　　　　　　　　　　　　　　　　　　정답 ✕

86 청원경찰법에 따른 시·도경찰청장의 권한은 그 전부 또는 일부를 대통령령으로 정하는 바에 의하여 경비업자에게 위임할 수 있다.

> **해설**
>
> 전부 또는 일부를 → 일부를 / 경비업자 → 관할경찰서장 (법 제10조의3)　　　**정답** ✕

87 청원경찰은 형의 선고, 징계처분 또는 신체상·정신상의 이상으로 직무를 감당하지 못할 때를 제외하고는 그 의사에 반하여 파면되지 아니한다.

> **해설**
>
> 파면 → 면직 (법 제10조의4 제1항)　　　**정답** ✕

88 청원경찰은 형의 선고, 징계처분 또는 신체상·정신상의 이상으로 직무를 감당하지 못할 때에는 그 의사에 반하여 면직될 수 있다.

> **해설**
>
> 법 제10조의4 제1항 참조　　　**정답** ○

89 청원경찰은 형의 선고, 징계처분 또는 직무상 불법행위에 대한 배상책임을 감당하지 못할 때를 제외하고는 그 의사에 반하여 면직되지 아니한다.

> **해설**
>
> 직무상 불법행위에 대한 배상책임을 → 신체상·정신상의 이상으로 직무를 (법 제10조의4 제1항)
>
> **정답** ✕

90 청원주가 청원경찰을 면직시켰을 때에는 그 사실을 관할 시·도경찰청장을 거쳐 경찰청장에게 보고하여야 한다.

> **해설**
>
> 시·도경찰청장을 거쳐 경찰청장에게 → 경찰서장을 거쳐 시·도경찰청장에게 (법 제10조의4 제2항)
>
> **정답** ✕

91 청원주가 청원경찰을 면직시켰을 때에는 그 사실을 관할경찰서장을 거쳐 시·도경찰청장에게 신고하여야 한다.

해설

신고 → 보고 (법 제10조의4 제2항)   **정답** ✕

92 청원주가 청원경찰을 면직시켰을 때에는 면직된 날부터 10일 이내에 그 사실을 관할경찰서장을 거쳐 시·도경찰청장에게 보고하여야 한다.

해설

'면직된 날부터 10일 이내에' 보고해야 한다는 규정은 없다. (법 제10조의4 제2항) '퇴직한 날부터 10일 이내에' 보고해야 하는 시행령 제4조 제2항과 구분을 요한다.   **정답** ✕

93 청원경찰법령상 ① 의사에 반한 면직금지, ② 특수경비원 배치를 목적으로 배치폐지의 금지, ③ 배치폐지 또는 감축사유의 명시, ④ 해임명령권 보장 등은 청원경찰의 신분보장 규정이다.

해설

④ 해임명령권 보장은 청원경찰의 신분보장을 위한 규정이 아니다. (법 제10조의4·제10조의5 참조)   **정답** ✕

94 청원경찰이 배치된 시설이 폐쇄되거나 축소된 경우에도 청원주는 청원경찰의 배치를 폐지하거나 배치인원을 감축할 수 없다.

해설

없다 → 있다 (법 제10조의5 제1항)   **정답** ✕

95 관할경찰서장은 청원경찰이 배치된 시설이 축소될 경우 배치인원을 감축할 수 있다.

해설

관할경찰서장 → 청원주 (법 제10조의5 제1항)   **정답** ✕

96 청원경찰을 대체할 목적으로 경비업법에 따른 특수경비원을 배치하는 경우 청원주는 청원경찰의 배치를 폐지하거나 배치인원을 감축할 수 있다.

> **해설**
>
> 있다 → 없다 (법 제10조의5 제1항 제1호)
>
> **정답** ✕

97 청원주는 청원경찰이 배치된 기관·시설 또는 사업장 등이 배치인원의 변동사유로 다른 곳으로 이전하는 경우에는 청원경찰의 배치인원을 감축할 수 없다.

> **해설**
>
> 변동사유로 → 변동사유 없이 (법 제10조의5 제1항 제2호)
>
> **정답** ✕

98 시·도경찰청장이 청원경찰의 배치를 요청한 사업장에 배치된 청원경찰은 그 배치를 폐지하거나 감축할 수 없다.

> **해설**
>
> 없다 → 있다. 다만, 폐지 또는 감축사유를 구체적으로 밝혀야 한다. (법 제10조의5 제2항 참조)
>
> **정답** ✕

99 청원경찰의 배치인원을 감축하는 경우 해당 청원주는 배치인원 감축으로 과원(過員)이 되는 청원경찰 인원을 그 기관·시설 또는 사업장 내의 동일 업무에 종사하게 하거나 다른 시설·사업장 등에 재배치는 등 청원경찰의 고용을 보장하여야 한다.

> **해설**
>
> 동일 업무 → 유사 업무 / 고용을 보장하여야 한다 → 고용이 보장될 수 있도록 노력하여야 한다 (법 제10조의5 제3항)
>
> **정답** ✕

100 청원경찰이 임용결격사유에 해당될 때에는 당연 퇴직된다.

> **해설**
>
> 법 제10조의6 제1호
>
> **정답** ○

101 청원경찰이 성년후견개시 심판을 받거나 파산선고를 받은 때에는 당연 퇴직된다.

> **해설**
>
> 성년후견개시의 심판을 받으면 피성년후견인이 되므로 성년후견개시 심판을 받으면 당연 퇴직된다. 또한 파산선고를 받은 때에도 당연 퇴직된다. (법 제10조의6 제1호, 제5조 제2항 참조)　　**정답** ○

102 청원경찰이 금고 이상의 실형을 선고받은 경우 당연 퇴직된다.

> **해설**
>
> 법 제10조의6 제1호, 제5조 제2항 참조　　**정답** ○

103 청원경찰이 「형법」상 수뢰죄, 「성폭력범죄의 처벌 등에 관한 특례법」상 성폭력범죄, 「아동·청소년의 성보호에 관한 법률」상 아동·청소년대상 성범죄 및 직무와 관련하여 「형법」상 횡령·배임죄 등을 범하여 금고 이상의 형의 선고유예를 받은 경우에는 당연 퇴직된다.

> **해설**
>
> 법 제10조의6 제1호 참조　　**정답** ○

104 청원경찰이 「스토킹범죄의 처벌 등에 관한 법률」에 따른 스토킹범죄를 범하여 금고 이상의 형의 선고유예를 받은 경우에는 당연 퇴직된다.

> **해설**
>
> 스토킹범죄를 범하여 금고 이상의 선고유예를 받은 경우에는 당연 퇴직사유가 아니다. (법 제10조의6 제1호 참조)　　**정답** ✕

105 청원주가 청원경찰이 배치된 시설을 축소하여 청원경찰의 배치인원을 감축한 경우는 청원경찰의 당연 퇴직사유에 해당한다.

> **해설**
>
> 당연 퇴직사유에 해당하지 않는다. (법 제10조의6 제2호 참조)　　**정답** ✕

106 청원주가 청원경찰이 배치된 시설을 폐쇄하여 청원경찰의 배치를 폐지한 경우는 청원경찰의 당연 퇴직사유에 해당하지 않는다.

> **해설**
>
> 당연 퇴직사유에 해당한다. (법 제10조의6 제2호) **정답** ✕

107 청원경찰의 나이가 65세가 되었을 때에는 당연 퇴직사유에 해당한다.

> **해설**
>
> 65세 → 60세 (법 제10조의6 제3호) **정답** ✕

108 청원경찰의 나이가 1월부터 6월 사이에 60세가 되었을 때는 7월 1일에 당연 퇴직된다.

> **해설**
>
> 7월 1일 → 6월 30일 (법 제10조의6 제3호) **정답** ✕

109 청원경찰이 나이가 60세가 되는 날이 8월인 경우 8월 31일에 당연 퇴직한다.

> **해설**
>
> 8월 31일 → 12월 31일 (법 제10조의6 제3호) **정답** ✕

110 청원경찰이 품위를 손상하는 행위를 한 경우에는 당연히 퇴직된다.

> **해설**
>
> 당연히 퇴직된다 → 징계처분을 하여야 한다 (법 제10조의6, 제5조의2 제1항 참조) **정답** ✕

111 국가기관 또는 지방자치단체에 근무하는 청원경찰의 휴직 및 명예퇴직에 관하여는 경찰공무원법의 관련 규정이 준용된다.

> **해설**
>
> 경찰공무원법 → 국가공무원법 (법 제10조의7) **정답** ✕

112 국가기관에 근무하는 청원경찰이 신체·정신상의 장애로 장기요양이 필요할 때에는 휴직을 명할 수 있다.

> **해설**
>
> 명할 수 있다 → 명하여야 한다 (법 제10조의7, 국가공무원법 제71조 제1항 제1호 참조) **정답** ✕

113 국가기관이나 지방자치단체에 근무하는 청원경찰이 병역법에 따른 병역복무를 마치기 위하여 징집된 때, 천재지변 등의 사유로 생사가 불명확하게 된 때에는 본인이 원하면 휴직을 명할 수 있다.

> **해설**
>
> 본인이 원하면 휴직을 명할 수 있다 → 본인의 의사에도 불구하고 휴직을 명하여야 한다 (법 제10조의7, 국가공무원법 제71조 제1항 제3호·제4호 참조) **정답** ✕

114 국가기관이나 지방자치단체에 근무하는 청원경찰이 법률의 규정에 따른 의무를 수행하기 위하여 직무를 이탈하게 된 경우 징계처분을 하여야 한다.

> **해설**
>
> 징계처분을 하여야 한다 → 휴직을 명하여야 한다 (법 제10조의7, 국가공무원법 제71조 제1항 제5호 참조) **정답** ✕

115 지방자치단체에 근무하는 청원경찰이 「공무원의 노동조합 설립 및 운영 등에 관한 법률」에 따라 노동조합 전임자로 종사하게 된 때에는 퇴직을 명하여야 한다.

> **해설**
>
> 퇴직 → 휴직 (법 제10조의7, 국가공무원법 제71조 제1항 제6호 참조) **정답** ✕

116 국가기관이나 지방자치단체에 근무하는 청원경찰이 국외유학을 하게 된 때에는 본인의 의사에도 불구하고 휴직을 명하여야 한다.

> **해설**
>
> 본인의 의사에도 불구하고 휴직을 명하여야 한다 → 본인이 원하면 휴직을 명할 수 있다 (법 제10조의7, 국가공무원법 제71조 제2항 제2호 참조) **정답** ✕

117 지방자치단체에 근무하는 청원경찰이 만 10세 이하 또는 초등학교 3학년 이하의 자녀를 양육하기 위하여 휴직을 원하면 임용권자는 자녀 1명에 대하여 1년 이내로 대통령령으로 정하는 특별한 사정이 없으면 휴직을 명하여야 한다.

> **해설**
>
> 만 10세 → 만 8세 / 3학년 → 2학년 / 1년 → 3년 (법 제10조의7, 국가공무원법 제71조 제2항 제4호, 제72조 제7호)
>
> **정답** ✕

118 국가 또는 지방자치단체에 근무하는 청원경찰이 임신 또는 출산하게 된 때에는 대통령령으로 정하는 특별한 사정이 없으면 휴직을 명할 수 있다.

> **해설**
>
> 휴직을 명할 수 있다 → 휴직을 명하여야 한다 (법 제10조의7, 국가공무원법 제71조 제2항 제4호 참조)
>
> **정답** ✕

119 국가에 근무하는 청원경찰이 천재지변이나 전시·사변, 그 밖의 사유로 생사 또는 소재가 불명확하게 된 때에는 3년 이내 기간으로 휴직을 명하여야 한다.

> **해설**
>
> 3년 → 3개월 (법 제10조의7, 국가공무원법 제72조 제3호)
>
> **정답** ✕

120 국가에 근무하는 청원경찰이 국외 유학을 하게 되어 휴직하는 경우 휴직 기간은 2년 이내로 하되, 부득이한 경우에는 1년의 범위에서 연장할 수 있다.

> **해설**
>
> 2년 이내 → 3년 이내 / 1년의 → 2년의 (법 제10조의7, 국가공무원법 제72조 제5호)
>
> **정답** ✕

121 지방자치단체에 근무하는 청원경찰이 질병으로 장기간 요양이 필요한 부모를 간호하기 위하여 휴직하는 경우 휴직 기간은 2년 이내로 하되, 재직 기간 중 총 5년을 넘을 수 없다.

> **해설**
>
> 2년 이내 → 1년 이내 / 5년을 → 3년을 (법 제10조의7, 국가공무원법 제72조 제8호)
>
> **정답** ✕

청원경찰법

122 국가기관이나 지방자치단체에 근무하는 청원경찰이 휴직 중인 경우, 그 신분은 보유하나 직무에 종사하지 못한다.

해설

법 제10조의7, 국가공무원법 제73조 제1항 참조

정답 ○

123 국가기관이나 지방자치단체에 근무하는 청원경찰이 휴직기간 중 그 사유가 없어지면 지체없이 임용권자 또는 임용제청권자에게 신고하여야 하며, 임용권자는 30일 이내에 복직을 명하여야 한다.

해설

지체없이 → 30일 이내에 / 30일 이내에 → 지체없이 (법 제10조의7, 국가공무원법 제73조 제2항 참조)

정답 ×

124 국가기관이나 지방자치단체에 근무하는 청원경찰이 휴직기간이 끝난 경우 3월 이내에 복귀신고를 하면 당연히 복직된다.

해설

3월 이내 → 30일 이내 (법 제10조의7, 국가공무원법 제73조 제3항 참조)

정답 ×

125 국가기관에서 10년 이상 근속한 청원경찰이 정년 전에 스스로 퇴직하면 예산의 범위에서 명예퇴직 수당을 지급하여야 한다.

해설

10년 이상 → 20년 이상 / 지급하여야 한다 → 지급할 수 있다 (법 제10조의7, 국가공무원법 제74조의2 제1항)

정답 ×

126 국가기관에서 20년 이상 근속하여 명예퇴직 수당을 지급받은 청원경찰이 재직 중의 사유로 벌금형을 받은 경우 명예퇴직 수당을 지급한 국가기관의 장은 그 명예퇴직 수당을 환수하여야 한다.

해설

벌금형 → 금고 이상의 형 (법 제10조의7, 국가공무원법 제74조의2 제3항 제1호)

정답 ×

127 파업, 태업 또는 그 밖에 업무의 정상적인 운영을 방해하는 쟁의행위를 한 청원경찰은 1년 이하의 징역 또는 200만원 이하의 벌금에 처한다.

해설

200만원 → 1천만원 (법 제11조)

정답 ✕

128 청원경찰이 복종의무, 직장이탈 금지의무, 비밀엄수의무를 위반한 경우에도 청원경찰법상 벌칙이나 과태료 처분의 대상이 아니다.

해설

법 제11조, 제12조 참조

정답 ○

129 청원경찰이 직무에 관하여 거짓으로 보고하거나 통보하는 경우에는 500만원 이하의 과태료를 부과한다.

해설

과태료 처분의 대상이 아니다. (법 제12조 제1항 참조)

정답 ✕

130 시·도경찰청장의 배치결정을 받지 않고 청원경찰을 배치한 자는 500만원 이하의 벌금에 처한다.

해설

벌금 → 과태료 (법 제12조 제1항 제1호)

정답 ✕

131 시·도경찰청장의 승인을 받지 않고 청원경찰을 임용한 청원주는 1년 이하의 징역 또는 1천만원 이하의 벌금에 처한다.

해설

1년 이하의 징역 또는 1천만원 이하의 벌금에 처한다 → 500만원 이하의 과태료를 부과한다 (법 제12조 제1항 제1호)

정답 ✕

132 정당한 사유 없이 경찰청장이 고시한 최저부담기준액 이상의 보수를 지급한 자는 500만원 이하의 과태료 처분의 대상이다.

해설

지급한 자 → 지급하지 아니한 자 (법 제12조 제1항 제2호)

정답 ✕

청원경찰법

133 청원경찰의 효율적인 운영을 위하여 시·도경찰청장이 발한 감독상 필요한 명령을 정당한 사유 없이 이행하지 아니한 자는 300만원 이하의 과태료를 부과한다.

> **해설**
>
> 300만원 → 500만원 (법 제12조 제1항 제3호) **정답** ×

134 시·도경찰청장에게 신청을 하지 않고 무기대여를 받으려는 자는 500만원 이하의 과태료 처분의 대상이다.

> **해설**
>
> 과태료 처분의 대상이 아니다. (법 제12조 제1항 참조) **정답** ×

135 청원경찰로서 직무에 관하여 허위로 보고한 자는 500만원 이하의 과태료 부과대상이다.

> **해설**
>
> 과태료 부과대상이 아니다. (법 제12조 제1항 참조) **정답** ×

136 청원경찰법상 과태료는 대통령령으로 정하는 바에 따라 시·도경찰청장 또는 경찰관서장이 부과·징수한다.

> **해설**
>
> 시·도경찰청장 또는 경찰관서장 → 시·도경찰청장 (법 제12조 제2항) **정답** ×

137 청원경찰법상 과태료는 대통령령으로 정하는 바에 따라 시·도경찰청장이 부과하고 지방자치단체장이 징수한다.

> **해설**
>
> 시·도경찰청장이 부과·징수한다. (법 제12조 제2항) **정답** ×

청원경찰법 시행령

01 청원경찰을 배치 받으려는 자는 법령이 정하는 청원경찰 배치신청서를 경찰청장에게 직접 제출하여야 한다.

> **해설**
>
> 경찰청장에게 직접 제출 → 관할경찰서장을 거쳐 시·도경찰청장에게 제출 (영 제2조)　　**정답** ✕

02 청원경찰의 배치신청을 할 경우 청원경찰 배치신청서에 청원경찰 경비에 관한 사항을 첨부하여 제출하여야 한다.

> **해설**
>
> '청원경찰 경비에 관한 사항'은 첨부하지 않는다. (영 제2조 참조)　　**정답** ✕

03 청원경찰 배치신청서에 첨부할 서류는 경비구역 평면도와 청원경찰 명부이다.

> **해설**
>
> 청원경찰 명부 → 배치계획서 (영 제2조 참조)　　**정답** ✕

04 청원경찰 배치신청서에 첨부하여야 할 서류는 경비구역 평면도와 청원경찰 직무교육 계획서이다.

> **해설**
>
> 청원경찰 직무교육 계획서 → 배치계획서 (영 제2조 참조)　　**정답** ✕

05 청원경찰의 배치를 받으려는 자는 청원경찰 배치신청서에 경비구역 배치도 1부, 경비계획서 1부를 첨부하여 관할경찰서장을 거쳐 시·도경찰청장에게 제출하여야 한다.

> **해설**
>
> 경비구역 배치도 → 경비구역 평면도 / 경비계획서 → 배치계획서 (영 제2조 참조)　　**정답** ✕

06 청원경찰의 배치를 받으려는 자는 청원경찰 배치신청서에 경비구역 평면도 1부 또는 배치계획서 1부를 첨부하여 관할경찰서장을 거쳐 시·도경찰청장에게 제출하여야 한다.

해설

경비구역 평면도 1부 또는 배치계획서 1부 → 경비구역 평면도 1부 '및' 배치계획서 1부 (영 제2조)

정답 ✕

07 청원경찰 배치신청서상 배치장소가 둘 이상의 도일 때에는 주된 사업장의 시·도경찰청장을 거쳐 경찰청장에게 한꺼번에 신청할 수 있다.

해설

시·도경찰청장을 → 관할경찰서장을 / 경찰청장에게 → 시·도경찰청장에게 (영 제2조) 정답 ✕

08 청원경찰의 임용자격으로는 19세 이상인 사람으로 대통령령으로 정하는 신체조건에 해당하는 사람으로 한다.

해설

19세 → 18세 / 대통령령 → 행정안전부령 (영 제3조 제1호) 정답 ✕

09 청원경찰의 임용자격은 18세 이상 50세 미만의 사람이며, 남자는 군복무를 마쳤거나 면제된 사람에 한정한다.

해설

청원경찰의 임용자격은 18세 이상이며, 남자의 경우 군복무를 마쳤거나 면제된 사람으로 한정되지 않는다.
(영 제3조 제1호 참조) 정답 ✕

10 병역미필자인 20세 남자는 청원경찰로 임용될 수 있다.

해설

영 제3조 제1호 참조 정답 ○

11 청원주는 청원경찰 배치 결정의 통지를 받은 날부터 10일 이내에 배치 결정된 인원수의 임용예정자에 대하여 청원경찰 임용승인을 시·도경찰청장에게 신청하여야 한다.

> **해설**
>
> 10일 → 30일 (영 제4조 제1항)　　　　　　　　　　　　　　　　**정답** ✕

12 청원경찰의 배치결정을 받은 자는 그 배치결정의 통지를 받은 날부터 60일 이내에 임용예정자에 대한 임용승인을 관할경찰서장에게 신청하여야 한다.

> **해설**
>
> 60일 → 30일 / 관할경찰서장 → 시·도경찰청장 (영 제4조 제1항)　　**정답** ✕

13 청원주는 청원경찰 배치결정의 통지를 받은 날부터 30일 이내에 청원경찰의 임용을 하여야 한다.

> **해설**
>
> 청원경찰의 임용을 하여야 한다 → 청원경찰의 임용승인을 시·도경찰청장에게 신청하여야 한다 (영 제4조 제1항)　　　　　　　　　　　　　　　　　　　　　　**정답** ✕

14 청원주는 청원경찰을 임용하였을 때에는 임용한 날부터 15일 이내에 그 임용사항을 관할경찰서장을 거쳐 시·도경찰청장에게 보고하여야 한다.

> **해설**
>
> 15일 → 10일 (영 제4조 제2항 전단)　　　　　　　　　　　　　**정답** ✕

15 청원주는 청원경찰이 퇴직하였을 때에는 그 퇴직한 날부터 14일 이내에 관할경찰서장을 거쳐 시·도경찰청장에게 보고해야 한다.

> **해설**
>
> 14일 이내 → 10일 이내 (영 제4조 제2항 후단)　　　　　　　　**정답** ✕

16 청원주는 청원경찰로 임용된 사람으로 하여금 경비구역에 배치하기 전에 경찰교육기관에서 직무 수행에 필요한 교육을 1주간 40시간 받게 하여야 한다. 다만, 경찰교육기관의 교육계획상 부득이하다고 인정할 때에는 우선 배치하고 임용 후 2년 이내에 교육을 받게 할 수 있다.

> **해설**

1주간 40시간 → 2주간 76시간 / 2년 → 1년 (영 제5조 제1항, 규칙 제6조)　　**정답** ×

17 청원주는 청원경찰로 임용된 사람을 경비구역에 배치시 청원경찰의 사정상 부득이하다고 인정할 때에는 우선 배치하고 임용 후 1년 이내에 직무수행에 필요한 교육을 받게 할 수 있다.

> **해설**

청원경찰의 사정상 → 경찰교육기관의 교육계획상 (영 제5조 제1항 단서)　　**정답** ×

18 의무경찰을 포함한 경찰공무원 또는 청원경찰에서 퇴직한 사람이 퇴직한 날부터 5년 이내에 청원경찰로 임용되었을 때에는 직무 수행에 필요한 교육을 면제할 수 있다.

> **해설**

5년 → 3년 (영 제5조 제2항)　　**정답** ×

19 경비지도사 자격증을 취득한 사람이 청원경찰로 임용되었을 때에는 경찰교육기관에서 직무 수행에 필요한 교육을 면제할 수 있다.

> **해설**

경비지도사는 청원경찰 신임교육 면제대상이 아니다. (영 제5조 제2항 참조)　　**정답** ×

20 청원주는 청원경찰을 신규로 배치한 때에는 배치지를 관할하는 시·도경찰청장에게 그 사실을 통보하여야 한다.

> **해설**

시·도경찰청장 → 경찰서장 (영 제6조 제1항)　　**정답** ×

21 청원주는 청원경찰을 이동배치하였을 때에는 전입지를 관할하는 경찰서장에게 그 사실을 통보하여야 한다.

> **해설**
>
> 전입지 → 종전의 배치지 (영 제6조 제1항) **정답** ✕

22 청원주는 청원경찰을 이동배치한 때에는 이동 후의 배치지를 관할하는 경찰서장에게 그 사실을 통보하여야 한다.

> **해설**
>
> 이동 후의 → 종전의 (영 제6조 제1항) **정답** ✕

23 청원경찰의 이동배치의 통보를 받은 경찰서장은 이동배치지가 다른 관할구역에 속할 때에는 전입지를 관할하는 시·도경찰청장에게 이동배치한 사실을 통보하여야 한다.

> **해설**
>
> 시·도경찰청장 → 경찰서장 (영 제6조 제2항) **정답** ✕

24 청원경찰의 이동배치 통보를 받은 경찰서장은 이동배치지가 다른 관할구역에 속할 때에는 전출지를 관할하는 경찰서장에게 이동배치한 사실을 통보하여야 한다.

> **해설**
>
> 전출지 → 전입지 (영 제6조 제2항) **정답** ✕

25 청원경찰을 이동배치하여 이동배치지가 다른 관할구역에 속할 때에는 청원주는 전입지를 관할하는 경찰서장에게 그 사실을 통보해야 한다.

> **해설**
>
> 청원주는 → 이동배치 통보를 받은 종전의 배치지를 관할하는 경찰서장은 (영 제6조 제2항)
>
> **정답** ✕

26 복무에 관하여 청원경찰은 해당 사업장의 취업규칙에 따르지 않는다.

> **해설**
>
> 따르지 않는다 → 따른다 (영 제7조)   **정답** ✕

27 청원경찰법에 규정한 사항 외에 청원경찰의 복무에 관하여는 경비업법에 따른다.

> **해설**
>
> 경비업법 → 해당 사업장의 취업규칙 (영 제7조)   **정답** ✕

28 ① 청원경찰의 임용권한, ② 청원경찰의 배치 폐지권한, ③ 청원경찰의 신분증명서 발급, ④ 청원경찰에 대한 징계요청권 등은 청원주의 권한이다.

> **해설**
>
> 청원경찰에 대한 '징계요청권'은 관할경찰서장의 권한이다. '징계권'이 청원주의 권한이다. (① 법 제5조, ② 법 제10조의5 제1항, ③ 규칙 제11조 제1항, ④ 영 제8조 제1항 참조)   **정답** ✕

29 관할경찰서장은 청원경찰이 징계사유에 해당한다고 인정되면 청원주에게 해당 청원 경찰에 대하여 징계처분을 하도록 요청하여야 한다.

> **해설**
>
> 요청하여야 한다 → 요청할 수 있다 (영 제8조 제1항)   **정답** ✕

30 청원경찰의 징계처분 중 '정직'은 1개월 이상 6개월 이하로 하고, 그 기간에 청원경찰 의 신분은 보유하나 직무에 종사하지 못하며, 보수의 3분의 1을 줄인다.

> **해설**
>
> 6개월 → 3개월 / 3분의 1 → 3분의 2 (영 제8조 제2항)   **정답** ✕

31 정직은 1개월 이상 3개월 이하로 하고, 그 기간에 청원경찰의 신분은 보유하나 직무에 종사하지 못하며, 보수는 전액을 감한다.

> **해설**
>
> 전액을 → 3분의 2를 (영 제8조 제2항)   **정답** ✕

32 청원경찰의 징계처분 중 '감봉'은 1개월 이상 3개월 이하로 하고, 그 기간에 보수의 4분의 1을 줄인다.

> **해설**

4분의 1 → 3분의 1 (영 제8조 제3항) **정답** ✕

33 청원경찰이 감봉의 징계처분을 받은 경우에는 감봉기간 동안 보수의 3분의 2를 수령한다.

> **해설**

영 제8조 제3항 **정답** ○

34 청원경찰의 징계처분 중 '견책'은 전과에 대하여 훈계하고 회개하게 하고, 그 기간에 청원경찰의 신분은 보유하나 직무에 종사하지 못한다.

> **해설**

감봉과 견책은 직무에 종사한다. (영 제8조 제4항) **정답** ✕

35 청원경찰의 징계처분 중 견책은 보수의 3분의 1을 줄인다.

> **해설**

견책 → 감봉 (영 제8조 제3항·제4항 참조) **정답** ✕

36 청원주는 청원경찰 배치결정의 통지를 받았을 때에는 통지를 받은 날부터 30일 이내에 청원경찰에 대한 징계규정을 제정하여 관할시·도경찰청장에게 신고하여야 한다.

> **해설**

30일 → 15일 (영 제8조 제5항) **정답** ✕

37 청원주는 청원경찰 배치결정의 통지를 받았을 때는 통지를 받은 날부터 15일 이내에 청원경찰에 대한 징계규정을 제정하여 관할경찰서장의 승인을 받아야 한다.

> **해설**

관할시·도경찰청장에게 신고하여야 한다. (영 제8조 제5항) **정답** ✕

38 청원주는 청원경찰 임용승인의 통지를 받았을 때에는 통지를 받은 날부터 15일 이내에 청원경찰에 대한 징계규정을 제정하여 관할 시·도경찰청장에게 신고하여야 한다.

> **해설**
>
> 임용승인 → 배치결정 (영 제8조 제5항)　　　　　**정답** ✕

39 관할경찰서장은 징계규정의 보완이 필요하다고 인정할 때에는 시·도경찰청장에게 그 보완을 요구할 수 있다.

> **해설**
>
> 관할경찰서장은 → 시·도경찰청장은 / 시·도경찰청장에게 → 청원주에게 (영 제8조 제6항)　**정답** ✕

40 국가기관 또는 지방자치단체에 근무하는 청원경찰의 봉급은 30호봉으로 구분된다.

> **해설**
>
> 30호봉 → 31호봉 (영 제9조 제1항 별표1 참조)　　　　　**정답** ✕

41 국가기관 또는 지방자치단체에 근무하는 청원경찰의 봉급표에 의하면, 재직기간을 15년 미만, 15년 이상 30년 미만, 30년 이상으로 구분하고 있다.

> **해설**
>
> 15년 이상 30년 미만 → 15년 이상 23년 미만, 23년 이상 30년 미만 (영 제9조 제1항 별표1 참조)　**정답** ✕

42 지방자치단체에 근무하는 청원경찰의 각종 수당에는 「공무원수당 등에 관한 규정」에 따른 수당 중 가계보전수당은 포함되지 않는다.

> **해설**
>
> 포함되지 않는다 → 포함된다 (영 제9조 제2항)　　　　　**정답** ✕

43 지방자치단체에 근무하는 청원경찰의 각종 수당은 「공무원수당 등에 관한 규정」에 따른 수당 중 가계보전수당, 실비변상 등으로 하며, 그 세부 항목은 대통령령으로 정하여 고시한다.

> **해설**
>
> 대통령령으로 → 경찰청장이 (영 제9조 제2항)   **정답** ✕

44 국가기관 또는 지방자치단체에 근무하는 청원경찰의 각종 수당은 「공무원수당 등에 관한 규정」에 따른 수당 중 가계보전수당, 실비변상 등으로 하며, 그 세부 항목은 시·도경찰청장이 정하여 고시한다.

> **해설**
>
> 시·도경찰청장 → 경찰청장 (영 제9조 제2항)   **정답** ✕

45 국가기관 또는 지방자치단체에 근무하는 청원경찰의 보수산정을 위한 재직기간은 청원경찰로서 근무한 기간으로 한다.

> **해설**
>
> 영 제9조 제3항   **정답** ◯

46 국가기관 또는 지방자치단체에 근무하는 청원경찰 외의 청원경찰의 봉급과 각종 수당은 시·도경찰청장이 고시한 최저부담기준액 이상으로 지급하여야 한다.

> **해설**
>
> 시·도경찰청장 → 경찰청장 (영 제10조)   **정답** ✕

47 청원경찰(국가기관·지방자치단체에 근무하는 청원경찰 제외)의 봉급과 각종 수당은 경찰청장이 고시한 최고부담기준액 이하로 지급하여야 한다.

> **해설**
>
> 최고부담기준액 이하로 → 최저부담기준액 이상으로 (영 제10조)   **정답** ✕

48 청원경찰의 '보수산정'과 관련하여 가장 우선시 되는 기준은 당해 사업장의 취업규칙
이다.

> **해설**

영 제11조 제1항 참조
정답 ○

49 청원경찰의 보수산정에 관하여 그 배치된 사업장의 취업규칙에 특별한 규정이 없는
경우 경비지도사로 근무한 경력, 군·의무경찰 복무경력 등은 봉급산정의 기준이
되는 경력에 산입하여야 한다.

> **해설**

경비지도사 → 청원경찰 (영 제11조 제1항 제1호·제2호)
정답 ✕

50 수위·경비원·감시원으로 근무하던 자가 그 사업장의 청원주에 의하여 청원경찰로
임용된 경우 수위·경비원·감시원 종사경력은 그 사업장의 취업규칙에 특별한 규정이
없으면 청원경찰의 봉급산정의 기준에 있어 경력으로 산입할 수 있다.

> **해설**

산입할 수 있다 → 산입하여야 한다 (영 제11조 제1항 제3호 참조)
정답 ✕

51 국가기관 또는 지방자치단체에서 근무하는 청원경찰의 보수산정에 관하여 국가기관
또는 지방자치단체에서 비상근(非常勤)으로 근무한 경력은 봉급산정의 기준이 되는
경력에 산입하여야 한다.

> **해설**

비상근(非常勤) → 상근(常勤) (영 제11조 제1항 제4호)
정답 ✕

52 지방자치단체에 근무하는 청원경찰 보수의 호봉 간 승급기간은 지방자치단체 소속
공무원의 승급기간에 관한 규정을 준용한다.

> **해설**

지방자치단체 소속 공무원 → 경찰공무원 (영 제11조 제2항)
정답 ✕

53 국가기관 또는 지방자치단체에 근무하는 청원경찰 외의 청원경찰 보수의 호봉 간 승급기간 및 승급액은 순경의 승급에 관한 규정을 사업장의 취업규칙보다 우선 준용한다.

> **해설**
>
> 사업장의 취업규칙을 우선 적용한다. 즉, 사업장의 취업규칙에 따르며, 이에 관한 취업규칙이 없을 때에는 순경의 승급에 관한 규정을 준용한다. (영 제11조 제3항 참조)　**정답** ✕

54 봉급·수당 등 청원경찰경비의 지급방법은 경찰청장이 고시한다.

> **해설**
>
> 경찰청장이 고시한다 → 행정안전부령으로 정한다 (영 제12조 제1항)　**정답** ✕

55 청원경찰의 봉급과 각종 수당, 피복비, 교육비, 퇴직금의 지급방법 또는 납부방법은 행정안전부령으로 정한다.

> **해설**
>
> 퇴직금은 「근로자퇴직급여 보장법」에 따라 지급한다. (영 제12조 제1항)　**정답** ✕

56 원칙적으로 청원경찰경비의 최저부담기준액 및 부담기준액(국가기관 또는 지방자치단체에 근무하는 청원경찰의 봉급·수당은 제외한다)은 경찰공무원 중 순경의 것을 고려하여 다음 연도분을 매년 1월에 고시하여야 한다. 다만, 부득이한 사유가 있을 때에는 12월에 고시할 수 있다.

> **해설**
>
> 1월에 → 12월에 / 12월에 → 수시로 (영 제12조 제2항)　**정답** ✕

57 청원경찰이 직무수행으로 인하여 부상을 입은 경우 보상금의 지급주체는 청원주의 산업재해보상보험 가입여부에 따라 달라지게 된다.

> **해설**
>
> 영 제13조 참조　**정답** ○

58 청원주는 보상금의 지급을 이행하기 위하여 고용보험법에 따른 고용보험에 가입하거나, 근로기준법에 따라 보상금을 지급하기 위한 재원을 따로 마련하여야 한다.

> **해설**
>
> 고용보험법에 따른 고용보험 → 산업재해보상보험법에 따른 산업재해보상보험 (영 제13조)
>
> **정답** ✕

59 청원경찰의 복제는 제복과 장구로 구분한다.

> **해설**
>
> 제복과 장구 → 제복·장구·부속물 (영 제14조 제1항)
>
> **정답** ✕

60 청원경찰의 제복·장구 및 부속물에 관하여 필요한 사항은 대통령령으로 정한다.

> **해설**
>
> 대통령령 → 행정안전부령 (영 제14조 제2항)
>
> **정답** ✕

61 청원경찰이 그 배치지의 특수성 등으로 특수복장을 착용할 필요가 있을 때에는 청원주는 관할경찰서장에게 보고하고 특수복장을 착용하게 할 수 있다.

> **해설**
>
> 관할경찰서장에게 보고하고 → 시·도경찰청장의 승인을 받아 (영 제14조 제3항)
>
> **정답** ✕

62 청원경찰이 특수복장을 착용할 필요가 있을 때에는 청원주는 관할 경찰서장의 승인을 받아 특수복장을 착용하게 할 수 있다.

> **해설**
>
> 관할 경찰서장 → 시·도경찰청장 (영 제14조 제3항)
>
> **정답** ✕

63 청원경찰은 별도의 허가를 받지 아니하고도 분사기를 휴대할 수 있다.

> **해설**
>
> 소지허가를 받아야 한다. (영 제15조 참조)
>
> **정답** ✕

64 청원경찰로 하여금 분사기를 휴대하여 직무를 수행하게 하고자 하는 경우 청원주는 「위험물 안전관리법」에 따라 소지신고를 하여야 한다.

> **해설**
>
> 「위험물 안전관리법」에 따라 소지신고를 하여야 한다 → 「총포·도검·화약류 등의 안전관리에 관한 법률」에 따라 소지허가를 받아야 한다 (영 제15조 참조)　**정답** ✕

65 청원주가 청원경찰이 휴대할 무기를 대여받으려는 경우에는 관할경찰서장에게 무기대여를 신청하여야 한다.

> **해설**
>
> 관할경찰서장에게 → 관할경찰서장을 거쳐 시·도경찰청장에게 (영 제16조 제1항)　**정답** ✕

66 청원주는 자신이 국가에 기부채납하지 않은 무기도 대여신청 후 국가로부터 대여받아 휴대할 수 있다.

> **해설**
>
> 국가에 기부채납한 무기에 한정하여 대여 받을 수 있다. (영 제16조 제2항 참조)　**정답** ✕

67 청원경찰에게 무기를 대여한 경우에 시·도경찰청장은 청원경찰의 무기관리상황을 월 1회 정기적으로 점검하여야 한다.

> **해설**
>
> 시·도경찰청장은 → 관할경찰서장 / 월 1회 정기적으로 → 수시로 (영 제16조 제3항)　**정답** ✕

68 청원주 및 청원경찰은 대통령령으로 정하는 무기관리수칙을 준수하여야 한다.

> **해설**
>
> 대통령령 → 행정안전부령 (영 제16조 제4항)　**정답** ✕

69 관할경찰서장은 매달 2회 이상 청원경찰의 복무규율과 근무상황을 감독하여야
한다.

> **해설**
>
> 2회 → 1회 (영 제17조 제1호)　　　　　　　　　　　　　　　　**정답** X

70 관할경찰서장은 매주 1회 이상 청원경찰을 배치한 경비구역에 대하여 복무규율
및 근무상황을 감독하여야 한다.

> **해설**
>
> 매주 1회 → 매달 1회 (영 제17조 제1호)　　　　　　　　　　　**정답** X

71 관할경찰서장은 매달 1회 이상 청원경찰을 배치한 경비구역에 대하여 장구·서류의
관리 및 비밀취급사항을 감독하여야 한다.

> **해설**
>
> 장구·서류의 관리 및 비밀취급사항 → 무기의 관리 및 취급사항 (영 제17조 제2호)　**정답** X

72 매달 1회 이상 청원경찰을 배치한 경비구역에 대하여 복무규율과 근무상황, 무기의
관리 및 취급사항을 감독하여야 하는 자는 시·도경찰청장이다.

> **해설**
>
> 시·도경찰청장 → 관할경찰서장 (영 제17조)　　　　　　　　　**정답** X

73 청원경찰은 형법이나 그 밖의 법령에 따른 벌칙의 적용과 불법행위로 인한 손해배상
의 책임에 있어서는 공무원으로 본다.

> **해설**
>
> 불법행위로 인한 손해배상의 책임에 있어서는 공무원으로 보지 아니한다. (영 제18조 참조)
>
> 　　　　　　　　　　　　　　　　　　　　　　　　　　　　**정답** X

74 청원경찰은 형법이나 그 밖의 법령에 따른 벌칙을 적용하는 경우 등을 제외하고는 공무원으로 본다.

> **해설**
>
> 본다 → 보지 않는다 (영 제18조)　　　　　　　　　　　　　　　　　　　**정답** ✕

75 「경비업법」에 따른 경비업자가 중요시설의 경비를 도급받았을 때에는 시·도경찰청장은 그 사업장에 배치된 청원경찰의 근무배치 및 감독에 관한 권한을 관할경찰서장에게 위임할 수 있다.

> **해설**
>
> 시·도경찰청장은 → 청원주는 / 관할경찰서장에게 → 해당 경비업자에게 (영 제19조 제1항)
>
> 　　　　　　　　　　　　　　　　　　　　　　　　　　　　　　　**정답** ✕

76 경비업자가 중요시설의 경비를 도급받았을 때에는 청원주는 그 사업장에 배치된 청원경찰의 임용 및 해임에 관한 권한을 해당 경비업자에게 위임할 수 있다.

> **해설**
>
> 임용 및 해임에 관한 권한 → 근무배치 및 감독에 관한 권한 (영 제19조 제1항)　**정답** ✕

77 경비업자는 청원주의 위임을 받아 청원경찰에 대한 근무배치 및 감독권을 행사할 수 있다.

> **해설**
>
> 영 제19조 제1항 참조　　　　　　　　　　　　　　　　　　　　　　**정답** ○

78 청원주는 경비업자에게 청원경찰의 근무배치 및 감독에 관한 권한을 위임한 경우에 이를 이유로 청원경찰의 보수나 신분상의 불이익을 주어서는 아니된다.

> **해설**
>
> 영 제19조 제2항　　　　　　　　　　　　　　　　　　　　　　　　**정답** ○

79 청원경찰법령상 시·도경찰청장의 권한을 관할경찰서장에게 위임할 수 있는 경우는 청원경찰을 배치하고 있는 사업장이 하나의 시·도경찰청의 관할구역에 있는 경우로 한정한다.

> **해설**
>
> 시·도경찰청의 관할구역 → 경찰서의 관할구역 (영 제20조 단서) **정답** ✕

80 '청원경찰 근무배치 및 감독에 관한 권한'은 시·도경찰청장이 관할경찰서장에게 위임할 수 있는 권한에 해당한다.

> **해설**
>
> 청원경찰 근무배치 및 감독에 관한 권한 → 청원경찰 배치의 결정 및 요청에 관한 권한 (영 제20조 제1호) **정답** ✕

81 '청원경찰의 임용승인에 관한 권한'은 시·도경찰청장이 관할경찰서장에게 위임할 수 있는 권한에 해당한다.

> **해설**
>
> 영 제20조 제2호 **정답** ○

82 '청원경찰의 징계처분 요청에 관한 권한'은 관할경찰서장에게 위임할 수 있는 시·도경찰청장의 권한이다.

> **해설**
>
> '청원경찰의 징계처분 요청에 관한 권한'은 원래부터 관할경찰서장의 권한이다. (영 제8조 제1항, 제20조 참조) **정답** ✕

83 청원경찰을 배치하고 있는 사업장이 하나의 경찰서의 관할구역에 있는 경우 시·도경찰청장은 '청원주에 대한 지도 및 감독상 필요한 명령에 관한 권한'을 관할경찰서장에게 위임한다.

> **해설**
>
> 영 제20조 제3호 **정답** ○

84 '청원경찰에게 지급할 봉급·수당의 최저부담기준 결정에 관한 권한'은 시·도경찰청장이 관할경찰서장에게 위임할 수 있는 권한에 해당한다.

> **해설** ▶

'청원경찰에게 지급할 봉급·수당의 최저부담기준 결정에 관한 권한'은 경찰청장의 권한이다. (영 제20조, 법 제6조 제3항 참조)

정답 ✕

85 '벌금 부과·징수에 관한 권한'은 시·도경찰청장이 관할경찰서장에게 위임할 수 있는 권한에 해당한다.

> **해설** ▶

벌금 → 과태료 (영 제20조 제4호)

정답 ✕

86 '청원경찰의 특수복장 착용에 대한 승인 권한'은 시·도경찰청장이 관할경찰서장에게 위임할 수 있는 권한에 해당한다.

> **해설** ▶

해당한다 → 해당하지 않는다 (영 제20조 참조)

정답 ✕

87 '무기의 관리 및 취급사항을 감독하는 권한'은 시·도경찰청장이 관할경찰서장에게 위임하는 권한으로 명시되어 있다.

> **해설** ▶

'무기의 관리 및 취급사항을 감독하는 권한'은 원래부터 관할경찰서장의 권한이다. (영 제17조, 제20조 참조)

정답 ✕

88 시·도경찰청장 또는 경찰서장은 청원경찰의 임용·배치에 관한 사무를 수행하기 위하여 불가피한 경우 개인정보 보호법령에 따른 노동조합·정당가입 정보와 범죄경력자료에 해당하는 정보, 주민등록번호 또는 외국인등록번호가 포함된 자료를 처리할 수 있다.

> **해설** ▶

노동조합·정당가입 정보 → 건강에 관한 정보 (영 제20조의2)

정답 ✕

89 경찰청장은 청원경찰의 임용에 관한 사무를 수행하기 위하여 불가피한 경우 개인정보보호법령에 따른 건강에 관한 정보, 범죄경력자료에 해당하는 정보, 운전면허번호 또는 여권번호가 포함된 자료를 처리할 수 있다.

> **해설**
>
> 경찰청장은 → 시·도경찰청장 또는 경찰서장은 / 운전면허번호 또는 여권번호 → 주민등록번호 또는
> 외국인등록번호 (영 제20조의2)　　　　　　　　　　　　　　　　　　　**정답** ✕

90 경찰서장은 ① 청원경찰의 임용, 배치 등 인사관리에 관한 사무, ② 청원경찰의 제복 착용 및 무기 휴대에 관한 사무, ③ 청원경찰의 봉급·수당 등 청원경찰경비에 관한 사무, ④ 청원주에 대한 지도·감독에 관한 사무 등을 수행하기 위하여 불가피한 경우에는 민감정보 및 고유식별정보를 처리할 수 있다.

> **해설**
>
> ③ 청원경찰의 봉급·수당 등 청원경찰경비에 관한 사무는 포함되지 않는다. (영 제20조의2)
> 　　　　　　　　　　　　　　　　　　　　　　　　　　　　　　　**정답** ✕

91 청원경찰의 교육 등에 관한 사무, 행정처분에 관한 사무는 청원경찰법령상 민감정보 및 고유식별정보를 처리할 수 있는 사무에 해당한다.

> **해설**
>
> 해당한다 → 해당하지 않는다 (영 제20조의2 참조)　　　　　　　　**정답** ✕

92 시·도경찰청장의 배치 결정을 받지 않고 국가중요시설에 청원경찰을 배치한 경우에는 400만원의 과태료를 부과한다.

> **해설**
>
> 400만원 → 500만원 (영 제21조 제1항 별표2 제1호 가목)　　　　　**정답** ✕

93 시·도경찰청장의 배치 결정을 받지 않고 국가중요시설 외의 시설에 청원경찰을 배치한 경우에는 300만원의 과태료를 부과한다.

> **해설**
>
> 300만원 → 400만원 (영 제21조 제1항 별표2 제1호 나목)　　　　　**정답** ✕

94 시·도경찰청장의 승인을 받지 않고 국가공무원법상 임용결격사유에 해당하는 청원
경찰을 임용한 경우에는 300만원의 과태료를 부과한다.

> **해설**

300만원 → 500만원 (영 제21조 제1항 별표2 제2호)   **정답** ✕

95 정당한 사유 없이 경찰청장이 고시한 최저부담기준액 이상의 보수를 지급하지 않은
경우에는 500만원의 과태료를 부과한다.

> **해설**

영 제21조 제1항 별표2 제3호   **정답** ○

96 시·도경찰청장의 감독상 필요한 총기·실탄 및 분사기에 관한 명령을 정당한 사유없
이 이행하지 않은 경우에는 300만원의 과태료를 부과한다.

> **해설**

300만원 → 500만원 (영 제21조 제1항 별표2 제4호 가목)   **정답** ✕

97 시·도경찰청장의 감독상 필요한 복무규율과 근무 상황에 관한 명령을 정당한 사유
없이 이행하지 않은 경우에는 500만원의 과태료를 부과한다.

> **해설**

500만원 → 300만원 (영 제21조 제1항 별표2 제4호 나목)   **정답** ✕

98 시·도경찰청장은 위반행위의 동기, 내용 및 위반의 정도 등을 고려하여 과태료
금액의 3분의 1의 범위에서 그 금액을 줄이거나 늘릴 수 있다.

> **해설**

3분의 1 → 100분의 50 (영 제21조 제2항)   **정답** ✕

99 경찰서장은 위반행위의 동기 등을 고려하여 과태료 금액의 100분의 50의 범위에서
그 금액을 줄이거나 늘릴 수 있다.

> **해설**

경찰서장 → 시·도경찰청장 (영 제21조 제2항)   **정답** ✕

청원경찰법 시행규칙

01 청원경찰이 배치되는 시설로는 ① 선박, 항공기 등 수송시설, ② 금융 또는 보험을 업으로 하는 시설 또는 사업장, ③ 언론, 통신, 방송 또는 인쇄를 업으로 하는 시설 또는 사업장, ④ 「사회복지법」에 따른 사회복지시설, ⑤ 「의료법」에 따른 의료기관 등이 있다.

> 해설

「사회복지법」에 따른 사회복지시설 → 학교 등 육영시설 (규칙 제2조)　　　　정답 ✕

02 KBS와 같은 언론사는 청원경찰의 배치대상이 되는 시설에 해당된다.

> 해설

규칙 제2조 제3호 참조　　　　정답 ○

03 청원경찰은 공공의 안녕질서 유지와 국민경제를 위하여 고도의 경비(警備)가 필요한 중요시설, 사업체 또는 장소에도 배치될 수 있다.

> 해설

규칙 제2조 제6호 참조　　　　정답 ○

04 청원경찰로 임용되기 위해서는 신체가 건강하고 팔다리가 완전하며, 체중은 50kg (여자의 경우는 40kg) 이상이어야 한다.

> 해설

청원경찰 임용의 신체조건 중 체중에 관한 조건은 없다. (규칙 제4조 제2호 참조)　　　　정답 ✕

05 청원경찰의 신체조건은 팔과 다리가 완전하고 두 눈의 맨눈시력 각각 0.2 이상 또는 교정시력 각각 0.8 이상이어야 한다.

> **해설**
>
> 청원경찰 → 특수경비원 (규칙 제4조, 경비업법 시행규칙 제7조 참조)   **정답** ✕

06 법령에 의한 청원경찰 임용의 신체조건 중 시력(교정시력을 포함)은 양쪽 눈이 각각 1.0 이상이어야 한다.

> **해설**
>
> 1.0 → 0.8 (규칙 제4조 제2호)   **정답** ✕

07 법령에 의한 청원경찰 임용의 신체조건 중 청력은 40데시벨 이하 소리를 들을 수 있어야 한다.

> **해설**
>
> 청원경찰 임용의 신체조건 중 청력에 대한 조건은 없다. (규칙 제4조 참조)   **정답** ✕

08 청원주가 시·도경찰청장에게 청원경찰 임용승인을 신청할 때에는 임용승인신청서에 그 해당자에 관한 ① 경력증명서 1부, ② 주민등록표 등본 1부, ③ 민간인 신원진술서(「보안업무규정」에 따른 신원조사가 필요한 경우만 해당) 1부, ④ 최근 3개월 이내에 발행한 채용신체검사서 또는 취업용 건강진단서 1부, ⑤ 가족관계등록부 중 가족관계증명서 1부를 첨부해야 한다.

> **해설**
>
> ① 경력증명서 → 이력서, ② 주민등록표 등본 → 주민등록증사본, ⑤ 가족관계등록부 중 가족관계증명서 → 가족관계등록부 중 기본증명서 (규칙 제5조 제1항)   **정답** ✕

09 청원주가 시·도경찰청장에게 청원경찰 임용승인을 신청할 때에는 임용승인신청서에 그 해당자에 관한 ① 이력서 1부, ② 주민등록증사본 1부, ③ 청원경찰 신분증명서 1부, ④ 최근 6개월 이내에 발행한 채용신체검사서 또는 취업용 건강진단서 1부, ⑤ 사진 4장을 첨부해야 한다.

> **해설** ▶
>
> ③ 청원경찰 신분증명서 → 민간인 신원진술서, ④ 최근 6개월 → 최근 3개월, ⑤ 사진 4장 → 가족관계등록부 중 기본증명서 1부 (규칙 제5조 제1항)   **정답** ✕

10 청원경찰 임용승인신청서를 제출받은 시·도경찰청장은 「전자정부법」에 따라 행정정보의 공동이용을 통하여 청원주의 신분증명서를 확인하여야 한다. 다만, 그 청원주가 확인에 동의하지 아니할 때에는 해당 서류를 첨부하도록 하여야 한다.

> **해설** ▶
>
> 청원주의 신분증명서 → 해당자의 병적증명서 / 청원주가 → 해당자가 (규칙 제5조 제2항)   **정답** ✕

11 청원경찰의 교육기간은 4주이며, 수업시간은 88시간이다.

> **해설** ▶
>
> 4주 → 2주 / 88시간 → 76시간 (규칙 제6조)   **정답** ✕

12 청원경찰로 임용된 자가 경찰교육기관에서 받는 직무수행에 필요한 교육의 기간은 4시간으로 한다.

> **해설** ▶
>
> 4시간으로 → 2주로 (규칙 제6조)   **정답** ✕

13 청원경찰로 임용된 후 이수하여야 할 정신교육은 4시간이다.

> **해설** ▶
>
> 4시간 → 8시간 (규칙 제6조 별표1 참조)   **정답** ✕

14 청원경찰의 신임교육과목 중 실무교육은 경범죄처벌법 및 사격 과목 등을 포함하여 40시간을 이수하여야 한다.

> **해설**
>
> 40시간 → 44시간 (규칙 제6조 별표1 참조) **정답** ✕

15 청원경찰의 신임교육과목에는 경비업법, 형사법, 경찰관직무집행법, 경범죄처벌법, 분사기사용법, 대공이론, 화생방 등이 있다.

> **해설**
>
> 경비업법과 분사기사용법은 청원경찰의 신임교육과목에는 포함되지 않는다. (규칙 제6조 별표1 참조)
> **정답** ✕

16 청원경찰의 교육과목에는 국가보안법, 통합방위법, 테러방지법이 포함된다.

> **해설**
>
> 포함된다 → 포함되지 않는다 (규칙 제6조 별표1 참조) **정답** ✕

17 청원경찰의 교육과목에는 법학개론, 민사소송법, 민간경비론 등이 있다.

> **해설**
>
> 법학개론, 민사소송법, 민간경비론은 청원경찰의 교육과목이 아니다. (규칙 제6조 별표1 참조)
> **정답** ✕

18 청원경찰로 임용된 자가 받는 교육과목 중 학술교육과목으로는 형사법과 경찰관직무 집행법이 있다.

> **해설**
>
> 경찰관직무집행법 → 청원경찰법 (규칙 제6조 별표1 참조) **정답** ✕

19 청원경찰로 임용된 자가 받는 교육과목 중 실무교육 과목으로는 기본훈련, 총검술, 사격, 체포술 및 호신술 등이 있다.

> **해설**
>
> 체포술 및 호신술은 '술과' 과목에 해당한다. (규칙 제6조 별표1 참조) **정답** ✕

20 청원경찰의 교육과목 중 실무교육과목으로는 경무-경찰관직무집행법, 방범-경범 죄처벌법, 경비-불심검문, 정보-대공이론 등이 있다.

해설

경비-불심검문 → 경비-시설경비 또는 소방 (규칙 제6조 별표1 참조)　　**정답** ✕

21 청원경찰로 임용된 후 이수하여야 할 교육과목 중 형사법은 8시간, 청원경찰법은 5시간, 경찰관직무집행법은 3시간, 경범죄처벌법은 2시간을 각각 이수하여야 한다.

해설

형사법은 10시간이고, 경찰관직무집행법은 5시간이다. (규칙 제6조 별표1 참조)　　**정답** ✕

22 청원경찰로 임용된 후 이수하여야 할 교육과목 중 시설경비, 기계경비, 사격, 체포·호 신술의 교육시간은 모두 6시간씩으로 동일하다.

해설

기계경비는 이수하여야 할 과목에 포함되지 않는다. (규칙 제6조 별표1 참조)　　**정답** ✕

23 청원경찰로 임용된 후 이수하여야 할 교육과목 중 방범업무, 소방, 민방공, 화생방의 교육시간은 모두 3시간씩으로 동일하다.

해설

소방은 4시간이고, 화생방은 2시간이다. (규칙 제6조 별표1 참조)　　**정답** ✕

24 청원경찰과 특수경비원 신임교육의 공통적인 교육과목으로는 정신교육, 불심검문, 민방공, 총검술, 예절교육, 관찰·기록기법 등이 있다.

해설

불심검문은 청원경찰만의 교육과목이고, 예절교육, 관찰·기록기법은 특수경비원만의 교육과목에 해당한다. (규칙 제6조 별표1, 경비업법 시행규칙 제15조 별표4 참조)　　**정답** ✕

25 청원경찰의 봉급과 각종 수당은 청원주가 그 청원경찰이 배치된 사업장의 직원에 대한 보수 지급일에 임용권자에게 지급한다.

해설

임용권자에게 지급 → 청원경찰에게 직접 지급 (규칙 제8조 제1호)　　**정답** ✕

26 A광역시에 소재하고 있는 B은행 본점에 20명의 청원경찰이 배치되어 있는 경우, 청원경찰에 대한 봉급 및 각종 수당은 B은행이 B은행 직원에 대한 보수지급일에 청원경찰에게 직접 지급한다.

> **해설**
>
> 규칙 제8조 제1호 참조   **정답** ○

27 청원경찰의 피복은 청원주가 정기지급일 또는 신규배치시에 청원경찰에게 피복대금으로 지급한다.

> **해설**
>
> 피복대금 → 현품 (규칙 제8조 제2호)   **정답** ✕

28 청원경찰에 대한 교육비는 청원주가 해당 청원경찰의 입교 후 3일 이내에 해당 경찰교육기관에 낸다.

> **해설**
>
> 입교 후 3일 이내에 → 입교 3일 전에 (규칙 제8조 제3호)   **정답** ✕

29 청원경찰에 대한 교육비는 청원주가 해당 청원경찰의 입교 7일 전에 청원경찰에게 직접 지급한다.

> **해설**
>
> 7일 → 3일 / 청원경찰에게 직접 지급한다 → 경찰교육기관에 낸다 (규칙 제8조 제3호)
>
> **정답** ✕

30 청원경찰에게 지급할 봉급과 각종 수당, 청원경찰의 퇴직금·피복비·교육비 등의 지급방법 또는 납부방법은 행정안전부령(청원경찰법 시행규칙)으로 정하고 있다.

> **해설**
>
> 청원경찰의 '퇴직금'의 지급방법 또는 납부방법에 대하여는 행정안전부령으로 정하고 있지 않다. (규칙 제8조 참조)   **정답** ✕

청원경찰법 시행규칙

31 청원경찰의 제복의 종류로는 정모, 근무복, 비옷, 방한화, 장갑 등이 있다.

> **해설**
>
> 장갑은 부속물에 해당한다. (규칙 제9조 제1항 제1호·제3호) **정답** ✕

32 청원경찰의 장구는 허리띠, 경찰봉, 호루라기 및 수갑으로 구분한다.

> **해설**
>
> 수갑 → 포승 (규칙 제9조 제1항 제2호) **정답** ✕

33 청원경찰의 부속물에는 모장표장, 가슴표장, 휘장, 이름표, 넥타이, 귀덮개 및 장갑이 있다.

> **해설**
>
> 이름표 → 계급장 / 넥타이 → 넥타이핀 / 귀덮개 → 단추 (규칙 제9조 제1항 제3호) **정답** ✕

34 청원경찰 제복의 형태·규격 및 재질은 관할경찰서장이 결정한다.

> **해설**
>
> 관할경찰서장이 → 청원주가 (규칙 제9조 제2항 제1호) **정답** ✕

35 청원경찰 장구의 형태·규격 및 재질은 청원주가 결정하되, 경찰공무원 또는 군인 장구의 색상과 명확하게 구별될 수 있어야 하며, 사업장별로 통일해야 한다.

> **해설**
>
> 장구 → 제복 (규칙 제9조 제2항 제1호·제2호 참조) **정답** ✕

36 청원경찰의 제복의 형태·규격 및 재질은 시·도경찰청장이 결정하되, 사업장별로 통일해야 한다.

> **해설**
>
> 시·도경찰청장이 → 청원주가 (규칙 제9조 제2항 제1호) **정답** ✕

37 청원경찰의 제복은 경찰공무원 또는 군인 제복의 색상 및 디자인과 명확하게 구별될 수 있어야 하며, 경찰서 관할구역 별로 통일해야 한다.

> **해설**
>
> 색상 및 디자인 → 색상 / 경찰서 관할구역 별 → 사업장별 (규칙 제9조 제2항 제1호) **정답** ✕

38 청원경찰의 기동모와 기동복의 색상은 검정색으로 한다.

> **해설**
>
> 검정색 → 진한 청색 (규칙 제9조 제2항 제1호) **정답** ✕

39 청원경찰의 장구의 형태·규격 및 재질은 경찰장구와 구별될 수 있어야 한다.

> **해설**
>
> 구별될 수 있어야 한다 → 같이 한다 (규칙 제9조 제2항 제2호) **정답** ✕

40 청원경찰 부속물의 형태·규격 및 재질은 경찰 부속물과 같이 한다.

> **해설**
>
> 부속물 → 장구 (규칙 제9조 제2항 제2호) **정답** ✕

41 청원경찰의 정모의 표장은 기동모의 표장의 2분의 1 크기로 하여야 한다.

> **해설**
>
> 기동모의 표장은 정모 표장의 2분의 1 크기로 하여야 한다. (규칙 제9조 제2항 제3호) **정답** ✕

42 청원경찰은 특수근무 중에는 정모, 근무복, 단화, 호루라기, 경찰봉 및 포승을 착용하거나 휴대하여야 하고, 총기를 휴대하지 아니할 때에는 분사기를 휴대하여야 한다.

> **해설**
>
> 특수근무 → 평상근무 (규칙 제9조 제3항) **정답** ✕

청원경찰법 시행규칙

43 청원경찰은 평상근무 중에는 정모, 근무복, 단화, 호루라기를 착용하거나 휴대하여야 하고, 경찰봉 및 포승은 휴대하지 아니할 수 있다.

> **해설** ▶
>
> 청원경찰은 평상근무 중에는 정모, 근무복, 단화, 호루라기, 경찰봉 및 포승을 착용하거나 휴대하여야 한다. (규칙 제9조 제3항)   **정답** ✕

44 청원경찰은 교육훈련중에도 허리띠와 경찰봉을 착용하거나 휴대해야 하나 휘장은 부착하지 아니할 수 있다.

> **해설** ▶
>
> 교육훈련중에도 휘장을 부착하되, 허리띠와 경찰봉은 착용하거나 휴대하지 아니할 수 있다. (규칙 제9조 제3항)   **정답** ✕

45 청원경찰의 하복·동복의 착용시기는 사업장별로 관할경찰서장이 결정하되, 착용시기를 통일하여야 한다.

> **해설** ▶
>
> 관할경찰서장이 → 청원주가 (규칙 제10조)   **정답** ✕

46 청원경찰의 신분증명서는 관할경찰서장이 발행하며, 그 형식은 시·도경찰청장이 결정하되 사업장별로 통일하여야 한다.

> **해설** ▶
>
> 관할경찰서장이 → 청원주가 / 시·도경찰청장이 → 청원주가 (규칙 제11조 제1항)   **정답** ✕

47 청원경찰은 근무 중 필요시 신분증명서를 휴대하여야 한다.

> **해설** ▶
>
> 필요시 → 항상 (규칙 제11조 제2항)   **정답** ✕

48 근무복과 기동화는 청원경찰에게 지급하는 대여품에 해당한다.

> **해설** ▶
>
> 대여품 → 급여품 (규칙 제12조 제1항 별표2·별표3 참조)   **정답** ✕

49 기동복, 정모, 장갑, 호루라기 등은 청원경찰에게 지급하는 급여품이다.

> **해설**
>
> 규칙 제12조 제1항 별표2 참조   **정답** O

50 기동모는 급여품이면서 제복이다.

> **해설**
>
> 규칙 제9조 제1항·제12조 제1항 참조   **정답** O

51 호루라기는 급여품이면서 부속물이다.

> **해설**
>
> 부속물 → 장구 (규칙 제9조 제1항·제12조 제1항 참조)   **정답** X

52 장갑은 급여품이면서 제복이다.

> **해설**
>
> 제복 → 부속물 (규칙 제9조 제1항·제12조 제1항 참조)   **정답** X

53 넥타이핀은 급여품이면서 부속물이다.

> **해설**
>
> 넥타이핀은 부속물은 맞으나 급여품이 아니다. (규칙 제9조 제1항·제12조 제1항 참조)   **정답** X

54 가슴표장은 대여품이면서 부속물이다.

> **해설**
>
> 규칙 제9조 제1항·제12조 제1항 참조   **정답** O

55 모자표장은 대여품이면서 부속물이다.

> **해설**
>
> 모자표장은 부속물은 맞으나 대여품이 아니다. (규칙 제9조 제1항·제12조 제1항 참조) **정답** ✕

56 허리띠는 장구이면서 대여품이다.

> **해설**
>
> 규칙 제9조 제1항·제12조 제1항 참조 **정답** ○

57 분사기는 장구이면서 대여품이다.

> **해설**
>
> 분사기는 대여품은 맞으나 장구는 아니다. (규칙 제9조 제1항·제12조 제1항 참조) **정답** ✕

58 급여품 중 비옷과 정모의 사용기간은 2년이다.

> **해설**
>
> 2년 → 3년 (규칙 제12조 제1항 별표2 참조) **정답** ✕

59 급여품 중 호루라기, 방한화, 장갑의 사용기간은 3년이다.

> **해설**
>
> 3년 → 2년 (규칙 제12조 제1항 별표2 참조) **정답** ✕

60 급여품 중 기동모와 기동복의 정기지급일은 9월 25일이다.

> **해설**
>
> 9월 25일 → 필요할 때 (규칙 제12조 제1항 별표2 참조) **정답** ✕

61 청원경찰에게 지급하는 대여품에는 호루라기, 경찰봉, 가슴표장, 분사기, 포승이 있다.

> **해설**

호루라기 → 허리띠 (규칙 제12조 제1항 별표2·별표3 참조)   **정답** ✕

62 청원경찰이 퇴직할 때에는 대여품을 관할경찰서장에게 반납하여야 한다.

> **해설**

관할경찰서장 → 청원주 (규칙 제12조 제2항)   **정답** ✕

63 청원경찰이 퇴직할 때에는 급여품과 대여품을 청원주에게 반납하여야 한다.

> **해설**

급여품은 반납하지 않는다. (규칙 제12조 제2항)   **정답** ✕

64 청원경찰이 퇴직할 때 근무복, 기동복, 장갑, 정모, 방한화, 호루라기, 허리띠, 가슴표장, 포승 등은 청원주에게 반납하지 않는다.

> **해설**

허리띠, 가슴표장, 포승은 반납하여야 한다. (규칙 제12조 제1항 별표2·별표3 참조)   **정답** ✕

65 경찰서장은 소속 청원경찰에게 그 직무집행에 필요한 교육을 매월 2시간 이상 하여야 한다.

> **해설**

경찰서장은 → 청원주는 / 2시간 → 4시간 (규칙 제13조 제1항)   **정답** ✕

66 청원주는 소속 청원경찰에게 그 직무집행에 필요한 교육을 매년 4시간 이상 하여야 한다.

> **해설**

매년 → 매월 (규칙 제13조 제1항)   **정답** ✕

67 청원경찰이 배치된 사업장의 소재지를 관할하는 경찰서장은 청원주의 신청이 있는 경우에는 그 사업장에 소속 공무원을 파견하여 직무집행에 필요한 교육을 할 수 있다.

해설

청원주의 신청이 있는 경우 → 필요하다고 인정하는 경우 (규칙 제13조 제2항)　　　**정답** ✕

68 청원경찰법령상 청원경찰은 경비구역 내에서의 입초근무, 경비근무, 순찰근무, 방범근무를 수행한다.

해설

경비근무 → 소내근무 / 방범근무 → 대기근무 (규칙 제14조 참조)　　　**정답** ✕

69 자체경비를 하는 소내근무자는 경비구역의 정문이나 그 밖의 지정된 장소에서 경비구역의 내부, 외부 및 출입자의 움직임을 감시한다.

해설

소내근무자 → 입초근무자 (규칙 제14조 제1항)　　　**정답** ✕

70 업무처리 및 자체경비를 하며, 근무 중 특이한 사항이 발생하였을 때에는 지체 없이 청원주 등에게 보고하고 그 지시에 따라야 하는 근무자는 입초근무자이다.

해설

입초근무자 → 소내근무자 (규칙 제14조 제2항)　　　**정답** ✕

71 업무처리 및 자체경비를 하는 소내근무자는 근무 중 특이한 사항이 발생한 때에는 지체 없이 청원주와 시·도경찰청장에게 보고하고 그 지시에 따라야 한다.

해설

청원주와 시·도경찰청장 → 청원주 또는 관할경찰서장 (규칙 제14조 제2항)　　　**정답** ✕

72 순찰근무자는 관할경찰서장이 지정한 일정한 구역을 순회하면서 경비 임무를 수행한다.

> **해설**
>
> 관할경찰서장이 → 청원주가 (규칙 제14조 제3항)
>
> **정답** ✕

73 순찰근무자는 원칙적으로 요점순찰을 하되, 청원주가 필요하다고 인정할 때에는 정선순찰 또는 난선순찰을 할 수 있다.

> **해설**
>
> 요점순찰 → 정선순찰 / 정선순찰 → 요점순찰 (규칙 제14조 제3항)
>
> **정답** ✕

74 순찰근무시 순찰은 정선순찰을 하되, 관할경찰서장이 필요하다고 인정할 때에는 요점순찰 또는 난선순찰을 할 수 있다.

> **해설**
>
> 관할경찰서장이 → 청원주가 (규칙 제14조 제3항)
>
> **정답** ✕

75 정선순찰은 정해진 노선을 불규칙적으로 순찰하는 것을 말한다.

> **해설**
>
> 불규칙적으로 → 규칙적으로 (규칙 제14조 제3항)
>
> **정답** ✕

76 요점순찰은 순찰구역 외 지정된 중요지점을 순찰하는 것을 말한다.

> **해설**
>
> 외 → 내 (규칙 제14조 제3항)
>
> **정답** ✕

77 난선순찰은 임의로 순찰지역이나 노선을 선정하여 불규칙적으로 순찰하는 것을 말한다.

> **해설**
>
> 규칙 제14조 제3항
>
> **정답** ○

78 대기근무자는 입초근무에 협조하거나 휴식하면서 불의의 사고에 대비한다.

> **해설**
>
> 입초근무에 → 소내근무에 (규칙 제14조 제4항)　　　　　　　　　　**정답** ✕

79 청원주가 무기와 탄약을 대여받았을 때에는 시·도경찰청장이 정하는 무기·탄약대여 대장 및 무기장비 운영카드를 갖춰 두고 기록하여야 한다.

> **해설**
>
> 시·도경찰청장이 정하는 무기·탄약대여대장 → 경찰청장이 정하는 무기·탄약출납부 (규칙 제16조 제1항 제1호)　　　　　　　　　　**정답** ✕

80 청원주는 무기와 탄약의 관리를 위하여 관리책임자를 지정하고 관할경찰서장을 거쳐 시·도경찰청장에게 그 사실을 통보하여야 한다.

> **해설**
>
> 관할경찰서장을 거쳐 시·도경찰청장에게 → 관할경찰서장에게 (규칙 제16조 제1항 제2호)　**정답** ✕

81 무기고 및 탄약고는 복층에 설치하고 환기·방습·방화 및 총받침대 등의 시설을 갖추어야 한다.

> **해설**
>
> 복층 → 단층 (규칙 제16조 제1항 제3호)　　　　　　　　　　**정답** ✕

82 탄약고는 무기고와 인접한 곳에 설치하고, 그 위치는 사무실이나 그 밖에 여러 사람을 수용하거나 여러 사람이 오고 가는 시설로부터 인접되어야 한다.

> **해설**
>
> 인접한 곳 → 떨어진 곳 / 인접 → 격리 (규칙 제16조 제1항 제4호)　　　**정답** ✕

83 무기고와 탄약고에는 이중 잠금장치를 하고, 열쇠는 숙직책임자가 보관하되, 근무시 간 이후에는 관리책임자에게 인계하여 보관시켜야 한다.

> **해설**
>
> 숙직책임자가 보관 → 관리책임자가 보관 / 관리책임자에게 인계 → 숙직책임자에게 인계 (규칙 제16조 제1항 제5호)　　　　　　　　　　**정답** ✕

84 청원주는 관할경찰서장이 정하는 바에 따라 매월 무기와 탄약의 관리 실태를 파악하여 다음 달 3일까지 관할경찰서장에게 통보하여야 한다.

> **해설**
>
> 관할경찰서장이 → 경찰청장이 (규칙 제16조 제1항 제6호) **정답** ✕

85 청원주는 대여받은 무기와 탄약이 분실되거나 도난당하거나 빼앗기거나 훼손되는 등의 사고가 발생하였을 때에는 24시간 이내에 그 사유를 관할 군부대장에게 신고해야 한다.

> **해설**
>
> 24시간 이내에 → 지체 없이 / 관할 군부대장에게 신고 → 관할경찰서장에게 통보 (규칙 제16조 제1항 제7호) **정답** ✕

86 청원주는 무기와 탄약이 분실되거나 도난당하거나 빼앗기거나 훼손되었을 때에는 시·도경찰청장이 정하는 바에 따라 그 배액을 배상해야 한다. 다만, 전시·사변·천재지변이나 그 밖의 불가항력적인 사유가 있다고 경찰청장이 인정하였을 때에는 그렇지 않다.

> **해설**
>
> 시·도경찰청장이 정하는 바에 따라 그 배액을 → 경찰청장이 정하는 바에 따라 그 전액을 / 경찰청장이 → 시·도경찰청장이 (규칙 제16조 제1항 제8호) **정답** ✕

87 청원주가 청원경찰에게 탄약을 출납하려는 경우 청원경찰의 요청에 따라 탄약의 수를 늘리거나 줄일 수 있다.

> **해설**
>
> 청원경찰의 요청 → 관할경찰서장의 지시 (규칙 제16조 제2항) **정답** ✕

88 청원주가 청원경찰에게 무기와 탄약을 출납하였을 때에는 무기장비운영카드에 그 출납사항을 기록하여야 한다.

> **해설**
>
> 무기장비 운영카드 → 무기·탄약 출납부 (규칙 제16조 제2항 제1호) **정답** ✕

89 청원주가 청원경찰에게 무기와 탄약을 출납할 때 소총의 탄약은 1정당 10발 이내, 권총의 탄약은 1정당 5발 이내로 출납하여야 한다.

> **해설**▶

10발 → 15발 / 5발 → 7발 (규칙 제16조 제2항 제2호) **정답** ✕

90 청원주가 청원경찰에게 무기와 탄약을 출납하려는 경우 소총의 탄약은 1정당 15발 이상, 권총의 탄약은 1정당 7발 이상으로 출납하여야 한다.

> **해설**▶

이상 → 이내 (규칙 제16조 제2항 제2호) **정답** ✕

91 청원주는 청원경찰에게 지급한 무기와 탄약을 매월 1회 이상 손질하게 하여야 한다.

> **해설**▶

매월 1회 이상 → 매주 1회 이상 (규칙 제16조 제2항 제3호) **정답** ✕

92 청원주는 수리가 필요한 무기가 있을 때에는 그 목록과 무기장비운영카드를 첨부하여 시·도경찰청장에게 수리를 요청할 수 있다.

> **해설**▶

시·도경찰청장 → 관할경찰서장 (규칙 제16조 제2항 제4호) **정답** ✕

93 청원주가 청원경찰에게 무기를 출납하려는 경우에 수리가 필요한 무기가 있을 때에는 그 목록과 무기탄약출납부를 첨부하여 관할경찰서장에게 수리를 요청할 수 있다.

> **해설**▶

무기탄약출납부 → 무기장비운영카드 (규칙 제16조 제2항 제4호) **정답** ✕

94 청원경찰이 무기를 지급받거나 반납할 때 또는 인계인수할 때에는 반드시 "검사 총" 자세에서 "앞에 총"을 하여야 한다.

> **해설**▶

"검사 총" 자세에서 "앞에 총" → "앞에 총" 자세에서 "검사 총" (규칙 제16조 제3항 제1호)

정답 ✕

95 청원경찰이 무기와 탄약을 지급받았을 때에는 별도의 지시가 없으면 무기와 탄약을 분리하여 휴대하여서는 아니된다.

> **해설**
>
> 분리하여 휴대하여야 한다. (규칙 제16조 제3항 제2호)   **정답** ✕

96 청원경찰은 지급받은 무기를 다른 사람에게 보관·휴대하게 할 수 없으나, 손질을 의뢰할 수는 있다.

> **해설**
>
> 손질을 의뢰할 수 없다. (규칙 제16조 제3항 제3호)   **정답** ✕

97 청원경찰이 무기를 손질하거나 조작할 때에는 반드시 총구를 바닥으로 향하게 하여야 한다.

> **해설**
>
> 바닥으로 → 공중으로 (규칙 제16조 제3항 제4호)   **정답** ✕

98 청원경찰은 근무시간 이후에는 무기와 탄약을 자신만이 아는 비밀장소에 보관해 두어야 한다.

> **해설**
>
> 근무시간 이후에는 무기와 탄약을 청원주에게 반납하거나 교대근무자에게 인계하여야 한다. (규칙 제16조 제3항 제6호)   **정답** ✕

99 근무시간 이후에는 무기와 탄약을 관리책임자에게 반납하거나 교대근무자에게 인계하여야 한다.

> **해설**
>
> 관리책임자 → 청원주 (규칙 제16조 제3항 제6호)   **정답** ✕

100 청원주는 ① 직무상 비위로 징계대상이 된 사람, ② 민사사건으로 피고가 된 사람, ③ 사직 의사를 밝힌 사람, ④ 치매, 조현병 등의 정신질환으로 인하여 무기와 탄약의 휴대가 적합하지 않다고 관할경찰서장이 인정하는 사람 등에 해당하는 청원경찰에게 무기와 탄약을 지급해서는 안 되며, 지급한 무기와 탄약은 즉시 회수해야 한다.

> **해설**
>
> 민사사건으로 피고가 된 사람 → 형사사건으로 조사대상이 된 사람 / 관할경찰서장이 → 해당 분야 전문의가 (규칙 제16조 제4항)　　　　　　　　　**정답** ✕

101 청원경찰법령에 의하면, 평소에 불평이 심하고 염세적인 사람, 주벽이 심한 사람, 변태적 성벽이 있는 사람, 가정 환경이 불화한 사람, 이혼경력이 있는 사람, 전과가 있는 사람, 근무중 휴대전화를 자주 사용하는 사람 등을 무기·탄약 지급금지 대상자로 규정하고 있다.

> **해설**
>
> 무기·탄약 지급금지 대상자로 규정하고 있지 않다. (규칙 제16조 제4항 참조)　　**정답** ✕

102 청원주는 형사사건으로 조사 대상이 된 청원경찰에게 무기와 탄약을 지급하지 아니할 수 있으며, 지급한 무기와 탄약은 회수할 수 있다.

> **해설**
>
> 무기와 탄약을 지급해서는 안 되며, 지급한 무기와 탄약은 즉시 회수해야 한다. (규칙 제16조 제4항)　　**정답** ✕

103 청원주는 무기와 탄약을 지급하지 않거나 회수할 때에는 결정 통지서를 작성하여 7일 이내에 해당 청원경찰에게 통지해야 한다. 다만, 지급한 무기와 탄약의 신속한 회수가 필요하다고 인정되는 경우에는 무기와 탄약을 먼저 회수한 후 통지서를 내줄 수 있다.

> **해설**
>
> 7일 이내 → 지체없이 (규칙 제16조 제5항)　　　　　　　　　　　**정답** ✕

104 청원주는 청원경찰에게 무기와 탄약을 지급하지 않거나 회수한 경우 지체 없이 시·도경찰청장에게 결정 통보서를 작성하여 통보해야 한다.

> **해설**
>
> 지체 없이 → 7일 이내 / 시·도경찰청장에게 → 관할 경찰서장에게 (규칙 제16조 제6항)
>
> **정답** ✕

105 무기·탄약 지급 제한 또는 회수 통보를 받은 관할 경찰서장은 통보받은 날부터 15일 이내에 무기와 탄약의 지급 제한 또는 회수의 적정성을 판단하기 위해 현장을 방문하여 해당 청원주의 의견을 청취하고 필요한 조치를 할 수 있다.

> **해설**
>
> 15일 이내 → 14일 이내 / 청원주의 → 청원경찰의 (규칙 제16조 제7항)
>
> **정답** ✕

106 청원주는 무기지급제한 및 회수사유가 소멸하게 된 경우에는 청원경찰에게 무기와 탄약을 지급하여야 한다.

> **해설**
>
> 지급하여야 한다 → 지급할 수 있다 (규칙 제16조 제8항)
>
> **정답** ✕

107 청원주는 청원경찰명부, 근무일지, 근무상황카드, 경비구역평면도 등을 갖춰 두어야 한다.

> **해설**
>
> 경비구역평면도 → 경비구역배치도 (규칙 제17조 제1항 제1호·제2호·제3호·제4호)
>
> **정답** ✕

108 경비구역배치도, 순찰표철, 무기장비운영카드, 감독순시부 등은 청원주가 비치해야 할 문서와 장부이다.

> **해설**
>
> 감독순시부는 관할경찰서장이 비치해야 할 문서와 장부이다. (규칙 제17조 제1항 제4호·제5호·제7호, 제2항 제2호)
>
> **정답** ✕

109 청원경찰명부와 전출입관계철은 청원주와 관할경찰서장이 동시에 갖춰 두어야 한다.

> **해설** ▶
> ────────────────────────────────────
> 전출입관계철은 → 교육훈련실시부는 (규칙 제17조 제1항 제1호·제11호, 제2항 제1호·제4호)
>
> **정답** ✕

110 무기·탄약출납부는 관할경찰서장이 비치해야 하며, 무기탄약 대여대장은 청원주가 비치해야 한다.

> **해설** ▶
> ────────────────────────────────────
> 관할경찰서장이 → 청원주가 / 청원주가 → 관할경찰서장이 (규칙 제17조 제1항 제6호, 제2항 제5호)
>
> **정답** ✕

111 징계관계철은 청원주가 비치해야 하며, 징계요구서철은 관할경찰서장이 비치해야 한다.

> **해설** ▶
> ────────────────────────────────────
> 규칙 제17조 제1항 제10호, 제2항 제6호
>
> **정답** ○

112 배치결정관계철은 관할경찰서장과 시·도경찰청장이 공통으로 갖춰 두어야 한다.

> **해설** ▶
> ────────────────────────────────────
> 배치결정관계철 → 전출입관계철 (규칙 제17조 제2항 제3호, 제3항 제3호)
>
> **정답** ✕

113 시·도경찰청장은 배치결정 관계철, 청원경찰 임용승인 관계철, 징계 관계철을 갖추어 두어야 한다.

> **해설** ▶
> ────────────────────────────────────
> 징계 관계철 → 전출입 관계철 (법 제17조 제3항)
>
> **정답** ✕

114 청원주가 갖춰 두어야 문서와 장부의 서식은 행정안전부령으로 정한다.

> **해설** ▶
> ────────────────────────────────────
> 행정안전부령으로 정한다 → 경찰관서에서 사용하는 서식을 준용한다 (규칙 제17조 제4항)
>
> **정답** ✕

115 시·도경찰청장, 관할경찰서장 또는 청원주는 청원경찰에게 표창을 수여할 수 있다.

해설

규칙 제18조

정답 ○

116 경찰청장은 성실히 직무를 수행하여 근무성적이 탁월하거나 헌신적인 봉사로 특별한 공적을 세운 청원경찰에게 공적상을 수여할 수 있다.

해설

경찰청장은 → 시·도경찰청장, 관할 경찰서장 또는 청원주는 (규칙 제18조 참조)

정답 ×

117 청원주는 성실히 직무를 수행하여 근무성적이 탁월한 청원경찰에게 공적상을 수여할 수 있다.

해설

규칙 제18조 참조

정답 ○

118 시·도경찰청장은 교육훈련에서 교육성적이 우수한 청원경찰에게 우등상을 수여할 수 있다.

해설

규칙 제18조 참조

정답 ○

119 시·도경찰청장은 근무성적이 탁월한 청원경찰에게 우등상을 수여할 수 있다.

해설

우등상 → 공적상 (규칙 제18조)

정답 ×

120 2명 이상의 청원경찰을 배치한 사업장의 청원주는 청원경찰의 지휘·감독을 위하여 청원경찰 중에서 연장자를 감독자로 지정하여야 한다.

해설

연장자를 → 유능한 사람을 선정하여 (규칙 제19조 제1항)

정답 ×

121 9명의 청원경찰을 배치한 사업장의 청원주는 감독자로 반장 1명을 지정하여야 한다.

> **해설**
>
> 반장 1명 → 조장 1명 (규칙 제19조 제2항 별표4)　　　　　　　**정답** ✕

122 청원경찰 근무인원이 30명인 경우 반장 1명, 소장 3~4명을 지정하여야 한다.

> **해설**
>
> 소장 → 조장 (규칙 제19조 제2항 별표4)　　　　　　　**정답** ✕

123 청원경찰 근무인원이 37명인 경우 반장 1명, 조장 5명을 감독자로 지정하여야 한다.

> **해설**
>
> 조장 5명 → 조장 3~4명 (규칙 제19조 제2항 별표4 참조)　　　　　　　**정답** ✕

124 청원경찰 근무인원이 41명 이상 60명 미만인 경우 대장 1명, 반장 2명, 조장 6명을 지정하여야 한다.

> **해설**
>
> 미만 → 이하 (규칙 제19조 제2항 별표4)　　　　　　　**정답** ✕

125 100명의 청원경찰을 배치한 사업장의 청원주는 감독자로 대장 1명, 반장 2명, 조장 6명을 지정하여야 한다.

> **해설**
>
> 대장 1명, 반장 4명, 조장 12명을 지정하여야 한다. (규칙 제19조 제2항 별표4)　　　　　　　**정답** ✕

126 청원주는 청원경찰의 신청에 따라 경비를 위하여 필요하다고 인정할 때에는 청원경찰이 배치된 사업장에 경비전화를 가설할 수 있다.

> **해설**
>
> 청원주는 청원경찰의 신청 → 관할경찰서장은 청원주의 신청 (규칙 제20조 제1항)　　　　　　　**정답** ✕

127 관할경찰서장이 청원주의 신청에 따라 경비전화를 가설할 때 드는 비용은 관할 경찰서장이 부담한다.

> **해설**
>
> 관할경찰서장이 부담 → 청원주가 부담 (규칙 제20조 제2항)　　　**정답** ✕

128 청원경찰이 직무를 수행할 때에는 경비목적을 위하여 필요한 최대한의 범위에서 하여야 한다.

> **해설**
>
> 최대한 → 최소한 (규칙 제21조 제1항)　　　**정답** ✕

129 청원경찰은 경비구역 안에서 수사활동 등 사법경찰관리의 직무를 수행할 수 있다.

> **해설**
>
> 수행할 수 있다 → 수행해서는 아니된다. (규칙 제21조 제2항)　　　**정답** ✕

130 청원경찰은 「경찰법」에 따른 직무 외의 수사활동 등 사법경찰관리의 직무를 수행해 서는 아니 된다.

> **해설**
>
> 경찰법 → 경찰관 직무집행법 (규칙 제21조 제2항)　　　**정답** ✕

131 ① 경비구역 내의 불심검문, ② 경비구역 내에서의 무기사용, ③ 경비구역 내에서의 현행범인 체포, ④ 경비구역 내에서의 수사활동 등은 청원경찰이 행사할 수 있는 권한이다.

> **해설**
>
> 청원경찰은 수사활동을 할 수 없다. (규칙 제21조 제2항 참조)　　　**정답** ✕

132 청원경찰이 직무를 수행할 때에 경찰관직무집행법령에 따라 하여야 할 모든 보고는 관할 시·도경찰청장에게 서면으로 해야 한다.

> **해설**
>
> 관할 시·도경찰청장에게 서면으로 해야 한다 → 관할경찰서장에게 서면으로 보고하기 전에 지체없이 구두로 보고하고 그 지시에 따라야 한다. (규칙 제22조) **정답** ✕

133 청원경찰이 직무를 수행할 때에 「경찰관 직무집행법」에 따라야 할 모든 보고는 관할경찰서장에게 구두로 보고하기 전에 24시간 이내 서면으로 보고하고 그 지시에 따라야 한다.

> **해설**
>
> 서면으로 보고하기 전에 지체 없이 구두로 보고하고 그 지시에 따라야 한다. (규칙 제22조) **정답** ✕

134 청원경찰법령상 과태료 부과의 사전 통지는 과태료 부과 고지서에 따른다.

> **해설**
>
> 고지서 → 사전 통지서 (규칙 제24조 제1항·제2항 참조) **정답** ✕

135 청원경찰법령상 경찰청장은 과태료처분을 하였을 때에는 과태료 부과 및 징수 사항을 과태료 수납부에 기록하고 정리하여야 한다.

> **해설**
>
> 경찰청장은 → 경찰서장은 (규칙 제24조 제3항) **정답** ✕

▶▷ 부 록

대통령령과 행정안전부령으로
정하는 경우의 구분
1. 경비업법
2. 청원경찰법

1. 경비업법

대통령령으로 정하는 경우	행정안전부령으로 정하는 경우
• 경비업의 허가를 받고자 하는 법인은 **대통령령으로** 정하는 1억원 이상의 자본금의 보유 등의 요건을 갖추어야 한다(법 제4조 제2항). • 경비업의 허가 또는 신고의 절차, 신고의 기한 등 허가 및 신고에 관하여 필요한 사항은 **대통령령으로** 정한다(법 제4조 제4항). • 경비업의 허가를 받은 법인은 **대통령령**이 정하는 중요사항을 변경한 때에는 시·도경찰청장에게 신고하여야 한다(법 제4조 제3항 제6호).	• 경비업 허가의 유효기간이 만료된 후 계속하여 경비업을 하고자 하는 법인은 **행정안전부령**이 정하는 바에 의하여 갱신허가를 받아야 한다(법 제6조 제2항). • 경비업의 허가를 받으려는 경우에는 허가신청서에 **행정안전부령으로** 정하는 서류를 첨부하여 법인의 주사무소를 관할하는 시·도경찰청장 또는 해당 시·도경찰청 소속의 경찰서장에게 제출하여야 한다(영 제3조 제1항). • 경비업자가 경비원을 배치하거나 배치를 폐지한 경우에는 **행정안전부령**이 정하는 바에 따라 관할경찰관서장에게 신고하여야 한다(법 제18조 제2항).
• 특수경비업무 : 공항 등 **대통령령**이 정하는 국가중요시설의 경비 및 도난·화재 그 밖의 위험발생을 방지하는 업무(법 제2조 제1호 마목) • 심신상실자, 알코올 중독자 등 **대통령령으로** 정하는 정신적 제약이 있는 자는 특수경비원이 될 수 없다(법 제10조 제2항). • 특수경비업자는 경비업법에 의한 경비업과 경비장비의 제조·설비·판매업, 네트워크를 활용한 정보산업, 시설물 유지관리업 및 경비원 교육업 등 **대통령령**이 정하는 경비관련업외의 영업을 하여서는 아니된다(법 제7조 제9항).	• **행정안전부령**이 정하는 신체조건에 미달되는 자는 특수경비원이 될 수 없다(법 제10조 제2항 제4호).
• 경비업무를 수급한 경비업자의 경비원 채용시 무자격자 및 부적격자의 구체적인 범위 등은 **대통령령으로** 정한다(법 제7조의2 제4항).	
• 기계경비업자는 대응조치 등 업무의 원활한 운영과 개선을 위하여 **대통령령**이 정하는 바에 따라 관련 서류를 작성·비치하여야 한다(법 제9조 제2항).	• 경비업자는 **행정안전부령**이 정하는 바에 따라 경비원의 명부를 작성·비치하여야 한다(법 제18조 제1항). • 경비업자는 경비원을 배치하여 경비업무를 수행하게 하는 때에는 **행정안전부령으로** 정하는 바에 따라 배치된 경비원의 인적사항과 배치일시·배치장소 등 근무상황을 기록하여 보관하여야 한다(법 제18조 제5항).
• 경비지도사시험은 매년 1회 이상 시행하며, 시험과목, 시험공고, 시험의 일부가 면제되는 자의 범위 그 밖에 경비지도사시험에 관하여 필요한 사항은 **대통령령으로** 정한다(법 제11조 제3항).	• 경비업법에 따른 경비업무에 7년 이상 종사하고 **행정안전부령으로** 정하는 교육과정을 이수한 사람은 경비지도사 제1차 시험을 면제한다(영 제13조 제4호). • 경비지도사는 결격사유에 해당하지 아니하는 자로서 경찰청장이 시행하는 경비지도사시험에 합격하고 **행정안전부령**이 정하는 교육을 받은 자이어야 한다(법 제11조 제1항). • 경찰청장은 교육을 받은 자에게 **행정안전부령**이 정하는 바에 따라 경비지도사자격증을 교부하여야 한다(법 제11조 제2항).

대통령령으로 정하는 경우	행정안전부령으로 정하는 경우
<ul><li>경비업자는 **대통령령**이 정하는 바에 따라 경비지도사를 선임하여야 한다(법 제12조 제1항).</li><li>선임된 경비지도사는 직무를 **대통령령**이 정하는 바에 따라 성실하게 수행하여야 한다(법 제12조 제3항).</li><li>경찰청장은 경비지도사가 자격정지사유에 해당하는 때에는 **대통령령**이 정하는 바에 따라 1년의 범위 내에서 그 자격을 정지시킬 수 있다(법 제20조 제2항).</li></ul>	<ul><li>경비업자는 집단민원현장에 경비원을 배치하는 때에는 경비지도사를 선임하고 그 장소에 배치하여 **행정안전부령**으로 정하는 바에 따라 경비원을 지도·감독하게 하여야 한다(법 제7조 제6항).</li><li>경비지도사는 경비원에 대한 교육을 실시하고, **행정안전부령**으로 정하는 경비원 직무교육 실시대장에 그 내용을 기록하여 2년간 보존하여야 한다(영 제17조 제3항).</li></ul>
<ul><li>경비업자는 경비업무를 적정하게 실시하기 위하여 경비원으로 하여금 **대통령령**으로 정하는 바에 따라 경비원 신임교육 및 직무교육을 받게 하여야 한다. 다만, 경비업자는 **대통령령**으로 정하는 경력 또는 자격을 갖춘 일반경비원을 신임교육 대상에서 제외할 수 있다(법 제13조 제1항).</li><li>경비원이 되려는 사람은 **대통령령**으로 정하는 교육기관에서 미리 일반경비원 신임교육을 받을 수 있다(법 제13조 제2항).</li></ul>	<ul><li>경비업자는 소속 일반경비원에게 경비지도사가 수립한 교육계획에 따라 매월 **행정안전부령**으로 정하는 시간 이상 직무교육을 받도록 하여야 한다(영 제18조 제3항).</li><li>신임교육의 과목 및 시간, 직무교육의 과목 등 일반경비원의 교육 실시에 필요한 사항은 **행정안전부령**으로 정한다(영 제18조 제4항).</li></ul>
<ul><li>특수경비업자는 **대통령령**으로 정하는 바에 따라 특수경비원으로 하여금 특수경비원 신임교육과 정기적인 직무교육을 받게 하여야 하고, 특수경비원 신임교육을 받지 아니한 자를 특수경비업무에 종사하게 하여서는 아니된다(법 제13조 제3항).</li><li>특수경비원의 교육시 관할경찰서 소속 경찰공무원이 교육기관에 입회하여 **대통령령**이 정하는 바에 따라 지도·감독하여야 한다(법 제13조 제4항).</li></ul>	<ul><li>특수경비업자는 특수경비원을 채용한 경우 해당 특수경비원에게 특수경비업자의 부담으로 경찰교육기관이나 **행정안전부령**으로 정하는 기준에 적합한 기관 또는 단체 중 경찰청장이 지정하여 고시하는 기관 또는 단체에서 실시하는 특수경비원 신임교육을 받도록 하여야 한다(영 제19조 제1항).</li><li>특수경비업자는 소속 특수경비원에게 경비지도사가 수립한 교육계획에 따라 매월 **행정안전부령**으로 정하는 시간 이상 직무교육을 받도록 하여야 한다(영 제19조 제3항).</li><li>특수경비원 신임교육의 과목 및 시간, 직무교육의 과목 등 특수경비원의 교육 실시에 필요한 사항은 **행정안전부령**으로 정한다(영 제19조 제4항).</li></ul>

대통령령으로 정하는 경우	행정안전부령으로 정하는 경우
• 시설주가 대여받은 무기에 대하여 시설주 및 관할 경찰관서장은 무기의 관리책임을 지고, 관할경찰관 서장은 시설주 및 특수경비원의 무기관리상황을 대통령령이 정하는 바에 따라 지도·감독하여야 한다 (법 제14조 제5항). • 특수경비원의 무기휴대, 무기종류, 그 사용기준 및 안전검사의 기준 등에 관하여 필요한 사항은 대통령 령으로 정한다(법 제14조 제9항).	• 시설주, 관리책임자와 특수경비원은 행정안전부령 이 정하는 무기관리수칙을 준수하여야 한다(영 제20 조 제7항). • 경비업자는 경찰공무원 또는 군인의 제복과 색상 및 디자인 등이 명확히 구별되는 소속 경비원의 복장을 정하고 이를 확인할 수 있는 사진을 첨부하여 주된 사무소를 관할하는 시·도경찰청장에게 행정안전부 령으로 정하는 바에 따라 신고하여야 한다(법 제16조 제1항).
• 경비업자는 경비업무의 건전한 발전과 경비원의 자질 향상 및 교육훈련 등을 위하여 대통령령이 정하는 바에 따라 경비협회를 설립할 수 있다(법 제22조 제1항).	• 경비원이 휴대할 수 있는 장비의 종류는 경적·단봉· 분사기 등 행정안전부령으로 정하되, 근무 중에만 이 를 휴대할 수 있다(법 제16조의2 제1항).
• 시·도경찰청장은 대통령령이 정하는 바에 따라 특수 경비업자에 대하여 보안지도·점검을 실시하여야 하 고, 필요한 경우 관계기관에 보안측정을 요청하여야 한다(법 제25조).	• 경비업자는 출동차량 등의 도색 및 표지를 정하고 이를 확인할 수 있는 사진을 첨부하여 주된 사무소를 관할하 는 시·도경찰청장에게 행정안전부령으로 정하는 바에 따라 신고하여야 한다(법 제16조의3 제2항).
• 경비업법에 의한 경찰청장의 권한은 대통령령이 정 하는 바에 따라 그 일부를 시·도경찰청장에게 위임할 수 있다(법 제27조 제1항). • 경찰청장은 경비지도사의 시험 및 교육에 관한 업무 를 대통령령이 정하는 바에 따라 관계전문기관 또는 단체에 위탁할 수 있다(법 제27조 제2항).	• 경비원의 복장, 출동차량 등에 대하여 시정명령을 받 은 경비업자는 이를 이행하여야 하고, 시·도경찰청장 에게 행정안전부령으로 정하는 바에 따라 이행보고를 하여야 한다(법 제16조 제1항, 제16조의3 제4항). • 그 밖에 경비원의 복장·장비, 출동차량 등에 필요한 사항은 행정안전부령으로 정한다(법 제16조 제5항, 제16조의2 제5항, 제16조의3 제5항).
• 경비업법에 따른 경비업의 허가를 받거나 허가증을 재교부 받고자 하는 자는 대통령령이 정하는 바에 따 라 수수료를 납부하여야 한다(법 제27조의2).	
• 과태료는 대통령령이 정하는 바에 의하여 시·도경찰청 장 또는 경찰관서장이 부과·징수한다(법 제31조 제3항).	

2. 청원경찰법

대통령령으로 정하는 경우	행정안전부령으로 정하는 경우
• 청원경찰을 배치받으려는 자는 대통령령으로 정하는 바에 따라 관할 시·도경찰청장에게 청원경찰 배치를 신청하여야 한다(법 제4조 제1항).	• 그 밖에 행정안전부령으로 정하는 중요시설, 사업장 또는 장소에 청원경찰을 배치할 수 있다(법 제2조 제3호).
• 청원경찰의 임용자격·임용방법·교육 및 보수에 관하여는 대통령령으로 정한다(법 제5조 제3항).	• 청원경찰의 교육기간·교육과목·수업시간 및 그 밖에 교육의 시행에 필요한 사항은 행정안전부령으로 정한다(영 제5조 제3항).
• 청원주는 대통령령으로 정하는 징계절차를 거쳐 징계처분을 하여야 한다(법 제5조의2 제1항). • 청원경찰의 징계에 관하여 그 밖에 필요한 사항은 대통령령으로 정한다(법 제5조의2 제3항).	
• 국가기관 또는 지방자치단체에 근무하는 청원경찰의 보수는 재직기간에 해당하는 경찰공무원의 보수를 감안하여 대통령령으로 정한다(법 제6조 제2항). • 청원주는 대통령령으로 정하는 바에 따라 청원경찰 본인 또는 그 유족에게 보상금을 지급하여야 한다(법 제7조). • 국가기관이나 지방자치단체에 근무하는 청원경찰의 퇴직금에 관하여는 대통령령으로 정한다(법 제7조의2).	• 청원경찰경비의 지급방법 또는 납부방법은 행정안전부령으로 정한다(영 제12조 제1항).
• 청원경찰의 복제와 무기 휴대에 필요한 사항은 대통령령으로 정한다(법 제8조 제3항).	• 청원경찰의 제복·장구 및 부속물에 관하여 필요한 사항은 행정안전부령으로 정한다(영 제14조 제2항). • 청원주 및 청원경찰은 행정안전부령으로 정하는 무기관리수칙을 준수하여야 한다(영 제16조 제4항).
• 청원경찰법에 따른 시·도경찰청장의 권한은 그 일부를 대통령령으로 정하는 바에 따라 관할경찰서장에게 위임할 수 있다(법 제10조의3).	
• 과태료는 대통령령으로 정하는 바에 따라 시·도경찰청장이 부과·징수한다(법 제12조 제2항).	

Memo